동아시아 실학, 그 의미와 발전 Ⅰ

景仁文化社

간행사

　실학박물관은 개관 이래 실학사상에 관한 자료의 수집·연구·교육 및 전시를 통해 조선후기 실사구시實事求是의 신 학풍 출현 배경과 그 내용을 이해하는 데 이바지하고, 나아가 실학이 추구한 개혁과 문명지향의 정신을 오늘과 새로운 시대를 위한 가치 모색의 동력으로 삼고자 힘써 왔습니다. 이러한 방향에 맞추어 상설 전시실에서는 실학의 형성과 전개, 실학과 과학 등 사상 전반을 체계 있게 보여주고 있으며, 해마다 두 차례의 특별기획 전시회를 개최하고 있습니다.

　아울러 전시회 주제를 널리 알리고 학술적인 성과를 축적하여 향후 박물관의 전시 교육에 활용하기 위해 해마다 실학 관련 주제를 선정하여 학술회의를 진행해 왔습니다. 2009년 10월 개관기념 국제학술회의를 시작으로 매년 특별 기획전시 개최에 즈음하여 관련 학회와 협력하여 학술회의를 기획하였습니다. 관련 연구자들의 새로운 논문과 토론은 실학 연구의 자산임과 동시에 '신실학新實學 운동'을 모색하고자 하는 박물관의 운영 방향에 충실한 사업이었습니다.

　이제 그간 진행되어 온 학술회의의 성과들을 주제별로 모아 단행본으로 묶어 내려 합니다. 앞으로 이 사업을 계속함으로써 조선후기 실학

사상에 대한 이해와 해석, 그리고 새로운 생활적 사유와 문화 창조에 작으나마 보탬이 되기를 기대합니다.

『동아시아 실학, 그 의미와 발전』 I은 2009년 10월 박물관의 개관을 기념하여 개최한 국제학술회의에서 발표한 논문들을 수록하였습니다. 동아시아 실학 국제학술회의는 일찍이 한·중·일 3국의 실학 연구자들이 2년에 한 번씩 번갈아 개최해 온 국제학술행사로서, 지난 1990년 '동아시아 삼국에 있어서 실학사상의 전개'를 주제로 서울 성균관대 대동문화연구원에서 처음 개최한 이래 꾸준히 진행되었고, 경기도 실학박물관에서 그 10회째를 맞이한 뜻 깊은 행사였습니다.

한국과 중국과 일본을 함께 사고하는 동아시아적 관점에서 실학을 조명하고 현재까지 연구 성과와 실학의 근본적 의미를 재조명할 뿐만 아니라, 향후 실학의 발전 방향을 모색해 보는 좋은 계기를 마련했던 자리였습니다.

이 책에는 총 7편의 글을 수록하고 있습니다. 동아시아 실학의 개념 정립 문제를 다룬 기조발표와 한국 실학에 관해서는 유형원柳馨遠의 실학, 정약용丁若鏞의 사서전석四書詮釋 및 실천윤리학, 한시漢詩에 나타난 실학 정신을 다룬 4편의 글이 있으며, 중국의 신실학新實學과 일본의 실심실학實心實學을 고찰한 2편의 글을 함께 수록하고 있습니다. 그리고 마지막에 종합토론 녹취록을 첨부하였습니다.

연구총서의 발간을 계기로 관련 주제에 대한 학계와 일반인의 관심이 제고되기를 기대하며, 좋은 논문을 집필해 주신 필자 여러분과 토론자 여러분들께 깊은 감사의 말씀을 드립니다.

2012년 11월
경기문화재단 실학박물관장 김 시 업

■ 차 례 ■

동아시아 실학의 개념정립을 위하여

임 형 택 | 성균관대학교 명예교수

1. '동아시아 실학'이란 개념문제

동아시아 실학이란 명목의 학술회의가 그야말로 국제적으로 거행되어 10회까지 왔으니 '동아시아 실학'은 학술용어로서 이미 통행이 된 것이다. 그럼에도 새삼스럽게 그 개념문제를 들고 나오다니 무엇 때문인가?

대개 두 가지 측면에서 다시 원론적인 물음을 던질 필요가 있다고 판단한 것이다. 한 측면은 우리가 기왕에 거행한 동아시아 실학 국제학술대회의 범위 안에서다. 지난 9회에 걸쳐 실학에 관해 주요한 의제에, 여러 분야로 다양한 제목들의 연토研討가 이루어졌다. 그 성과 또한 다대한 바 있다고 평가해도 좋을 것이다. 하지만, 그 전체의 과정을 돌아보면 방향이 분명치 않은 데다 다룬 내용들이 실학개념의 혼선을 일으키게 하고 그 경계를 애매하게 만든 경우가 없지 않았다. 가장 큰 문제는 대체로 논의가 일국적 한계에 머물고 동아시아적 차원으로 펼쳐지지 못한 점이다. 다른 한 측면은 이 학술대회의 밖이다. 중국이나 일본에서 실학담론은 일반에 통하지 못하고 있는 실정인데 실학이 과연 학계에 두루 공인받은 개념인지 의심을 자아내게 한다. 한국의 경우는 실학이 용어로서 일찍이 정착되었지만, 아직도 엉뚱한 이론이 제기되는가 하면 실학부재론實學不在論 내지 실학해체론實學解體論이 고개를 들기도 한다.

그렇다고 실학이 무엇인가를 지금 재론하는 것은 너무도 새삼스런 느낌이 든다. 이에 논의의 차원을 넓혀 '동아시아 실학이 무엇인가'를 질문하는 것이다. 과연 동아시아 실학이란 개념이 성립할 수 있느냐부터 문제이다.

다시 돌이켜 생각하면 이 물음은 응당 동아시아 실학 국제학술대회가 출발한 당초에 논의되었어야 할 사안이다. 기초적인 문제를 간과한 모양이다. 그럼에도 엄연히 동아시아 실학을 논하는 학술회의를, 그것도 정기적으로 갖자는데 이의 없이 합의하여, 계속 시행되어왔다. 이 사실은 무엇을 뜻하는가? '동아시아 실학'은 그 개념 규정이 비록 언표言表된 바 없었지만 인식론적 공감대가 형성되어 있었다고 보아야 할 것 같다.

동아시아에서 실학시대는 17~19세기로 잡는데 별다른 이론이 없이 합의가 이루어졌던 셈이다. 중국은 명말明末에서 청대淸代에 속하며, 일본은 강호시대江戶時代이고, 한국은 조선조朝鮮朝의 후기이다. 이 기간에 삼국이 각기 새로운 경향의 학문이 발흥한 것이다. 동아시아 실학이라면 바로 이를 가리키게 된다.

그런데 이들 각국의 신학풍新學風에 처음부터 실학이란 개념이 부여되었던 것은 아니다. 세 나라가 자국의 신학풍에 대해 실학이란 개념을 적용해서 파악하게 된 경위 또한 같지 않다. 한국의 경우 1930년대부터 실학으로 발견, 주체적 학문전통으로 중시해서 오늘에 이른 것은 공지하는 사실이다. 이에 관해서는 더 이상 언급할 것이 없지만, 중국과 일본에 대해서는 간략하게라도 살펴보는 편이 좋겠다.

양계초梁啓超의 『청대학술개론淸代學術槪論』은 서명 그대로 청조淸朝 일대의 신학풍을 체계적으로 정리한 최초의 저술이다. 양계초 자신이 그 끝자락에서 학술운동에 직접 참여했던 만큼, 한 시대의 학술운동사를 현장감을 담아 요령 있게 보고한 내용이다. 청대학술의 특색을 요약한 이 책의 서두에서 두 대목을 옮겨본다.

- ○ "청대 학자들은 실사구시(實事求是)로 학문의 정곡(正鵠)을 삼아서 과학적 정신이 풍부한데다가 분업적 조직으로 보완을 하였다."[1]
- ○ "(청대의 주류적인 학술방향은) 그 전반기에 있어서는 '고증학(考證學)'이고 그 후반기에 있어서는 '금문학(今文學)'인데 금문학 또한 실

---

1) 梁啓超, 『淸代學術槪論 · 自序』: "有淸學者, 以實事求是爲學鵠, 饒有科學的 精神, 而更輔以分業的組織."

로 고증학에서 파생해 내려온 것이다."[2]

　요컨대 청대의 주도적인 학문경향은 고증학이라는 취지인데 실사구시實事求是 또한 이 고증학의 학문태도를 대변한 개념이다. 양계초는 청대학술의 특색을 실학이란 용어를 구사하진 않았지만 내용상 실학으로 파악하고 있었다고 보아도 좋다.

　양계초에 의해서 최초로 인식의 구도가 잡힌 이 신학풍을 총괄해서 지칭하는 어떤 합의된 명사가 있었던 것 같지 않다. 일찍이 박학樸學이란 관용적 표현이 허다히 쓰였으며, 그 방법론에 치중해서 고증학(혹은 考據學)으로 일컫기도 했다. 호우외이뤄侯外廬의『중국조기계몽사상사中國早期啓蒙思想史』라는 저술은 '17세기에서 19세기 40년대'라고 부제를 붙이고 있다. 곧 이 신학풍의 성격을 '초기계몽주의'로 규정지은 것이다.

　중국에서 실학이란 개념을 자국의 학술사 인식에 도입한 것은 1980년대로 내려와서다. 80년대 말에『명청실학사조사明淸實學思潮史』(陳鼓應·辛冠潔·葛榮晉 主編)가 3책으로 간행된 것이다. 책 서문에서 "이전에는 학자들이 통상적으로 '조기계몽사조早期啓蒙思潮'·'경세치용사조經世致用思潮'·'개성해방個性解放 및 인문주의사조人文主義思潮' 등 표현으로 이 시기의 학술사조를 대략 일컬어왔으나 우리들은 '실학사조實學思潮'로 지칭한다"고 천명한다. 그리고 중국학술사의 위에서 선진자학先秦子學·양한경학兩漢經學·위진현학魏晉玄學·수당불학隋唐佛學·송명이학宋明理學, 아래로 '근대신학近代新學'의 사이에 '명청실학明淸實學'을 자리매김한 것이다.[3]

---

2) 梁啓超, 위의 책, "在前半期爲「考證學」, 在後半期爲「今文學」, 而今文學又實從考證學衍生而來."
3) 陳鼓應(1989),『明淸實學思潮史 卷首語』, 齊魯書社: "在此以前, 學者們通常以'早期啓蒙思潮', '經世致用思潮', '個性解放和人文主義思潮'等說法來槪稱這一時期的思潮, 以我們則稱之謂實學思潮. … 從中國哲學史來看, 每個時代的思想都有其特色, 如先秦子學·兩漢經學·魏晉玄學·隋唐佛學·宋明理學·明淸實學和近代新學－這都是就中國不同歷史時期的學術特點以槪括出

이『명청실학사조사明清實學思潮史』의 필자로 참여했던 학자들 여러분이 모두冒頭에서 언급한 바 1990년 대동문화연구원大東文化研究院 학술회의에 참석했으며, 그 주편主編의 한 분인 신꽌지에辛冠潔선생이 동아시아 실학 국제학술대회를 발의했던 것이다.

일본의 경우 역사적으로 한국과 나란히 한자문명권에 속해 있으면서도 문화적 풍토로 말하면 한국과 사뭇 달랐던 것으로 여겨진다. 비교적 이른 시기에 한자와 함께 유교가 도입되긴 했으나 유교사회라고 부를 수 있는 시대는 일본사日本史에서 존립하지 않았다. 다만 17세기 이래, 강호시대江戶時代에 학술문화가 역동적으로 발달한 가운데 유학적 학문과 사상의 성과와 수준이 만만찮은 것으로 인정되고 있다. 일본의 신학풍이라면 유교에 근거한 고학古學 계통과 일본적 고유성을 강조하는 국학國學 계통에 서양학을 적극적으로 수용한 난학蘭學을 들어야 할 것이다.

일본사상사의 연구에서 실학개념을 채택한 것은 1960년대에 이르러 미나모또 료우엔源了圓 교수였다. 그는 유학에 기반한 학문경향을 오직 실학으로 파악하여, "보편적 진리로서 유교를 공부하고 그들(古學派의 학자, 인용자) 나름으로 유교라는 형태에서 보편적 진리를 구해, 그것을 실학이라고 부른 것이다"[4]고 취지를 밝혔다. 유교의 '보편적 진리'에 기초한 유학의 진정성을 실학으로 해석한 것이다. 따라서 일본적 고유성의 국학國學이나 서양적인 난학蘭學은 실학의 개념에 포괄이 되지 않는 것으로 된다.

미나모또 교수의 실학 개념은 일본적 학술문화의 실정을 고려한 의미임이 물론이다. 그런데 그의 실학론에서 주목할 점이 있다. 유교를 매개로 한 비교의 시각이 열리게 된 것이다. 실제로 그는 "일본의 유교를 통해서 극동유교문명권極東儒教文明圈의 비교문화론적比較文化論的 연구"를 추구해야 할 방향으로 언급하고 있다. 곧 일본실학을 중국의 실학,

---

　　來的稱謂."
　4) 源了圓(1975),『近世初期實學思想의 研究』, 創文社, 5면.

한국의 실학과 비교해 보는 관점이다. "비교문화론적 시점을 갖는 것이, 장래 누군가에 의해-그것은 복수의 사람이어도 좋다-본격적인 동아시아 실학사상사 연구의 방향으로 추진되는 계기로 되기를 바라고 있다."[5] 이처럼 그는 동아시아 실학의 연구를 추진해야만 할 과제로 완곡하지만 실은 강하게 제기한 것이다.

미나모또 교수에 이어 일본에서 실학연구를 진전시키는데 기여한 학자는 오가와 하루히사(小泉晴久) 교수가 아닌가 한다. 오가와 교수는 한국에 직접 유학하여 한국 실학을 연구한 경력을 지니고 있다. 이 두 분의 학자 또한 제1회 동아시아 실학 국제학술대회가 출범할 당시에 참석, 찬동을 했던 것이다.

이상에서 출발점으로 돌아가서 살펴본바 한국·중국·일본 세 나라의 17~19세기에 실학으로 일컬어질 수 있는 학술현상이 각기 존재했던 것은 분명한 사실이다. 이 동시대적 공존물에 공동의 관심을 가지고 동아시아실학 국제학술대회를 정기적으로 갖기를 합의하기에 이르렀다. 따라서 한중일의 국경을 넘어서 공존했던 학술현상을 동아시아 실학으로 지칭하는데 일단 합의가 이루어졌지만, 동아시아 실학이란 통일적 개념이 과연 성립할 수 있으며, 있다면 어떻게 설명이 될 수 있는가라는 문제는 본격적으로 따져지지 못했다고 보아야 할 것이다. 요컨대 실학이 '동아시아 실학'이란 일국적 경계를 넘어선 보편적 개념으로 성립할 수 있는 문제이다.

이 문제를 논할 식견을 나는 충분히 갖추지 못했다. 지금까지 나의 공부의 이력履歷이 한국실학에 그치고, 중국실학에 대해서는 약간의 지식이 있다 해도 얄팍하며, 일본실학에 대해서는 제대로 접근하지 못한 상태다. 그럼에도 이번 학술회의를 주재하여 「동아시아 실학, 그 의미와 전개」라고 주제를 제시한 입장에서 그 개념문제를 거론하지 않을 수 없게 된 것이다. 실학을 논하는 마당에서 하나의 참고자료로 되기를 바랄

---

5) 위의 책, 9면.

뿐인데, 여러분들의 가르침을 구해 마지않는다.

2. 동아시아적 차원에서
역사적 의미의 실학의 기원

위 제목에서 '역사적 의미'란 말을 굳이 집어넣은 데는 까닭이 있다. 실학實學이란 두 글자는 본래 '쓸모 있는 학문', 혹은 '진실한 학문'을 뜻하는 말이다. 글자 그대로의 실학이라면 언제나 어디에나 있을 수 있고 또 있어야 마땅한 학문, 일종의 보통명사다. 동양권에서는 공자야말로 참으로 실학을 한 학자라고 말할 수 있지 않겠는가. 한편 오늘날처럼 기능성과 실용성을 중시하는 세상에선 인문학은 '허학'이고 경영학이나 공학 같은 분야야말로 '실학'이라고 부를 수도 있지 싶다. 우리가 거론하는 실학은 이런 시공을 초월한 탈역사적 실학이 아니며, 어디까지나 일정한 시대에 출현한 학문현상을 지칭하는 것이다. 실학을 논하는 자리에서 그 의미를 '탈역사화'시킴으로써 혼선이 빚어지는 일들이 아직도 없지 않다. 실학은 한낱 그 용례에서 찾을 것이 아니다. 그래서 '역사적인 의미의 실학'임을 명시한 것이다.

실학이 한국뿐 아니라 중국·일본의 17~19세기에 공존했던 현상은 우연으로 돌릴 수 없고, 거기에 어떤 필연성이 개재되어 있었다고 보아야 할 것이다. 이 '역사적 동시성'이 발생한 계기, 즉 실학의 역사적 기원을 우리는 어떻게 해명할 것인가?

동아시아에 있어서 17~19세기는 어떤 시대인가? 한 마디로 말해서 지금 우리가 살고 있는 '근대'의 전 단계이다. 요컨대 장구한 시간대에 걸쳐있었던 '중국중심적 세계'의 끝자락에 해당하며, '전지구적 세계'로 진입하는 전단계이다. 서세동점西勢東漸이라고 일컬어지는 서양발發 파장이 극동 지역에 상륙한 것은 16세기 중엽부터였다. 실로 경천동지의 전도와 변화가 예정된 사태였다. 하지만, 서세西勢의 진출이 적어도 19세기 중엽까지는 동아시아에 무슨 충격적인 상황을 연출하지 않았다.

유라시아 대륙의 극서極西에서 발동한 파장이 극동極東에 닿으려면 대서양을 거쳐 태평양을 건너오거나 아프리카 대륙을 돌아서 인도양을 건너와야 하니 지구상에서 가장 늦을 수밖에 없었다. 이런 지리적 조건에다가 유럽의 선진국이 제국주의적 공세를 취하게 된 것이 19세기로 들어와서다. 19세기 이전의 서세西勢는 주로 종교와 학술로 접근했다. 아울러 상호간에 물화의 교역이 차츰 활발해졌다. 이 기간의 동서 관계는 '서학동점西學東漸'으로 일컫는 편이 타당해 보인다.[6] 한반도의 경우는 서세의 물결로부터 사각지대처럼 되어 서양 선박이 근해에 출몰하면서도 직접 상륙하진 않았다. 한반도로 말하면 서세·서학의 간접 영향권에 들어 있었다.

17~19세기 만청滿淸이 안정한 이후로 동아시아 세계는 외형상으로 평온하게 유지되고 있었다. 그러나 실은 무서운 괴력을 지닌 시한폭탄을 내장한 형국이었다. 아니, 자세히 드려다 보면 심상치 않은 문제들을 이미 노정露呈하고 있었다. 서세가 진입한 초기에 벌써 저들이 제공한 신무기가 이쪽의 전쟁에서 형세에 적지 않은 영향을 미쳤지만, 다른 측면으로 학술 사상을 주목해 볼까 한다. 서양인이 눈앞에 나타난 사실 자체로, 둥근 지구를 증명하고 있으니, 중국중심의 천하관天下觀은 부정된 것이다. 주지하다시피 중국중심 천하관의 이론적 기반이 천원지방天圓地方에 두어져 있었기 때문이다. 서세의 출현으로 인해서 동아시아 세계의 체제에는 균열이 발생했다. 문제의 심각성은, 중국중심 세계의 기반에 생긴 이 균열은 다시 복원될 성질이 아니라는데 있었다. 방금 언급했듯

---

6) 여기서 거론한 西勢東漸·西學東漸의 역류 현상 또한 동시기에 진행되고 있었다. 東勢西漸은 일찍이 明의 鄭和에 의해서 시도되다가 중단되었거니와, 서양이 주도한 西勢東漸에 따라 東學西漸·東風西漸의 기류도 상당한 정도로 조성되었다. 이런 등의 사실을 본고에서는 다루지 못했으나 동서문명교류라는 차원에서 양 측면을 아울러서 유의할 필요가 있음을 지적해 둔다.

동아시아 세계는 안정을 유지하는 가운데 중국을 비롯한 각국이 번영을 누렸지만, 균열을 유발한 서세는 파고를 높여서 계속 밀려오고 있었다. 그리하여 마침내 서세는 쓰나미처럼 동아시아 전역을 전복시키는 데까지 발전했던 것이 곧 이어진 역사의 실황이 아니었던가.

나는 이런 사실을 고려해서 17~19세기의 동아시아를 '흔들린 조공질서朝貢秩序'의 체제로 설명하고 있다. 비록 중국중심의 동아시아세계가 해체된 것은 아니지만 심상치 않은 균열이 발생한 상태이기 때문이다.

당시 동아시아 세계에서 조공질서의 흔들림을 가장 선명하게 보여준 곳은 일본이었다. 16세기 말 일본이 주도한 '7년전쟁'은 중국중심의 동아시아 질서에 대한 도전이었거니와, 이후로 중일 간에 조공관계의 복원은 생각할 여지가 없이 되고 말았다. 일본이 이처럼 공세적인 행동을 취한 배경에 서세와의 관계가 놓여 있었다. 일본은 본래도 중국중심의 체제에서 느슨한 고리였거니와, 서세동점의 세계사적 변화의 물결을 타고 (비록 부분적이긴 하지만 서양과 직접 교류하고 무역을 다변화하는 등) 조공질서를 흔드는 역할을 앞장 서 수행했던 셈이다.

그렇다 해서 이 시기의 일본을 두고 '탈중국중심적'이었다고 말하기는 어렵다. 일본은 문화적으로도 '탈중국적' 일면을 나타내긴 했으나 전반적으로 중화문명中華文明=한자문명漢字文明의 자장磁場 속에 들어 있었다고 보아야 할 것이다. '흔들린 조공질서'의 동아시아세계는 한자문명권으로 지속되고 있었다고 말할 수 있다.

17세기 동아시아 세계의 내부에서 일어난 최대의 사건이라면 두 말할 나위 없이 명청교체明淸交替이다. 세계의 중심부가 뒤바뀐, 그것도 화이華夷의 전도轉倒였으므로, 당시 세계의 지식인들에게는 천붕지해天崩地解로 의식되었다. 그토록 심각하고 거대한 사태였으나 청황제淸皇帝가 세계의 주인으로 안주하면서 조공질서는 곧 회복되었다. 중국 역사상에 반복되었던 중심부와 주변부의 교체 현상으로 사례 하나가 첨가된 모양이다. 그렇지만 종래의 반복적 현상과는 그 의미가 확연히 달랐다. 왜냐

하면 이 명청교체는 서세동점西勢東漸이란 전지구적 움직임 속에서 일어
난 사태이기 때문이다. 한반도를 무대로 전개된 7년전쟁에서 명청교체
로 일단락되는 16세기 말로부터 17세기 전반기의 동아시아 상황은 서세
西勢와 직간접으로 관련이 된 터이며, 청황제 중심으로 조공질서가 복구
되긴 했지만 그것은 불안정한 복구일 밖에 없었다. 동아시아세계에서
청황제체제제는 '흔들린 조공질서' 위에서 성립한 바, '흔들린 조공질서'로
유지되다가 마침내 파국을 맞은 것으로 정리할 수 있겠다.

바로 이 '흔들린 조공질서'의 동아시아 상황에서 동아시아 실학은 발
생하고 발전한 것이다. 그렇다면 실학이라고 일컬어진 신학풍으로 학적
사유를 돌리고 실학적 학문방법론을 실천하도록 만든 요인은 어디에 있
었을까? 역시 다른 어디가 아니고 안으로 명청교체, 밖으로 서세동점의
양 측면이라고 보는 것이 나의 관점이다.

명청교체의 현실을 몸으로 겪지 않으면 안되었던 중국의 지식인 고
염무顧炎武(1613~1682)는 목전의 사태를 망천하亡天下로 표현해서 망국亡國과
개념구분을 짓고 있다. '망국'은 역성개호易姓改號의 왕조교체를 뜻하는
데 대해서 '망천하'는 "인의의 도가 단절되고 야만이 세상을 휩쓰는"는
사태를 가리킨다고 말한다. 망천하는 중국적 입장에서의 민족위기를 문
명적 위기로 표출한 것이다. 이런 현실에 당면해서는 필부匹夫까지도 책
임을 져야한다는 것이 고염무顧炎武의 생각이었다.[7] 같은 세대의 황종희
黃宗羲(1610~1695) 또한 생각을 같이하고 있었다. 지식인으로서의 역사의식
이요 주체적 각성이라고 하겠다.

황종희·고염무 등 '망천하'의 현실에 처한 주체적 지식인들은 반청
구국反淸救國의 대열에 직접 참여했다가 패배의 쓰라림을 체감했다. 결국
통한과 고뇌를 안고 물러나서 여생을 오직 학문연구에 바쳤다. 그래서

---

7) 顧炎武, 『日知錄·正始』 卷13: "有亡國, 有亡天下. 亡國與亡天下奚辨? 曰易
姓改號謂亡國, 仁義充塞而至于率獸食人, 人將相食, 謂之亡天下. … 保國者
其君其臣肉食者謀之, 保天下者, 匹夫之賤與有責焉耳矣."

성취한 학문세계는 뼈저린 반성과 발본적 개혁책이 핵심을 이루게 된 것이다.

황종희는 종래의 주류적인 학문경향을 비판하여, "어찌 지금의 심학心學을 논하는 자들은 독서궁리讀書窮理에는 힘쓰질 않고, 이학理學을 논하는 자들은 읽는 책이란 것이 경생經生의 장구章句에 지나지 못하는가?"라고 탄식한다. 양명학陽明學의 말폐로서 공소성, 주자학朱子學의 말폐로서 고루성을 지적한 말이다. 그리하여 "천경지해天驚地解의 현실을 막연히 나와 상관없는 일처럼 본다"[8]고 학자들의 시대현실에 대한 무감각을 통렬하게 지적한 것이다.

양계초는 『청대학술개론』에서 바로 이 시기를 특징적인 청대학술의 출발선으로 잡고 있는바 "이족異族이 중화의 주인으로 들어섬에 지절志節있는 학자들은 그 조정에 서기를 부끄럽게 여겼다. 그래서 성화聲華를 털어내고 오로지 정신력을 집중해서 박학樸學을 닦았다."[9]고 해석을 했다. 청대학술의 특징을 박학으로 파악한 것이다. 예컨대 고염무의 『일지록日知錄』은 '박학樸學의 조祖'로서 후세에 영향을 크게 미친 저술이다. 『일지록』이 박학으로 평가를 받게 된 이유는 '고증의 정확성'과 '학문의 해박함'이었다.[10] 물론 방법론에 그친 것은 아니다. 근본을 구세救世에 두었으니 경세치용經世致用이 학문의 정수이자 목적이었다.

황종희·고염무 등이 중국실학의 비조鼻祖라면 한국실학의 비조로는 『반계수록磻溪隨錄』의 저자 유형원柳馨遠(1622~1673)을 손꼽을 수 있다. 이것이 종래의 통설이다. 유형원은 소년시절에 병자호란의 국치를 경험하고 만청滿淸이 중국의 북경北京에 입성했을 때는 22세의 청년이었다. 당시

---

8) 黃宗羲, 『南雷文案·留別海昌同學序』: "奈何今之言心學者, 則無事乎讀書窮理, 言理學者, 只所讀之書不過經生章句. … 天崩地解落然無與吾事."
9) 梁啓超, 앞의 책: "異族立主中夏, 有志節者恥立乎其朝, 故刊落聲華, 專集精力以治樸學."
10) 『原本日知錄』의 敍例(臺南 唯一書業中心, 1975): "亭林先生日知錄刊行已久, 其考證之精審, 學問之博洽, 膾炙士林, 群推爲淸代樸學之祖."

그는 소회를 "天下披髮 仁義充塞"이라고 표현하고 있다. 명明과 조선朝鮮은 중국중심 체제하에서 명분론名分論으로 연계되어 있는 까닭으로 화이전도華夷轉倒의 사태에 당시 조선인들이 천붕지통天崩之痛을 느꼈던 것은 당연했다고 볼 수 있겠거니와, 유형원은 문명적 위기로 받아들인 것이다. 고염무가 보였던 그 의식형태이다. 유형원은 "야만의 누린내 어느 날에나 청소하랴!(腥羶何日掃)라고, 야만구축의 일을 소망하였다.

그는 만청지배의 현실을 도저히 수긍할 수 없었다. 이에 그는 대인선생大人先生을 대망待望하는데 그런 존재가 출현할 이치는 없었다. 드디어 그는 32세에 우반동愚磻洞이란 외진 곳으로 은거하여 전생애를 저술작업에 바쳤다. 『중흥위략中興偉略』이란 이름만 전하는 책이 있는바 표제로 미루어 문명세계의 부흥을 기도한 내용인 듯하다.11) 그의 주저는 『반계수록』이다. 황종희의 『명이대방록明夷待訪錄』이나 고염무의 『일지록日知錄』과 저술의식 및 경위가 통하고 있다.

유형원은 『반계수록』에 붙인 글에서 "천하국가가 이 지경에 이르러 잘못된 법을 변경하지 않고는 치세治世로 돌아갈 수 없다"12)고 단언한다. 만청체제의 등장은 공도公道의 정치가 실종된 결과로 빚어진 악惡이며, 이를 바로 잡으려면 필히 발본적 개혁을 결행해야 한다는 주장이었다. 그런데 "천지의 이치는 만물에 드러나니 물物이 아니고는 드러날 곳이 없으며, 성인의 도道는 만사로 행해지니 사事가 아니고는 행行해질 바가 없다."13)고 천명한다. 그는 대의와 원칙을 견지하면서도 그것은 사공

---

11) 安鼎福이 편찬한 『磻溪先生年譜』의 현종 3년(1662년) 41세 때의 기록에 "『中興偉略』을 始草했다"고 하고 이어 다음과 같은 사적을 붙이고 있다. "先生以大明淪亡, 國恥未雪, 深以爲恨. 其在扶安, 每於月夜, 以漢音操琴自彈, 聲出金石, 每登舍後絶頂, 北望抆涕, 人莫知其故. 常講究復雪之策. … 彼地險塞, 及水陸站程, 一一記略, 至時始草中興偉略. 書未成以先生卒."(『增補磻溪隨錄』, 경인문화사(1974), 572면.
12) 柳馨遠, 「書隨錄後」: "天下國家, 盖至於此矣; 不變弊法, 無由反治."
13) 柳馨遠, 위의 글: "天地之理著於萬物, 非物理無所著, 聖人之道行於萬事, 非事道無所行."

事功의 실천이 아니면 무의미하다고 생각했다. 그가 구상한 경세經世의 플랜은 구체적 절목節目을 갖춘 내용으로 작성될 수 있었다.

『반계수록』은 조선후기 정치사에 의리義理를 가탁假托한 허위虛僞의 체제 이데올로기에 대한 대안으로 제출된 것이다. 그리하여 『반계수록』은 실사구시實事求是로서 중요시되었다.[14] 『반계수록』이 한국실학의 선구가 된 것은 결코 우연이 아니었다.

17세기 대륙의 정세에 대한 당시 일본 지식인들의 반응은 조선 지식인들과는 사뭇 달랐던 것으로 보인다. 물론 명청의 대결이 어떻게 될지 예의 주시한 것은 마찬가지며, 청의 승리를 '화이변태華夷變態'라고 표현해서 비정상으로 생각한 것도 마찬가지였다. 그런데 조선은 문제를 명분론으로 사고하여 명明과 공동운명체로 생각한데 반해서 일본은 다분히 사태를 관망하는 자세였다. 일본은 중국에 대해 지리적으로 뿐 아니라 인식론적으로 비판적 거리를 두고 있었다. 학적 사고의 논리에 있어서도 거리두기를 하여 '주자학의 일본화日本化'를 진전시켰으며, 양명학을 적절히 활용했다. 오규 소라이[荻生徂徠]는 실증적 문헌학을 수립하고 고학파를 창도한 것이다. 이토 진사이[伊藤仁齋]로부터 오규 소라이에 이르러 일본 실학은 틀이 갖추어진 것이 아닌가 한다.

다시 서세동점이란 세계사적 동향으로 돌아가 보자. 그것은 동아시아가 서구주도의 근대 세계로 진입하는 과정에 해당하지만, 시야를 확대해보면 동서 문명의 만남이라는 인류사적 의의를 지닌 것이다. 일찍

---

14) 영조 때 梁得中(1665~1742)이란 학자는 "假托義理·崇飾虛僞"를 눈앞의 큰 문제로 제기하여, "의리를 내세움으로써 천하를 어지럽게 하고 있다(以義理而亂天下)"고 통렬히 지적하고(『德村集·辭召旨疏』), 實事求是를 그 긴요한 해법으로 역설한 것이다. 그리고 특히 『반계수록』을 거론하고 있다. '의리를 가탁'한 것이란 노론 집권 세력의 尊明反淸一北伐論을 가리킨다. 여기에 덧붙여 설명할 점이 있다. 외형상으로만 보면 유형원의 滿淸에 대한 의식은 당시 노론 집권 세력의 尊明反淸의 논리와 유사해 보인다. 그런데 노론 집권 세력은 정치 이데올로기로 外化한 방식을 취한 데 반해서 유형원은 자아의 각성으로 內化해서 학문적 성과를 이루게 된 것이다.

이 西學을 적극적으로 수용했던 명말의 학자 서광계徐光啓는 자신이 서양 학자를 상대해본 소감을 "(그들의) 백 마디 천 마디의 말에서 충효대지忠 孝大指에 위배되는 것을 하나라도 찾아내고 인심세도人心·世道에 무익한 것을 하나라도 들춰내려 해도 끝내 찾을 수 없었노라"[15]고 찬탄해 마지 않았다. 이렇듯 서학西學에 대한 긍정은 보유론補儒論으로 일컬어진 선각 적 지식인의 견해였다.

조선에서 서양에 대해 개방적인 학자로는 이익李瀷(1681~1763)을 들 수 있다. 그는 서교에 대해서 비판을 가하면서도 "서양 사람들은 대저 특이 한 인물이 많다. 자고로 천문관측이나 기구의 제작, 수학 등은 중국문명 이 따라갈 수 없는 정도이다."[16]라고 과학 기술의 측면에 미쳐서는 서양 의 우위를 인정하고 있다. 그리고 수학과 천문학에 조예가 깊었던 홍대 용洪大容(1731~1783)은 "내 생애에서 서양선박을 탈 수 있게 된다면 상인노 릇을 하더라도 관내후關內侯보다 더 좋게 생각하리라"[17]고 소망했다 한 다. 만약 서양으로 갈 길이 생긴다면 '서울시장' 자리라도 버리겠다는 뜻 이니 얼마나 그가 서양학문에 경도했던지 짐작케 한다.

물론 서양에 대한 일반의 감정은 호의적이었다고 보기 어려우며, 서 교의 침투는 당국의 혹독한 탄압을 불러 일으켰다. 동아시아 삼국이 서 교西教를 접한 경위 또한 각각 다르고 탄압의 강도도 차이가 있으나 이 단시했던 점은 비슷했다. 이에 서학西學까지 싸잡아서 불온시不穩視하는 분위기가 조성되었다. 여기서도 따로 주목할 점이 있는바 서교의 종교 적 침투에 위기의식을 느낀 지식인들 중에는 유교의 근본으로 돌아가서 사상적 대응 논리를 강구하기도 했다는 사실이다.

---

15) 葛兆光,『中國思想史』第二卷 471面 轉引: "…百千萬語中, 求一語不合忠孝 大指, 求一語無益于人心世道者, 竟不可得."(孫尙揚(1994),「早期中西文化交 流中的誤讀及其創造性」,『原學』第一集, 269面, 中國廣播電視出版社).
16)『順庵集』卷17,「天學問答」: "西洋之人, 大抵多異人, 自古天文推步器盟算 數等術, 非中夏之所及也."
17) 朴齊家,「懷人詩·洪大容」: "人生若上西洋舶, 商客優於關內侯."

서세·서학에 대한 학적 대응의 방식은 몇 가지 차원으로 나누어 볼 수 있는 것 같다. 간략히 정리하자면 하나는 서학을 학습하고 수용하는 방식인데 중국 명말의 보유론補儒論은 여기서 개발된 논리이며, 일본의 난학蘭學은 가장 적극적이고 성과도 뚜렷한 것이다. 다른 하나는 사상적 각성의 차원인데 중국중심 천하관에 대한 회의로부터 촉발된 논리가 그것이다. 또 하나는 서교西敎에 대한 사상적 대응인데 유교를 새롭게 해석한 경학經學이 그것이다.

3. 동아시아 실학의 범위, 그 중심과 외연

실학의 개념정립을 위한 논의에서 빼놓을 수 없는 사안의 하나가 그 범위를 구획하는 문제이다. 우리가 역사적 의미의 실학을 논할 때 실학의 상한선과 하한선을 언제로 잡을 것이며, 실학과 비실학을 구분하는 경계를 어떻게 그을 것인가? 이 또한 동아시아적 차원이 되어야할 텐데 내용이 워낙 방만한데다가 모호한 점들을 안고 있다.

물론 동아시아적 차원이라 해도 일국사의 너머에 있는 것은 아닐 것이다. 그래서 우선 각국의 학술사에서 실학으로 호출된 주요 대상을 잡아 하나의 도표로 작성해 본다. 실학은 어디까지나 저술의 형식으로 표현된 것이기에, 실학의 주체로서의 학자들, 이들의 각기 대표 저술을 열거한 방식이다.

동아시아 실학 개관표

세기	중국	한국	일본	주요사항
17	李贄(1527~1602) 李氏焚書 徐光啓(1562~1633) 農政全書 黃宗羲(1610~1695)	李睟光(1563~1628) 芝峯類說 許筠(1569~1618) 惺所覆瓿槁	熊澤蕃山(1619~1691) 集義和書 山鹿素行(1622~1685)	江戸幕府(1605)

	明夷待訪錄 方以智(1611~1671) 物理小識 顧炎武(1613~1682) 日知錄 王夫之(1619~1692) 周易外傳 梅文鼎(1633~1721) 梅氏叢書 顏元(1635~1704) 四存編	柳馨遠(1622~1673) 磻溪隨錄 尹鑴(1617~1681) 讀書記 朴世堂(1629~1703) 思辨錄	中朝事實 伊藤仁齋(1627~1705) 童子問 貝原益軒(1630~1714) 養生訓 新井白石(1657~1725) 西學紀聞	丙子胡亂(1636) 明淸交替(1644) (日)元祿時代 (1688~1704)
18	江永(1681~1762) 律呂闡微 惠棟(1697~1758) 九經古義 戴震(1723~1777) 孟子字義疏證 錢大昕(1728~1804) 潛研堂全書 章學成(1738~1801) 文史通義	李瀷(1681~1763) 星湖僿說 李重煥(1690~1752) 擇里誌 柳壽垣(1694~1755) 迂書 安鼎福(1712~1791) 東史綱目 洪大容(1731~1783) 湛軒叢書 朴趾源(1737~1805) 熱河日記 柳得恭(1749~?) 渤海考 朴齊家(1750~1805) 北學議	荻生徂徠(1666~1728) 政談 太宰春台(1680~1747) 聖學問答 *安藤昌益(1703~1762) 自然眞營圖 富永仲基(1715~1746) 說蔽 三浦梅園(1723~1789) 價原 *前野良澤(1723~1803) 解體新書 *本居宣長(1730~1801) 古事記傳 *杉田玄白(1733~1817) 蘭學事始	(韓)英正時代 (中)乾嘉學派
19	阮元(1764~1849) 學海堂經解 龔自珍(1792~1841) 定盦文集 魏源(1794~1856) 海國圖志	丁若鏞(1762~1836) 與猶堂全書 徐有榘(1764~1845) 林園經濟志 金正喜(1786~1856) 阮堂全書 崔漢綺(1803~1877) 明南樓叢書 沈大允(1806~1872)	橫井小楠(1809~1869) 國是三論 左久間象山(1811~1864) 省諐錄	(中)阿片戰爭 (1840) (日)明治維新 (1868) (中)洋務運動 (韓)開港(1876)

		沈大允全集 朴珪壽(1809~1876) 瓛齋集 南秉哲(1817~1863) 圭齋集		
*康有爲(1858~1927) 大同書	*金玉均(1851~1894) 治道略論		*福澤諭吉(1835~1901) 文明論之概略	淸日戰爭(1894)

*실학의 경계에서 논의를 요하는 경우를 표시한 것임

위의 극히 개략적인 도표는, 임의적인 것이 아니고 각국의 학술사에서 공인받고 있는 학자와 저술을 정리한 것이지만 뚜렷한 객관적 기준을 가지고 작성된 것이라고 말하기는 어렵다. 그렇긴 하나, 동아시아 실학이 무엇이냐는 질문에 구체적 실체로서 제시할 수 있는 것이 되지 않을까 한다.

앞서 제기한 실학의 범위와 경계에 관한 사안에서 실학의 시간대를 획정하는 문제는 재론할 것이 없다고 본다. 기왕에 대체로 합의가 이루어진 사안이고 본고에서도 실학시대가 성립하게 된 배경을 이미 설명했기 때문이다. 그런데 실학시대의 하한선을 딱히 언제로 정하느냐는 문제가 아직 남아있긴 하다. 그 시점을 근대적 세계를 향해서 문호를 개방한 개항으로 잡으면 동아시아 삼국 간에 시차가 존재한다. 삼국에 공통된 시점을 잡자면 중국중심 체제의 전도, 한자문명의 붕궤가 결정적으로 도래한 청일전쟁의 1894년이 될 것이다. 이처럼 하한선을 언제라고 연도까지 못 박기는 어렵다. 실학 그 자체가 한자문명권의 소산이므로 동아시아가 전지구적 근대 세계로 진입한 단계에 실학의 하한선이 그어질 것임은 분명하지만 그 연대는 다소 유동적으로 폭을 두는 편이 좋을 것이다.

실학의 하한의 경계상에서 활약한 인물로 중국의 강유위康有爲, 일본의 후쿠자와 유키치[福澤諭吉], 한국의 김옥균金玉均을 위 도표에서 거명해

두었다. 이들을 동아시아적 차원에서 실학자로 볼 수 있을지 검토를 요한다. 강유위는 사고의 논리가 매우 혁신적이지만 유교에 기반하고 있음에 비추어 후쿠자와 유키치는 그의 학문이 그야말로 실학적이지만 탈유교이고 반유교적이다. 김옥균의 경우 강유위와 후쿠자와 유키치의 중간쯤에 위치하는 것이 아닌가 싶다.

우리가 실학을 인식함에 있어 하한의 경계상에서는 그 계승의 측면을 고려해서 폭을 넓게 잡아둘 필요가 있다고 본다. 상한의 경계상에서도 마찬가지다. 실학의 연원을 중시, 실학적 경향을 위로 소급해서까지 챙기는 노력은 바람직한 일이라고 보겠다.

1) 실학의 中心과 外延

지금 이 실학의 범위를 획정하는 문제에서 제일 난제는 실학을 변별해내는 일이다. 학문을 수행한 학자들과 각기 결과물을 공시적共時的으로 놓고서 실학자와 비실학자, 실학과 비실학의 경계를 어떻게 지을 것인가? 실학을 논하는 자리에서 늘 쟁점이 되었고 아직 신통한 해법이 나오지 못한 사안이다. 나는 이 문제에 당해서는 하나의 논리적 전제가 필요하다고 본다. 중심과 외연의 관계를 고려할 필요가 있다는 것이다. 즉 실학을 파악하는데 중심성을 확실히 세우되 외연에 미쳐서는 유연하게 가자는 논법이다. 방금 실학의 시간적 경계선에서도 이 논법을 적용한 셈이지만 공시적으로 실학을 규정함에 당해서는 필히 적용해야할 방안이 아닌가 한다.

이러한 논법은 일관된 원칙을 잃은 것 같기도 하다. 엄정해야 마땅한 학문상의 규정을 그렇게 일관성 없이 편의적으로 처리할 수 있느냐는 비판을 예상할 수 있다. 그런데 인간의 정신적 현상은 애초에 자연의 물리적 현상과는 다르지 않은가. 더구나 우리가 지금 다루는 실학이란 학문 현상은 제도적인 것이 아니고 오직 진보적인 학술운동으로 출현한 것이었다. 미리 개념과 범위를 정해놓고서 실천한 것이 아니었다. 후세에 그것을 실학으로 인식한 것이다. 따라서 중심을 확실하게 견지하면서 외연을 유연하게 처리하는 편이 오히려 실학의 현실성·역동성을 포착하는 묘방이 아닐까.

중심과 외연의 관계에서 중요하고 먼저 살펴야 할 곳은 물론 중심부다. 무엇이 실학이냐, 어떻게 하는 공부가 실학이냐는 물음의 해답은 아무래도 그 중심에서 찾아야 할 것이기 때문이다. 이 대목에서 관건은 주체와 주체의 실현, 이 양자의 관계에 있다고 나는 생각한다. 요컨대 실학이란 학문의 성격을 주체의 확립과 그 실천의 논리 구조에서 발견하려는 것이다.

무릇 학문이란 '나'에게서 나오는 것이요, '나'의 밖에서 의미를 갖게 되는 것이다. 전자는 주체의 표현 형식이고 후자는 주체의 실현 방법인 셈인데, 이 양자를 통일적으로 사고하는 것이 동양 학문의 전통이었다. 유학이 지향하는 기본 틀이다. 전자는 수기修己, 후자는 치인治人으로 표현해 왔다.

2) 修己治人의 구도와 尙古主義

수기는 인간의 주체적(도덕적) 각성의 측면이며, 치인은 인간의 사회적 실천의 측면이라고 말할 수 있겠다. 공자는 제자들에게 수기를 비상하게 강조했던바 한 제자가 수기에서 그치느냐고 묻자 "수기이치인修己以治人"(자기를 닦아서 사람들을 편안하게 함)을 말했고 또 무엇이 더 있느냐고 묻자 "수기이안백성修己以安百姓"(자기를 닦아서 백성을 편안케 함)을 말했던 것이다.18) '사람들을 편안케 하는 것'이나 '백성을 편안케 하는 것'이나 두 말할 나위 없이 치인의 측면이다. 또한 공자가 "인仁이 무엇이냐"는 물음

---

18) 『論語·憲問』: "子路問君子, 子曰: '修己以敬.' 曰: '如斯而已乎?' 曰: '修己而安人.' 曰: '如斯而已乎?' 曰: '修己以安百姓. …'"

에 "극기복례克己復禮를 가리켜 인仁이라 한다"고 했듯이, 수기치인은 유학의 핵심 개념인 인仁과 직결되어 있다.19) 인仁을 이루는 방법론이 수기치인이라고 보아도 좋을 것이다.

수기와 치인은 예로부터 내성內聖과 외왕外王이란 개념으로 표현되기도 했다. 안으로 성인의 덕을 닦는다는 뜻에서 내성內聖이고 밖으로 왕자王者의 정치를 실현한다는 뜻에서 외왕外王이니 수기치인과 내성외왕은 의미 내용이 일치하는 것이다. 한편으로 유학의 논리에서 수기=내성은 본本이며 체體요, 치인=외왕은 말末이며 용用으로 규정했다. 이런 논리 구조를 따르면 중요도가 전자에 있고 후자는 경홀한 것처럼 여겨지기 쉽다. 그러나 원론적으로 양자의 사이는 경중과 우열을 둘 성질이 아니다. 체용본말體用本末은 어디까지나 논리체계로서 상호 관통하여 하나로 통일되어 있는 것이다. 가령 유학이 제시한 이상적 좌표인 수신-제가-치국-평천하에서 수신은 본=체에 해당하고 치국평천하는 말=용에 해당할 텐데 치국평천하가 어찌 가볍고 소홀히 여길 일이겠는가.

요는 수기=내성과 치인=외왕의 사이에는 경중이 있을 수 없고 하나의 전체로서 균형을 이뤄야 마땅하다. 이 곧 공자의 가르침이요, 그래야만 제대로 된 학문이라고 일컬을 수 있을 것이다. 그런데, 명청대와 조선조에서 관학으로 주류적 위치에 있었다고 볼 수 있는 주자학朱子學의 경우 치인의 측면을 소홀히 했다는 지적을 후세에 허다히 들었다. 수기에 치중한 나머지 결과론적으로 치인의 측면이 경시된 것이 사실이다. 하지만 나는 이런 지적이 전적으로 맞는다고 생각하지 않는다. 주자朱子 자신이 시무時務를 중시했고 후세에 존경을 받을만한 치적治績도 있었다. 문제는 수기에 치중한 그 논리이다. 이기심성理氣心性의 이론을 도입해서 수기와 치인을 체계화한 것이다. 때문에 주자학을 성리학性理學 혹은 이학理學으로 일컫게 되었다. 이기심성理氣心性의 이론적 추구는 유학의 철

---

19) 『論語·顏淵』: "顏淵問仁, 子曰: '克己復禮爲仁. 一日克己復禮, 天下歸仁焉. 爲仁由己, 由人乎哉?'"

학적 심화와 함께 주체의 도덕적 확립에 강점이 있었다. 주자도 실학을 주장했고 주자학이야말로 실학이라고 보는 견해가 있는데 이는 주로 수기의 측면인 내면의 확충, 곧 주체의 확립을 평가한 발언이었다.

청대로 와서 황종희를 계승한 학자 안원顔元은 "필히 정주程朱를 한 치라도 깨뜨리고 들어가야 비로소 공맹孔孟으로 한 치라도 들어갈 수 있다"[20]고 선언을 한다. 주자학은 유학의 본령에서 이탈한 것으로 치부하고 있다. 양명학 또한 주자학을 반대해서 일어난 것이지만, 주자학의 이理를 심心으로 대체한 형식이었다. 이런 까닭에 앞장에서 인용한바 "어찌 지금의 심학心學을 논하는 자들은 독서讀書 궁리窮理에 힘쓰지 않고 이학理學을 논하는 자들은 읽는 책이란 것이 경생經生의 장구章句에 지나지 못하는가"라는 황종희의 심학心學을 이학理學과 싸잡아서 지탄한 발언이 나왔다. 물론 이학과 심학의 말폐를 지적한 말이다. 하지만 거기서 그치지 않고 학문을 어떻게 해야 하느냐는 근본적인 반성을 하게 되었다. 마침 그들이 처한 시대가 발본적인 반성, 획기적인 대책을 요망했기 때문이다. 그러자면 응당 유학의 기본 틀인 수기치인으로 돌아가서 학적 논리를 다시 가다듬지 않을 수 없었다. 17세기 이래 신학풍이 바로 그것이며, 우리가 실학이란 개념으로 파악하고 있는 그것이다.

그렇다면 실학의 특징적인 패러다임은 어떤 것인가? 물음의 해답은 수기와 치인의 체계에 있다. 결론적으로 말해서 수기의 측면으로 경학, 치인의 측면으로 경세학이다. 주체확립에 해당하는 이론적 기반을 경전의 해석으로 다지고 아울러 경세치용經世致用의 학문으로 정치적 실천을 기획한 것이다. 한국학술사에서 실학을 집대성한 존재인 정약용丁若鏞은 자기 학문의 총체를 "육경六經·사서四書에 대한 연구로 수기를 삼고 일표一表·이서二書(경세유표와 목민심서·흠흠신서를 가리킴, 인용자)로 천하국가를 위하려 했으니 본말本末을 구비한 것이다."라고 스스로 천명했는데, 이것이 바로 실학이란 학문체계의 전형적 사례라고 하겠다. 『청대학술개

---

20) 顔元, 『習齋記餘』: "必破一分程朱, 始入一分孔孟."

론』에서 양계초는 "청학淸學은 경학經學으로 중견中堅을 삼고 있었다"고 하면서 "경학에서 성과가 높은 경우는 여러 경전에 거의 모두 새로운 해석을 내놓았음"을 지적한 바 있다. 청대 경학의 성황은 『황청경해皇淸經解』라는 방대한 저작집이 증명하고 있거니와, 이러한 방향의 길을 연 것은 다름 아닌 황종희·고염무 등 명말청초의 학자들이었다. 이들의 학문의 종지宗旨가 경세치용經世致用에 있었음은 공인된 사실인데 경학의 이론적 기반 위에서 발본적인 개혁의 논리를 구축한 것임이 물론이다. 일본 실학의 성립과정에서도 이 논법이 적용될 수 있는 것으로 보인다. 일본 실학을 개창하고 확립한 이토 진사이[伊藤仁齋]나 오규 소라이[荻生徂徠] 역시 경학의 신해석과 함께 개혁적인 사회사상을 제창한 것이다.

실학이란 학문은 경학으로 본체를 삼음으로 해서 스스로 자기 성격을 갖게 되었다. 다름 아닌, 경전의 세계인 고대로 돌아가자는 복고적 경향이다. 개혁을 주장하면서 개혁의 지침을 요순堯舜 및 공자로 잡은 것이다. 상고주의尙古主義이다. '경전적 고대'로 회귀를 의도한 실학의 상고주의는 현행의 제도를 부정하기 위한, 발본적 개혁의 의지를 담은 것임이 물론이다. 실학의 상고주의는 개혁주의라고 보아도 좋은 것이다.

당연한 말이지만, 우리가 실학으로 파악하는 학술 현상은 어떤 단일한 성격으로 고정되어 있었던 것이 아니다. 위 도표에 그려져 있듯 3백년에 이르는 동안 전변하는 시대 상황에 적응도 하고 대응도 하며 전개된 것이다. 그런 과정에서 자기 발전과 함께 갖가지 변화도 생기면서 실학은 다양성과 풍부화를 이뤄냈다. 유학적 수기-치인의 틀에 의거한 경학과 경세학의 기본 구도는 실학의 원형으로 유지된 터이지만, 학적 경향을 달리하면서 유파의 분화도 발생한 것이다. 이 복잡한 실상을 모두 포괄해서 논한다는 것은 거의 불가능에 가까운데 주요하다고 간주되는 몇 가지 사항을 들어서 간략히 언급해 둔다.

3) 實事求是와 실학

실사구시는 널리 알려진 대로 실학시대에 와서 특히 부각된 문자이다. 공리공담을 탈피하고 허위의 이데올로기를 배척해서 실사구시로 돌아와야 한다는 취지에서 보면 실사구시는 곧 실학의 정신이다. 그런데 실사구시란 문자는 오늘날까지 종종 매우 긴요하게 쓰이고 있으니 실학의 시간대를 넘어서 현대적 의미를 지니고 있는 셈이다. 각기 처한 현실의 맹점에 따라 그 겨냥한 곳이 다르기 마련인데 여전히 허위와 부실이 심각한 상태라서 실사구시를 요망하는 것이 아닌가 싶다. 이처럼 경구로 쓰이는 일반적 의미의 실사구시가 있고 경학의 방법론으로서 개발된 학술사적 의미의 실사구시가 있다. 곧 경전의 원문을 주관성을 배제하고 객관적 실증에 의거해서 접근하는 방법론을 가리켜 실사구시라고 일컬은 것이다. 실사구시의 방법론은 금석학金石學·문자학文字學·성운학聲韻學 등을 보조학으로 이용했던 바 이들도 각기 하나의 학문으로 발전하기에 이르렀으며, 실사구시를 강조한 나머지 그 나름으로 하나의 입장을 이루게도 되었다. 마침내 경세치용학으로부터 실사구시학으로 학파적 분화가 일어난 것이다.

4) 利用厚生의 학술

원래 수기는 인민 일반의 삶을 풍요롭게 하고 편안케 하는 방도를 강구하는데 두어져 있었다. 따라서 생산기술을 발전시키고 민복民福을 증진시키는 일을 결코 소홀히 할 수는 없는 노릇이었다. 이 문제와 직결되어서 이용후생의 학술이 일어난 것이다. 이용후생이란 개념 자체가 경전적 근거를 지니면서 정덕正德을 전제한 것이었다.[21] 하지만 이용후생

---

21) 『書經·大禹謨』:"正德·利用·厚生, 惟和"

을 강조하는 경우 종래의 유교적 사고와는 방향을 다소 달리하게 된다.
'공업과 상업이 모두 근본이다(工商皆本 - 黃宗羲)'라는 주장을 했는가 하면
민부民富를 국부國富보다 우선시하는 논리22)도 제기되었다. 나아가서 '가
국家國의 실용'에 이바지하는 '격치格致의 실학'을 들고 나오기도 한 것이
다.23) 여기서 주목한바 이용후생을 사고하게 되면 서양의 학술도 유리
하다면 받아들여도 좋다는 식으로 열릴 수 있었다. 일찍이 '무본실학務本
實學'을 제창하여 『농정전서農政全書』를 저술한 서광계徐光啓가 그러했거
니와, 일본의 난학蘭學은 이용후생의 학술 그것이었다. 한국의 경우 박지
원朴趾源을 중심으로 18세기에 이용후생학파가 형성되어 19세기에 남병
철南秉哲·박규수朴珪壽를 거쳐 김옥균金玉均으로까지 이어졌다. 한편 이
용후생을 중시한 배경으로 상공업의 발전을 고려할 필요가 있는바 당시
상업자본의 요구를 대변한 성격을 지닌 것이었다.

5) 脫尙古主義와 탈유교의 방향

위에서 실학은 발본적 개혁을 의도한 까닭에 복고를 취한 것으로 보
았다. 복고에 비례해서 개혁적이 되는 역설이 성립했다. 돌아가려는 곳
은 '경전적 고대'이니 유교사회를 구상한 것으로 간주할 수 있다. 그러므
로 실학은 유교를 떠나있는 것이 아니다. 주자학이 신유학이라면 실학
은 '혁신유학'이라고 불러도 좋은 것이다. 그런데, 시대의 진행에 따라
실학이 전개되는 과정에서 상고주의를 반대하고 유교를 이탈하려는 경
향까지 출현했다. 유교와 유교의 경전은 동아시아세계에서 장구한 시간

---

22) 王夫之, 『宋論』 권12: "緒富民以後, 國可得以息也."
23) 南秉吉, 「海經細艸解序」: "象數相因以生, 故六合之內目之所睹·耳之所
聞·手之所作·心之所思, 莫不有自然之數, 以天下國家經濟之術係焉. …
(數) 蓋格致之實學, 家國之實用, 經世者首務." 『海經細艸解』는 南秉哲의
수학에 관한 저서이다.

대에 걸쳐 구축된 정신적 기반이고 '문화적 장성長城'이기도 했다. '경전적 권위'에 대한 도전과 해체가 어떤 모양으로 일어났던가 하는 주제는 실로 흥미로운 사안이 아닐 수 없다. 명말에 등장한 이지李贄는 일찍이 성인의 권위에 도전장을 냈던바 그의 급진 사상이 사회 체제를 바꾸는 데는 직접적 역할을 하지 못했으나 사상적 충격과 문학적 영향은 동아시아세계에 두고두고 미쳤다.

한국실학사의 대미를 장식한 최한기崔漢綺는 "예로부터 오늘에 이르는 4~5천 년 동안에 대기운화大氣運化는 조금도 차이가 없으나 인간의 식견은 여러 곱으로 차등이 있다"[24]고 천명했다. 최한기는 대기운화를 인식하는 인간의 지식이 시대를 내려올수록 발전했는데 그 지식체계를 기학氣學으로 표현했다. 상고주의가 극복됨으로서 경전적 권위는 설 자리를 잃은 것이다. 최한기에게 있어서는 경학이 기학으로 대체된다. 최한기의 주저가 바로 『기학』, 그 사회적 실천을 기획한 『인정人政』이었다. 정약용의 경학 – 경세학의 구도가 최한기로 와서는 기학 – 경세학으로 개편된 모양이다. 최한기에 있어서 탈상고주의로 경전적 권위는 부정되기에 이르렀으나, 탈유교로까지 간 것은 아니었다. 수기 – 치인의 구도는 내용이 달라졌음에도 틀을 유지하고 있는 것이다.

일본 학술사에서는 일찍이 고학파古學派가 성립하긴 했지만 상고주의의 기치를 세운 것 같지 않으며, 이후로 탈유교의 방향에서 사상운동이 비교적 활발하게 일어났다. '자연세自然世'를 설교한 안도 쇼에끼[安藤昌益], 유교와 불교를 함께 신앙의 대상이 아닌 분석의 대상으로 삼았던 도미나가 나카모토[富永仲基], 석가와 공자가 말한 것도 스스로 경험한 것이 아니면 받아들일 수 없다고 사고한 미우라 바이안[三浦梅源] 등이 출현한 것이다.[25] 그리고 일본혼日本魂을 추구한 국학파國學派와 서양에 경도한 난

---

24) 崔漢綺, 『運化測驗』 卷1.
25) 加藤周一, 김태준·노영희 옮김(1996), 『日本文學史序說』 2, 시사일본어사, 139~202면.

학파蘭學派의 성립은 일본 학술사에서 특이한 면모이다. 안도 쇼에끼의 독특한 글과 그 글에 담긴 사상, 더욱이 국학國學과 난학蘭學을 동아시아 실학의 범주에 포함시킬 수 있는 것인가? 검토를 요하는 사안인데 본고에서 제시한 중심과 외연의 논법을 적용하자면 실학의 경계에 위치한 외연으로 파악할 수 있지 않은가 한다.

6) 실학의 외연

중심과 외연의 설정은 일종의 인식론적 전략이다. 우리가 실학의 중심을 확실하게 잡은 다음 모호할 밖에 없는 외연에 미쳐서는 유연하게 포괄하자는 생각이다. 그렇다면 이런 외연의 영역을 어떻게 정리할 것인가? 구체적으로 들어가면 또한 만만찮은 과제인데 지금은 거기에 고려해야할 몇 가지 차원을 들어두는 것으로 그친다. 학문 주체가 실학의 경계에 서 있는 사례는 이런 저런 경우를 상정할 수 있다. 가령 한국 실학의 중심부인 성호학파星湖學派의 계보에 속하는 인물이라 해서 모두 실학자인가? 그렇게 말하기 어려운데 그 가운데는 어중간한 학자도 있다. 방금 거론한 일본 실학에서 안도 쇼에끼나 국학파國學派의 모토오리 노리나가本居宣長는 실학의 경계인이라고 볼 수 있겠다. 한 주체가 남긴 성과를 보더라도 대개는 실학으로 일관되었다고 단언하기 어려운데, 거기에도 중심과 외연의 관계가 존재하는 셈이다. 따로 또 실학의 외연으로 파악해야 할 광대한 영역이 존재한다. 실학시대에 실학의 영향권에서 형성된 문학과 예술이 그것이다. 그중에서도 문학 분야는 실학과의 연계가 긴밀해서 박지원 같은 존재는 문학 창작이 실학의 외연이 아닌 중심이 되고 있었다.

4. 맺음말

이상에서 동아시아 실학은 다른 어디가 아니고 그것이 존립한 시대, 17~19세기 동아시아의 '흔들린 조공질서'에 기원한 것으로 설명을 했다. 실학으로 일컬어지게 된 신학풍은 당시의 시대 사정을 뚜렷이 자각한 주체가 개혁·개방을 모색한 학술사상이었다. 때문에 실학의 세계는 경세치용經世致用에 요지가 있었으며, 그 이론적 기반으로 경학이 중요했다. 한편으로 실학은 당초에 서학에서 촉발되어 일어났던 터이므로, 서학을 수용하고 참작하여 수학·천문학과 기술학 등의 분야에서 신경지를 열었다. 방법론적인 면에서는 실사구시를 특징으로 하고 있었다. 세계사적으로 말하면 실학은 서세동점의 움직임에 주체적 대응의 의미를 갖는 것이다.[26]

동아시아의 삼국에 공존했던 실학은 종전의 이학理學이나 심학心學과는 존재 양상에서 다름이 있다. 각기 주자학朱子學(宋學)과 양명학陽明學으로 일컬어지듯 모두 '세계'의 중심부에서 발원하여 주변부로 전파된 것이었다. 실학의 경우 서로간의 연관 관계는 찾아볼 수 있으나 발원처가 어느 한곳에 있는 것은 아니었다. 어디까지나 각기 자기 자신이 현재 처한 여건, 실지·실정에 입각한 학술 사상이다. 현실학의 의미가 확고한

---

26) 실학의 개념을 '實心實學'으로 표출하는 입장이 있다. 이는 일본의 실학연구를 대표하는 학자인 小川晴久 교수가 견지해 온 견해이다. 이번 제10회 동아시아 국제학술회의에서도 小川 교수가 발표한 논문의 제목은 「實心實學 槪念의 歷史的 使命」이었다. '實業의 學', '實用의 學'으로 편향한 근현대에 대한 문명사적 반성으로 '실심실학'을 제창한 것이다. 실심실학이란 개념은 현대적 병리의 정신적 각성제로서 그 진정성을 충분히 이해할 수 있고 의미도 크다. 그러나 실학의 인식론상에서는 문제점이 있고 혼선을 초래할 우려마저 없지 않은 것으로 생각된다. 실심실학을 내세우게 되면 실학의 수기-치인의 전체구조에서 일면만 드러낸 문제점이 있다. 그리고 실심실학이라면 실학을 관념화·추상화로 끌고 가서, 결국 탈역사화시키게 될 것이다. 나는 실학이라면 그 안에 이미 '실심'의 의미가 담기는 것으로 본다.

데 당시 동아시아 상황, 역사 환경의 공통성이 학문의 공통성을 만들어
낸 것이다.

　요컨대 동아시아 실학은 인식론적 개념이다. 인식의 틀로 볼 수 있다
는 말이다. 다시 원점으로 돌아가서 그런 개념이 왜 필요한가라는 물음
을 던져보자. 이름보다 실물이 먼저이므로 달리 무엇이라고 일컬어도
무방하며, 굳이 통일적 개념을 붙이려 들 것이 무엇이냐고 생각할 수도
있겠다. 여기서 유의할 점은, 동아시아 삼국에 '역사적 동시성'으로 공존
했던 신학풍에 대해 근래 동아시아 삼국의 학자들 사이에서 공동의 관
심이 일어났다는 사실이다. 우리가 경험했던 근대의 일국사적 경계를
넘어서 동아시아적 시각을 연 것이며, 거기에 서구 중심의 세계주의를
극복하려는 의식이 담겨있다.

磻溪 柳馨遠의
變法論的 實學風

김 태 영 ㅣ 경희대학교 명예교수

1. 머리말

성리학[道學]에 관한 이해가 깊어지면서 조선 사림은 주자학을 마치 '태양이 중천에 떠 있음'과 같은 '왕정王政' 실현의 빛이라고까지 숭상하였다. 드디어 16세기 후기에 사림정치의 시대를 맞게 된 그들은 '왕정'의 실현을 직접 추진해보기도 하지만, 한편으로는 그들 상호간의 정치적 출처出處에 관한 가치논쟁에 몰입하면서 끝없는 당쟁의 길로 들어서게도 되었다.

그런데 조선왕국은 1592년 임진왜란을 맞아 7년간이나 전란에 휩싸였다. 더구나 1636년에는 병자호란을 맞아 지금까지 '오랑캐'로 여겨온 여진족의 청淸나라에 무릎 꿇어 항복할 수밖에 없는 미증유의 국치를 겪게도 되었다.

그리고 중국에서는 명明나라가 망하고 청淸이 중국 천하의 주인으로 등장하는 세계사적 변동이 일어나게 되었다. 그런데 병자호란의 엄혹한 '국치'를 겪은 이후 조선의 집권당은 더더욱 주자학을 유일한 지배이념으로 삼아 의존하고 '이단'을 배격하는 강고한 정책을 추진해갔다.

그러나 한편, 심성론心性論 위주의 성리학 통치이념은 양란兩亂으로 크게 피폐해진 국가와 민생의 현실문제의 해결에는 극히 비현실적이라는 사실 또한 너무나 객관적으로 드러나고 있었다. 이에 통치체제의 근본적 개혁을 통해 국가와 민생의 현실적 과제를 해결하고자 하는 새로운 학풍으로 '실학實學'이 형성되기에 이르렀다.

조선 후기의 실학은 흔히들 17세기의 반계磻溪 유형원柳馨遠(1622~1673)에서 하나의 학풍으로 체계화하였다고 한다. 그에 앞서 구암久菴 한백겸韓百謙(1552~1615)이라든가 지봉芝峯 이수광李睟光(1553~1628), 그리고 미수眉叟 허목許穆(1595~1682) 등의 선구자들이 있었지만, 실학을 하나의 학풍으로 체계화한 것은 역시 반계에 와서였다는 것이 현금의 통설이다. 그래서 반계 실학에 관한 연구는 비교적 일찍부터 시작되었으며,[1] 지금으로서는 일일이 다 열거할 수 없을 정도로 다방면에 걸쳐 많이 진척되어 있다.

이제 필자의 이 연구는 첫째, 반계의 소위 '실리론實理論'이 그의 변법론變法論과 어떻게 연관되는가를 고찰함으로써 성리학에서 출발한 그의 학문이 어떻게 '실학'으로 발전하게 되었는가를 밝히고자 한다.[2] 후술하겠지만, 처음에 주기론主氣論의 견지를 취한 반계는 오랜 고심 끝에 '리理'가 '실리實理'인 것임을 스스로 '각득覺得'하게 되었고, '실리론'의 관점에서 역사와 현실을 전혀 새롭게 해석하기에 이르렀다. 이에 그는 '변법變法'을 통해 국가를 근원적으로 개혁함으로써야[3] 이에 튼튼한 민생을 기초로 하는 치세治世를 실현하고 '왕정'을 구현할 수 있다는 새로운 사유

---

1) 본격적 연구가 이미 千寬宇(1952~3) 「磻溪 柳馨遠 연구」에서 시작되었다.
2) 이에 관한 선구적 연구로는 李佑成(1988), 「初期 實學과 性理學과의 관계」 참조. 이 논문은 새로운 자료를 통해 磻溪 實學의 철학적 기초를 처음으로 밝히었다. 즉 "반계는 主理論者로서, 理는 實理라고 강조하고 實理로써 천하의 實事에 대처하려 하였다. 『반계수록』의 대저술도 이러한 實事 대처의 정신에서 나온 것이다" 라는 사실을 논증함으로써, 이 방면 연구의 새로운 礎石을 놓게 되었다. 李佑成 교수는 또 磻溪의 理氣·心性論을 비롯한 몇 가지 자료들을 발굴하고 「磻溪先生年譜」(曾孫 發 草綠·安鼎福 修輯·李家源 謹校)를 收載하여 『磻溪雜藁』라는 책으로 편찬하였는데(1990년 麗江文化社 간행), 이 또한 반계 연구의 기본 자료집이다.
3) 金駿錫(1992), 「柳馨遠의 變法觀과 實理論」 『東方學志』 75; (2003), 「朝鮮後期 政治思想史 硏究─國家再造論의 擡頭와 展開」, 지식산업사도 반계의 實理論과 '變法'論의 상관성과 그 실학적 전개의 내용을 고찰한 연구이다. 그런데 이 연구는 반계의 '변법론'의 본질을 소위 '國家再造論'으로 인식한다. 즉 "(반계는) 이 시기 집권체제의 위기…극복의 방안 역시 廢法의 변혁에 있다고 보고 國家再造의 방략을 '變法'의 차원에서 모색"(위의 책, 114면)하였다는 것이 그의 기본 논조이다. 그러나 반계는 실상, 三代 이후의 모든 통치법제는 지배층의 私欲으로 만들어진 것이라고 확신한다. 그러므로 반계의 변법론은 결코 국가를 '再造'하고자 함이 아니요, 三代 王政의 구현을 목표로 하는 국가 '改革論'이라고 필자는 이해한다. 金泰永(1998), 『實學의 國家 改革論』, 서울대학교 출판부 참조.

체계를 확립하였다. 그는 이를 『반계수록磻溪隨錄』이라는 저술로 집약하였는데, 여기서 그의 실학풍이 체계화하여 드러나게 되었다.

그리고 둘째, 변법을 통해서 구현하고자 하는 그의 '왕정'론이 가지는 의미를 역사적 맥락에서 고찰함으로써 조선후기 실학의 객관적 독자적 의의가 무엇인가를 밝히고자 한다. 물론 현재로서도, 반계의 경우를 포함한 조선후기 실학 전체를 두고서 과연 그 독자적 학풍으로서의 정체성을 인정할 수 있는 것인가에 관한 다소의 논란이 없지는 않다. 그러나 이 문제는 필자가 여기서 굳이 논평할 성질의 것은 아닌 듯하다. 이 글에서 해명하고자 하는 것은, 각 시대마다 절실한 구폐책救弊策으로 제시하는 소위 시무론時務論, 특히 조선왕조 말기까지 행세한 성리학적 시무론 내지 경장론更張論 이외에 다시 무슨 독자적 성격을 띤 '실학'적 개혁론이란 것이 따로 있었는가 하는 자못 오랜 의문에 관한 해답이다. 그것이야말로 무릇 조선 후기 실학의 독자성이란 무엇인가를 탐구하는 본질적 문제의 해명에 해당하는 것이라고 생각하기 때문이다.

반계가 새로운 실학의 학풍을 독자적으로 형성하는 데에는 자신이 아주 일찍 겪게 된 가정적 참화가 큰 계기로 작용하였던 것으로 보인다. 그것은 단지 가화家禍인 것이 아니라 조정의 정치적 모략에서 꾸며진 무고誣告였다는 현실인식이 일생동안 그의 뇌리에서 떠나지 않았을 것으로 이해되기 때문이다.

그는 일생을 통해 두 차례 극단으로 불운한 화란을 겪었다. 첫 번째는 그가 이 세상에 태어나자마자 바로, 문과를 거쳐 예문藝文 검열檢閱이라는 청요직을 지낸 그의 부친이 소위 유몽인柳夢寅의 '역옥逆獄'이라는 것에 연루되어 '역적逆賊'이라는 누명을 쓰고 희생된 참화였다. 유몽인은 문과에 급제하고 도승지·대사간·이조참판 등의 요직을 지낸 관인인데, 광해군대의 폐모론廢母論에는 가담하지 않았기로 인조반정에서도 화를 면하였다. 북인北人인 그는 반정 후 은둔하였으나, 곧 "광해군의 복위 음모를 꾸민다"는 '역옥'에 결려 처형되고 말았다. 그런데 이 '역옥'은 그가 인조정권에 협력하지 않음에 대한 무고로 일어난 사건이었다. 그래서 뒷날 복관되고 '의정義貞'이란 시호까지 받기에 이르렀다.4)

실상 인조반정 이후에는 정권이 불안정하여, 훈신勳臣들이 소위 정치적 '기찰譏察'이란 것을 일삼고 있었다.5) 그뿐 아니라 당쟁 이후로는 대체로 '역옥逆獄'이 빈번해졌는데, 이 따위 '역옥'을 두고 양식 있는 사림 사이에서는, "우리나라에는 본래 역적모의로 인해서 일어난 옥사獄事는 없다. 이른바 역적이라고 말한 것은 무고 아닌 것이 없다"6)고 하는 논의를 공언하고도 있었다. 반계의 경우도 물론, 그 부친이 받은 '역명逆名'이란 것은 결코 수긍할 수가 없는 것이었다. 그는 실상 현실에서 전개되는 정치행태 자체를 일생동안 결코 믿을 수가 없었던 것으로 이해된다.

그리고 다른 화란은 그가 15세에 맞게 된 병자호란(1636~1637)이었다. 호란의 결과 이제 조선왕국은 소위 '군君·부父'로 섬겨온 명나라 대신 청나라를 천자국으로 섬기지 않을 수 없게 되었다. 이어서 청국은 명나라를 멸하고 중국 천하의 주인으로 행세하게 되었다.

'관冠과 신발이 도치倒置된' 것으로 흔히 비유하는 이 화란으로 인해 반계 자신 또한 심각한 좌절을 겪지 않을 수 없었다. 뒷날 『반계수록』의 저술 경과를 묻는 벗에게 답한 글에서 그 같은 사유가 잘 드러난다. "폐습弊習을 가지고 폐습을 이어받아 온 유래가 오래되었습니다. 군자는 항시 무용지물이 되고 소인은 길이 뜻을 펴 왔으니, 그 화는 마침내 천리天

---

4) 『正祖實錄』 정조 18년 5월 무술; 동 9월 갑인; 동 20년 4월 계미 참조. 유몽인의 정치적 행적에 대한 연구로는 韓明基(1992), 「柳夢寅의 經世論 연구」 참조.

5) 時 元勳等 初立殊勳 過慮人心不服 廣爲譏察 盛開告密之門(『稗林』 8-15 「荷潭破寂錄」 30).

6) 韓百謙與仙源有分 嘗與之同會 韓曰我國本無逆獄 所謂逆賊 無非誣也 蓋爲己丑事而發也(『魯西遺稿』 14-37 石室語錄). 여기 이 말을 발설한 久庵 韓百謙과 그 상대인 仙源 金尙容, 그리고 이 말을 전한 淸陰 金尙憲과 또한 이를 듣고 기록으로 남긴 魯西 尹宣擧 등이 모두 당대 一流의 士林이었음은 주지하는 바와 같다.

理가 사라지고 사욕私欲이 넘쳐나며 생민生民은 썩어 문드러지고 견융犬戎이 주인으로 되고 말았습니다. 이는 무슨 까닭입니까. 반드시 그렇게 된 사유가 있을 것입니다."7) 중국을 포함한 국내·외의 세계질서가 완전히 '도치'되고 말았으므로, 현실 정치와 역사에 대한 근본적 회의와 갈등을 그는 심각하게 겪고 있었던 것이다.

도대체 가정은 무엇이고 국가는 무엇이며 천하는 무엇인가에 대한 근본적 회의로 그는 어린 때부터 심각한 고민에 빠졌던 것으로 이해된다. 정치적 모략으로 조작된 가정의 참화는 결코 돌이킬 수 없는, 너무나 통절한 체험을 일생토록 안겨주었다. 지배층의 '사욕私欲이 넘쳐난' 때문에 천하가 망하고 말았다는 사실 또한 심각한 각성을 불러 일으켰다. 그같이 통절한 각성은 곧 국내·외의 정치 실태에 대한 근원적 회의, 근본적 비판으로 연결되기 마련이었다. 평생을 재야의 사림으로 일관한 그로서도 소위 '존심양성'의 과제에만 안온히 전념할 수는 없었다. 존양存養이야 물론 그만둘 수 없는 일이지만, 그는 좀 더 근원적인 과제를 결코 떨쳐버릴 수가 없었다. 즉 잘못된 역사적 현 실태를 근본적으로 성찰하고, 이를 지양할 삼대 왕정의 원리란 것은 과연 어떠한 것인가를 탐구하는 과업이었다.

그는 원래 서울에서 자라난 북인계열의 남인南人으로서, 반명班名이 분명한 가계였다. 스승으로는 5세 때부터 큰 외숙인 태호太湖 이원진李元鎭(1594~1665; 우참찬)과 고모부 동명東溟 김세렴金世濂(1593~1646; 호조판서)을 모시고 5세 때부터 수학하였다. 그러나 그는 조부의 염원을 따라 소과小科에 나아가 진사進士가 되었을 뿐, 무슨 관직 같은 것을 염두에 두어본 적이 없었다. 31세에 조부의 상기喪期가 끝나자 아예 부안扶安의 우반동愚磻洞으로 들어가 세속을 잊고 학문에만 전념하였다. 가끔 남북 여러 곳을 답사하여 견문을 넓히고 역사와 지리를 탐구하였다. 또 함경감사로 재직하는 스승이자 고모부인 김세렴을 방문하고, 그가 평안도로 전임하자

7) 『반계선생연보』 선생 50세(현종 12년 신해) 答鄭伯虞問隨錄書.

다시 그를 수행해 가서 그 곳의 산천 지리를 탐구한 적이 있었다. 그리고 선배인 미수 허목을 두 차례 찾아가 며칠씩이나 묵으면서 학문과 경륜을 토로한 적도 있었다. 그러나 대체로는 세상과 거의 단절한 채 수십년 고독 속에서 독서와 저술에 전념하였다. 가까운 친구도 매우 적었다. 부안으로 이거한 이후 "밤낮으로 학문에 정밀하게 전념하였으며 마음에 신묘한 깨달음이 있으면 반드시 밤중에도 일어나 기록해 두었다. 그러면서도 오히려 스스로 부족하다고 느껴 날마다 날이 저물면 반드시, '오늘도 헛되이 하루를 보내었구나. 의리義理는 무궁하고 세월은 유한한 것인데, 고인古人은 무슨 정력으로 저와 같이 크게 성취할 수 있었는가' 라고 하였다." 철저한 성찰과 탐구의 길로 침잠하였던 것이다.

35세에 『동국여지지東國輿地志』를 시작으로 하여 『이기총론理氣總論』 등 다수의 책을 저술하고 『주자찬요朱子纂要』 이하 여러 책을 편찬했다고 한다. 그런 과정을 거치면서 31세에서 49세에 이르는 19년의 세월에 걸쳐 저술한 『반계수록』에 그의 필생의 실학을 집약하게 되었다.[8]

2. 반계의 실리론

반계의 학문도 물론 성리학에서 출발하였으며, 초기의 이기설理氣說은 주기론主氣論의 견지에 서 있었다. 즉 처음에는 "천지天地 사이에 가득찬 것 치고 기氣 아닌 것이 없다. 왕래往來 승강升降 합벽闔闢 취산聚散하는 것이 모두 기氣요, 왕래 승강 합벽 취산하는 소이所以가 리理이다." 그리고 "기氣 밖의 리理는 따로 없으니 요컨대 리理는 단지 기氣의 리理일 뿐이다" 라는 견해였다. 이를 오랫동안 사물에 징험해 보거나 혹은 경서를 읽어보아도 합치되지 않음이 없었다고 그는 말한다. 그러나 그런데도 "끝내 협흡浹洽하지는 못하다"는 느낌을 떨칠 수는 없었다. 그리고 "주자朱子의 설을 대하면 곧바로 의심스러운 곳이 많은" 상태를 오래 유

---

8) 『星湖全集』 68-11 磻溪柳先生傳 및 「반계선생연보」.

지하고 있었다.[9]

'천지에 가득 찬 것 치고 기氣아닌 것이 없고,' '리理는 단지 기氣의 리理일 뿐'인 현 세계를 그는 어째서 '끝내 흡족치는 못하다'고 여겼던 것일까. 주지하듯이 인간세상의 '악惡'은 모두 '기氣'에서 연원한다는 것이 성리학의 이기설이다. 반계는 아마도 '천지에 가득 찬 기氣'의 작용에 따라 현 세계에는 악이 들끓고 있는데도 리理는 단지 '기氣의 리理일 뿐'인 것으로 복무한다는 이론을 긍정하기가 어려웠던 것으로 보인다. 그의 현실태에 대한 강한 거부감은 25세 때 고모부이며 스승인 동명 김세렴을 추모하여 지은 제문에서도 잘 드러난다.

> 무릇 지금 사람들은 집에서는 거리낌 없이 제 멋대로 하고 백성에게는 한없는 탐욕을 부리며, 임금을 속이면서도 스스로 득의의 계책으로 삼는 자들이 도도히 넘쳐난다. 그런데도 날마다 그 부귀를 즐기고 오래 수(壽)까지 누리니, 자손들은 앞에 그득하고 집안은 날로 더욱 번성한다. 이 어찌된 일인가. 내 어찌 천(天)이란 것은 믿기 어려우며 리(理)라는 것은 헤아리기 어렵다고 하지 않겠는가.(『東溟集』부록 31 祭東溟先生文).

반계로서는, '당대 제1의 인물'[10]이라는 그의 고모부가 "도덕의 광휘를 크게 시행해보지 못하고"[11] 비교적 일찍 작고한 반면, 방자하고 탐욕스러우며 임금 속이는 일까지 능사로 삼는 속류들은 오히려 자손 대대로 부귀 장수하고 복록을 누리는 이 세상을 결코 긍정하기가 어려웠다. 대체 기氣는 아무런 구애도 받지 않고 온갖 행태를 연출하는데, 리理는 구부려 거기 복무하기에도 바쁜 '단지 기氣의 리理일 뿐'이라면 이 세상

---

9) 『반계잡고』72-73, 與鄭文翁東稷論理氣書.
10) "(金)世濂眞是當代第一人物 不獨才華出衆而已 世濂處心醇謹 操行甚高" 라는 평가는 일찍이 知經筵 愚伏 鄭經世가 國王 仁祖 앞에서 직접 말한 것이었다(『東溟集』부록 3 行狀〈許穆 찬〉).
11) 위 祭文의 한 구절이다.

은 무슨 의미가 있는 것인가. 도대체 '천리天理'라는 것은 과연 무엇하는 존재란 말인가.

그는 또 어째서 주자에 대해서도 '의심스러운 곳이 많은' 상태였을까. 주자에서는, "리理와 기氣는 단연코 이물二物이다." "기氣는 강하고 리理는 약하다." "만약 기氣가 없다면 리理를 어디다 둘 것인가" 라는 문자들이 드러난다.[12] 모두가 '리'의 독자적 의미를 부정하는 듯한 뜻으로 풀이된다. 반계는 역시 강한 거부감을 느끼지 않을 수 없었던 것이다.

그러나 오랜 동안의 각고의 참구參究 끝에, 드디어 그는 번연히 '각득覺得'하는 체험을 스스로 얻을 수가 있었다. 연보를 보면, 그가 이 '각득'의 소식을 친구인 정동직鄭東稷에게 써 보인 것이 37세의 일로 되어 있으니, 실로 오랜 구도求道의 끝에 성취한 깨달음이었다.

사물의 이미 전개되어 있는 상태에서 보면 리(理)는 다만 기(氣)의 리(理)를 이루고 있어, 기(氣) 바깥에 따로 리(理)가 있는 것은 아니다. 그러나 그 본연(本然)의 면에서 본다면, 리(理)가 있는 까닭에 기(氣)가 있는 것이다. 기(氣)가 왕래(往來)하고 합벽(闔闢)하는 데에는 반드시 그렇게 되는 까닭이 있으니, 그것이 곧 리(理)이다(『磻溪雜藁』76 與鄭文翁東稷 論理氣書 別紙).

리(理)·기(氣)는 혼융무간(渾融無間)한 것이다. 비록 기(氣) 밖에 따로 리(理)가 있는 것은 아니지만, 그러나 리(理)는 기(氣)로 인해서 있는 것이 아니다. (理는) 상천(上天)의 일로서 소리도 냄새도 없지만 오히려 지진지실(至眞至實)한 것이니, 그 본체(本體)의 면에서는 도(道)라 하고, 그 진(眞)·실(實)의 면에서 성(誠)이라 하며, 그 총회(總會)의 면에서 태극(太極)이라 하고, 그 조리(條理)의 면에서는 리(理)라 하는데, 그 실은 하나이다. 이 리(理)는 밝게 드러나 상하(上下)를 관철하고 모든 사물을

---

12) 『주자대전』 46-31 答劉叔文; 『주자어류』 4-64 道夫問; 『주자어류』 4-40 天命之謂性 참조.

남김없이 체현(體現)한다. 천지(天地)가 제 자리를 지키는 소이(所以)가
이 리(理)이고, 일월(日月)이 밝은 소이가 이 리(理)이며, 귀신(鬼神)이 그
윽한 소이가 이 리(理)이고, 인(人)·물(物)이 생생(生生)하는 소이가 이
리(理)이다. 성명(性命)·인의(仁義)·예악(禮樂)·형정(刑政)이 모두 이
리(理) 아닌 것이 없다(같은 책 73 與鄭文翁東稷論理氣書).

비록 리理와 기氣가 선후관계로 구도화 해 있는 것은 아니지만, 그러
나 근원적으로 '리理가 있는 까닭에 기氣가 있다'는 것은 어디까지나 리理
가 기氣에 우선한다는 뜻이다. 리理의 근본성을 확신하는 것이다. 그뿐
만 아니라 천지天地의 위상이라든가 일월日月의 광명이며 인人·물物의
생생生生과 같이 기氣의 운동으로 구현되는 모든 현상들을 꼭 그렇게 전
개되도록 하는 근본 까닭이 모두 리理에서 근원한다는 확신이다. 심지어
예·악·형·정이라고 하는 인간사회의 정치적 현상까지를 체현體現하는
근원이야말로 리理라고 하는 깨달음이다.

"기氣를 떠나서 리理가 따로 있는 것은 아니지만, 그러나 리理는 스스
로 실리實理이다. 기氣로 인해서 있는 것이 아니다"라고 반계는 확신한
다.13) 여기서 '리理는 스스로 실리實理'라고 하는 개념은 극히 중요한 의
미를 갖는다. 왜냐하면 세상만사 만물의 변화는 기氣의 작용에 따라 일
어나는 것이지만, "기氣가 능히 변화를 일으킬 수 있는 것은 리理가 실리
實理이기 때문이다."14) 즉 반계는, 비록 우주 자연과 인간의 정치현실까
지를 포함하는 만사 만물을 형상화하는 것은 기氣의 작용에 의한 것이지
만, 그 같은 기氣의 작용을 만고에 걸쳐 조금도 차착 없이 운행토록 하는
것은 '리'가 곧 '지진·지실'한 실리實理이기 때문이라고 하는 명백한 견
지에 서게 되었다.

---

13) 離了氣 更無理 然理自是實理 非因氣而後有也(『磻溪雜藁』 76 與鄭文翁東
稷論理氣書 別紙).
14) 氣能化者 理是實理故也(『磻溪雜藁』 76 與鄭文翁東稷論理氣書 別紙).

성리학은 근원적으로 태극太極이 일동一動·일정一靜함에 따라 우주 만물을 포함한 현상계의 질서가 전개된다고 전제한다.

> 태극(太極)에 동(動)·정(靜)이 있는 것은 곧 천명(天命)의 유행(流行) 이다. 천명이 유행하는 까닭은 무엇인가. 그것이 성(誠)하기 때문이다. 성(誠)하면 운행하는 것이니, 실로 그것이 지성(至誠)하다면 스스로 운행 하지 않을 수가 없는 것이다. 무릇 조화(造化)가 조화로 전개되는 것은 모두가 실리(實理)이다. 그러므로 조화를 이룩하지 않을 수가 없는 것이 니, 모두가 자연(自然)으로 그렇게 되는 것이다(『반계잡고』 76 與鄭文翁 東稷論理氣書 別紙).

태극太極이 일동一動·일정一靜하는 것은 '천명의 유행'에 따라 운행運 行을 멈출 수가 없기 때문이다. 여기서 '천명'이란 것은 곧 '성性'이며 '리 理'이다. 즉 리理는 '천명'에 따라 스스로 운행을 멈출 수 없는 계기를 내 부에 지닌 실리實理이다. 우주 자연의 '조화' 현상이 지성至誠한 실리實理 의 자기 운행에 따라 '자연'으로 전개되듯이, 가령 예악 형정과 같은 인 간사회의 정치현상도 그 같은 '조화造化'현상의 하나로서 모두가 실리實 理의 운행에 따라 구현된다는 새로운 깨달음을 그는 얻게 되었다.

그것은 곧 현세계의 모든 실태가 결코 '기氣의 용사用事'에 맡겨져 지 리멸렬하게 전개되는 것이 아니라, 모두가 결국에는 리理를 구현하게끔 구도화 해 있다는 깨달음이었다. 또한, 근원적으로는 리理가 '만물을 남 김없이 다 체현'함에 따라 전개되는 현상이기 때문에 현 세계를 구성하 는 각자는 모두 자체의 객관적 의미를 지니는 것이요, 특히 그 가운데의 개별 인간은 모두가 각기의 독자적 실리實理를 타고나는 의미있는 존재 라고 하는 새로운 깨달음이었다.

나아가 반계의 심성론心性論 또한 그의 이기론과 상호 정합적인 구도 로 되어 있다.

인심(人心)·도심(道心)은 다만 이(理)·기(氣)인 것이다. 다만 인신상(人身上)에서 말하는 것이므로 인심(人心)·도심(道心)이라 한다. 그것은 『시경』의 이른바 "사물(事物)이 있으면 곧 그 법칙(法則)이 있다"는 한 마디로 요약할 수 있다. 인심·도심은 원래가 일심(一心)인데 그 심(心)의 지각(知覺)에 차이가 있으니, 인심이 사물이라면 도심은 그 법칙이다(『반계잡고』 88 又論人心道心書).

인간의 심(心)은 본래 이(理)·기(氣)를 다 갖추고 있기 때문에 사물과 그 법칙을 다 지각할 수가 있다. 심(心)이 바야흐로 발(發)할 때를 살펴보면, 가령 밥을 먹고 싶어 하는 마음이 일어날 때에, 그것이 먹어도 정당한 밥인가 혹은 부당한 밥인가 하는 판별은 심(心)이 스스로 각각을 지각한다.…그러므로 도심이 주(主)가 되면 인심은 스스로 그 명령을 듣게 되는 것이다. 결코 도심이 하나 있고 인심이 따로 하나 있어서, 도심은 여기서 주(主)가 되어 있고 인심은 저기에 있다가 달려와 명령을 듣는 것이 아니다(같은 책 89 우론인심도심서).

인심을 본래부터 욕심(欲心)이라 해서는 안 되며, 도심의 명령을 듣지 않으면 곧 욕심으로 흐르는 것이다. 인심의 선(善)한 면은 곧 도심의 소위(所爲)이다(같은 책 98 여정문용동직논리기서 又別紙).

인간의 심心은 이理·기氣를 다 갖추고 있어서 기氣의 소산인 사事·물物과 그 이면의 이理·칙則을 다 지각할 수 있다. 심心은 본래 하나인데, 스스로 이理·기氣의 분별이 있어 도심과 인심으로 나뉘기는 하지만, 도심은 인심 가운데에서 발현하며, 도심은 항상 인심의 준칙을 이루고 있다. 인심은 악惡이라든가 정욕情慾으로 흐를 수도 있는 것인데, 그같이 흘러가려는 기미 자체를 도심이 자각하여 제어할 수도 있다. 즉 인간은 인심을 제어하는 준칙으로서의 도심을 선천적으로 그 내부에 타고 난 존재라고 하는 것이 반계의 견지였다. 그러므로 인심을 곧 욕심인 것은 아니며, 도심의 통제를 벗어나는 경우에야 욕심이 된다.[15]

반계에 의하면, 이理·기氣를 구비한 인간의 "심心은 허령虛靈하여 지

---

15) 반계의 理氣·心性설은 先儒의 경우와 어떤 차이를 가지는가. 이 문제에
대해서는 일찍이 李佑成(1988)의 논문에서도 다소 언급한 바 있지만, 여기
서 좀 더 자세히 고찰하기로 한다. 이미 살핀대로 그는, '氣는 강하고 理는
약하다'거나 '理와 氣는 단연코 二物'이라는 朱子의 설에 대해서는 결코 수
긍하려 하지 않았다. 자신의 소신과 너무 차이가 컸기 때문이다. 그리고 조
선 성리학설을 정립한 退·栗의 경우에 대해서도 결코 온전히 긍정하지는
않았다.

먼저 退溪의 理氣·人心道心설에 대해서는, "아마도 舜임금의 本旨를 깨달
은 것"이라 긍정하면서도, "다만 그가 '理가 發하면 氣가 그것을 따르고, 氣
가 발하면 理가 거기에 탄다'라고 한 것은 人心·道心이 兩心이어서 각각이
理·氣를 갖춘 것으로 여겨지게 됨을 면하기 어렵다"고 지적하였다(『반계
잡고』 108 答裵公瑾). "(인심·도심이) 竝立 雙行하면서 각기 理·氣를 갖추
고 있는 듯한 폐단이 있음을 면하기 어렵다"고도 지적하였다(『반계잡고』 93
又論人心道心書 別紙).

또 율곡의 人心·道心說道心을 발하는 것은 氣이지만 性命이 아니면 道心
이 발할 수 없고, 人心의 本原은 性이지만 形氣가 아니면 人心이 발하지 못
한다―『율곡전서』 10-22 答成浩原설에 대해서는 다음 같이 지적한다. "그의
理·氣論은 可하지만, 人心·道心설은 인식이 투철하지 못하다. 理·氣는
원래 不相離한 것이므로 人心·道心도 서로 떨어짐이 없으며, 道心은 다만
人心 가운데서 발현하는데, 다만 양자 사이에 스스로 分別이 있는 것이다.
그러므로 '同行異情'이라 한다. 그런데 (율곡은) 매양 二物인 것으로 판별하
여 各立雙行하는 것으로 인식하였다. 그래서, 人心에 대해서도 理와 氣로
써 말하고 道心에 대해서도 역시 理와 氣로 말하였으니, 특히 人心에 善이
있음은 곧 道心에서 나온 것이며 道心이 발하는 것 역시 人心 가운데에서
떠나지 않는 것임을 살피지 못하였다. 그런즉 人心을 理·氣로 본 것에는
하나의 理가 더 있고, 道心을 理·氣로 본 것에는 하나의 氣가 더 있다."(『
반계잡고』 93~94 又論人心道心書 別紙).

요컨대 朱子·退溪·栗谷의 누구보다도 반계의 人心·道心설은, 理·氣는
결코 서로 떨어질 수 없고 또한 서로 뒤섞이지 않는 것임을 강조하는 견지
에 선다. 그리고 心은 하나인 것이므로, 人心을 떠난 道心이 따로 있을 수
없으며, 道心은 항상 人心의 準則을 이루고 있는 것임을 강조한다. 그것은
한 개인으로부터 세계에 이르기까지, 善·惡 문제로부터 治亂 興亡 문제에
이르기까지를 이해하고 판단하는 데에, 欲心 즉 私欲을 떠난 각기의 一心
의 決斷과 實踐이 단연코 중요하다는 인식론으로 연결된다.

각하지 못하는 것이 없다."16) 그리고 이 '지각'능력의 발현을 통해, 인간
의 심心은 천명으로 타고난 성性 및 성性의 발현형태인 정情을 통괄하여
'중화中和'의 덕을 이룩할 수도 있다.

> 심(心)은 신(身)의 주(主)가 되어 지각 능력을 가진 것이다. 성(性)은
> 리(理)가 심(心)에 갖추어져 있는 것이다. 정(情)은 성(性)이 발(發)하여
> 외부에 작용하는 것이다. 성(性)은 스스로 발(發)할 수가 없고 심(心)이
> 지각함에 따라 발하는 것이다. 성(性)이 아직 발하지 않았을 때는 성리
> (性理)가 혼연(渾然)하니 심(心)이 그 체(體)가 되기 때문이요, 성(性)이
> 이미 발하여 정(情)으로 되면서 만 가지 변화에 응(應)하니 심(心)이 그
> 용(用)이 되는 까닭이다. 그러므로 심(心)은 성(性)과 정(情)을 통괄한다
> 고 한다. (『中庸』에서는 "喜·怒·哀·樂이 발하지 않은 상태를 '中'이라
> 하고, 발하여 모두 中節한 상태를 '和'라 한다. '中'이란 것은 天下의 '大
> 本'이요 '和'라는 것은 천하의 '達道'이다. '中·和'를 이루게 되면 天地가
> 제 위상에 있게 되고 萬物이 生育하게 된다"고 한다. - 필자 보충) 중
> (中)·화(和)는 성(性)·정(情)의 덕인데, 중(中)·화(和)를 이루게 되는 것
> 도 심(心)이 이룩하는 것이다(『반계잡고』 105 여정문옹동직논리기서 又
> 別紙).

성性은 스스로 발發할 수가 없고 심心이 그 기미를 지각하여 성性을
발하게 한다. 그것은 심心이 성性의 체體가 되기 때문이다. 또 성性이 발
하여 정情으로 되면서 만 가지 변화에 응하는데, 이는 심心이 그 용用이
되는 까닭이다. 『중용』에서 말한바, 성性의 미발未發상태인 '중中'과 그것
이 발發하여 모두 중절中節한 상태인 '화和'는 '천지天地를 제 위상에 있게
하고 만물萬物을 생육生育하게 한다'는 것인데, 그 '중中·화和'를 이룩할

---

16) 『반계잡고』 89 又論人心道心書.

수 있는 것이 곧 심心의 능력이라고 반계는 확신한다.

천명으로 타고난 성性이야말로 인간의 본질이라고 하는 성리학의 일반론에 비하면, 반계는 오히려 심心이 성性·정情의 체體·용用으로 작용하는 활심活心인 것임을 크게 중시한다. 그리고 '중中·화和'를 이룩한다는 이 활심活心은 그의 실리實理와 짝하는 지진至眞·지실至實한 개념으로서, 성性·정情의 미발未發과 이발已發을 지각하여 통괄하는, 그 자체 운행의 능력을 가진 것으로 그는 확신한다.

그런데 도심道心이 인심人心을 제어하는 준칙으로 작용하고 또한 인간의 심心은 성性·정情을 통괄하여 중화中和의 덕德을 이룩하는 활심活心인 것인데도, 현실 사회의 인간들은 어떻게 천차만별로 다양한 차등을 이루고 있으며, 혹은 지배 복종관계로 얽혀 있는가. 그는 이 문제를 두고서도 고심苦心의 탐색을 계속했으나 좀처럼 확신을 가질 수가 없었다. 그러나 오랫동안 참구參究를 반복하는 가운데, 드디어 어느 날 '리일분수理一分殊'라는 명제에서 문득 '그 본말本末을 통견洞見하는' 깨달음을 얻게 되었다.

> 인(人)·물(物)이 생겨나면서 기(氣)를 받는 시초에 그 리(理)는 오직 하나이지만, 형체를 이룬 후에 그 분(分)이 달라진다. 그 분(分)이 달라지는 것도 자연의 리(理)에 따르지 않음이 없다. 달라진 분(分) 가운데서도 원래 하나인 그 리(理)는 항상 있으니, 이것이 성명(性命)의 오묘한 까닭이다. 리(理)가 하나인 까닭에 사람은 누구나 다 요(堯)·순(舜)이 될 수 있다. 분(分)을 달리 타고 난 까닭에 "상지(上智)와 하우(下愚)는 변화되지 못한다."(『반계잡고』 120~121 잡록).

주지하듯이 여기 '리일분수'라는 명제는 성리학 형성기의 송유宋儒가, '건乾·곤坤'을 '부모父母'로 해서 태어난 이 세상 모든 생명체들은 각기 어느 누구와도 다른 독자의 '분分'을 타고난 존재이지만, 또한 모두가 함

께 더불어 살아가는 조화로운 존재라고 하는, 사회조화론의 이념을 제
시한 이론이었다. 주자는 이 명제야말로 이 세상 인간사人間事 모든 것을
설명해주는 '도리'라고까지 해석하였다.[17]

반계도 물론 인간 사회의 다양한 차등성이 원천적으로는 '분수分殊'가
아니라 '리일理一'인 것임을 긍정한다. 더구나 그 같은 '분수分殊'를 규정
하는 것도 곧 '자연의 리理'라고 승인한다. 즉 왕이 타고나는 리理나 노예
가 타고나는 그것도 그 원천은 일리一理인 것, 그리고 그 일리一理는 실
리實理이자 천리天理라고 하는 확신이다.

그런데 반계가 오랜 참구參究 끝에 도달한 이 명제의 사회정치적 의
미는 송유宋儒의 경우와는 크게 다른 것임을 주의할 필요가 있다. 가령
현실에서 아무리 강대한 권력을 행사하는 왕권이라 할지라도 천리天理
즉 실리實理 앞에서는 '왕王의 분分'이라고 하는 제한적인 리理의 몫밖에
타고나지 못한 존재라고 하는 의미에서 그러하다. 그것은 그가 개별 인
간이 각기 타고나는 실리實理의 독자적 의미를 강조하는 논리에서 기인
하는 필연의 귀결이었다.[18]

반계의 '리일분수'에 대한 새로운 깨달음은 특히 사회정치적 연관에
서 개별 인간이 지닌 '분수리分殊理'의 독자적 의미를 매우 강조한다. 그
래서, 사회 구성원의 이상적인 배치관계를 설명하는 '각득기소各得其所'
라고 하는 오랜 명제가 여기 반계에 이르러 더욱 새로운 의미를 띠고 살
아나게 됨을 이해할 수 있을 것이다.

그런데 다시, 현 세계는 항상 준칙으로서의 리理가 실리實理로 살아있
고, 인욕人欲으로 흐르기 쉬운 인심에는 항상 그 준칙으로서의 도심이
동행하고 있으며, 특히 이 세상 인간들은 모두 천리天理로부터 각자의
'분수리分殊理'를 타고났는데도 어째서 인간사회에는 악惡이 들끓으며 비

---

17) 世間事雖千頭萬緒 其實只一箇道理 理一分殊之謂也(『주자어류』136-35).
18) 그것은 이 세상의 정치적 행태를 두고 젊어서부터 근본적 懷疑를 품어온
　　반계 자신의 根柢的 思惟와도 깊은 연관이 있는 것으로 이해된다.

리가 창궐하고 있는 것인가.

> 선(善)한 인간에는 선(善)의 리(理)가, 악(惡)한 인간에는 악의 리(理)
> 가 있다고 하는 수도 있지만, 리(理)는 본래 그러한 것이 아니다. 물의
> 리(理)는 반드시 순류(順流)하는 것이요, 인간의 리(理)는 반드시 올곧은
> [直] 것이다. 물을 끌어다 높은 곳에 있게 하거나 인간이 악(惡)을 행하는
> 것은 리(理)에 반(反)하는 현상이다. 물이 끌어올려져 산(山)에 있음은 형
> 세가 그렇게 해둔 것이다. 바야흐로 그것이 끌어 올려져 산(山) 위에 있
> 다 하더라도 물의 성(性)인즉 항상 아래로 흘러내리는 것이다. 이에서
> 물의 리(理)를 볼 수 있다. 인간인들 어찌 다름이 있겠는가. 인간이 불선
> (不善)을 행하는 것은 욕심으로 인하여 그렇게 되는 것이다. 그 불선(不
> 善)한 짓을 남이 볼까봐 감추듯 얼른 숨기는 것을 보면, 인간의 타고난
> 리(理)가 올곧은 것임을 알 수 있다(『반계잡고』 85 여정문옹동직논리기
> 서 別紙).

반계에 의하면, 인간의 악惡은 어디까지나 그가 원래 타고 난 리理에
'반反'하는 현상으로 빚어지는 것이다. 인간의 악惡은 인간의 본연과는
상반된 것이요, 후천적 욕구의 유폐誘蔽라고 하는 '형세'를 이기지 못해
인심이 도심의 통제를 벗어나 '욕심'으로 흐르기 때문에 일어나는 현상
이라는 해석이다. 실제로 세상은 언제나 욕심으로 가득찬 역사를 이루
어 오지 않는가.[19)]

그렇다면 이 세상에는 비리가 들끓으며 치세보다도 난세가 항상 길

---

19) 그런데 "인심은 겨우 發向하자마자 欲으로 흘러가기 쉬운데, 도심의 발향
  은 微奧하여 쉽사리 掩昧되는 것"이라고 반계는 이해한다(『반계잡고』 88 又
  論人心道心書). 그러기에 "인심은 위태롭고 도심은 미미하니 오직 정밀하
  고 오직 한결같아서 진실로 그 中正을 잡아야 한다人心惟危 道心惟微 惟
  精惟一 允執厥中"는 古經의 문자를 두고 그는, "이 16字야말로 곧 萬世의
  心法"이라고 말하였다(『반계잡고』 95 여정문옹동직논리기서 別紙).

이 이어져왔다는 역사적 현 실태 또한 인심이 도심의 통제를 벗어나기 때문에 벌어지는 현상인가. 이 문제야말로 역사적 현 실태에 대한 반계의 실학적 인식의 근저를 이루는 핵심 의문이다. 그는 이를 일반 인간들의 '인심·도심'의 '수기修己' 여부의 문제로 보지 않고, 특히 지배층의 사욕에 따라 만들어진 '폐법弊法'이 인습적으로 덧쌓여 행사되어온 까닭이라고 이해한다.

> 폐법(弊法)이 일어나게 된 원인을 살펴보면, 애초에 어둡고 탐욕스런 군주와 아첨하여 잘 보이려는 신하가 우선 목전의 사욕으로 인하여 옛 法[舊章]을 변란(變亂)시킨 데에서 발단한 것이다. 뒤 이은 자들은 그대로 인순(因循)하여 오래 되니, 그것이 마치 구법(舊法)인 것처럼 여기게 되었다. 그런즉 아름다운 성품의 군주가 나오더라도 이미 옛날의 명왕(明王)처럼 심득(心得)한 학문과 고전에 통달한 공력이 없는지라, 매양 용인(庸人)들의 저지를 받아 또한 폐법을 고치지 못하니, 그 본말이 전도되어 이같이 고착되기에 이르렀다(『반계수록』 12-49 敎選攷說 下 選擧論議附).

즉 삼대가 지난 이후 지배층은 사욕을 추구하기 위한 폐법을 만들어 시행해왔다. 그래서 이미 살펴본바, '군자는 항시 무용지물이 되고 소인은 길이 뜻을 펴 왔으니, 그 화는 마침내 천리天理가 사라지고 사욕이 넘쳐나며 생민은 썩어 문드러지고 견융犬戎이 주인으로 되고 말았다'는 것이 반계의 역사적 현실태 인식이다. 그런데 "공公·사私 두 글자는 천리天理·인욕人欲이 분변分辨되는 갈림길이다."[20] 권력을 독점적으로 행사하는 지배층이 사욕의 추구를 위해 폐법을 만들어 시행해왔다는 것은 천리를 배반하는 길로 들어서 다시는 돌아오지 못하였다는 사실을 뜻한

---

20) 『반계수록』 19-16 祿制 外方官祿磨鍊.

다. 천리로 돌아오고자 해도 이미 주변에 포진해 있는 '소인[庸人]'들의 저지를 받기 때문에 결코 돌아올 수조차 없게 되어버렸다. 그래서 폐법은 더더욱 쌓이기 마련이요, 그 때문에 사리에 '반反'하는 난세의 현 실태가 역사적 인습으로 길이 지속될 수밖에 없다고 그는 확신하였던 것이다.

3. 반계에서 조선 실학의 탄생

반계에 따르면, 리理는 지진지실至眞至實한 실리實理로서 그 자체 운행의 계기를 간직하고 있다. 우주 자연의 '조화造化'가 실리實理의 자기 운행에 따라 '자연'으로 전개되듯, 예악 형정 같은 인간사회의 정치현상도 모두가 '실리' 즉 천리天理를 떠나 길이 따로 전개될 수는 없다. 그렇다면 그 실리를 체득한 인간은 객관 사事·물物의 리理의 운행에도 참여할 수 있는 것인가. 살펴본바, '천지天地를 제 위상에 있게 하고 만물을 생육生育하게 한다'는 '중中·화和'를 이룩할 수도 있는 것이 곧 인간의 활심活心의 능력이라고 그는 단언하지 않았는가.

> (理는) 천지(天地) 풍운(風雲)과 같은 먼 곳에서 구할 필요가 없다. 단지 나의 신심(身心) 위에 만리(萬理)가 다 갖추어져 있으니 그 미묘함이 무궁하다.…리(理)가 그러한 것임을 안 뒤에라야 도(道)가 넓고 넓은 것이로되 어디서 착수해야 하는 것인지를 알 수 있다. 그리고 천하의 사물이 실사(實事) 아닌 것이 없으며 소위 존심양성(存心養性)하는 일도 바야흐로 실사(實事)임을 알게 될 것이다.…내가 실리(實理)를 체득하게 되면, 천하의 사·물(事物)은 안배를 기다리지 않고도 (나의 實理가) 부딪히는 대로 만사·만물의 리(理)를 환히 꿰뚫어 알 수가 있다. 그래서 즐거운 까닭을 모르게 즐거워진다. "물이 차오르면 배가 뜨는 것이지" 또 무슨 추이(推移)가 필요하겠는가.[21]

객관적 사사·물물은 모두 각기 리理를 갖추고 있지만, 실상 허령한 지각기능을 가진 나의 심心 또한 이미 만리萬理를 다 갖추고 있다. 그러니 여기 실리實理를 체득한다는 것은 사사물물의 리理와 나의 심心이 갖추고 있는 리理가 상호 관통한다는 일체성一體性을 확인하고 체득하는 일, 즉 내가 존양存養한 나의 실심實心을 가지고 객관적 실사實事를 관통함으로써 체득하는 일이다. 나의 심성을 함양하는 소위 '존심양성'의 일도 '바야흐로 실사實事'가 될 수 있다고 한 것이 곧 그 뜻이다. 그래서 이제, 내가 체득한 실리實理는 부딪치는 사사물물마다 그 리理를 통연洞然히 깨달을 수 있을 뿐 아니라 또한 당면한 과제의 해결을 위해 적소에 착수하고 적절히 대처하는 능력을 행사할 수도 있다는 것이 반계의 소신이다.

반계가 여기서 특히 강조하는 것은, 나의 심心에 갖추어져 있는 실리實理가 만사 만물의 리理를 환히 꿰뚫어 깨칠 수 있다는 확신이요, 그래서 만사 만물의 리理를 따라 당면 과제에 착수하고 대처하는 것 또한 실리實理를 갖추고 있는 나의 활심活心이라는 확신이다. 특히 그가 여기서 인간의 심心이 실리實理를 갖춘 능동적 활심活心인 것임을 강조하는 것은 인간의 심心이 상대적으로 주체적인 것이라는 소신을 말한 것이다. 조선 성리학의 특징의 하나가 심학心學을 중시하는데 있었다고 하거니와, 여기 반계의 경우에도 특히 심心의 활성活性을 강조하는 특징이 드러난다.[22]

---

21) …不必求於天地風雲之遠 只在吾身身心之上 萬理俱足 其妙無窮…夫知其如是而後 可以知道之浩浩 何處下手 可以見天下事物無非實事 而所爲存養者 方是實事也…實理得之於己 則天下事物 不待安排 觸事觸物 無非是理 沛然而行 不知所以樂而樂矣 水到船浮 又何事乎推移(『반계잡고』74~5 여정문옹동직론리기서). 단 여기 '水到船浮'는 朱子의 글(『주자대전』32-7 答張敬夫)을 인용한 것이다.

22) 心의 活性을 강조하는 전통 또한 한국 실학의 특징이었다. 星湖를 거쳐 茶山에 이르면 드디어 心(精神)이야말로 '인간의 본체'라고 하는 확신에 도달함을 주의할 것이다.

이와 같이 반계의 이기론은 주자를 비롯한 선유들의 경우보다도 리理의 실리성實理性을 더 크게 강조하고, 인심·도심설에서는 도심의 준칙성을 더 강조하며, 개별 인간의 '분수리分殊理'를 보다 더 크게 중시한다. 특히 실리實理를 갖춘 인간의 심心이야말로 만사만물의 리理를 요해了解하고 거기 대처할 수 있는 활심活心인 것임을 격단으로 크게 긍정한다. 인간의 실천적 결단력을 매우 강조하는 편이었다.

그런데 역사적 현 실태에 대한 해석에서 반계가 체득한 실리實理는 매우 주체적인 것임을 주의할 필요가 있다. 살펴본바 반계는, 삼대 후로는 통치자들의 사욕에 따른 폐법의 시행이 계속되어 왔기 때문에 객관적 사리에 '반反'하는 비리와 인습의 현 실태가 누적적으로 조성되어 왔다고 확신한다. 여기서 특히 간과해서는 안 될 사실이 있다. 즉 삼대 이후 폐법 난정의 계속에 따라 근원적으로 잘못되어버린 역사적 현실에서는, 조선 성리학이 숭상하는 주자학이라든가 혹은 '조종祖宗의 법제'나 현실의 왕권조차도 결코 예외일 수가 없다는 사실의 발견이 그것이다.[23]

주자도 물론 삼대 이후로는 "도술道術이 숨어들고 어두워져" 왕정이 시행된 적이 없었다는 사실이야 인정치 않을 수가 없었다.[24] 그런데 주자는 치세의 실현을 위해 가장 '대본大本'이 되는 것은 곧 '군주의 일심一心'을 바로잡는 일이라고 단언한다.

대개 천하의 대본(大本)은 폐하의 심(心)이요, 금일의 급무(急務)는 태자를 보익(輔翼)하는 일, 대신을 선임하는 일, 기강을 진작하는 일, 풍속

---

23) 가령 조선의 성리학 更張論을 대표하는 栗谷 李珥의 다음과 같은 '祖宗의 法制'에 대한 긍정적 인식과 대비해보면, 반계의 경우가 얼마나 異質的인가를 알 수 있을 것이다. "我國은 祖宗이 立法하던 시초에는 실로 극히 周密하고 詳細했으나, 200년을 지나오는 사이 時事가 變易하였으므로 弊端이 없지 않게 되었다"(『율곡전서』 5-16 「萬言封事」).
24) 自秦漢以來…道術隱晦 悠悠千載 雖明君良臣 間或一值 而卒無以復於三代之盛(『주자대전』 13-1 癸未垂拱奏箚 一).

을 변화시키는 일, 민력(民力)을 아껴 배양하는 일, 군정(軍政)을 수명(修明)하는 일의 육사(六事)입니다.…천하의 일들은 천, 만 가지로 변화하므로 그 단서가 무궁하지만, 어느 것 하나 인주(人主)의 심(心)에 근본하지 않음이 없습니다. 이는 자연(自然)의 리(理)입니다. 그러므로 인주의 심(心)이 바르면 천하의 일들이 바른 곳에서 나오지 않음이 없고, 인주의 심(心)이 바르지 못하면 천하의 일들이 어느 것 하나 바른 곳에서 말미암을 수가 없습니다.…무릇 위의 육사(六事)도 모두 늦추어서는 안되지만, 그 근본은 폐하의 일심(一心)에 달려 있습니다. 일심(一心)이 바르면 육사(六事)가 바르게 되지 않음이 없습니다(『주자대전』 11-24~42 戊申封事).

'군주 일심一心'이야말로 천하만사의 '대본大本'이며 '근본'이라는 것은 주자가 누누이 제시하는, 확신에 찬 지론이다. 주자학을 '중천에 떠 있는 태양'으로 숭상하는 조선 성리학 또한 주자의 지론을 믿고 따르기 마련이었다. 가령 조선 성리학 왕정론을 가장 심도 있게 전개한 율곡栗谷 이이李珥(1536~1584)의 경우, "군상君上이 명운命運을 장악하여 난세를 치세로 돌이키는 것은 다만 그 일심一心에 달려 있다"고 확신한다. "제왕의 학學으로서는 수기修己보다 앞서는 것이 없다"고도 단언한다.25) '수기修己'란 곧 '존심양성'이라는 심성의 함양을 통해 성취된다. 거기에는 법제와 같은 객관적 준칙이 필요하지는 않다.

치세를 이룩하는 '대본'이며 '근본'을 '군주 일심一心'에서 구하는 성리학의 경우, 여타의 현실적 '급무急務'는 그 '대본'에 비하면 아무래도 부차적일 수밖에 없다. 따라서 시무책時務策은 구폐책救弊策이라는 형식의 변통론으로 제시된다.26) 거기에는 현 실태를 근본적으로 개혁한다는 객관

---

25) 『율곡전서』 25-65 「성학집요」 爲政功效; 같은 책 20-2 「성학집요」 修己.
26) 朱子의 경우도 마찬가지였다. 가령 古經에서 土地를 '經界'한다는 의미는 公田論的 '分田'을 본질로 하는 것이었으나, 朱子의 救弊策에서는 토지의 私有를 전제로 한 '檢田'이라는 뜻으로 사용되기에 이르렀다는 사실을 주의할 것

적 기준·법제의 정립과 같은 '변법'의 이론이 없다. 율곡의 경장론更張論
이 전형적이었다.

주지하듯이 율곡은 임진왜란 전, 사림정치가 시작된 초기에 국왕의
두터운 신임을 받으면서 '왕정'의 구현을 자신의 과업으로 자임한, 조선
성리학의 최대 경장론자였다. 그는 젊어서 사환仕宦을 시작한 이후 49세
로 작고하기까지 자기가 제시하는 시무時務 경장책更張策을 제대로 시행
하기만 하면 반드시 왕정王政 내지 치세治世를 실현할 수 있다는 소신을
거듭거듭 피력한 왕정 기필론자였다. 그런데 그의 경장론에서는 가령 田
制개혁과 같은 소유관계의 근본적 변통론은 전혀 찾아볼 수가 없다. 중
요한 경장책更張策으로 제시한 것이 공납제貢納制를 개선할 공안貢案의 개
정改定과 같은 수취제收取制 변통론이었다.27)

그런데 역사적 현 실태의 인식과 그 해법에서 성리학과는 이질적 견
해를 갖는 반계의 경우는 어떠한가. 그는 가령 율곡이 제시한 대표적 개
혁론의 하나인 「동호문답東湖問答」의 '안민지술安民之術'과 거기 부쳐 제시
한 '지금 당면해 있는 폐막弊瘼들'28)을 인용하고 나서, 그것이 절실한 것
이기는 하지만 또한 본질적인 것은 아니라고 단언한다.

　　　살피건대 지금 당면해 있는 폐막(弊瘼)은 여기서 그 개략을 볼 수가
　　있는데, 실로 조목조목 진술하자면 날자가 모자랄 지경이다. 그러나 일
　　에는 본(本)·말(末)이 있는 것인데, 본(本)을 잘 다스리면 그 말(末)은 스
　　스로 바로잡히게 된다. 전제(田制 -『반계수록』이 제시한 公田制)가 행해
　　져서 전지(田地)를 기준으로 출병(出兵)을 하게 되면 일족절린(一族切隣)

　　　이다. 金泰永(1998),『實學의 國家改革論』, 서울대학교 출판부, 22~23면 참조.
27)　金泰永(2006),「士林政治와 栗谷의 王政 期必論」『朝鮮性理學의 歷史像』,
　　　경희대학교 출판국, 제11장 참조.
28)　一族切隣之弊·進上煩重之弊·貢物防納之弊·役事不均之弊·吏胥誅求之
　　　弊의 5項目으로 나누어 서술하였다(『율곡전서』15-20~27「동호문답」論安民
　　　之術).

의 폐단은 제거하기를 기약치 않아도 스스로 제거될 것이다. 온 나라에 대동법(大同法)을 균평히 쓰고 해마다 어수(御需)의 수(數)를 정해 둔다면 진상(進上)·공물(貢物)의 폐단은 고치려 기약하지 않아도 스스로 고쳐질 것이다. 직임(職任)을 헤아려 이서(吏胥)의 수를 정하고 각기 상름(常廩)을 받게 한다면 역사(役事)가 불균(不均)하거나 이서(吏胥)가 주구(誅求)하는 폐단은 혁파하기를 기약치 않아도 스스로 혁파될 것이다. 민산(民産)이 균평해지고 부역(賦役)이 일정해지며 과외(科外)의 횡침(橫侵)이 없어진다면 생식(生息)을 기약하지 않더라도 스스로 부유(富裕)해지고 호구(戶口)도 늘어날 것이다. 그렇게 된 후에야 정교(政敎)를 이룩하고 지치(至治)의 성취를 기약할 수가 있다. 진실로 그렇게 시행하지 못한다면, 비록 인정(仁政)을 행하려 하더라도 다만 헛된 말일 따름이다(『반계수록』 4-23 전제후록 下 國朝名臣論弊政諸條附).

실상 율곡은, '안민지술'을 포함한 「동호문답」의 경장론을 제시하면서, 만약 그것이 실현되기만 한다면 '동방에서 장차 삼황三皇·오제五帝의 지치至治를 바라볼 수 있을 것'이라고 하는 강한 자신감을 피력해 두었다.

그러나 반계의 경우, 그것은 결코 '본本'을 다스릴 고안이 못되는 것이라고 확단한다. 이제 그의 사유에서 '본本'이란 무엇을 가리키는 것인가. "토지土地는 천하의 대본大本"[29]이라고 함이 반계의 소신이었다. 위의 '본本·말末'론을 전개한 논평에서도 '전지田地를 기준'삼아야 한다고 맨 처음에 적시하지 않았는가. 국가라는 공동체를 천리天理의 공도公道에 맞게 꾸려가기 위해서는, '토지'를 '대본大本'으로 삼아 이를 균평히 배분함으로써 만백성의 현실생활을 해결해야 한다는 원리를 그는 확신하였다.

반계로서는 무릇 삼대 이후 폐법으로 누적되어 온 현 실태는 결코 시

---

29) 土地 天下之大本也(『반계수록』 1-1 田制 上).

무론적時務論的 경장책更張策을 가지고서는 해법을 삼을 수가 없었다. 그
것은 모두 지배층의 시각에서 바라본 시무책이므로 결코 '본本'을 기준
삼아 내놓은 개혁론이 아니었다. 반계는 만백성의 삶의 현실이야말로
'본本'으로 삼아야 하는 것이라고 거듭 확신한다.

> 선왕의 법제는 모두 아래[下]를 본(本)으로 삼아, 먼저 그 본(本)을 가
> 지런히 함으로써 말(末)을 바로잡았다. 그 본(本)을 헤아리지 않고서 말
> (末)을 가지런히 할 수는 없다. 이는 천리(天理)로도 의당하고 인사(人事)
> 로 보아서도 그래야 하는 것이다. 대저 군주는 백성을 위해 설치한 것이
> 다.30)

여기서 선왕이 '본本'으로 삼았다는 '아래[下]'란 무엇을 가리키는가.
말할 필요도 없이 군주를 설치한 까닭으로서의 실체인 '백성' 그것이다.
고경古經에도 '백성은 나라의 근본[民惟邦本]'이라 하여 이른바 '민본民本'의
의식을 드러낸 말은 있다. 그러나 '군주는 백성을 위해 설치한 것'이라는
사유의 맥락에서 '백성이 본本'이라고 하는 관점은 아마도 여기 반계가
독자적으로 정립한 것으로 보인다.31) 더구나 반계는 자신의 새로운 관
점을 두고 '천리로도 의당하고 인사로도 그래야 하는 것'이라는 확신까
지 피력해두기에 이르렀다.

삼대 이후로는 군주를 비롯한 지배층이 자기 사욕에 따라 통치 법제
를 만들어왔다는 사실에 비하면, 여기 '군주도 백성을 위해 설치한 것'이
라는 명제의 의미는 곧 군주라는 것이 만백성의 삶을 안정시키는 일을
위주로 해야 하는 존재라는 뜻이다. 사욕의 충족이 아니라 공공의 직능

---

30) 先王之制 皆以下爲本 先齊其本 以正其末 未嘗不揣其本而齊其末也 此所
　　以天理之當 而人事之得也 大抵君者 爲民而設(『반계수록보유』 1-9 군현제
　　各邑).
31) 반계는 '先王之法'이 그러하였다고 말하지만, 정작 古經에는 그런 문자가
　　보이지 않는다.

에 복무해야 한다는 뜻이다. 획기적인 발상이다.

> 삼대의 법제는 모두 천리를 따라 제도를 만들었지만, 후세의 법제는
> 모두 인욕을 따라 제도를 만들었다. 인욕을 따라 만든 제도를 시행하면
> 서 국가의 치세를 실현하고자 하니, 천하에 어찌 그렇게 될 이치가 있겠
> 는가(『반계선생연보』 현종 12년 신해 答鄭伯虞問隨錄書).

무릇 아래[下]에 있는 만백성의 일상의 현실을 '본本'으로 삼는 시각에
서는 '군주도 백성을 위해 설치한 것'이다. 군주뿐 아니라 '조정 자체가
본래 백성을 위해 설치한 것'이라고 그는 거듭 확인한다.[32] 군주와 조정
이 모두 백성을 위해 설치한 것이라면 도대체 국가 자체가 백성을 위해
설치한 것이다. 그러므로 지배층의 사리사욕을 충족하기 위해 제정해온
종래의 폐법은 근본적으로 개혁하지 않으면 안 되는 것이었다.

그는 드디어 '조종의 법제'라든가 주자학까지도 넘어 서서, 왕정을 일
으킬 수 있는 근원적 통치법제를 새로 탐색해내지 않으면 안 되는 처지
에 서게 되었다.

> 왕도(王道)가 폐색(廢塞)된 후로는 만사가 기강을 잃게 되었다. 처음
> 에는 사욕(私欲)을 가지고 법제를 만들어 쓰더니 마침내는 융적(戎狄)이
> 중국을 멸망시키기에 이르렀다. 우리나라로 말하면, 고루한 습속을 그대
> 로 좇아 고치지 못한 것이 많은데, 더구나 쇠약해질 일만 저질러 오다가
> 마침내 크나큰 치욕을 당하고 말았다. 대체 천하 국가가 이 지경에까지
> 이르게 되었으니, 폐법(廢法)을 변혁하지 않고서는 지치(至治)를 회복할
> 길이 없다(『반계수록』 26-26 書隨錄後).

---

32) 朝廷者 本爲民而設 若除外邑 則朝廷更有何民(『반계수록』 19-17 祿制 外方
官祿磨鍊).

병자호란에서 자국이 항복하는 국치를 겪고, 중국의 명나라 또한 '융적'에게 멸망당해버린 참담한 현실이야말로 반계로 하여금 시속의 정치와 법제는 구조적으로 잘못된 것이라고 하는 근원적 회의를 갖게 하였다. 온 천하 국가가 극단적인 난세로 치닫고 말게 된 참혹한 현실이야말로 그의 역사와 인간에 대한 현실인식의 전제를 이루었다. 그래서, '왕도가 폐색된' 이후의 통치이념이나 법제를 가지고서는 결코 '지치至治를 회복할 수 없는' 것이라고 그는 단언한다. 물론 '조종의 법제'라든가 주자학의 경우도 여기서는 예외일 수가 없다.

그의 역사적 현 실태 인식은 종래와는 전혀 다른 새로운 획기적인 시각을 확립하기에 이르렀다. 즉, 무릇 정치라는 것은 만백성의 일상생활을 '본本'으로 기준삼아야 한다는 시각이었다. 그래서, 다시 이 세상에다 지치至治를 이룩하고 왕정을 회복하려면 '폐법의 변혁' 즉 근원적 변법變法을 통해 새로운 왕정의 법제를 확립함으로써만 가능하다는 것이 그의 실리實理가 탐색해낸 새로운 해법이었다. 반계의 실학은 변법론變法論으로서 출발하고 있었던 것이다.

그의 변법론의 기본 관점은, "천지의 원리는 이 세상 만물에 드러나는 것이므로 만물이 아니면 원리가 드러날 곳이 없고, 성인의 도道는 이 세상만사에서 실현되는 것이므로 세상만사가 아니면 도가 실현될 곳이 없다"[33]는 한마디로 요약된다. 천지의 원리와 성인의 도는 곧 인간이 도달할 수 있는 가장 이상적인 경지이다. 그 이상적인 원리와 도가 실현되는 곳은 곧 '만사·만물'의 현상이 전개되는 이 세상 현실이다. 구체적으로는 만백성의 현실을 떠난 원리나 도의 의미는 있을 수가 없다. 그러니 그 이상적인 원리와 도를 이 세상에다 구현하기 위해서는 곧 잘못된 현 실태의 통치법제를 변혁할 수밖에 없다는 것이 그의 실학의 기초 관점이었다. 역사적 인습적으로 쌓여온 현 실태의 비리는 결코 대증對症 요

---

33) 天地之理 著於萬物 非物 理無所著 聖人之道 行於萬事 非事 道無所行(『반계수록』26-27 書隨錄後).

법으로 구제할 수 있는 것이 아니요, 근원으로 돌아가 근본적으로 변혁하지 않으면 안 된다는 변법론이었다.

현상적으로 17세기 당시 조선왕국의 '폐법'으로는 어떠한 사례를 들 수 있는가. 『반계수록』은 많은 사례를 거론하고 있지만, 가령 그 가운데서도 가장 비리非理스런 것의 하나로 노비법을 들 수 있을 것이다. 노비제도야 물론 오래된 것이지만 그 가운데서도 조선왕국의 노비법이 가장 가혹한 악법으로 변하였음은 주지하는 사실이다. 즉 노비는 부·모 한쪽이 노비이면 그 자자손손 모두를 노비신분에서 벗어나지 못하게 하는 종천법從賤法과 그 자손을 대대로 사역하는 세역법世役法이 적용되고, 도망간 노비를 잡는 데에도 국가 공권력이 뒷받침해주는 추쇄법推刷法 또한 마련되었다. 어째서 그런 악법이 제정되고 시행되는가.

> 지금 우리나라는 노비를 가지고 재물로 삼는다. 대체 인간은 동류(同類)인데 어찌 인간이 인간을 재물로 삼는 도리가 있는 것인가. 옛날 (중국은) 국가의 부(富)를 물으면 말[馬]의 수(數)로 답하였다. 이는 비록 천자·제후라도 다만 인간을 다스리는 직임을 맡을 뿐이요, 일찍이 인간을 가지고 자기의 재물로 삼지 않았기 때문이다. 지금 우리나라 습속으로는 남의 부(富)를 물으면 반드시 노비와 전지(田地)를 들어 말하니, 이에서 그 법제의 잘못과 습속의 고루함을 알 수 있다(『반계수록』 26-8 속편 하 노예).

역사적으로 보면 고려 말 쯤 연작連作농법이 정착하자 전지田地의 자산 가치가 높아짐과 동시에 경작노동력으로서의 노비의 자산적 가치도 크게 증가하였다. 그래서 조선 초기에는 세조왕世祖王과 그 훈신勳臣들의 합작으로 노비 종천법과 세역법을 정착시키기에 이르렀다. 노비는 국가 소속의 공노비公奴婢도 있었으나 대다수는 세가勢家 소속의 사민私民인 사노비私奴婢였다. 그리고는 고조선古朝鮮의 소위 팔조법금八條法禁에 노비가 등장한다 하여, 노비법은 성인인 기자箕子가 창시한 것이요, 귀천의 명분을 유지하는데 필수적인 제도라 강변하였다. 조선 성리학도 이 명분론을 거들었다.

그런데 종천법에 따라 '노비로 떨어지기는 해도 면제될 수는 없는 고로,' 조선조 16~17세기에는, 천민은 급격히 늘어나고 양인良人은 줄어들게 되었다.34) '양인良人의 군역 또한 너무 부담스럽기 때문에 양인은 자子·녀女가 있으면 많이들 사비私婢·사노私奴와 결혼시키니, 양인의 수는 점점 줄어드는' 현상이 벌어지기 마련이었다.35) 국가 공역公役에서 벗어난 사민私民이 압도적 다수로 늘어나는 것은 곧 국가의 존립 지반을 침식하는 일이었다.

노비가 주요한 재물이기는 하지만 살아있는 인간으로서 가장 열악한 대우를 받는 처지이다 보니, 그 도망과 추쇄推刷, 결혼과 상속에 관련된 재산다툼인 노비소송 또한 전국에 걸쳐 만연하였다. "노비 1인에 관한 소송을 10년 동안 끌면서 싸워도 결판이 나지 않고, 1노奴를 붙잡아 오기 위해 남의 구족九族을 침해하고 뒤흔들어 마지않는"36) 사태가 일상으로 벌어졌다.

반계의 실리實理는, 노비도 "마찬가지 하늘이 낸 백성"37)이라는 사실

---

34) 16~17세기에는 노비의 수가 전체 주민의 압도적 비중을 차지한다는 서술이 더러 있지만, 이는 과장된 표현인 것으로 이해된다. 노비의 수가 가장 다수인 때에도 전체 주민의 절반 이상을 넘지는 않았던 것으로 보인다. 조선시대에 전국 戶口의 실세가 제대로 파악된 경우가 한 번도 없거니와, 奴婢의 경우는 더욱 그러하였다. 가령 仁祖대에 胡亂에 대비하기 위해 조사한 다음의 수치가 그 대략에 가까운 것이 아닌가 한다. "전 判書[병조판서 겸 도원쉬 金時讓이 箚子를 올려 말하였다. '우리나라의 私賤 제도는 천하만국에 없는 것입니다. 號牌를 시행할 때에 軍役으로 정한 자즉 良人는 겨우 15만여 명인데, 私賤은 40여만 명이나 되었습니다.'"(『인조실록』 인조 14년 4월 20일(갑오).

35) 『반계수록』 26-4 속편 하 노예. 노비를 비롯한 소위 賤民은 군역의 의무를 지지 않는다.

36) 위의 책 26-5 속편 하 노예.

을 주목한다. 노비도 천리의 '분分'을 타고난 인간이다. 그리고 "현賢·우
愚·귀貴·천賤이 각기 그 '분分'을 차지하는 일"38)이야말로 실리實理가 전
개하는 이 세상 기본 질서라 함이 그의 소신이었다.

　노비제도는 천리와 인정에 반反한다. 국가적으로도 더할 수 없는 해
독을 끼치는 악법이다. "그 사리와 시비는 본래 알기 어려운 것이 아닌
데도, 사람들이 각기 목전의 사의私意에 가리워져,"39) 사리를 도모하는
인습의 악법을 운행해가는 것에 불과하다. 그러므로 그는, 사事·리理 일
체의 "왕정이 시행되어 온갖 법도가 바로잡히며 편벽되고 고루한 습속
을 씻어버리게 된다면 노비법은 반드시 혁파되고야 말 것임이 명백하
다"40)고 확신해 마지않았다.

4. 반계의 현실 개혁 구상

　반계에 따르면 "옛 성왕이 법제를 세우고 교령敎令을 행한 것은 모두
가 천天을 체현하여 만들고 천天을 대신하여 시행한 것 아님이 없었다.
그 도道는 육경六經에 갖추어져 있다."41)

　그런데 반계는 주자의 경우와는 다소 다른 '6경'을 말한다. 주자는,
"제왕의 도道를 실어 둔 육경으로서 지치를 이룩하는 성법成法이 되는
것은 역易·시詩·서書·예禮·악樂·춘추春秋"라 하였다.42) 이것이 성리
학의 일반 견지임은 더 말할 필요가 없다. 그런데 반계는, "육경이란『
시詩』·『서書』·『역易』·『춘추春秋』·『주례周禮』·『의례儀禮, 禮記附』를 이른
다"43)하여, 자기 나름의 새로운 정립을 시도하였다.

---

37) 위의 책 21-38 병제 諸色軍士.
38) 위의 책 26-8 속편 하 노예.
39) 위의 책 26-8 속편 하 노예.
40) 위의 책 26-5 속편 하 노예.
41)『반계잡고』125 政敎.
42)『주자대전』73-39 잡저 李公常語 下.

6경을 말하는 양자의 견지는 단지 경전 한두 가지의 차이에 그치는 것인가. 아마도 반계의 경우는 '군주 일심一心의 함양' 보다도 '폐법의 변혁'을 추구하는 근거 경전으로 『주례』를 특히 중시한 것으로 이해된다. 그리고 『의례』는 『주례』와 함께 "주공周公이 섭정하여 태평을 이룩한 책인데, 『주례』는 말末이요 『의례』는 본本이 된다"[44]는 것이었다. 『의례』가 군신 사이의 의례라든가 지배층의 일상 처신에 관한 예禮의 원리를 논한 것임에 비하여 『주례』는 구체적 통치규범을 집성해둔 것이므로, 아마도 양자를 '본·말' 관계로 이해하는 듯하다.

반계는 특히 '상하上下가 공경恭敬으로 일관하는' 예속禮俗이 온 세상에 구현되기를 간구하고 있었다. 예禮가 잘 시행되어 "온 천하가 모두 '예'를 가지고 일을 수행할 줄을 알아서, 그렇게 좇아가지 못할까봐 부끄러워하는" 세상이 실현되기를 그는 대망하였다.[45] 그는 특히, 성인이 구체적으로 왕정을 이룩하고 오래 다스려 온 중국의 경우에 비하여, '고루한 인습'을 지닌 자국의 현실을 쇄신하기 위해서는 예치禮治를 통한 예속禮俗의 실현이 급선무라고 간절히 생각하고 있었다.[46]

가령 그는 가장 기본적 조정 의례儀禮인 '조례朝禮'부터가 잘못된 인습으로 운용됨을 크게 우려하였다. 즉 "지금 세상에는 원정元正과 동지冬至 및 국왕의 생일을 3대 명절로 삼아 백관百官의 조하朝賀를 받는" 실태를 예로 들면서, 이는 고례古禮에 없는 속습이므로 개혁해야 한다고 강조한다.

---

43) 『반계수록』 10-4 敎選之制 下 貢擧事目.
44) 周禮儀禮…竝是周公攝政太平之書 周禮爲末 儀禮爲本(賈公彦의 『儀禮疏』序).
45) 夫禮一家有一家用 天下有天下用 苟此禮未亡 則天下皆知以禮將事 恥其不逮 (『반계잡고』 131 政敎).
46) 『반계수록』이 가장 많이 인용한 선배들의 논의로는 栗谷의 것이 26회, 重峯 趙憲의 것이 15회라고 한다(千寬宇, 전게 연구). 반계가 趙重峯에서 인용한 것은 「東還奉事」의 내용인데, 이는 重峯이 使行에서 견문한 中國의 禮俗을 예시하면서 自國의 고루한 因襲을 혁신하고자 하는 항목들임을 주의할 것이다. 그리고 왜란을 전후하면서 조선 사림의 견문 또한 그만큼 넓어지고 있음도 주목된다.

옛날의 조빙(朝聘)은 다 자기 직무에 관한 일을 보고하는 것이므로 상하가 공경하며 예(禮)를 삼가 지켰으니 경계(警戒)하는 의미가 있으며, 모두가 천(天)을 받들고 백성을 위하는 일에 직무를 다하기를 생각하였다. 후세의 임금은 무단히 축하를 받으면서 자기 지위로 락(樂)을 삼고, 신하는 축하를 드리고 아첨하는 것으로 자기의 분(分)을 삼는다. 이는 바로 천리와 인욕이 판연히 나뉜 것이다. 만약 치세를 이루고자 하는 임금이 있다면 어찌 고제(古制)의 본 뜻을 참작하여 일대의 제도를 다시 정립하지 않겠는가(『반계수록』 25-7 속편 상 朝禮).

반계는 자국 군신이 행하는 조례朝禮의 '고루한 인습'부터 개혁하여, 상하가 모두 '천天을 받들고 백성을 위하는' 일에 자기의 '분分'을 다하는 예속禮俗 국가가 실현되기를 간구한다. 그래서, "뒷날의 군주가 제도를 세우고자 한다면, 마땅히 '고례古禮'를 가져다 그 뜻을 탐구해 터득한 다음, 현재에 맞는 의례를 참작하여 한 시대의 제도로 정립해야 할 것이다"[47] 라는 소신을 개진한다. 이는 물론 '연례燕禮'를 두고 논한 것이지만, 그 뜻인즉 무릇 새로운 법제의 정립에 보편적으로 관통해야 하는 원칙을 말한 것으로 이해된다.

반계가 이 세상 통치법제의 기준으로 삼아야 한다고 확고히 믿은 것은 '고례'요, 특히 『주례』였다. 그것은 성인이 '천리'를 따라 제정하였다는 것이며, '태평'성세를 이룩하였다는 구체적 전거이기 때문이다. 그런데 그 같은 천리의 공도를 기준으로 삼고서 지리멸렬한 현 실태를 개혁하고자 할 때 가장 큰 표적이 되는 곳은 어디였겠는가. 말할 필요도 없이 사욕을 추구하기 위해 '폐법'을 만들고 이를 강제하면서 만백성의 삶을 억압하고 수탈해온 근원, 곧 군주를 비롯한 지배층을 떠받드는 비리非理의 현 실태였다. 반계의 변법론은 필연 군주를 비롯한 지배층의 사

---

47) 『반계수록』 25-15 續篇 上 燕禮.

욕私欲 추구의 삶을 길이 지탱하기 위해 만들어진 비리와 인습의 행태에다 초점을 맞추지 않을 수 없었다.

소위 근대의 사회과학 이론이란 것과는 전혀 관련 없이, 반계는 국가체제라는 것이 억압과 수탈의 지배기구로 행세해왔다는 사실에 관한 체계적 인식을 스스로 갖추게 되었다. 아마도 중앙의 정치모략으로 인해 참화를 당한 자신의 가정적 배경, 그리고 험난한 난세를 맞아 일생동안 학술탐구에 전념한 재야의 사림으로서 키워온 '실리'의 안목이 그 같은 객관적 인식에 도달하게 하였던 것으로 이해된다.

반계의 안목에 비친 자국의 인습 가운데 가장 크게 문제되는 것으로는 왕권 하나를 유지하는 데에 거의 모든 국력이 총동원되는 기이한 현상이었던 것으로 보인다. 그리고 그 가운데서도 특히 가장 '고루한 폐습'은 소위 '진상進上'이라고 하는 군주에 대한 식선食膳 공궤의 인습이었다. '진상'이란 것은, 받아먹는 군주나 바치는 신하 모두가 '예의'에 어긋나는 폐습을 길이 저지르는 것이라고 그는 단호히 배격한다. "왕자의 제도에 공헌貢獻이란 것은 아랫사람이 의義로써 바치면 윗사람이 예禮로써 받는 것이다. 진실로 예의를 다한다면 일이 모두 사리에 합당할 터이니 어찌 폐단이 있을 것인가. 오직 예의를 잃어버린 것이므로 이루 다 말할 수 없는 폐단이 일어나는 것이다." 그의 분석은 매우 구체적이다.

> 지금 각 도에서 바치는 진상(進上)은 대체로 국왕의 식선(食膳)에 속하는 것들인데 그 명색이 심히 번거로워 작디작은 것들까지 빠짐없이 다 들어 있다. 매월 바치기도 하고 혹은 한 달에 2, 3차 바치기도 한다. 경기에서는 매일 바치는데 이는 국초부터 있은 일이 아니라 중엽부터 시작되었다고 한다.48) 진상은 모두가 경상(經常)의 부세(賦稅) 이외에 받는 것

---

48) 京畿監司의 경우 매일 진상을 바치게 된 사연은 실상 成宗 말년부터 비롯되었다고 한다. "마침 중국 使臣이 나오는 때를 당하자 그 사신이 오래 머무를까 걱정하여 (監司가) 京畿 백성으로부터 생선과 꿩을 많이 받아들여

으로서, 감사가 각 군현에다 배정하면 각 군현에서는 또 민간에다 분정 (分定)하여 거두는데, 그 사이에 층절마다 많이 받아내고 마디마디 폐단이 늘어나는 것이 이미 이루 다 말할 수가 없다.

그것을 감정(鑑定)하여 올릴 때에도 쓸데없이 중앙의 각사(各司)를 경유하여 바치도록 하기 때문에 당해 이서(吏胥)들이 마음대로 농간을 부리도록 맡겨두는 것으로 된다. (吏胥들이 중대한 일이라고 빙자하여 뇌물을 토색하기로는 진상의 경우보다 심한 것이 없다. 그러므로 지금 진상물을 거둘 때에는 반드시 수수료로서 인정포(人情布)를 먼저 거두고, 진상물을 실을 때에는 반드시 먼저 인정포를 싣는다. 속담에 이르기를 '진상품은 산적 꼬치로 꿰어 가고 인정은 마바리로 가득 실어간다'고 하는데, 이를 보아도 그 폐단이 어떠한가를 알 수가 있다. - 原註) 이는 실로 의(義)로써 윗사람에게 바치고 예(禮)로써 아랫사람의 것을 받는 본의가 아닌 것이다.

또 그 명색이 번거로우니, 날 것·진 것을 가리지 않으며 춥고 더운 때를 불문하고 솜에다 싸고 얼음에 섞어 마바리에 실어 천리를 운반한다. 군주의 눈앞에 한 번 오르지도 못하는 아무 맛없는 한 개 물품이 천가(千家)를 파산시키고 만민에 해를 끼치면서 이 같은 일이 자행되는 것이다. (…이는 알기 어려운 일이 아니다. 임금은 깊은 궁궐 속의 비단 요

사신을 영접하는데 쓰기로 하였으나, 그 사신이 빨리 귀국하자 생선이 소용 없게 되었다. 이에 날마다 物目을 기록하고 헤아려 司饔院으로 들여보내 御膳으로 올리도록 하였다. 물건이 거의 다해가는데 監司는 교체될 날이 다가오자 이에 자기가 감사로 있는 동안에나 계속 올리리라 하고 다시 백성으로부터 거두어 바쳤다. 後任으로 온 자는 또 생각하기를, '(前任 監司도) 그러하였는데 臣이 어찌 감히 폐지할 수가 있으리오' 하고 그대로 계속하여, 그것이 드디어 舊規가 되어 오늘날에 이르게 되었다."(『重峰集』 4-20 擬上十六條疏 九日飮食之節).

여기서 무엇보다도 주목해야 할 것은, 곧 進上에 관한 한, 일시적 私獻이 드디어 관행으로 변하고 마침내 公獻의 制度처럼 항구적으로 因襲化하기에 이르렀다는 사실이다.

위에 앉아 '나는 임금이로다' 하고 있으니 어찌 그 폐단을 짐작이나 하겠으며, 즐거운 낯빛으로 눈앞에서 아첨하는 신하들은 이것을 가지고 자기만큼 임금을 받드는 자가 없다고 하면서, 만약 한 마디라도 그것이 나라를 병들게 하고 임금의 덕을 손상시키는 일이라고 언급하는 자가 있으면 곧 임금에게 불경한 짓이라고 지적한다. 그 때문에 해독이 온 나라에 뻗어가서 멈추지 않는 것이다. - 原註)

옛날의 훌륭한 군주들은 항상 근심하는 일이 혹 나라가 잘 다스려지지 않을까 하는 것이었지 일찍이 자기의 구복(口腹) 채우는 일을 가지고 천하에 명령하지는 않았다. 그런 의미에서 진상이란 과연 어떤 것이라 할 수 있을 터인가. 그러나 이 또한 우리나라의 제도가 바로 서 있지 못한 때문에 그러한 것이다. 중국의 제도로는 국왕에게 공궤(供饋)하는 일을 맡는 전임(專任)의 기관이 있으며 국왕에게 바치는 물품도 해마다 경상비(經常費)를 배정해두고 일체를 구입해 쓰도록 하므로, 외방에서 진상한다는 말을 듣지 못하였다.

우리나라는 경상(經常)의 세입(歲入) 중에서 군주의 수용비(需用費)를 지출하는 법이 없고 군주에 대한 공궤(供饋)도 그것을 전담하는 기관이 없다. 중앙에서는 각 기관이 날마다 마련해 올리며, (지금 중앙 각사(各司)에서 수납(收納)하는 공물(貢物)은 임금에 공궤하는 것이 3분의 2를 넘는다. - 原註) 밖에서는 각 도로 하여금 매월 진상하도록 하고 있다. 그래서 인부가 짊어지고 역마(驛馬)에 실어서 운반하니 사방의 역로(驛路)도 피폐하게 되었다. (우리나라는 국왕에게 공궤하는 규정에 원래 경상비의 배정이 없고 또한 그것을 전담하는 기관도 설치해두지 않았다. 그러나 날마다 마련하여 바치기 때문에 안으로 중앙의 각사(各司)로서 임금에 대한 공궤를 위해 설치해둔 것이 심히 많다. 또 달마다 진상하게 되어 있으므로 밖으로 각 고을에서는 진상을 위해 분주하게 움직이는 자가 무수하다. 그래서 국가의 만사 가운데 임금에 대한 공궤(供饋)와 진상에 관련되는 것이 대체 10분의 8~9나 된다. 일은 번거롭고 폐단은 극도로 심

해져 백성은 견딜 수가 없이 되었다.… - 原註)(『반계수록』 3-23~24 田制
後錄 上 經費)[49)]

조선왕국의 통치형태는 이전의 시대보다 매우 중앙집권적 현상을 보
이게 되었는데, 그것은 역사적으로 행정체계의 발전에 따라 이전보다
왕권이 강화되었기 때문이기도 하다.[50)] 그러나 또 한편으로는 훈勳·척
戚정치의 만연이라든가 치열한 당쟁의 전개과정에서 모두가 정치적 실
세를 길이 보존하기 위한 방편으로 왕권과 유착하는 길을 선호하기 때
문이기도 하였다.

그러나 아무리 왕권을 충성으로 받든다 한들, '중앙 각사各司에서 수
납하는 공물貢物로서 임금에게 공궤하는 것이 3분의 2를 넘고,' '국가의
만사 가운데에서 임금에 대한 공궤供饋와 진상進上에 관련되는 것이 10분
의 8~9'에 이르는 인습이 길이 이어져 왔다는 것은 얼마나 특이한 '국가
정치적' 현상인가. 실로 왕권을 유지하는 데에 국력이 거의 총동원되다
시피 하고 있었다.

비록 왕권은 초월적이라고도 하는 수가 있지만, 만백성을 피폐하게
만들면서 자행되는 '진상'이라는 명목의 '정치적 현상'은 어떻게 설명할
수 있을 것인가. 왕권에 관한 한 어떠한 기준이나 법도도 적용되지 않는
다고 하면 그만인가.

그런데 반계의 실리實理는, 왕권조차도 '천리'가 부여한 '왕王의 분分'

---

49) 다음의 서술도 반드시 참작할 것이다. "우리나라는 관청을 설치하되 여러
    寺니 監이니 하는 것들의 수가 中國의 3배나 되는데, 그 太半이 御供에 관
    련된 기관이다. 제도를 만든 것이 이래서야 어찌 폐단이 일어나지 않겠는
    가." (『반계수록』 16-3 직관지제 하).
50) 지방행의 발전에 따라 屬縣 등이 통폐합되고 전국 약 350 郡縣의 守슈과
    그 위의 8도 觀察使가 모두 王權에 의해 임면되는 王權의 대행자로 정립되
    었다. 또한 중앙의 통치형태로는 勳戚정치를 시작한 世祖대부터 모든 政令
    이 왕권으로 집중되는 六曹直啓制로 정착하였다.

을 고유하게 갖추는 것일 뿐이라고 하는 이치를 환히 비추어 본다. 이미
살핀바 '현賢·우愚·귀貴·천賤이 각기 그 분分을 지키는 일'이야말로 천
리天理가 전개하는 이 세상의 기본 질서요, 그 앞에서는 왕권이라 하여
예외일 수가 없다. 그런데 조선왕국의 왕권은 일정한 기준이나 법도조
차 없이, 용도가 있으면 한없이 끌어다 쓰는 인습을 길이 지켜오고 있었
다.51) 설마 국왕이 사욕을 위해 전국의 식품들을 망라해서 거두어들이
게 하는 인습을 창시하지는 않았을 것이다. 그러나 충성을 다하느라 그
런 폐습을 조성해 낸 신료들이나 거리낌 없이 그 폐습을 향유해 온 임금
이 모두 그 식품들을 생산해 바치는 만백성의 고통에는 생각이 거의 미
치지 못하였다는 사실만은 어김이 없다.52)

---

51) 일찍이 世宗임금이 스스로, "임금이 쓰는 것에도 한도가 있어 임의로 할
　　수 없는 것인데, 지금인즉 그렇지 아니하여 征斂에 法度가 없고 用度에 限
　　節이 없기 때문에, 혹 무슨 일이 있으면 더 많이 거두고 혹 여러 해의 貢物
　　을 미리 끌어다 쓰기도 한다"고 하여, 國王의 用度에도 제한을 두고자 발의
　　한 적이 있었다(『세종실록』세종 28년 4월 정묘). 그러나 그 후 국가의 일반
　　財政은 橫看의 제정으로 다소의 제한을 두게 되었으나, 국왕의 용도에 제
　　한을 두는 제도는 결코 정립되지 않았다.

52) 16세기의 사림정치기를 맞아 국왕의 총애를 받게 된 栗谷 李珥가 '至治'를
　　일으킬 소위 '安民之術'의 한 요목으로서 '進上이 煩重한 폐단의 蠲除'를 건
　　의한 적이 있었다. "옛 聖王은 한 사람으로써 天下를 다스렸지 온 天下의
　　物産을 가지고 한 사람을 받들게는 하지 않았습니다. 비록 바치는 物産이
　　하나하나 모두 임금님이 드시기에 합당하더라도 역시 덜고 생략하여 백성
　　들이 힘을 펼 수 있도록 해야 할 것이거늘, 하물며 긴요치 않은 것을 요구
　　함으로써 백성을 殘傷해서야 될 일입니까. 이 폐단을 개혁하자면 마땅히 大
　　臣과 당해 官署로 하여금 進上이란 名目을 모두 취하여 그 긴요한 것과 그
　　렇지 않은 것을 가려내어, 上供에 없어서는 안 되는 긴요한 것들만을 거두
　　도록 할 것이요, 그 나머지 긴요치 않은 것들은 모두 덜어 없앨 것이며, 비
　　록 上供에 적합한 것이라도 그 수량과 명목이 너무 많은 것들은 역시 감해
　　야 할 것입니다."(『栗谷全書』 15-23 「東湖問答」 論安民之術).
　　그러나 栗谷의 건의는 전혀 수용되지 않았다. 그래서 進上의 폐단은 그 후
　　壬辰倭亂이 일어나 나라가 거의 망할 뻔 하고 다시 丙子胡亂이 일어나 오
　　랑캐에게 항복하는 변고를 겪으면서도 결코 고쳐지지 않은 채 길이 因襲으

여기 반계가 제기하고자 하는 것은 꼭히 왕권의 유지에 관한 오랜 인습을 '불경'스레 파헤쳐 논함으로써 자신의 새로운 역사적 성찰을 도전적으로 과시하고자 하는 '작위作爲'의 행태가 결코 아니다. "군자가 천하를 위해 선善을 하는 것은 유위有爲하고자 해서 하는 것이 아니다. 그렇게 하는 것이 천리와 합치하기 때문이다"[53] 라는 것이 그의 소신이었다.

만백성을 피폐하게 만들면서 자기의 '구복口腹을 채우는' 인습의 정상頂上에 앉아 있는 존재가 왕권이었으니, 그 인습은 '진상'이라는 한 가지 사항에서 그치고 말았던 것일까. 혹 임금을 떠받드는 백관百官의 경우로 염습染習되는 것은 아니었을 터인가. 실상 조선왕국에는 국왕의 용도에 한도가 없을 뿐 아니라, 중中·외外를 막론하고 관인층은 물론이요 그 하수인인 리吏·예隷층에 이르기까지 각기의 현실 생활을 정상으로 유지할 수 있는 기준적 늠록廩祿이 책정되어 있지 않았다. 그래서 상하 모두가 중층적 할거적 횡침의 사슬로 엮여져 있었다.

> 지금 백관(百官)의 녹봉은 극히 박하여 1품의 록이 1년에 60석(石)이요 9품의 경우는 겨우 12석에 불과하다. 그러므로 생활을 지탱할 수가 없어 으레 외방으로부터 뇌물을 받는데, 이름하여 진봉(進奉)이라 한다. 그나마 청요직(淸要職)에 있는 자라야 진봉을 얻을 수 있으며 나머지는 얻을 수가 없다. 또 각 관서(官署)에서 쓰다 남은 물건을 여러 관원들이 사사로이 나누어 먹는데, 이름하여 분아(分兒)라고 한다. 이서(吏胥)들은 혹 녹봉이 있기도 하고 없기도 하여 기관마다 제각기 다르다.…그 아래의 복예(僕隷)들은 거의 다 녹봉이 없기 때문에 모두가 남을 뜯어 먹고서 사는 도리밖에 없다. 사세가 그렇게 되어 있으므로 그 폐해는 이루 다 말할 수 없는 데까지 뻗어가기 마련이다(『반계수록』 3-25 전제후록 상 經費).

로 운행되어 갔다.
53) 『반계잡고』 201 부록 論學.

지금 지방관들은 모두 정상적인 봉록이 없다. 수령은 과외(科外)로 백성들로부터 거두어 먹고, 감사는 각 군현으로부터 거두어 먹으며, 병사(兵使) 수사(水使) 첨사(僉使) 만호(萬戶)는 번상(番上)하는 군인을 내보내는 대신 포(布)를 받아먹고, 찰방(察訪)은 역졸(驛卒)들로부터 거두어 생활하고 있다. 이는 모두 제각기 거두어 먹는 것이므로 그 액수가 많고 적은 한도조차 없다. 이서(吏胥)·복예(僕隷)들로 말하자면 온 나라를 두고 다 정상적인 먹이가 없기 때문에 서울의 경우와 마찬가지로 자기가 소관하는 부분에서 뜯어먹고 산다. 그러므로 전국의 모든 생민들이 어느 곳에서나 피해를 입지 않는 곳이 없게 되어 있다(『반계수록』 3-27 전제후록 상 經費).

관원들로부터 이서(吏胥)들에 이르기까지 청렴한 자는 가난해서 살 수가 없고 탐욕한 자는 날로 부유하게 된다. 가장 청렴한 자일수록 더욱 궁핍하게 되고 가장 탐욕한 자일수록 점차 부유해져서 실컷 놀고먹는다(『반계수록』 3-35 전제후록 상 經費).

도대체 정식의 녹봉은 유명무실하게 책정해두고, 현실의 기본 생활 자료 자체를 뇌물 아니면 횡침과 같은 부정부패에 의존해야 하는 공직이 과연 공무를 제대로 수행하리라고 기대할 수 있겠는가. 그래서 마침내 청렴한 관원일수록 더더욱 궁핍하기 마련이요, 탐욕스런 자일수록 더더욱 부유해지는 공직체계의 집합을 과연 국가라고 할 수 있을 것인가. 그것도 미관말직의 경우만이 아니요, 대관大官의 경우도 거의 예외 없이 부정 부패에 의존해 살아간다면, 그 아래 실무 담당의 리吏·예隷의 부정 부패를 과연 감독할 수나 있을 것인가.

반계는 가령 자신이 거주하는 부안현扶安縣의 전결田結 행정이 실상은 리吏·예隷의 손아귀에서 조종된다는 현실을 구체적 실례로 증언한다. 즉 인조仁祖 갑술양전甲戌量田(인조 12~13; 1643~1644)에서 파악한 간전[墾田 - 현재 경작지]은 3,369결이었는데, 그로부터 30년가량 지난 당시 『반계수록』

의 저술 당시까지 별다른 행정적 변동은 없었다. 그런데도 그의 관찰에 의하면, "지금의 간전墾田이 2천여 결結" 뿐인 것은 "관리와 서원배書員輩가 임의로 도적질해 탈루시키고 다만 약간만을 기록해둔 것이다. 그래서 해마다 이와 같으며, 다른 고을도 모두 그러하다."[54] 즉 각 군현마다 말단 이吏·예隷들이 전결을 축소해 기재하는 농간이 보편적으로 자행되고 있었다.[55] 결국 여기에도 객관적 기준이라든가 법도가 사실상 작동하지 않고 있었던 것이다.

공직을 수행하는 중·외의 관원과 이吏·예隷가 기준도 없는 토색질을 공공연히 자행하는 형편이고 보니, 직접 관직을 맡지 않은 양반 세가勢家들 또한 의제적擬制的 행태를 자행하고 있었다. 그런데 그 같은 중층적 할거적 수탈은 부세賦稅 수취의 과정을 통해서 실현되는 것이므로, 직접생산자층의 생업은 어느 곳 어느 분야에서도 심각한 침해를 받지 않을 수가 없었다.

　　우리나라 산협(山峽)지대의 땅은 백성들에 이로움이 극히 적어서 대개가 버려져 있다. 성읍(城邑)이라든가 촌락들도 대개가 산기슭에 있으므로 이런 땅을 과원(果園)으로 만들 수가 있다. 여기에 만일 대추 밤 감 배 뽕나무 닥나무 칠 대나무 등을 토질에 맞추어 매호마다 수십·수백 주씩 심는다면 그 이익이 전답(田畓)의 수입보다 못지않을 것이다. 그런데도 백성들이 과수를 심지 않는 것은 무슨 까닭인가. 그것은 역시 관·리(官吏)들이 닥치는 대로 침해하기 때문이다. 지금 혹 어느 고을에 밤나

---

54) 『반계수록』 2-4~5 田制 下.
55) 조선후기 보편적으로 전개되는 '墾田의 축소' 현상은 실제로 경작지가 축소되는 것이 아니었다. 각 군현마다 鄕吏·書員들이 '隱結' 등의 방법을 통해 문서상으로는 다수의 田結을 축소 기재하는 대신, 실제로는 당해 田地의 米穀을 옹골지게 횡령하는 현상이었다. 그래서 가령 茶山 丁若鏞은 이를 두고 '隱結'이 아니라 '鐵結'이라 해야 한다고까지 말하였다(『여유당전서』 20 『목민심서』 5-7 稅法 下 참조).

무밭이 있으면, 농민들로 하여금 번(番)을 서서 지키게 하고는 열리는 것보다 갑절을 징렴하니, 심지어 먼 곳에 가서 사사로이 사다가 바치게도 된다. 그러므로 백성들은 밤나무밭 미워하기를 마치 원수처럼 대하는 것이다. 남방의 민가에 유자(柚子)나무가 있으면 관(官)에서는 반드시 대장(臺帳)에 등록시키고는 징납을 해대니, 자기 신역(身役) 이외에도 이 나무 지키고 열매 바쳐야 하는 노역(勞役)까지 덧붙여 수행해야 된다. 비록 유자나무가 썩어버린 뒤에도 그 징납은 자손에까지 전해 내려가고, 해독은 이웃 마을에까지 미친다. 그러므로 그 나무의 싹이 돋는 것을 보면 서로 경계하여 뽑아버린다. 심지어 벌통에 이르기까지 등록을 시키니, 산골 백성들이 양봉(養蜂)하기도 어렵게 되었다. 말[馬]이나 매[鷹]를 길러도 대장에 등록케 하니 세력 없는 자는 말도 매도 사육하기가 어렵다. 무엇 한 가지 명목만 있으면 모두가 백성들에 해독이 되는데, 그 사이 억지와 독촉이며 이서(吏胥)들의 농간과 작폐는 또 이루 다 말할 수가 없다. …이제 나무 심고 재배하는 이로움으로써 산골 백성들을 넉넉하게 하자면 반드시 먼저 조정에서 진상품(進上品)을 덜어주고 없애야만 거기 빙자해 수탈하는 길을 끊어버릴 수 있을 것이다. 그리고 명백한 법령을 세워 한 가지라도 침해하지 못하도록 한 다음에야 백성들에 권하여 생업을 일으키고 이익을 도모하도록 할 수 있을 것이다. 그렇게 되면 무릇 사방의 산과 숲, 언덕과 습지들을 모두 목장, 양재장, 저수지로 만들어 적절하게 이용하지 않을 곳이 없게 될 것이요, 민생이 혜택을 입고 국가 또한 자연히 부유하게 될 것이다(『반계수록』 2-19 田制 下 田制雜議附).

『경국대전』에는 서울 안의 공장(工匠)들에 대해서도 역시 세(稅)를 받는다고 되어 있다. 그러나 지금인즉 서울 안의 공장(工匠)들은 모두 일정한 세가 없고, 다만 관(官)에서 일 시킬 경우가 생기면 닿는 대로 잡아다 일을 시키는데, 그 대가로 주는 삯은 매우 적다. 더구나 외방의 경우는 세가 있고 없고를 막론하고 소문나는 대로 잡아다 억지 일을 시킬 뿐이다. 관부(官府)가 이미 이같이 하니 세가(勢家) 양반들 또한 그 본을 받아

함부로 일을 시키고는 삯은 제대로 주지 않는다. 그러므로 공장(工匠)을 업으로 하는 자는 오히려 그 재능이 소문날까봐 두려워한다. 그 때문에 온갖 공장(工匠)의 기예에 법도가 없어지고 거칠어져 모양새를 이루지 못하게 되었다. 그것이 온 나라의 습속으로 되고 말았으므로, 사람들은 거기에 마음과 눈이 익숙해져서 그것이 거칠고 조잡하다는 사실을 알지도 못하게 되었다(『반계수록』 1-59 전제 上).

우리나라는 귀(貴)·천(賤) 두 글자만을 따져서 억지로 억누르기를 일삼는다. 명색이 양반이라면 도처에서 폐단을 일으키기 때문에, 큰 길 가에 사는 사람들은 양반이 싫고 고통스러워 자기 가옥을 다투어 왜소하고 누추하게 만드느라 애쓴다. 공장(工匠)들이 기구를 조악하게 만드는 것도 관역(官役)에 동원하여 억지 일을 시키기 때문이요, 읍장(邑場)의 상인들이 관(官)의 매입(買入)에 응하지 않는 것도 (官이) 억지로 헐값에 사들이기 때문이다(『반계수록』 4-3 전제후록 下 錢幣).

조선왕국도 기본법전으로 『경국대전』이 갖추어져 있고, 거기에 국가의 "경비는 횡간橫看;지출明細과 공안貢案; 세입 대장臺帳을 사용한다"고도 규정하였다. 전국 모든 관원에게 늠록廩祿을 지급한다고도 규정해 두었다. 그럼에도 불구하고 국가기관과 그것을 운용하는 관원들과 그들의 하수인인 이吏·예隷층이 모두 객관적 경상經常의 수입을 통해 일상생활을 영위하는 경우란 거의 없고, 모두가 할거적 횡침을 통해서 생활물자를 조달하는 특이한 '국가적' 현상이 인습으로 관행되고 있었다. 그런데 현직의 관官·리吏와는 다른 양반士族층 또한 비슷한 특권적 인습에 편승할 수가 있었다는 사실 또한 얼마나 기이한 '국가적' 현실인가.

고대 이래 지배층의 특권을 국가적으로 보호하는 내력을 이어받은 조선왕국 또한 양반 사족을 연대連帶세력으로 인정하고 그들과 연합하여 만백성을 지배하는 정책을 펴고 있었다.56) 우리나라 왕조마다 명맥을 그렇게 오래 끌어갈 수 있는 현상도 지배층끼리의 굳은 연대 때문에 가

56) 가령 18세기 正祖임금이 조정의 士大夫를 우대해야 한다고 말한 것은 조선 시대의 通時的인 관점을 보인 것으로 이해된다 ; "喬木 世臣의 후예로서 王室의 기둥이 될 의리를 맡아 완연히 元氣를 이루어 우리 4百年 宗國을 지탱해온 것이 곧 사대부이다. 고상한 風節을 이루어 朝廷의 법도가 되어온 것도 사대부이다. 淸議를 유지하고 正氣를 튼튼히 붙들어 온 것도 사대부이다. 임금의 뜻과 거동을 도우고 받들어온 것도 사대부이다. 我朝가 나라를 세우면서 오로지 사대부를 숭상했으니, 人君이 나라를 다스리면서 이 사대부를 버리고 무엇을 어찌할 것인가"(『정조실록』 정조 6년 5월 을축).

그런데 조정의 사대부뿐 아니라 무릇 士族층은 조선 초기부터 국가에 변란이 있더라도 무슨 의무를 다해야 하는 것은 아니었다. 가령 성종 22년(1491)에는 野人들이 압록강을 건너와 造山堡를 침략하여 鎭將을 죽이고 농민들을 많이 포로해간 사건이 일어난 바 있었다. 이에 조정에서는 거국적으로 2萬 大軍을 동원하여 野人을 征伐하기로 계획을 세워 추진하였다. 이 때 武才 있는 수령은 군사를 거느리고 참전케 하였는데 이에 동원되는 자들은 "死地에 나아가는 일이므로 살아서 돌아올 마음을 갖지 못하는" 정도로 정세가 자못 험한 편이었다. 그러나 그 같은 정세 속에서도 '士族'은 참전 군사의 保人으로 지정되어 다소의 物力을 부담하는 일조차 맡지 않도록 보호되고 있었다 ; "임금이 兵曹에 전교하였다. '근래에 들건대 北征에 참여하는 閑良人 등이 保人이라 칭탁하고 平民뿐 아니라 심지어 士族까지도 역시 스스로 점유하기를 도모하여 소란을 피우는데, 이미 甲을 침해하고서는 다시 乙을 침해하여 모든 軍裝과 馬匹을 마련하도록 독촉하니, 士族들은 保人되기를 면하려고 많이들 뇌물을 바친다고 한다. 지금부터 北征에 참여하는 閑良人의 保人으로서는 士族을 제외할 것이요, 정벌에 나가 있는 기한까지 각기 平民 1인을 保人으로 지급토록 하라. 그리고 이미 士族을 保人으로 점거한 경우는 도로 제외시키라.'"(『성종실록』 성종 22년 7월 병자·병술).

물론 각색 軍士의 保人은 良民으로 구성한다는 것이 원래의 법제였다. 그러나 거국적으로 大軍을 동원하여 전쟁을 수행하는 경우에도 士族은 列外의 존재로 보호되고 있었다. 가령 壬辰倭亂과 같은 장기적 전국적 국난을 당해서도 義兵으로는 많은 士族이 자발하여 일어나 왜적을 물리치고 순국한 경우가 있었지만, 정작 법제적으로 士族이 軍役의 의무를 수행한 것은 아니었다. 그들은 워낙 군역을 면제받는 지배층으로 되어 있었다 ; "우리나라의 이른바 士族이란 것은 실로 어떤 다른 나라에도 없는 제도입니다. 그들은 농사를 짓지 않으니 농민이 그 때문에 적어지고 軍役을지지 않으므로 勇士가 그 때문에 드물어집니다. 나라가 가난하고 약해지는 까닭도 반드시 이들 士族 때문이라고 하지 않을 수 없습니다. 그러나 名分을 유지하고 국능한 일이었다. 실상 저 폐단스런 노비제라는 것도 국가가 천민신분을 규정하여 그들 지배층의 사민私民이며 사물私物로 공인해주고 자손 대대로 사역하면서 '공후公侯의 낙樂'을 누리고 살아가도록 법제화해둔 것이었다.[57] 그러므로, 왕권과 연대連帶하는 지배층으로서의 양반 사족은 비록 관직을 띠지 않더라도 그만큼의 의제적 특권을 행사하는 관행이 굳어지게 되었다. 더구나 그런 특권적 지배의 관행이 국가의 공민인 일반

가의 命脈을 扶持하는 것은 역시 이들 士族에게 힘입고 있습니다. 사족은 없어서 안 되는 존재인 것입니다. 일반 백성들이란 사족의 그림자나 메아리인 것입니다. 그러므로 臣은 일찍이 이르되 '民心을 잃을 수는 있는 것이지만 士心을 잃어서는 안 된다'고 하였습니다."(『谿谷集』 17 論軍籍擬上箚). 무릇 양반 명색을 띤 士族이라면, 軍役 따위에 동원되기 보다는 학문이나 관직에 종사함으로써 길이 국가체제의 명맥을 유지하면서 백성들을 지배해야 하는 것으로 길이 인식되고 있었다: "公卿의 자손인 士大夫와 각 지역의 校生 이상을 兩班이라고 통칭하는데, 그 수가 거의 모든 국민의 절반을 넘는다. … 우리나라 兩班은 모두 옛날의 봉건 諸侯와 같아서 그들이 民心을 유지함으로써 (백성으로) 하여금 감히 變亂을 일으키지 못하게 하니, 국가에 도움이 되지 않는다고 할 수가 없다."(『영조실록』 영조 26년 6월 계사).

57) 中國은 堯임금으로부터 明나라에 이르기까지 무릇 23代 왕조인데, 우리나라는 檀君으로부터 지금까지 겨우 7代 왕조이다. 이는 단지 華·夷의 風俗의 순후함과 박함이 不同해서가 아니다. 東方에는 大家世族이 中外에 布列해 있으므로 비록 姦雄이 나타나더라도 그 사이에서 틈을 엿볼 수가 없었기 때문이다. 대체 大家世族이 大家世族으로 행세할 수 있는 것은 그가 奴婢를 소유하고 있기 때문이다. 노비를 소유함으로써 內·外 上·下의 分을 지킬 수가 있으며, 禮義廉恥를 양성할 수가 있고, 氣力을 왕성하게 유지하며 名望을 드러낼 수가 있다. 高麗왕조가 元나라를 섬기던 초기에 나라를 거의 지키지 못할 뻔 하였는데, 權溥·李齊賢 등 諸家가 있어 서로 더불어 維持하였기로 드디어 宗社를 안정시킬 수가 있었다. 근일 咸吉道 諸郡에도 他道의 경우처럼 世族 數十家가 있었더라면, 吉州의 賊즉 李施愛이 境內의 朝臣을 다 죽이는데 어찌 한 사람도 거기 勤王하는 자가 없었을 것인가. 이는 다른 까닭이 아니다. (함길도에는) 奴婢가 없고 따라서 世臣이 없었기 때문이다(『세조실록』 세조 13년 8월 기해).
우리나라의 법으로는 아무리 용렬한 자라도 先祖가 물려준 노비만 있으면 편히 앉아 公侯의 樂을 누리면서 산다(『선조실록』 선조 34년 10월 기축).

양인良人에 대해서도 관철되는 '국가정치적' 현상이 정착되어 있었다.

그것은 국가의 지배층 전체가 연대하여 만백성을 통치하고 지배하는 국가체제를 꾸려가고 있었다는 사실의 본질을 잘 드러낸다. 거기서는 지배층이 직접생산자인 만백성에 대해서 체제적으로 침탈하고 늑사勒使 하는 일이 일상화한다. 가령 수공업을 담당하는 공장工匠은 자기 기술을 개발하여 남보다 뛰어날수록 더더욱 횡침을 당하게 되어 있다. 또 가령 관부官府는 수요물을 헐값으로 횡탈하다시피 하므로 상인이 관부의 구매에는 결코 응하지 않으려 한다.58) 그리고 양반의 횡침이 두렵고 무서우므로 여염의 가옥은 결코 누추하고 왜소한 모양새를 벗어날 길이 없었다. 그뿐 아니라 가령 각처에 있는 자원도 결코 개발될 리가 없었다.59)

"왕자王者가 관官을 설치하고 직임을 나누어 맡긴 것은 단지 백성을 위해서이다"라는 것이 반계의 소신이다.60) 그런데 현실은 거꾸로였다. 지배층이 사리·사욕을 채우기 위해 만백성에 대한 횡침을 자행하는 행태가 체제적으로 일어나고, 그 최정상에 위치한 것이 왕권이었다. 그 같은 '국가적 현상'은 모두가 '폐법'의 누적에서 야기되는 인습이었다.

반계의 '실리實理'는 그러한 '자국의 폐습'의 극복방안을 무엇보다 간절히 추구하고 있었다. 그래서 가장 필수적인 과업이 곧 왕정을 구현할 수 있는 객관적 기준과 법도를 확립하는 일이었다. 그래서 그는 유사 이

---

58) 다음의 사실도 충분히 참조할만한 사실이다. "濟州 官吏는 進上을 빙자하여 개인이 사육하는 말[馬]에 대해서도 매매를 불허하고 다만 勢家에게만 팔도록 허락한다. 또 헐값으로 兒馬를 抑買하니, 참으로 균평치 못하다."(『성종실록』 권232, 20년 9월 기축).

59) 각 지역의 우수 특산물이 적극 개발되기는 커녕 주구적 수탈을 피하기 위해 오히려 소문나지 않도록 다투어 死藏시켜 버리는 일이 흔히 일어나고 있었다. 가령 함경도 銀産의 예가 그러하였다. "함경도에서 내려오는 사람들은 모두 말한다. '本郡은 採銀하는 일 때문에 다른 고을에는 없는 부역을 지게 된다. 그러므로 銀脈이 있더라도 죽음을 무릅쓰고 隱諱하고 만다.'"(『선조실록』 선조 36년 3월 乙亥).

60) 蓋王者設官分職 只是爲民也(『반계수록』 15-1 직관지제 상).

래 처음으로, 왕권과 왕실을 유지하는 경상비의 책정을 법제화한다는 개혁론을 제기하기에 이르렀다. 동시에 상하를 막론하고 무릇 직임을 맡는 자는 누구나 기본 생활에서 자립할 수 있는 늠록廩祿을 책정해두기에 이르렀다. 모든 직임자가 정당한 늠록을 받으면서 자립적 생활을 꾸려가야만 종래와 같은 중간 농단과 횡침의 인습을 끊고 '백성을 위해서' 직사를 수행할 수가 있게 된다. 또 그리 되어야만 생산노동에 종사하는 만백성 또한 한도 없는 횡침을 당해온 인습의 굴레에서 벗어나, 일정한 부세賦稅만을 담당하면서 자립적으로 재생산에 전념할 수가 있게 된다.

그래서 가령 저 먼 산골에 사는 주민도 이제 임금님께 바친다는 '진상'을 빙자한 관·리들의 농단과 침탈에서 벗어나고, 자기 노력으로 밤나무 대추나무 등을 자율적으로 재배하고 이를 통해 자립적인 생계를 꾸려갈 수 있게 된다. 그래서 백성의 살림도 여유로워지고 결국에는 국가재정에도 도움이 될 것이다. 공장工匠의 경우는 자율적 기술의 개발을 통해 제 실력을 쌓아 품질과 규격을 한 단계 높일 수 있는 일이 열리게 될 것이다. 품질과 규격을 향상시키는 기술의 개발이야말로 새로운 시대를 열 수 있는 지름길이다. 그리고 상인 또한 공公·사私의 거래에 적극적으로 뛰어들어 자기 활로를 개척하게 될 것이요, 그래서 모든 물화의 유통이 활발해져 만백성의 생활 또한 편리해지게 될 것이다. 그리고 전국의 강산江山과 임야林野, 원습原隰과 해택海澤의 모든 자원이 골고루 개발되는 길이 열리고, 그 생산자와 소비자가 모두 윤택해지며 국가재정 또한 여유로워질 것이다.

드디어는 국가 지배체제가 연대하여 만백성을 침탈하는 시대가 끝나고, 국가를 구성하는 왕권과 모든 지배기구와 거기 종사하는 관원과 이吏·예隸들이 국가 재정으로 책정된 응분의 예산과 경비를 받아 집행하고 자족적으로 자립하면서 '백성을 위해' 복무하는 시대가 열리게 될 것이다. 그리고 국가의 모든 주민이 각기의 책임 아래 자기 생업에 종사하면서 기술을 개발하고, 자기 사업을 자율적으로 운영하는 시대가 열릴 것이다.

무릇 상하 모든 주민이 상호 자립적인 사회경제적 관계로 정립되는 상태야말로 치세를 이룩하는 기본 바탕이다. 자립적인 가계에서야 자립적인 인간 품성이 육성되고, 그 바탕 위에서야 국계國計 또한 자족적 지반을 확보할 수 있기 때문이다. 그래야만 인간을 포함한 모든 사물이 제자리를 얻고 자기의 '분'을 지킬 줄 아는 조화로운 세상을 이룩할 수가 있다.

> 옛날에는 위로 조정과 교묘(郊廟)로부터 관부(官府)라든가 여항(閭巷)에 이르기까지 정치 · 교화 · 호령과 의복 · 음식 · 연락(宴樂)의 모든 일들이 천리(天理)를 따라 제도를 만들지 않은 것이 없었다. 그러므로 사람들이 모두 그 일들에 익숙해지고 그 풍속에 안착하여, 모두가 날마다 선(善)으로 나아가고 죄로부터는 멀어져가는 줄을 알지도 못하였다.[61]

온 세상이 아름다운 사회관계를 이룩해 나갈 수 있는 객관적 기준이며 법도로서 가장 으뜸인 것은 역시 '천리'였다. 그 '천리'에 맞는 정치와 예속을 이 땅에서 실현하는 것이 곧 반계의 이상이었다.

반계의 실학에서는, '폐법을 변혁'하는 일이야말로 피할 수 없이 절박한 과제였던 것이다.

5. 반계 실학의 변법론

반계의 실학은 전반적인 국가 개혁론의 성격을 띨 수밖에 없었는데, 그 바탕에는 만백성의 삶의 사회경제적 기초가 되는 토지 소유관계의

---

61) 古者 上自朝廷郊廟 以至官府閭巷 政教號令 衣服飲食燕樂 莫非以天理而爲之制度 故人皆習其事安其俗 而不自知其日遷善遠罪也(『반계수록』 25-29 속편 상 女樂優戲).

근본적 개혁이라는 거대한 과업이 자리하고 있었다. 만백성의 삶의 현실을 '본本'으로 삼는 근원적 변법을 구상하고 있었기 때문이다. 그러나 물론 반계의 변법론이 '백성 위주'의 국가를 만들고자 하는 수준으로 나아간 것은 아니었다. 무엇보다도 국가를 구성하는 모든 주민이 모두 제 자리를 차지하여 자기의 직분을 제대로 수행하도록 하는 것이야말로 그의 '실리'가 추구하는 현실적 과제였다.

> 천하의 원리는 애초부터 본(本)·말(末), 대(大)·소(小)가 서로 분리되어 있는 것이 아니다. 척도에서 촌(寸)이 제 값을 잃으면 척(尺)이 척(尺)으로 될 수가 없고, 저울에서 성(星)이 제 값을 잃으면 형(衡)이 형(衡)으로 될 수가 없다. 그물에서 그물코[目]는 제대로 되어있지 못한데 벼리[綱]만 스스로 벼리가 될 수는 없는 것이다(『반계수록』 26-27~28 書隨錄後).

한 국가로 말하면, 맨 아래의 복예僕隸로부터 최정상의 군주에 이르기까지 모든 구성원 각기가 모두 제 자리를 차지하여[各得其所] 자기 직분을 지키는 것[各得其分]이야말로 '천하의 원리'라고 그는 확신한다. 이미 살핀바, '현·우, 귀·천이 각기 그 분分을 차지하는 일'이야말로 이 세상의 기본 질서라고 하지 않았는가.
그런데 '천리'가 관철되지 못하도록 에 세상의 통치법제를 구부려 놓은 결정적 계기는 지배층의 사욕이었다. 그의 개혁론은 사욕의 배제를 가장 큰 원칙으로 전제하고 있었다.

> 무릇 법제를 만들 때 일호라도 사의(私意)가 개재하면 곧 만사가 그 정당함을 잃는다. 대체로 공(公)·사(私) 두 글자는 천리·인욕이 분변(分辨)되는 길머리이다. 국가를 경영하고 법제를 세우는 데에는 결단코 조금의 사(私)도 용납되어서는 안 된다(『반계수록』 19-16 祿制 外方官祿磨鍊).

원래 '천지의 원리는 세상 만물에 드러나는 것'이요, '성인의 도道는 모두 세상만사에서 실현되는 것'이었다. 그 원리와 도道는 근원적으로 개인의 사私가 전혀 개재하지 않은 것이므로 엄정한 객관적 기준에 따라 운행하기 마련이었다.

> 무릇 지금 시행하는 정치가 엄하지 못한 것은 '즐기고 태만하며 오만한' 짓이 아니면 '작은 지혜 행하기를 좋아하는' 행태이기 때문이다. 이는 모두가 인욕이다. 이 같은 짓이 없다면 엄하려고 하지 않아도 저절로 엄해진다. 천리와 인욕의 구분이란 일마다 그러하다. 진실로 천지의 지극히 인(仁)함을 살펴볼 때 일찍이 언제 엄하지 않은 적이 있는가. 천도에는 사(私)·위(僞) 따위의 잡스러움이 없다. 그러므로 오기(五氣)가 순조로이 펼쳐지고 만물이 생생(生生)할 수 있다. 위정자가 성실하며 무사(無私)하고 기강 법도가 정연(整然)해진 연후에야 인간을 아끼고 만물에 이로운 혜택이 시행될 수 있는 것이다(『반계잡고』 126 政敎).

무릇 위정자가 '즐기고 태만하며 오만'하다거나 '작은 지혜 행하기를 좋아한다'는 것은 결코 공도公道의 추구로 성취되는 보편적인 가치의 실현이 아니다.[62] 그것은 구차스런 욕망에 작당作黨하여 몰두하면서 은밀히 추구하는 편사偏私스러운 행태에 불과하다.

반계의 변법론은 일호의 사私·위僞가 개재치 않는 '천도'처럼 엄정한 통치법제를 정립함으로써 '만물이 생생生生할 수 있는' 정연한 사회질서가 구현되기를 추구한다. 그것은 이제까지 흔히 강조해온, 백성을 '적자

---

62) 주지하듯이 전자는 『맹자』 「公孫丑」 上의 "국가가 한가한 때를 만나 '般樂怠傲'한다면 이는 스스로 禍를 촉구하는 일"이라는 문맥으로, 후자는 『논어』 「衛靈公」 가운데 孔子의 말로 "여럿이 모여 종일토록 있으면서도 말이 義理에 미치지 않고 '好行小慧'한다면 환란이 있을 것이다"라는 문맥으로 나온다.

赤子'처럼 돌보아야 한다는 시혜적 관념을 지양한다. 이제 백성 또한 스스로 부지런히 움직여 자활自活의 길을 걷는 새로운 존재로 탄생하고, 그래서 국왕이 영위하는 정치의 객관적 대상으로 정립되지 않으면 안 된다. 그의 변법론은 다음의 5가지 국가개혁론으로 요약할 수 있다.

1)-(1) 전국의 토지는 공전(公田)으로 하고, 이를 전국 주민의 직역(職役)에 따라 비례적으로 균평하게 배분한다. 기준적 농민층은 1부(夫)가 1경(頃)[즉 100畝]의 농토를 차지한다. 군역(軍役)은 4경(頃)에서 1병(兵)을 내는 자영농끼리의 인보(隣保)조직으로 운용한다. 군역자는 군역 이외의 잡역을 부담치 않는다. 사(士) 이상의 지배층에게는 비례적으로 더 많은 농토를 배분하고 군역을 면제한다. 국가 운영의 재정적 군사적 기초가 되는 부세(賦稅)와 군역(軍役)은 반드시 항구적 생산수단인 토지를 기준삼아 부과·수취한다. 토지의 비옥도에 따라 실적을 달리 파악하는 종래의 결부법(結負法)은 탈루와 은닉 등의 중간 농단이 개재하기 마련이어서 전혀 실세(實勢)를 파악할 수 없으므로, 이제는 절대면적을 점검하는 경묘법(頃畝法)으로 갱신함으로써 전국 농토를 유루 없이 파악한다. 그리고 토지를 기준삼아 호구(戶口)를 파악함으로써 역시 탈루가 무상(無常)한 전국의 호구를 유루 없이 관리한다.

1)-(2) 토지와 호구의 실세를 파악하는 것은 유사 이래 한 번도 성취하지 못한 어려운 과제였다. 그러나 토지를 기준으로 해서 호구를 파악하는 길만이 양자를 제일적(齊一的)으로 파악하는 유일한 길이다.63) 그리고 이제 공전제(公田制)에 따라 기준적 농민층을 자영적

---

63) "인간은 토지를 떠나서는 살지 못하고, 토지는 인간이 아니고는 개간되지 못한다. 그런데 토지란 것은 일정해서 옮겨가지 않는데, 인간이란 것은 存·亡이 無常하다. 그러므로 토지를 기본으로 하여 그 分을 명확히 한다면 인간은 그 가운데 있기 마련이요, 스스로 균평치 못한 폐단도 없을 것이다.

항산자(恒産者)로 확립하고 정규의 세(稅)와 군역(軍役)을 수취함으로써 왕정 운용의 경제적 군사적 지반을 튼튼히 확보할 수 있다. 1부(夫) 1경(頃)의 배분은 자영농 정립의 적정 수준이다. 그래서 종래 지주지(地主地)의 경우와 같이 노동력 부족으로 자주 발생하기 마련인 진황지(陳荒地)가 없어진다. 또한 모든 농민이 병작농(竝作農) 아닌 자영농으로 정립되어 자기 농토를 힘써 경작하기 때문에 생산성이 종래의 '2배 이상'으로 극대화한다. 농토를 배분받은 항산자에게서 군역을 수취하기 때문에, 종래의 족징(族徵)·인징(隣徵)의 폐단이 근원적으로 제거된다. 공(工)·상인(商人)에게도 자영적 항산자로 존립할 수 있도록 응분의 농토를 배분한다.

2)-(1) 국가 재정은 반드시 경상비를 책정하여 운용하고, 국왕으로부터 하급 리(吏)·예(隷)층에 이르기까지 모든 공직 종사자에게는 일정 비례의 늠록(廩祿)을 지급하여 생활을 보장한다. 가령, "어수(御需)도 경상비를 정하여 해마다 조세(漕稅) 가운데서 획입(劃入)하도록 하되, '국군(國君)'은 경록(卿祿)의 10배'로 한다는 고제(古制)를 준정(準定)한다."64)

그뿐 아니라 왕실의 식선(食膳)이라든가 국가기관의 수요 물종(物種)·물품(物品)은 모두 전담 기관을 통해 시가로 구입하여 사용한다. 명색과 수량이 번잡하고 과도한 징렴(徵斂)이 따르기 마련인 공납(貢納)과 진상(進上)제도를 지양하고, 농민층에서는 세곡(稅穀)을, 공(工)·상인(商人)에서는 세전(稅錢) 등을 받는 통일적인 부세 수취제를 확립한다.65) 1인이 첩역(疊役)이라든가 첩세(疊稅)를 부

토지를 기본으로 삼지 않고 인간을 파악하려 한다면 參差와 脫漏를 살펴낼 도리가 없다. 이는 治·亂의 갈림길이 되고 萬事의 기본이 되는 것이다." "이는 다만 事勢가 그러한 것일 뿐 아니라 天理 역시 그러한 것이니, 由靜制動의 원리이다."(『반계수록』 6-8~9 전제고설 下).

64) 『반계수록』 3-20 전제후록 상 經費.

65) 이는 조선왕조 최대의 收取制 改革事案으로서 당시 점차 시행 범위를 확

담하는 경우가 없도록 한다.

2)-(2) 왕실에 대한 공납과 진상을 폐지함에 따라 종래와 같이 왕권을 유지하는데 국력이 총동원되는 인습이 극복된다. 또 전국 각 기관의 이서(吏胥)층이 공납과 진상을 핑계 삼아 자행하던 토색질을 원천적으로 척결할 수 있다. 왕실의 식선(食膳)을 비롯한 중(中)·외(外) 국가기관의 수요와 공직자의 생활이 모두 경상비의 책정에 따른 시장 구매를 통해 실현된다면, 종래 공납제(貢納制)에 따라 생산자로부터 소비자로 직결되어 있던 유통구조가 이제 생산자-유통단계-소비자라는 구도로 구조적 변통이 일어나기 마련이다. 즉 공납제라는 강제 규정이 지양되고, 생산자와 소비자 사이의 임의롭고 자율적인 유통부문이 제도적으로 창출되는 것이므로, 모든 산업의 생산기술·제조기술과 상업경제가 반드시 발전하기 마련이다. 이제 화폐의 유통이 필수적이므로 동전(銅錢)을 주조해 사용할 것이며, 농업에 폐해를 주지 않는 한도에서 상설 점포를 운영하는 등 상업을 진흥시킴으로써 민생의 편익과 국부의 증대를 도모한다. 이제 수입과 지출이 예상되는 일정 한도에서 국가 재정을 획정하고, 거기서 국왕을 비롯한 모든 국가기관의 경상비를 책정하므로, 일정 한도에서 예상하는 국가재정의 운영이 가능해진다. 또 세입(歲入)의 대종이 미곡으로 통일됨에 따라 종래 수십 가지 물종의 공물(貢物)을 수다한 중앙 기관에 각각 상납하는 과정에서 층절마다 일어나는 횡렴이나 토색질을 원천적으로 척결할 수가 있다. 왕실을 비롯하여 국가가 수요하는 모든 물종의 생산과 공급이 시장을 통한 상품경제를 일으킬 것이므로 모든 농(農)·공(工)·상인(商人)들이 일정한 계획을 세워 자영적 생산활동을 전개할 수 있고,

_____

대해가고 있던 大同法과 매우 유사한 변법 항목이다. 그런데 대동법에는 아직도 別貢이라는 土産 徵斂의 관행을 남겨두게 되었고, 더구나 進上이라는 인습은 전혀 개혁하지 못하고 말았다.

기량이 향상되어 번영을 도모할 수도 있다.

3)-(1) 각 군현에는 읍학(邑學), 각 도에는 영학(營學), 중앙에는 태학(太學)을 설립하여 단계별 교육을 실시한다. 읍학(邑學) 이상에는 모두 학전(學田)을 설치하며 그 학생은 사(士)로 대우한다. 『시(詩)』·『서(書)』·『역(易)』·『춘추(春秋)』·『주례(周禮)』·『의례(儀禮, 禮記附)』의 육경을 기본 경전으로 삼고, 덕행과 도예(道藝) 중심의 교육을 실시한다. 지방 교육을 통해 육성한 인재는 그 현(賢)·우(愚)를 심사하여 중앙으로 천거하고, 중앙의 태학에서 덕(德)·예(藝)를 더 수련한 인재는 다시 종합 심사를 통해 관원으로 충원한다. 문벌제도·과거제도는 혁파한다.

3)-(2) 새로운 교육제도는 점차 교육의 기회를 널리 개방하는 것이므로, 교육열을 증대시키기 마련이다. 덕행과 도예(道藝) 중심의 교육이 시행됨에 따라, 종래 사장(詞章) 따위를 숭상하는 부화(浮華)한 습속이 돈실(敦實)한 예속(禮俗)으로 변화하게 된다. 뿐 아니라 앞으로는 각 개인의 노력으로 수련한 결과인 현(賢)·우(愚)의 분(分)에 따라 귀(貴)·천(賤)의 사회적 지위가 제도적으로 성취되는 것이므로, 훌륭한 인재가 육성되고 공직을 맡게 된다. 가령 사(士)의 신분은 세습되는 것이 아니라 개인의 자질과 능력 여하에 따라 획득되는 것이다. 따라서 세습적 양반 사족제도 즉 문벌제도는 결국 폐지된다.[66]

교육제도가 정비되면 점차 군현의 각 향(鄕)[즉 面]에도 '향상(鄕庠)'을 설치하여 백성의 자제에게도 사(士)가 될 수 있는 교육의 길을 개방한다. 이 기초 교육과정을 반계는 크게 중시한다. "온 세상에는 교육을 받지 못하는 사람이 없어질 것이요, 또 어려서부터 보고

---

66) 鄭求福(1970), 「반계 유형원의 사회개혁사상」에서는 이를 '세습형 사회'에서 '성취형 사회로의 변혁'이라 하였다.

듣는 것이 모두 의로운 일의 실행 아님이 없을 것이다. 그렇게 되면 비단 학교를 통해 인재가 배출될 뿐 아니라 아래로 관리나 이서(里胥)들까지 어찌 간활하고 투박한 자들이 생겨나겠는가. 이를 통해 화목하고 표창할만한 풍속이 이루어질 것이니, 지치(至治)를 이룩하는 근본 기지(基地)가 될 것이다."[67]

4)-(1) 노비법은 우선 종천법(從賤法)을 고쳐 종모법(從母法)으로 일원화하며, 세역법(世役法)을 고쳐 고용(雇傭)노동제로 전환하도록 유도하고, 궁극적으로는 노비제를 전면 폐지한다. 기녀(妓女) 제도 또한 혁파한다.

4)-(2) "지금 나라가 가난하고 군사는 적어서 스스로 떨치지 못하는 것은 노비법이 나쁘기 때문이다. 강한 자가 약한 자를 집어삼키고 송사가 번거롭고 많으며 혈육 간에 서로 시기하고 풍속이 패악하게 되는 것도 모두 노비법이 나쁘기 때문이다. 수령된 자가 송사 처리하느라 관정(官庭)에 채찍과 매가 가득하고 처리해야 할 문서가 구름처럼 쌓여 있으므로 땀을 흘리고 정신이 피로해져 정사와 교화에 관한 일은 생각조차 해보지 못하는 것도 도대체 모두가 노비와 전지(田地)에 관한 소송문제 때문이다.…그러므로 이 폐단을 없앤다면 나라는 잘 다스려지고 집집마다 넉넉하게 될 것이며 백성은 안착하고 물산은 풍부해져 삼대의 지치(至治)를 이룩하기가 어렵지 않을 것이다."[68] 그것은 무릇 인간을 동물처럼 사적(私的) 천민으로 종속시켜 사역해온 고래(古來)의 악법을 철폐함으로써 인간 해방을 성취하는 길일 뿐 아니라 공공의 부·역(賦役)을 담당하는 자율적 공민(公民)을 대대적으로 확보하는 길이다.

5)-(1) 쇠잔한 군소 군현 3분의 1 가량을 병합함으로써 전국 군현의 수를

---

67) 『반계수록』 9-40 敎選之制 上 學校事目.
68) 『반계수록』 26-7 속편 하 노예.

대폭 줄여 행정의 효율성을 높인다. 수령의 임기를 9년으로 장기화
하며 부관을 설치하여 지방행정을 강화한다. 각 군현의 향관(鄕官)
인 전정(典正 즉 座首)과 전검(典檢 즉 別監)은 재지 세력을 대표
하는 공직자로서 수령의 행정을 보좌하고, 하급 단위 실무자인 향
정[鄕正 즉 面任] 등은 모두 공전(公田)의 분급상태를 점검하고 호
구를 파악하는 등 공직자로서의 책임을 강화한다. 모든 향직자들
에게는 늠록을 지급하고, 승급의 기회도 부여한다. 각 군현의 향약
도 더욱 활성화하여 명실상부한 자치규약으로 운용한다.

5)-(2) "지금 사족들은 각기 전지(田地)와 노비를 제 뜻대로 함으로써 사
가(私家)에서 안일하게 살면서도 공후(公侯)의 낙(樂)을 향유하는
데, 온 나라를 두고 직접 백성 상대하는 일을 맡는 이들은 모두 못
나고 용렬하여 제대로 사람 축에 들지도 못하는 자[鄕任]들이다."[69]
그러나 근원적으로는, "비록 정치를 펴는 근원은 군주에서 비롯된
다는 것이지만, 정치를 실현하는 요체는 향정(鄕正)에 달려 있다.
이는 군주와 향정(鄕正)이 공치(共治)하는 것이다."[70] '사람 축에
들지도 못하는 자들'에게 지방 행정의 실무를 내맡겨 두고서야 무
슨 치세(治世)를 실현할 수 있겠는가. 그러므로, 중(中)·외(外)를
일관하는 구체적 행정체계가 제도적으로 정비된 후에야 "주민의
생식(生息)과 양육이 이루어질 수 있고 교화와 법령을 시행할 수
있으며 함께 아름다운 풍속을 이룩해갈 수가 있다." 만백성의 일상
생활이 이루어지는 구체적 현실을 '본(本)'으로 삼아야 하는 까닭이
거기에 있다.

이상 살펴본 반계의 변법론은 이론적으로 매우 정연하고 엄정한 것

---

69) 『반계수록』 보유 1-20 군현제 鄕正.
70) 『반계수록』 보유 1-19 군현제 鄕正.

으로 드러난다. 그런데 또한 구체적으로는 '역사적 현 실태'와는 너무나
거리가 있는 이상주의적 개혁안이다. 그의 변법론은 '왕정'의 구현을 추
구하는 것이라 하지만, 그 같은 이상주의가 현실에서 과연 실행될 수 있
으리라고 그 자신은 확신하고 있었는가.

물론 그의 변법론은 모든 '절목'들을 한꺼번에 실현한다는 고안이 아
니었다. 가령 노비제·문벌제 폐지 같은 사안은 오랜 시일에 걸쳐 그야
말로 점진적으로 시행될 수밖에 없다. 그러나 가령 과거제도는 새로운
학교·공거貢擧제도를 시행하는 즉시 혁파할 수 있는 사안이다.

그러면 가장 중대한 변혁이 일어날 토지제도의 경우는 어떠한가.

> 공전제(公田制)인즉 공정하고도 균평하지만 사전제(私田制)는 사사
> (私邪)롭고 편벽(偏僻)된 것이다. 공전제를 시행하면 백성으로서는 항산
> (恒産)이 있어 교화가 이루어지고 풍속이 도타와지며 만사가 제 분(分)을
> 얻지 못하는 것이 없다. 사전(私田)인즉 모든 것이 이에 반(反)한다. 공전
> 제를 시행하면 곡식이 물이나 불과 같이 흔해질 것이니, 또 어찌 지금 세
> 상과 같은 참혹한 광경이 일어나게 되겠는가. 공자(孔子)가 말하기를 "균
> 평해지면 가난한 자가 없다[均無貧]" 했으니, 성인의 말씀이란 어찌 굽이
> 굽이 모두 다 의당하지 않은가(『반계수록』 2-12 전제 下 전제잡의부).

그러므로, 진실로 지치至治에 뜻이 있는 군주라면 어찌 이를 거부할
까닭이 있겠는가. "백성도 내 백성이요, 토지도 나의 토지이니, (공전제의
시행은) 단지 군상[君相 즉 君主와 相臣]이 거행하기에 달린 일이요, 본래 하지
못할 것이 없다"[71]고 반계는 간구하고 있었다. 그리고, "현실의 습속을
두려워하고 꺼려하는 것은 필부가 처세하는 도리이지 왕자王者가 정치
를 운행하면서 할 말은 아니다. 현실이란 것은 군상君相이 운용하기 나

---

71) 『반계수록』 2-16 전제 下 전제잡의부.

름이요, 습속은 정치와 교화를 통해 이룩해 나가는 것이다"[72] 라는 소신
을 펴기도 하였다.

그러나 역시 통치자들은 '천리'의 구현보다도 현실의 '사익'을 떨쳐버
리기가 결코 쉽지 않은 모양이었다. 반계의 개혁론은 이윽고 당로자에
알려지고 조정의 추진으로 간행되기에도 이르렀지만, 정작 그 내용의
'거행'을 추진하는 '군상'은 아무도 없었다.

아마 반계 자신도 그것의 실행을 기대하기야 하였겠지만, 어찌 기필
할 수야 있었겠는가. 그러나 그는 자신의 실리實理가 밝혀내는 한에서는
왕정의 구현을 위한 변법론을 탐구하지 않을 수는 없었다. 가령 그가 소
강절邵康節의 학문은 사리를 실천하기 보다는 '물리物理'를 '완롱玩弄'함에
머무는 것이라고 비판하면서, 그것이 애초부터 '천도'를 체득한 성인의
경우와는 합치하지 않는다고 단언한 대목을 눈여겨 볼 필요가 있다.

> 그의 앎이 만약 성인의 경우와 부절처럼 합치했더라면, 비록 일각인
> 들 실천하려 하지 않으려 해도 그러지 못했을 것이다. 성인은 곧 천도이
> 기 때문이다(『반계잡고』 84 여정문옹동직논리기서 별지).

'천도'가 '천리'의 운행을 멈출 수 없듯이 천도를 체득한 '성인' 역시
일각인들 실리實理의 '실천'을 멈출 수가 없다는 것이 반계의 확신이다.
그렇다 하여, 반계 스스로가 천도의 체득을 자임하고 나섰다는 것은 물
론 아니다. 그러나 '성인의 도' 곧 '천도'에 대한 그의 믿음이 그만큼 독
실하였다는 사실에는 의심의 여지가 없다. 이미 살핀대로 실리實理는, 모
든 사리를 지각하고 대처하는 인간의 활심活心에 실려 운행하면서 예악
형정과 같은 인간의 정치사업까지도 이룩해내기 마련이라고, 그는 확신
해 마지않았던 것이다.

---

72)『반계수록』 10-6 교선지제 하 공거사목.

6. 반계 실학의 특성과 의미

반계의 이기론理氣論은 리理의 근원성을 강조하는 주리론主理論의 특성을 지닌다. 즉 반계에 의하면, 자연현상은 물론 인간의 사회정치 현상까지를 형상화하는 것은 기氣의 작용이지만, 그 기氣의 작용을 만고에 걸쳐 조금도 차착 없이 운행토록 하는 것은 곧 리理가 지진·지실至眞至實한 실리實理이기 때문이다.

반계의 실리론實理論에 의하면, 세상의 만사 만물은 '기氣의 용사用事'에 내맡겨져 있는 것이 아니라, 근원적으로는 리理가 모든 것을 남김없이 다 체현함에 따라 전개되는 현상이다. 그러므로 세상의 만사 만물은 모두 저마다의 '리'를 지닌 의미있는 존재요, 특히 인간이란 존재는 어느 누구와도 다른 각기의 독자적 의미를 지니고서 태어난다.

반계에 의하면, 인간의 심心은 하나이지만 그 가운데 '리'·'기'의 분변이 있어 도심道心과 인심人心으로 나뉘어 작용하는데, 도심은 인심의 준칙準則이 된다. 그리고 심心이야말로 성性·정情을 통괄하여 '중中·화和'의 덕을 이룩할 수도 있는 활심活心이다. 만리萬理를 갖춘 인간의 '활심'은 그 자체 운행의 계기를 간직하고 있으므로 모든 사리를 지각하고 거기 대처할 수가 있다.

그리고 기氣에 대한 리理의 근원성을 확신하는 반계는 '리일분수'라는 이념의 정치사회적 의미에 크게 주목한다. 즉 어떤 강대한 왕권이라든가 혹은 어떠한 권위의 선유先儒라 할지라도 '천리' 앞에서는 모두 자기 '분수'의 리理를 지닌 상대적 존재라고 하는 의미에서 그러하다. 그래서 인간 각자가 '분分'은 달리하지만 모두 주체성을 지닌 존재라고 하는 의미가 성립한다. 그래서 사회구성원의 조화로운 배치관계를 말하는 '각득기소各得其所'론이 여기 반계의 실학에서 새로운 의미를 띠고서 살아나기에 이르는 것이다.

그런데 이 세상의 근원인 '리'는 언제나 실리實理로 건재하며, 도심은 인심의 준칙으로 작용하고, 더구나 인간은 모두 '천리'로부터 각기 자신의 몫인 '분수리'를 타고 나는 존재인데, 세상은 어째서 악으로 들끓고 비리가 창궐하며 치세보다도 난세가 길이 연속하는가.

반계에 의하면, 인간사회의 악은 형세에 따라 조성되는 것이다. 악을 행하면서도 남이 알까봐 굳이 감추는 것은 인간의 본성·본심·본분이 올곧다[直]는 사실을 반증한다. 그리고 치세보다도 난세가 연속되는 것은, 삼대가 지난 후로 지배층이 사리사욕을 추구하기 위해 만백성을 억압하고 수탈하는 폐단스런 법제를 만들어 시행해왔기 때문이다.

주자도 물론 삼대 이후로는 '왕정'이 시행되지 못하였다고 말한다. 그런데 성리학을 집대성한 주자가 제시하는 왕정 회복의 지름길은, '군주의 일심一心이 천하의 대본大本'이므로, 심성의 함양을 통해 그 '일심'을 바로잡는 일이야말로 최대의 과제였다. 거기서 현실의 구폐책救弊策이란 것은 아무래도 부차적인 비중을 지닐 수밖에 없다. 주자학을 마치 '중천에 떠 있는 태양'처럼 숭상하는 조선 성리학이 동일 노선을 견지하였음은 더 말할 필요가 없다. 조선 성리학의 구폐책들도 시무時務를 변통한다는 경장론更張論으로 일관하였다.

그런데 반계의 경우, 무릇 삼대 이후 폐법으로 인습된 현 실태는 그 병근病根이 너무나 깊으므로 결코 시무적時務的 경장론이라는 대증책對症策을 가지고는 해결할 수 없다고 확신한다. 주자학의 심법心法을 가지고는 결코 '지치'도 '왕정'도 이룩하지 못하였으며, 중국이나 조선이 결국 이적夷狄에게 망국의 수치를 당하고 말았다는 엄연한 역사적 현실을 그는 직시한다.

반계의 실리實理가 성찰하는 바로는, 지배층이 사욕에 따라 만백성을 수탈하는 인습적 현 실태를 두고서는 결코 치세를 논할 수가 없다. 국가를 공도公道로 꾸려가는 길은 우선 만백성의 생활 현실을 안정시킴으로써 그들이 자활自活하도록 하는 일이 급선무요, 그러기 위해서는 그들이 항산恒産을 갖도록 해야 한다. 그래서 그는 '토지야말로 천하의 대본大本'

이라는 소신을 편다. 만백성의 현실 생활이야말로 기본으로 중시해야 한다는 '이하위본以下爲本'이란 새로운 깨달음도 일어났다. 그런 새로운 시각에서는 '군주라는 것도 백성을 위해 설치한 것'이라고 하는 근원적 성찰이 뒤따랐다. 사욕의 추구를 위해 폐단스런 법을 만들고 백성을 지배해온 종래의 경우와는 달리, 이제 군주란 것은 원래 만백성의 삶을 안정시키기 위해 설치한 직능적 존재라고 하는 획기적인 역사의식의 개안開眼이 일어나기에 이르렀다.

이제 그는 주자의 경우를 위시한 성리학의 견지와는 다른 시각의 왕정론을 모색하지 않을 수가 없었다. 그는 드디어, 소위 '조종의 법제'라는 것을 포함한 모든 '폐법을 변혁하지 않고서는 지치至治를 회복할 길이 없다'고 하는 근원적 변법론의 견지를 확립하기에 이르렀다. 그의 실학은 그렇게 형성되고 있었다.

재야의 사림인 반계가, 군주에 대해서도 '분'을 논하고 조종의 법제라든가 주자와도 다른 시각의 왕정론을 정립할 수 있었던 것은, 현실에 대한 자신의 자각적 성찰이 그만큼 간절하고, 자신의 실리實理가 밝혀내는 '천리·천도'에 대한 믿음이 그만큼 독실하였기 때문이다. 그의 실학은 필경 근본적인 국가 개혁론으로 구체화하기 마련이었다. '왕정'을 추구하면서 다시 군주를 비롯한 지배층 인간들의 심성心性에 기대할 수는 없으므로, 엄정한 객관적 기준의 변법론이 필수적이었다.

> 대저 법이란 것은 장인(匠人)의 승척(繩尺)과 같으며 야인(冶人)의 모범과 같다. 이른바 '승척'이 승척이지 못하고 이른바 '모범'이 모범이지 못한다면 비록 천하의 훌륭한 공장(工匠)이라 하더라도 한 칸 집이나 한 개 기구도 만들어낼 수가 없다. 세속 사람들은 다만 훌륭한 공장(工匠)을 들먹이면서도 그가 반드시 승척과 모범을 사용해야 한다고는 말하지 않으니, 그것은 심히 잘못 생각하는 것이다(『반계수록』 4-23~24 전제후록 下).

반계가 변법을 통해서 새로 정립하고자 하는 것은 이른바 '승척·모
범'과 같이 만인에게 제일적齊一的으로 적용되는 객관적 규범이었다. 곧
새로운 '왕정'의 시대를 구현할 기준이 되는 법제였다. 그가 탐색한 새로
운 기준 법제 가운데서도 가장 기본이 되는 것은 역시 토지제도였다. 고
경古經이 말하는 이상적인 토지제도는 정전제井田制라는 것이지만, 정전
제는 구체적 실상이 전해지지 않고 그 원리만이 전해오는 것일 뿐이었
다. 그래서 그가 심혈을 기울여 모색해낸 것은, 전국 농토를 공전公田으
로 하고 이를 전국 주민의 직역에 따라 균평하게 배분함으로써 정전제
의 내실을 그대로 살린다는, 공전론적公田論的 균전제론均田制論이었다.

반계가 제시한 공전론적 균전제론은 한국사에서 처음 보는 강력한
개혁론이었다. 종래의 결부법結負法은 전혀 토지의 실세實勢를 파악할 수
없었으므로, 이에 절대면적을 점검하는 경묘법頃畝法으로 갱신함으로써
전국 농토를 유루遺漏 없이 파악토록 한다. 그리고 토지를 기준삼아 호
구戶口를 파악함으로써 역시 탈루가 무상無常한 전국의 호구를 유루 없
이 온전히 관리한다. 토지·호구의 실세를 제일적으로 파악하는 일이야
말로 왕정 운용의 지반 확보에 해당하는 것이었다.

그런데 반계의 공전제론은 토지를 기준으로 하고서 인간을 파악한다
는 제도였다. 그는 토지를 기준삼아 인간을 파악하는 방식이야말로 '천
리에 합당한' '유정제동由靜制動의 원리'라고 확신하였다.

주지하듯이 중세 후기에는 토지의 소유관계를 비롯한 사회의 분화가
점차 격렬해지고, 인간의 사회 활동 또한 다양하게 분출하는 것이 일반
적 현상이다. 그런데 반계의 공전제론은 토지의 사적 소유를 부정한다.
또 토지를 기준삼아 인간을 파악한다는 것은 인간의 자유로운 이동을
억제하기 마련인 규정이다. 그러니 그의 공전제론은 현실 역행적이라고
해야 하는 것은 아닐 터인가.

결과론적으로 살핀다면 그것은 다분히 현실 역행적인 것이었다. 현
실은 오히려 그의 의도와는 상반된 과정으로 진행하고 있었다.

그런데 중세 후기는 또한 다양한 사회실체들이 무질서하게 난립하고 분출하는 행태를 드러내는 시기였다는 사실을 간과해서는 안 된다. 이미 살핀바, 끝없는 중간 농단과 횡침과 수탈의 행태들이 그것을 증언한다. 국가가 토지·호구의 실세를 전혀 파악할 수 없는 현상도 마찬가지 중간 농단 때문이었다.

토지와 호구라고 하는 국가의 기본 실세를 모르고서야 무슨 '왕정'을 논할 수 있겠는가. 반계는 바로 왕정을 구현할 지반의 확보를 위해 토지를 기준으로 하는 인간 배치를 고안하였다. 그런데 또한 그 역사적 의미는 따로 살필 수 있다. 즉 그것은 중세 후기 현실 사회 실체들의 무질서하고도 지리멸렬한 난립과 분출을 제일적齊一的으로 정리 정돈함으로써 새로운 시대를 지향하는 지반을 닦는다고 하는 객관적 의미를 지닌다 할 것이다. 그래서 이제 전국 모든 주민이 자립적 자영의 항산자로 정립되고, 공역公役과 공세公稅라는 일정한 몫의 부세賦稅만을 담당한다. 가령 모든 농민이 자영농으로 정립되면 농업생산이 종래의 '2갑절' 이상 증대한다는 수치도 여기 충분히 고려되어야 할 것이다. 농업생산에서 잉여와 축적이 가능해지면 호구가 늘어나고, 결국 국부도 증대하기 마련이다. 모든 하급 관리라든가 이서吏·예隸 역시 일정한 늠록을 받아 자립적 공직자로 정립된다.

국가의 세입歲入 또한 수십 가지 잡다한 공물貢物 대신에 세곡(稅穀; 일부 稅錢 포함)으로 단일화하여 징수하므로 그 수납 과정의 번거로움에 편승해 기생하는 이서吏胥층의 부정부패가 원천적으로 제거된다. 그리고 세입에 기초하는 재정을 경상비로 책정하고 제도에 따라 지출하는 형태를 취하고, 별부別賦니 인납引納이니 하는 기타 잡부雜賦를 일체 혁파할 수 있다. 도대체 일정한 경상비를 세워두고 제도를 따라 국가재정을 운영한다는 것은 유사 이래 처음 있는 새로운 법제의 창립刱立에 해당하는 일이었다. 그래서 또한 종래의 공납제貢納制라는 강제 징납을 통해서 국가 수요물을 충당하던 방식이 이제 생산자로부터 시장을 통해 상인들이

구입해서 국가기관에 판매하는 자율적 제도로 전환하게 된다. 국가기관
은 일정한 물종을 항구적으로 사용하게 되어 있으므로, 시장경제는 항
구적으로 작동하기 마련이다. 생산업과 상업이 자율적으로 운영될 때에
는 생산기술·제조기술이 발전하고 시장경제제도 번성해지기 마련이다.
거기 따라 국가의 경제부문 전체가 크게 활성화하게 될 것이다. 각처 인
간들의 생활정보의 교환 또한 활발해지게 될 것이다.

　반계의 변법론은 '왕정'을 구현할 새로운 개관적 기준과 법도를 정립
한다는 것이었다. 가령 구래의 15두과 1석石의 양제量制를 고쳐 10두를 1
곡斛으로 갱신한다는 고안도 새로운 실용적 기준의 확립에 해당하는 것
이었다. 극히 간단한 이 양제量制의 전환에서도 그 역사적 의미는 따로
살필 수 있다. 역시 새로운 시장경제 시대의 전개를 향한 필수적인 객관
적 기준의 도량형제를 정립한다는 의미이다.

　그런 객관적 기준의 정립 가운데에는 가령 시장에서 거래될 일반 물
화의 제조에 대해서도 일정한 법식을 확립하는 것이 필수의 요청이었다.
이미 살핀바, 솜씨가 좋은 공장工匠일수록 관부官府 혹은 양반들의 침해
를 크게 받기 마련인 것이 이 시기 기술자들의 삶의 현주소였다. 그 때
문에 기술자들이 만든 물화란 것은 조잡하지 않은 것이 없고, 큰 길가의
집들도 양반 세가들의 횡침이 두려워 모두 왜소하게 짓는 인습의 연쇄
가 지속되고 있었다. 반계는 그 같은 폐습을 극복할 방안을 제시한다.

　　공전제를 실시하고 학교 교육제도가 법식대로 확립된다면 사민[四民
　즉 士·農·工·商]이 각기 자기 직역을 차지하여 안정될 것이다. 장인(匠
　人)이나 상인에게 일정한 세를 정해두고 횡침(橫侵)하지 않으며, 관부(官
　府)에 속한 공장들에게는 상름(常廩)을 정해둘 것이요 그 공적과 능력을
　고찰하여 실적에 따라 더 주고 덜 주도록 한다면, 권면하고 경계하는 법
　식이 서게 될 것이다.

　　그렇게 된 후에 유사(有司)로 하여금 때에 따라 금령을 발동하여 무릇

시장에서 거래하는 물화가 거칠고 견고하지 못하며 정교하지 못함이 법식에 어긋나거나 혹은 공교함이 지나쳐서 사람의 마음을 홀리게 하는 경우는 모두 다 처벌하도록 한다. 무릇 사업을 벌이면서 사람들에게 금령을 알려 미연에 방지하지 않고 그대로 두었다가 그것이 습속으로 굳어지면 변경하기가 어려운 것이니, 지금의 추포(麤布) 역시 그런 사례이다. 그러므로 옛날 선왕의 치세에서도 공장(工匠)이 제조하여 시장에서 유통되는 모든 물화에는 모두 다 법식과 금령을 두었으니, 그 의미가 심장한 것이다. 그것은 곧 인심을 바로잡으며 사업의 공적과 능력을 향상시킴으로써 온 천하로 하여금 동일한 풍속을 보존하게 하는 한 도리인 것이다(『반계수록』 25-51 속편 상 制造).

무릇 관부官府라든가 양반들의 가외의 횡침을 일체로 제거해야만 이에 공장工匠들의 조잡하고 추악한 물화의 제조에 대해 책임을 묻고 처벌할 수가 있다. 위의 '법식과 금령'이란 것은 그와 같은 구래의 조잡한 인습을 극복하고 새로운 시대의 새로운 기준을 정립한다는, '의미 심장한' 조항이라 할 것이다. 그리고 그것이 어찌 수공업 한가지에만 해당하는 조항으로 끝나고 마는 것이었을 터인가.

반계는 그러한 새로운 기준을 적용할 사업으로 다시 도로의 개설이라든가 교량의 건설을 예로 들었다. '우리나라 풍속이 수레를 사용할 줄 모르기 때문에 도로를 닦을 때 철저하게 하지 않고 좁고 협착한 지형을 따라 그대로 하고 있으니, 백성의 직역이 안정되는 때에 가서 다시 평탄하게 개수改修하여 모두 수레[車]가 다닐 수 있도록 해야 한다.' '모든 교량은 반드시 석축石築으로 건설하여 영구히 견고하게 되도록 해야 한다'는 등의 고안이 그것이다.[73]

또 반계의 변법론 가운데 가령 양반이라는 문벌제도의 철폐 항목은

---

73) 『반계수록』 25-52~53 속편 상 道路 橋梁.

인재 선발을 세습적 종족 기준으로부터 이제 각 개인의 자질과 능력이라는 보편적 기준을 따라 널리 개방한다는 고안이었다. 이는 물론 점진적으로 성취될 수밖에 없는 사안이지만, 그러나 국가사회 전반에 걸쳐더 없이 큰 활력을 불러일으킬 거대한 제도적 전환이 될 것이었다. 모든주민이 자질과 능력에 따라 교육을 받고 도덕과 기예를 제대로 수련한자들이 사士의 신분으로 상승할 수 있다면, 인재 육성의 통로가 이제 전체 주민을 대상으로 무한정 확대되는 것이다. 그것은 고대 이래 골품이니 귀족이니 하여 극소수만이 지배층으로 군림해온 오랜 인습을 깨뜨리고, 모든 주민을 신분제라는 굳은 폐습의 제약으로부터 해방시키는 결과를 가져온다. 누구든지 노력을 통해 자기의 능력을 발휘할 수 있는 해방의 시대가 열리게 되는 것이다.

그의 노비제 개혁안도 마찬가지 발상의 고안이었다. 동서양을 막론하고 고대 이래 다수의 인간을 노예 혹은 노비로 종속시켜 사민私民으로사역하는 제도가 있었다. 우리나라의 경우 특히 강고한 신분제도를 인습한 탓도 있지만, 조선왕국에서는 노비에 대한 차등이 특히 비인간적악법으로 고착되기에 이르렀다. 그 같은 인습이야말로 지배층이 사욕을추구하기 위해 만든 악법 가운데서도 가장 큰 악법이었다. 근원적으로는 다 같이 '하늘이 낸 백성'[天民]인데도 전체 주민의 절반 가까이를 지배층이 우마牛馬와 같은 재산으로 소유하여 매매·상속하고, 자손 대대로사역하면서 자기 사민私民으로 확보하여 독점적으로 지배해온 것이다.

그 같은 악법을 두고서야 무슨 '치세'를 실현할 수 있겠는가. 반계는그렇게 심각한 고질로 오래 인습되어온 노비법을 일시에 개혁할 수는없었다. 그러나 점진적인 과정을 거쳐 마침내는 노비제도라는 강제 사역의 인습을 혁파하고 고용노동이라는 자율의 임노동賃勞動제도를 확립한다는 고안을 제기하였다. 이제 노비신분은 점차 해방되어 개별 인간마다 자립적 생산자 혹은 임노동자로 성장하게 될 것이다. 그것은 무릇,인간을 사민私民으로 종속시켜 사역해온 고래古來의 악법 폐습을 철폐함으로써 모든 주민을 국가 직속의 자립적 공민公民으로 확보한다는 역사적 의미를 갖는다. 동시에 그들 스스로 '하늘이 낸 백성'으로서의 자율적 생생生生의 삶을 개척할 적극적 터전을 마련한다는 역사적 의의를 지닌다. 그 많은 자율적 주민들의 새로운 사회활동이 전개될 때에 불러일으킬 국가사회 전체의 활력 또한 이루 다 헤아릴 수 없을 것이다.

그리고 여기 문벌제도 및 노비제도의 전면적 개혁론 또한 유사 이래 반계의 실학에서 처음으로 체계화하여 제기되는 변법론이었다.

이제 고경전古經傳에 남은 삼대 왕정의 원리를 탐구하여 현실에 맞게 고안한다고 하는 그의 변법론은 혹 너무나 복고적인 것은 아닐 터인가.

워낙 유학 자체가 복고적 성향을 지닌 것이므로, 반계의 실학에도 복고적인 면이 없지 않다. 그의 개혁론이 2000년 전 주공周公이 제정했다는 『주례』를 준거삼은 것부터가 그것을 증언한다. 또 가령 「교선제敎選制」의 첫머리에서부터 주자가 '증손增損'한 향약의 시행을 권장하면서 각 지역마다 사류士類가 주도하는 향약을 기본 교육과정으로 운용하여 교화를 펴고 선속善俗을 장려한다는 고안도 마찬가지다. 그 같은 복고적 성향은 시대적 제약에서 유래하는 실학의 본질적 한계였다 할 것이다.

그런데 반계의 변법론은 『주례』를 비롯한 옛 경전의 원리를 탐구하여 비뚤어진 현 실태를 근원적으로 개혁하고자 하는 것이요, 경전의 내용을 그대로 현실에 적용하려는 것이 아니었다는 사실 또한 간과해서는 안 된다. 그 단적인 예는 교육부문에서 잘 드러난다.

가령 『주례』에는 대사도大司徒가 6덕德·6행行·6예藝라는 '향삼물鄕三物로써 만민을 가르쳐 빈흥賓興하도록 한다'는 막연한 규정이 있을 뿐이요, 일반 서민의 교육에 관한 구체적 문제의식은 아예 등장해 있지를 않다. 그런데 반계 실학의 교육론은, 비록 막연하나마 신분의 상승을 열망하는 만백성의 숙원을 반영한 교육과정을 수용하였다. 즉 백성의 자제에 대한 기초교육의 중요성을 크게 강조하면서 '지치至治를 구현할 근본 기지基地'로서 향상鄕庠−面立 초등학교의 설치를 고안하였다. 그리고 읍학邑學·영학螢學을 거쳐 중앙의 태학太學에 이르기까지 모든 단계의 학교 교육을 자질과 능력 있는 자에게 개방한다는 기본 원칙을 설정해 두었다. 그것은 곧 백성의 자제에게도 덕성과 도예道藝를 길러 사士로 나아가고 벼슬자리에도 나아갈 수 있는 길을 개방해둔 것이었다. 인습의 문벌제도라는 것도 이들 '기지'를 비롯한 각급 학교의 교육 성과들이 모이고 쌓이면서 결국 점차 철폐되어 나갈 것으로 이해된다.

반계 실학의 교육론은 유사 이래 처음으로, 모든 주민이 자기의 자질과 노력에 따라 재능을 개발하면서 제 자리를 찾아 자기실현을 수행할 수 있는 길을 열어두게 되었다. 그래서, 그것은 결국 구체적 민생의 현실을 바탕으로 하고서 천·인天人 합일의 이념을 추구하는 구체적 의미를 지닌다고도 할 것이다.

소위 '조종의 법제'와 주자학적 경세 이념, 거기에다 온갖 인습이 얽혀 지배하는 조선 후기의 현실 속에서 그 현실을 초극하고자 하는 새로운 경세론으로 형성된 것이 반계의 실학풍이었다. 그래서 그것은 옛 성인聖人이 남긴 경전의 공부를 통해 탐색한 삼대 '왕정'의 원리를 살려내어 조선 후기의 현 실태를 근원적으로 개혁함으로써 이 땅에다 '왕정'의 회복을 시도한 새로운 국가체제 개혁론으로서의 성격을 띠게 되었다. 객관적으로 그것은 중세 후기의 조선왕국에서 형성된 개혁론으로서, 지리멸렬한 역사적 현 실태를 제일적齊一的으로 극복하여 새로운 시대를 열어보려는 구체적 변법론으로서의 역사적 의미를 지닌다. 그러므로 그것은, 현실의 비리를 개혁하려는 의도에서 어느 시대에나 제시할 수 있는 무실론적務實論的 경장론과는 성격을 달리한다 할 것이다.

시대는 동아시아의
'新實學'을 부르고 있다

葛 榮 晉 | 中國實學硏究會 會長

1. 머리말

21세기는 동아시아 실학이 전통실학에서 현대 실학으로 나아가는 시대가 될 것이며, 또한 시대정신을 근거로 하여 '신실학'을 구축하는 시대가 될 것이다. 중국, 일본, 한국 세 나라는 비록 현대화의 패턴과 그 과정에 있어서 서로 다른 점이 있지만 모두 '근대성의 극복'이라는 일련의 사회적 문제에 직면해 있다. 경제적 세계화라는 물결의 거센 충격 속에서 '문화적 세계화'의 추세는 불가피하게 생겨날 것이다. 만약 '문화적 세계화'가 각 국의 이질적인 문화를 존중하는 기초위에서 서로 배우고, 서로 받아들임으로써 인류 다원적 문화의 공동 발전을 추구한다면, 이것은 마땅히 환영받을 만한 일이다. 그러나 몇몇 초강대국들은 '일방적 21세기'와 '일방적 패권'이라는 사상의 지도하에 경제적·군사적 힘에 기대어 자신의 문화를 인류가 궁극적으로 추구해야할 종극終極의 완미完美한 문화로 여기고 그것을 세계로 확장시켜 타 민족과 국가가 본래 가지고 있던 고유의 문화를 묻어버리거나 억눌러버릴 것을 시도하고 있다. 이것은 일종의 문화적 패권주의이다.

20세기 50년대 이래로 서방의 각종 철학 유파들은 조수와 같이 동아시아로 밀려들어왔다. 실존주의, 니체철학, 마르크스주의, 현상학, 구조주의, 해체주의, 포스트모더니즘과 해석학 등이 모두 잇따라 동아시아 각국에 소개되어졌다. 이것은 동아시아 실학에 있어서는 좀처럼 얻기 힘든 새로운 혁신의 기회임과 동시에 준엄한 역사적 도전이기도 하였다. '우환의식憂患意識'을 지닌 전통적 동아시아 학자들은 경제적 세계화와 문화적 패권주의의 도전에 직면하여 심층적인 철학적 사고—21세기의 동아시아 실학을 도대체 어떻게 역사적인 '구실학舊實學'에서 현대적인 '신실학新實學'으로 전환시켜야 하는 것인가?—를 하지 않을 수가 없다.

이는 동아시아 실학의 생사존망이 걸린 중대한 문제이다. 옳은 선택은 동아시아 실학의 전환 속에서 생존과 발전을 구하는 것 밖에 없다. 그래야만 동아시아 실학의 현대적 전환을 완성할 수 있다.

현대 동아시아 '신실학'을 구축하는 것은 중요한 이론적 가치와 현실적 의의를 지니고 있다. '세계화 의식'이라는 높이에 서서 각국 간의 문화적 교류는 서로의 상호작용 속에서 발전해야 하는데, 서양의 기독교 문화가 동아시아에 유입된 것은 대체로 일방적인 것이었다. 전 세계 단일화와 동아시아 문화의 근본정신에 대한 대다수 서양인들의 이해가 부재하는 오늘날, 동아시아 경제의 급속한 성장과 함께 국제 정치적 지위가 제고됨에 따라서 우리들은 '나래주의拿來主義[1]'자에다가, 적극적으로 동아시아 문화를 외부로 전파하는 '송거주의送去主義'자가 되어야 한다. 우리가 현대적이면서도 토착화된 된 동아시아 '신실학'을 열심히 구축하고 '신실학'이라는 철학의 진귀한 꽃을 세계 각국 사람들에게 봉헌하여, 전 세계인들이 동아시아 실학의 근본정신을 이해할 수 있게 만든다면 이것은 화합적·다원적 세계 철학을 발전시키는 데에 중요한 이론적 가치를 지닌다.

'숭실출허崇實黜虛'와 실사구시實事求是는 동아시아 실학의 근본정신이다. 존재론적 측면에서는 '실체實體', '실기實氣', '실리實理', '실심實心, 혹은 實性'을, 도덕론적 측면에서는 '실수實修', '실공實功', '실행實行, 혹은 實踐'을, 정치적 측면에서는 '경세經世', '실정實政', '실재實才'를, 태도의 측면에서는 '실인實人', '실언實言', '실사實事', '실풍實風' 등등을 제창하고 있다. 세계 시장경제 속에서의 기만성과 허위성이 인류사회에 가져다 준 해악과, 심각한 인류의 도덕적 상실에 직면해서 동아시아 실학의 '숭실출허'의 '구진무실求眞務實' 정신의 계승·발양은 금융위기의 도전에 대처하고

---

1) 나래주의(拿來主義) : 노신(魯迅)이 한 말로, 전통시대의 문화유산을 그대로 받아들이지 않고 자신의 입장에 서서 취사 선택적으로 수용·계승하려는 사고방식.

세계 경제 발전을 도모하는 데에 어느 무엇도 대신할 수 없는 독특한 작용을 할 수 있는데, 이렇듯 그것이 가지는 현실적 의의는 더 이상 말할 필요도 없을 것이다.

20세기 이래로 동아시아 각국 학자들은 반세기 이상의 실학연구 성과의 기초 위에서 역사적 방면의 연구에서 이론적 방면의 탐색으로의 점진적 전환을 시도해 왔다. 그리고 그들은 동아시아 실학이론의 변화에 대한 필요성과 절박성을 이미 충분히 인식해왔다. 한국실학회 초대 회장이었던 이우성李佑成 교수는 이미 1998년 10월 제5회 동아시아 실학 국제회의 상에서 '근대성 극복'이라는 문제를 제기한 바 있고, 고려대학교 윤사순尹絲淳 교수는 2009년 『공자연구』에서 「신실학의 전망」을, 『중국문화연구』에서 「신실학과 신이론의 탐색」을 각각 발표하였다. 근래에는 오가와 하루히사小川晴久 교수로 대표되는 일본학자들이 '실심실학實心實學'이라는 이론적 과제로 여러 방면에서 의미 있는 탐구를 하였다. 중국학자들은 '구실학'의 현대적 해석뿐만 아니라 어떻게 중국의 '신실학'을 구축할 것인가에 대해서 다방면의 연구를 진행해 오고 있으며 어느 정도의 성과를 거두고 있다. 그러나 이러한 성과들은 여전히 동아시아 '신실학' 구축의 서막을 열었다는 것에 지나지 않는다. 각국 학자들은 아직도 구체적인 '신실학'의 이론적 체계를 마련해내지 못하고 있다. 이런 까닭에 동아시아 '신실학'은 하나의 중요한 시대적 과제로 우리 앞에 놓여있다.

2. '신실학' 구축의 방법

그렇다면 어떻게 동아시아 '신실학'을 구축해야 할까? '텍스트 해석'이 '시대 해석'과 결합하는 것은 동아시아 '신실학' 구축의 근본적 수단이 되고 아울러 이 기초 위에서 동아시아적 특색을 갖춘 새로운 철학 체계를 점차적으로 형성하게 될 것이다.

현대 동아시아 '신실학'을 구축하려면 동아시아 실학의 '문화적 자각의식'이 있어야 한다. '문화적 자각의식'이란 이른바 현대 동아시아인들이 자신들의 전통적 실학을 '정확히 이해'하고 동아시아 실학 문화의 연원과 그 형성과정, 독특한 특성 및 그 발전 경향 등을 깊이 있게 인식하는 것을 포함할 뿐만 아니라, 동시에 서양 문화의 형성과 동서 문화의 차이점 및 그것의 발전 경향에 대하여 명확한 인식을 가지는 것도 포함하고 있다. 동아시아 실학적 문화의 정수를 충분히 긍정하는 기초 위에서 서양 문화의 장점을 제대로 학습하고 섭취해야만 비로소 동아시아 실학문화의 전환에 대한 자신감을 고취시킬 수 있을 것이다.

소위 '텍스트 해석'은 동아시아 각국 실학 텍스트에 대한 깊이 있는 이해와 정확한 파악이 있어야만 한다. 결코 그것들에 대하여 마음 내키는 대로 하는 장난스런 서술이어서는 안 된다. 고대 동아시아 실학 텍스트를 해석하는 근본 목적은 뭐라 해도 텍스트 본래의 진면목을 파악하는 것이다. 어떤 실학 텍스트라도 그것들은 모두 특정한 사회역사적 배경과 기존의 사상 문화의 기초에 뿌리를 내리고 있다. 그러므로 실학자의 텍스트를 해석하려면 반드시 그들이 처했던 시대에 대하여 전면적이고도 심층적으로 해석해야 한다. 그렇지 않으면 그들 사상의 진실한 면모를 파악할 수가 없고 '동아시아 실학에 접근'할 수 없으며 동아시아 실학의 혁신과 발전도 꾀할 수 없다.

소위 '시대 해석'이란 바로 동아시아 실학에 대하여 반드시 시대정신에 부합하는 새로운 해석을, 그리고 인류사회가 눈앞에 직면하고 있는 중대한 문제 해결을 위한 참신한 이론적 설명을 이끌어 내는 것이다. '시대 해석'은 동아시아 '신실학'을 구축하는 출발점이자 근거가 되고, 동아시아 '신실학'의 구축은 세계화와 현재 동아시아 사회적 실천에 근거를 두어야 한다. '시대 해석'을 통해 시대정신을 제대로 파악하여야만 비로소 '신실학'이론의 혁신과 발전을 실현할 수 있다. 진정한 '신실학' 이론의 혁신과 발전을 실현하려면 반드시 그 시대로 뛰어 들어가 현실 생활에 바짝 밀착하여, 현대 사회 속에서의 실천을 통해 철학적 혁신을 고민해야 한다. 오늘날의 세계와 동아시아의 사회적 실천을 떠나서 현대 '신실학' 구축이니 뭐니 시끄럽게 떠드는 것은 하나의 공염불에 지나지 않을 뿐이다.

상기한 바를 통해 알 수 있듯이, '텍스트 해석'과 '시대 해석'은 현대 '신실학' 창조와 발전에 있어서 필수불가결한 측면이다. 경전 텍스트의 해석과 시대정신의 해석을 유기적으로 결합하여야만 비로소 시대정신을 반영한 동아시아 '신실학' 구축에 풍부한 문화적 발전의 동력과 원천을 제공할 수 있다.

3. '신실학' 구축을 위한 원칙

현대 동아시아 '신실학'을 구축하려면 반드시 아래의 세 가지 원칙을 견지해야 한다.

1) 시대정신을 정확하게 해석하고 파악하여야 한다.

'신실학'이 세계적 의의를 지니는지, 현대적 가치를 지니는지는, 그것이 철학적 수준에서 당대 동아시아와 세계에서 제기되는 각종 사회문제에 대한 답이나 해결이 될 수 있는지가 관건인 것이지 그것이 어떤 서양의 철학적 형식에 부합되는지의 여부로 가늠하지 않아야 한다. 현대 동아시아 '신실학'을 구축하려면 반드시 시대정신을 반영하는 강렬한 '문제의식'이 필요하고, 시대가 제기한 중요한 현실적 문제에 대하여 실학적 이론을 통해 철학적 설명을 할 수 있어야 한다. 이를테면 다음과 같다.

① 현대적 국가 건설의 출발점에서, 어떻게 동아시아 실학의 외왕지학外王之學을 서양의 과학과 민주를 서로 결합시켜, 동아시아적 특징을

지닌 사회 정치 체제를 만들어낼 것인가?

② 오랫동안 국민들에게 침전된 전통적 심리와 구습의 개조, 현대의 이상적인 인격의 배양이라는 각도에서 착안할 때, 어떻게 실학의 '내성지학內聖之學' 속에서 그 합리적인 사상을 섭취하여 현대인들에게 '영혼의 오염'을 정화시키고 '마음의 뜰'을 짓고, 행복한 인생을 설계하는 데에 풍부한 문화 자원을 제공할 것인가?

③ 탈공업화 사회의 각도에서 어떻게 동아시아 실학이 내포하고 있는 '천인합일天人合一' 사상으로써 서양의 '천인대립天人對立'의 사유방식을 대체하고 자연 생태계 환경오염을 극복함으로써, 현대 생태 철학을 구축할 것인가?

④ 세계화의 측면에서 '문명출돌'과 '단일세계'와 같은 패권의식에 직면하여 우리들은 능히 동아시아 실학을 통해 섭취한 문화적 자원,─예를 들면 '화이부동和而不同', '협화만방協和萬邦' 등과 같은─으로써 지금 분열과 대립에 처해있는 인류사회를 통합하고, 조화를 이루게 하며, 하나의 '다원적이고 화합된' 세계 창조에 그 이론적 근거를 제공할 수 있을 것인가?

⑤ 20세기 세계철학의 발전은 인류가 서양의 이원 대립적 사유방식에서 탈피하여 상호인지相互認知 사유방식으로 전환하고 있음을 표명하였다. 이 전환 속에서 우리들은 동아시아 실학의 문화를 통해서 이와 같은 철학적 지혜를 섭취할 수 있겠는가?

이와 같은 문제들에 대한 해답을 찾기 위해서, 동아시아 실학 속에 내포하고 있는 지극히 풍부한 문화적 자원들에 대하여 깊게 파고들어가 탐색을 진행해야 하며, 그것들에 대한 현대적 해석을 이끌어내야 한다. 그리고 현대사회 속에서 그것의 결합지점과 돌파구를 찾아내어 죽어가는 '구실학'에서 살아있는 '신실학'으로 변화시켜야 한다.

2) 철학의 '종합적 혁신'의 길을 걸어가야 한다.

이것은 중국의 장대張岱선생이 최근 21세기의 도전에 직면한 중국문화에 대해 제기한 문화적 전략이다.

동아시아 '신실학'을 구축하려면 반드시 동아시아 학자들을 백여 년 동안 괴롭혀왔던 '동양과 서양'에 대한 논쟁과 '고금古今'에 대한 언쟁에서 벗어나 자각적으로 '동서양과 고금'의 학문을 융합하여 '종합적인 혁신'의 길을 걸어가야만 한다. 동아시아 고대의 유교, 불교, 도교, 혹은 송명宋明 유학 속의 이학理學, 심학心學과 실학實學을 막론하고, 비록 그 사상들이 발생한 사회적 환경의 차이로 인해 지니게 되는 시대적 특성, 학파의 특성이 있긴 하지만 각종 철학 유파가 고민했던 문제는 종종 서로 다른 시대의 인류가 공통적으로 관심을 가졌던 주제일 때가 있다. 동서양 철학은 각자의 지리, 역사와 사회적 배경의 차이로 인해 자신들만의 민족성을 지니고 있지만 동시에 보편성 역시 지니고 있다. 동서양 철학에는 차이점이 있지만 같은 점도 있다. 그리고 그 차이점도 대화를 통해서 '화이부동和而不同'과 다원적 공생共生을 도모할 수 있다. 동아시아는 지금 새로운 축軸의 시대로 향해 돌아가고 있다. 동아시아 전통적 실학이 되었든, 서양철학이 되었든 그것들이 고민하였던 문제는 종종 인류가 중심이 되었던 시대에 제기했던 문제들이었으며, 그것의 확대였다. 자각적으로 '종합적 창조'의 길을 걸어야만 비로소 동아시아 실학의 현대적 전환이라는 사명을 완성할 수 있다.

현대 동아시아 '신실학'을 구축하려면 반드시 '동서양 철학'의 융합이라는 길을 걸어가야 한다. 그런데 이러한 융합은 전반적인 서양화 혹은 동서양 철학의 억지맞춤이 아닐 뿐만 아니라 서양의 어떤 철학적 틀로써 동아시아 실학이라는 재료를 안배하는 것이 아니다. 중요한 것은 서양철학에 대한 깊은 연구를 통해서 철학적 사유능력을 배양하고 훈련함으로써 분산적이고 경험에 의지하는 동아시아 철학 속에서 각종 사상들

을 관통할 수 있는 중심적 관념을 추상해 내는 것이다. 즉 황종희黃宗羲
가 말한 학설인 '종지宗旨'로써 동아시아 실학 고유의 논리적 범주에 대
한 구조적 체계를 구축하는 것이다.

　동아시아 '신실학'을 구축하려면 반드시 동아시아 각국의 '고금철학古
今哲學'에 정통해야 한다. '정통'한다는 뜻은 결코 육경주아六經注我식으로
고대철학을 현대화 시키는 것이 아니라 서로 달랐던 당시 고대 철학가
들의 처지와 역사적 배경을 결합시키고 부단한 '텍스트 해석'을 통하여
원전原典의 '본뜻'을 제대로 파악하는 것이다. 동아시아 실학에 접근하여
시대정신을 출발점으로 해서 동아시아 '신실학'의 새로운 장을 열고 발
전시켜 나가는 것을 의미한다.

3) 다원적인 해석학 방법을 견지하여야 한다.

　동아시아 '신실학'을 구축 방법의 측면에서 우선적으로 비판 해석학
적 방법을 사용한다. 소위 비판 해석학적 방법이란 주로 현대사회 속에
서의 실천으로써 진리를 검증하는 표준으로 삼고, 동아시아 전통 철학
과 서양 철학을 분석 비판하며 그것의 시비, 득실을 검증하고, 거기에다
현대화의 보편적 이성주의와 인문주의라는 입장에서 다시금 이론적 가
치와 현실적 의의를 평가하여 민족성과 시대성을 취사선택한 뒤 그것이
현대 동아시아 '신실학' 구축의 구성성분이 되게 하는 것이다.

　그 다음, 과학적 논리분석방법을 채용한다. 즉, 서양 과학의 논리 분
석방법, 언어 분석방법으로써 신비하고 분산적이며 모호한 동아시아 전
통철학의 가치이념을 명확하고 규범화 시켜 그 가치 이념과 경험적 사
실의 혼돈과 불분명성을 제거하고 도덕과 과학, 형이상학과 형이하학의
명확한 구분을 통해 철리화哲理化를 강화시키도록 한다.

　마지막으로 경전의 현대 해석학 방법을 채용한다. 즉, 전 방위로 개
방된 문화적 시각으로써 기계적인 '전통 – 현대'라는 이분법에서 탈피하

여 공감대를 가지고 고대인과의 대화를 통해 고전 실학이 현대 사회와의 결합지점과 돌파구를 열심히 찾아야 한다. 죽어가는 실학을 살아있는 실학으로 변화시켜 실학이 전통에서 현대로 나아가도록 해야 한다. 전통 실학의 텍스트 속에서 고유하고도 면밀히 이어온 현대 문화적 요소를 끄집어내어 현대적 인문 정신으로 변화시켜야 한다. 어떤 방법이 되었든지 간에 동아시아 '신실학'을 구축하는데, 또 그것이 세계 철학의 큰 흐름 속에 유입되게 하는 것에 모두 일정한 방법론적 의의를 지니고 있다.

동아시아 '신실학'을 구축하기 위해서는 두 가지 단계로 나아가야 한다. 첫 번째 단계는 중국, 일본, 한국 세 나라의 학자들이 각자의 실학 텍스트 해석과 오늘날의 세계와 자국의 현 상황에 대한 이성적 해석에 근거하여 각자 중국의 '신실학', 일본의 '신실학', 한국의 '신실학'을 만들어내야 한다. 두 번째 단계는 중국, 일본, 한국 세 나라의 '신실학'의 기초 위에서 중국, 일본, 한국의 학자들이 공동으로 동아시아 '신실학'을 구축해야 한다. 동아시아 '신실학' 구축의 역사적 사명은 비록 그 맡은 바 책임은 무겁고 갈 길은 멀지만 우리들이 단결하여 협력하고 고군분투한다면 반드시 실현할 수 있을 것이다.

김영죽金玲竹(성균관대 강사) 옮김

時代呼喚東亞"新實學"

葛 榮 晋*

一

　　21世紀, 將是東亞實學由傳統實學走向現代實學的時代, 亦就是如何根据時代精神构建"新實學"的時代。中、日、韓三國雖在現代化的模式和進程上有所不同, 但是都面臨着"近代克服"的一系列社會問題。在經濟全球化浪潮的猛烈冲擊下, 不可避免地會出現"文化全球化"的趨勢。如果"文化全球化"是在尊重各國异質文化的基础上, 互相學習、互相吸收, 以追求人類多元文化的共同發展, 這是應該受到歡迎。但是, 其些超級大國在"單极的21世紀"和"單邊霸權"思想指導下, 凭借經濟、軍事强勢, 把自己的文化視爲人類終极的完美文化而推向世界, 企圖淹沒、扼殺其他民族和國家固有的本土文化。這是一种文化霸權主義。

　　從20世紀50年代以來, 西方各种哲學流派如潮水般地涌入東亞, 如存在主義、尼采哲學、西方馬克思主義、現象學、結构主義、解构主義、后現代主義和西方解釋學等, 都先后被介紹到東亞各國。這對于東亞實學旣是一次難得的創新机遇, 也是一次嚴峻的歷史挑戰。具有"憂患意識"傳統的東亞學者, 面對經濟全球化和文化霸權主義的挑戰, 不能不進行深層次的哲學思考:21世紀的東亞實學到底應該如何由歷史"旧實學"轉化爲現代"新實學"呢?這是事關東亞實學生死存亡的重大問題。正確的選擇只能是從東亞實學轉型中求生存、求發展, 方可完成東亞實學的現代性轉化。

---

* 中國實學研究會 會長

构建现代東亞"新實學", 具有重要的理論价值和現實意義。站在"全球意識"的高度, 各國之間的文化交流本應在双向互動中得到發展, 而西方基督教文化在東亞的傳入基本上是單向的。在全球一体化和多數西方人對東亞文化的根本精神茫无所知的今天, 隨着東亞經濟快速發展和國際政治地位的提高, 我們旣是"拿來主義"者, 更是主動向外傳播東亞文化的"送去主義"者。我們努力构建現代化、本土化的東亞"新實學", 幷將"新實學"這一哲學奇葩奉獻給世界各國人民, 讓世界各國人民眞正了解東亞實學的根本精神, 這對于發展和諧多元的世界哲學, 有着重要的理論价值。

"崇實黜虛"和"實事求是"是東亞實學的根本精神。在本体論上, 提倡"實体"、"實气"、"實理"、"實心"(或實性); 在道德論上, 主張"實修"、"實功"、"實行"(或實踐); 在政治上, 提倡"經世"、"實政"、"實才"; 在作鳳上, 提倡"實人"、"實言"、"實事"、"實鳳"等等。面對世界市場經濟中的欺騙性和虛僞性帶給人類社會的嚴重危害性, 面對人類道德的嚴重缺失, 繼承与弘揚東亞實學的"崇實黜虛"的"求眞務實"精神, 對于回應金融危机挑戰与推動世界經濟發展具有不可替代的獨特作用, 它的現實意義也是不言而喻的。

從20世紀末以來, 東亞各國學者在半个多世紀的實學研究成果基礎上, 已經逐步從歷史層面研究轉向理論層面探索, 充分認識到東亞實學理論轉型的必要性和迫切性。韓國實學會首任會長李佑成　教授早在1998年10月第五屆東亞實學國際會議上, 就提出了"近代克服"的問題, 高麗大學尹絲淳　教授在2009年先后在《孔子研究》上發表了《新實學的展望》、在《中國文化研究》上發表了《新實學与新理念的探索》。近年來, 以小川晴久教授爲代表的日本學者就"實心實學"這一理論課題, 從多方面進行了有益的探討。中國學者不僅在"旧實學"的現代詮釋上, 而且在如何构建中國"新實學"上, 都進行了多方面的研究, "K取得了一定的成果。但是, 這些只是拉開了构建東亞"新實學"的序幕, 各國學者還沒有提出系統的"新實學"理論体系。因此, 构建東亞"新實學"是擺在我們面前的一項重要的時代課題。

二

那么，如何构建東亞"新實學呢？"文本解讀"与"時代解讀"相結合，是构建東亞"新實學"的根本途徑，並在此基础上逐步形成有東亞特色的新的哲學体系。

构建現代東亞"新實學"，要具有東亞實學的"文化自覺意識"。所謂"文化自覺意識"，既包括現代東亞人對其傳統實學要有"自知之明"，深刻認識東亞實學文化的來源和形成過程、獨特之處及其發展趨勢，同時也包括對西方文化的形成，東西文化的异同，以及它的發展趨勢，應有清醒的認識。只有在充分肯定東亞實學文化精粹的基础上，善于學習與吸收西方文化之長，才能增强對東亞實學文化轉型的自信力。

所謂"文本解讀"，不僅對東亞各國實學文本要有深刻的理解和准确的把握，切不可對它隨意"戲說"。解讀東亞古代實學文本，根本目的是還文本的本來面目。任何實學文本的產生，都是植根于一定社會歷史背景和既有的思想文化資源的基础之上。所以，要解讀實學家的文本，就必須全面地、深刻地解讀他們所處的時代，否則，就不能眞正把握他們思想的眞實面目，也就不能"走近東亞實學"，創新和發展東亞實學。

所謂"時代解讀"，就是必須對東亞實學做出合乎時代精神的新詮釋，並在解決当前人類社會面臨的重大問題做出新的理論說明。"時代解讀"是构建東亞"新實學"的出發点和立足点，构建東亞"新實學"是立足于全球一体化和当代東亞的社會實踐之上的。只有通過"時代解讀"眞正把握了時代精神，才能實現"新實學"理論的創新和發展。要想眞正實現"新實學"理論的創新和發展，就必須走進時代，貼近生活，從現代社會實踐高度去思考哲學創新。离開当今世界和当代東亞的社會實踐，奢談什么构建現代"新實學"，只能是一句空話。

由上可見，"文本解讀"与"時代解讀"，是現代"新實論"創新和發展的兩个不可或缺的方面。只有把經典文本解讀与時代精神解讀有机地結合起來，才能爲构建反映時代精神的東亞"新實學"提供丰富文化的源頭活水。

三

构建現代東亞"新實學", 必須堅持三條基本原則:

(一)准确地解讀与把握時代精神。"新實學"有无世界意義, 有无現代价值, 是以它能否從哲學高度回答与解決当代東亞和世界提出的各种重要社會問題作爲衡量標准, 而不以它是否符合某种西方哲學模式來衡量。构建現代東亞"新實學", 必須要有强烈的反映時代精神的"問題意識", 必須能够以實學理論對時代提出的重要現實問題做出哲學說明。諸如:①從建設現代化國家出發, 如何把東亞實學的"外王之學"与西方的科學与民主相結合, 創造出具有東亞特点的社會政治体制呢?②從改造國民積淀已久的傳統心理旧習、培養現代理想人格的角度着眼, 如何從實學的"內圣之學"中吸取其合理思想, 爲現代人消除"心灵汚染"、构建"精神家園"、鑄造幸福人生, 提供丰富的文化資源呢?③從后工業化社會角度, 如何將東亞實學所蘊含的"天人合一"思想, 用以代替西方"天人對立"的思維方式, 克服自然生態环境汚染, 從而建构起現代生態哲學呢?④站在全球化的高度, 面對"文明冲突"和"單极世界"的霸權意識, 我們能從東亞實學中吸取哪些文化資源, 如"和而不同"、"協和万邦"等, 以整合、協調正處于分裂對抗的人類社會, 爲創造一个"多元和諧"的世界提供理論根据呢?⑤20世紀世界哲學發展表明, 人類正從西方二元對立思維方式向互動認知思維方式轉變。在這一轉型中, 我們能從東亞實學文化中吸取那些哲學智慧呢?要回答這些問題, 東亞實學中所蘊含的极其丰富的文化資源, 需要我們進行深入挖掘与探索, 需要我們對它作出現代詮釋, 並在現代社會中找到它的結合点和生長点, 將死的"旧實學"變成活的"新實學"。

(二)走哲學"綜合創新"之路。這是中國張岱年 先生近年面對中華文化在21世紀的挑戰而提出的文化戰略思考。

构建東亞"新實學", 必須走出困扰東亞學者百余年的"中西"之爭和"古今"之辯, 自覺融會"中西古今"之學, 走"綜合創新"之路。不管是東亞古代的儒、釋、道, 還是宋明儒學中的理學、心學和實學, 雖然由于其產生的社會環境不同而帶有時代性、學派性, 但是各个哲學流派所探討的問題往往也是不同時代人類共同關心的主題。東西方哲學由于各自地理、歷史和社會背景不同, 各有其民族性, 也有其普世(适)性。中西方哲學有相异之處, 也有相同之處, 卽使相异之處也可以通過對話做到"和而不同"、多元共生。東亞正在走向新的軸心時代, 不論是東亞傳統實學還是西方哲學, 它們所考慮的問題往往是人類軸心時代提出的問題及其延伸。只有自覺地走"綜合創新"之路, 方可完成東亞實學的現代轉型使命。

构建現代東亞"新實學", 必須走融合"中西哲學"之路。但是, 這种融合旣不是全盤西化或東西哲學的雜湊, 也不是以西方某种哲學框架去安排東亞實學材科, 而主要是通過研讀西方哲學來培養和訓練哲學思維能力, 借以從分散的、經驗式的東亞哲學中抽象出可以貫通各种材料的中心觀念, 卽黃宗羲所謂的學說"宗旨", 以构建東亞實學固有的邏輯范疇結构体系

构建東亞"新實學", 必織走會通東亞各國"古今哲學"之路。但是, 這种會通決不是"六經注我", 將古代哲學現代化, 而是結合当時古代哲學家的不同遭遇和歷史背景, 力圖通過"文本解讀"眞實地把握原典"本義", 走近東亞實學, 並以時代精神爲出發点, 開創和發展東亞"新實學"。

(三)堅持多元詮釋學方法。在构建東亞"新實學"的方法上, 首先, 應采用批判解釋學的方法。所謂批判詮釋學方法, 主要是以現代社會實踐爲檢驗眞理的標准, 分析批判東亞傳統哲學和西方哲學, 檢驗其是与非、得与失, 再從現代化的普遍理性主義和人文主義立場, 重新評估其理論价值和現實意義, 揚弃民族性和時代性, 使之成爲构建現代東亞"新實學"的組成部分。其次, 應采用科學的邏輯分析方法, 卽以西方科學的邏輯分析方法、語言分析方法, 使東亞傳統哲學价值理念從神秘的、分散的、模糊的狀態向明晰化、規范化轉換, 以消解其价值理想与經驗事實混沌不淸, 實現道德与科學、形

上与形下的明确划分，使之更加哲理化。最后，應采用經典現代詮釋學方法，卽以全方位的開放的文化視野，超越机械的"傳統－現代"二分法，以同情之心在同古人的對活中，努力尋找古典實學与現代社會的結合点和生長点，將死的實學變成活的實學，使之從傳統走向現代。從傳統實學文本中引申出固有而綿延着的現代文化因子，幷把它轉化爲現代人文精神。不管是哪一种方法，對于构建東亞"新實學"，幷將它融入于世界哲學大潮中，都有一定的方法論意義。

构建東亞"新實學"，應分兩步走。第一步是中、日、韓三國學者，應根据對各自實學文本的解讀和對当代世界和本國現狀的理性解讀，分別构建中國"新實學"、日本"新實學"、韓國"新實學"。第二步在中、日、韓三國"新實學"的基础上，中、日、韓三國學者共同构建東亞"新實學"。构建東亞"新實學"的歷史使命，雖然任重而道遠，但是，只要我們團結合作，艱苦奮斗，是一定可以實現的。

實心實學 개념의 역사적 사명

오가와 하루히사(小川晴久) ㅣ 日本 東亞實學研究會 會長

1. 前言

동아시아의 근대이전, 특히 17·18세기의 사상이 현대를 살아가는 우리들에게 어떠한 적극적인 의미를 갖는지를 명확하게 밝히는 것이 본 발표의 주제이다.

동아시아 사회에 있어서 실학實學이라고 하는 단어는 역사적으로 두 가지 의미를 가지고 있다. 근대이전의 실학과 근대이후의 실학이다. 일본에서 일반적으로 사용되는 실학의 개념은, 자본주의 발달 안에서 가꾸어온 실업實業의 학學, 실용實用의 학學으로서의 실학, 이것이 곧 근대이후의 실학이다. 그러나 동아시아의 근대이전에는 또 다른 실학이 존재했다. 유학(유교)의 대명사로서의 실학이다. 그러나 이 실학개념을 현대의 일본인은 거의 알지 못한다. 요즘 일본인이 알고 있는 것은, 매일 그 은혜를 입고 있으면서도 조금은 경시하고 있는 실업학實業學으로서의 실학이다. 마음과는 관계없는 테크닉, 기술의 학學이기 때문이다.

현대의 일본인이 근대이전의 실학과 만나는 것은 쉽지 않은 일이다. 근대를 개척한 후쿠자와 유키치[福澤諭吉]가 메이지[明治] 26년에 제창한 실업實業의 학學으로서의 근대 실학에 만족하고, 그 길에 매진하고 있기 때문이다. 그중 한사람인 내가 어떻게 해서 근대이전의 실학과 만난 것인지, 조금 복잡하지만 참고로 기록하려고 한다. 일종의 보편성이 있다고 생각하기 때문이다.

내가 동아시아 근대이전의 사상에 대해 관심을 가진 것은 서양에 대한 깊은 콤플렉스 때문이다. 왜 동양은 자연을 대상화하는 정신, 비판적 정신, 논리적 정신이 약한 것일까. 세계에 통용하는 이와 같은 정신의 소유자를 동아시아의 근대이전의 세계에서 찾아내야만 하고, 굳이 하한선을 난학蘭學의 수용 이전으로 한정했다. 우선 미우라 바이엔[三浦梅

園(1723~1789)과의 만남이 있었다. 그리고 이어서 17세기 중국의 학자 방이지方以智(1611~1671), 왕부지王夫之(1619~1692), 마지막으로 조선(한국)의 18세기의 천문학자 홍대용洪大容(1731~1783)과의 만남이 있었다. 당시 나는 이 사람들을 동아시아의 17 · 18세기의 백과전서가百科全書家라고 부르며 연구했었다.

1978년 나는 홍대용 연구를 위해서 1년 동안 한국에서 유학했다. 37세 때의 일이다. 유학은 1년이었지만, 조선(한국)실학과의 실제 만남은 이 시기부터 시작한다. 활자상의 만남은 1960년에 평양에서 출판된 『조선철학사朝鮮哲學史』의 일본어판(1962년)을 읽었던 때이다. 그것은 1965년 이전이었다. 그러나 그때는 동아시아의 근대이전에 유교의 대명사라고 할 수 있는 실학이 존재했던 것을 알지 못했었다. 1년간 한국에서 유학했을 때도 그것을 알지 못하였다. 내가 그것을 알게 된 것은, 1980년대에 들어와 이율곡이나 이퇴계의 국제 심포지엄에 초대받게 되면서 부터였다. 이율곡이나 이퇴계에 대해 공부하면서 유학이 근대이전에 실학이라고 불리어졌던 것을 알았던 것이다.

또 하나의 큰 계기가 있었다. 1980년대에 들어와 UN의 브랜드위원회 보고를 읽고, 지구에 생태계의 위기가 진행되고 있다는 것, 2000년까지 대책을 세우지 않으면 큰 일이 일어난다고 하는 경고를 알게 된 것이다.

지구 생태계의 위기가 인류최대의 문제인 것을 알게 된 이래로, 나의 근대이전에 대한 인식이 서서히 변하게 되었다. 12여 년 지난 지금, 나의 근대이전에 대한 인식은 혁명적으로 변했다. 이것과 함께 근대이전의 실학에 대한 인식도 확고하게 되었다. 최근에 와서 새롭게 발견한 것도 포함하여 아래에 간결하게 서술하고 싶다.

2. 전근대(근대이전)를 어떻게 파악할 것인가.

근대이전 사회가 신분제 사회였던 것은 동 · 서양이 모두 같다. 사람들은 신분이 고정된 경제생활을 하고, 그 단위로 정치에도 관여했다. 헤겔은 그것을 정치와 경제의 일치라고 규정했다.[1] 프랑스혁명이 제일 먼저 근대에 도래했다고 보아도 좋다. 신분제의 타파이다. 그것은 정치와 경제의 분열을 의미했다. 경제적 인간으로서의 사인私人(egoist)과 정치적 인간으로서의 공인公人(citoyen)의 분열이다. 참된 인간은 추상적인 공인의 모습으로서 처음 인식되어진 것과 비교해, 현실적인 인간은 이기주의적 개인의 모습으로 비로소 인식되어졌다.[2]

근대에는 인권사상이 개척되었다. 그러나 인권사상도 공인으로서의 권리(정치적 권리)와 사인으로서의 권리(경제적 권리)로 분리하고, 전자는 후자를 뒤따르게 된다고 마르크스는 분석했다. 평등, 자유, 안전, 재산의 모든 권리, 그리고 정치적 권리라는 것은, '다른 사람들과 공동으로 행사하는 권리'이고, 그중 참정권이 중요하다. 한편 사인으로서의 권리는, '이기주의적 인간, 인간으로부터 혹은 공동체로부터 분리된 인간의 권리', '인간의 인간으로부터의 격리에 바탕을 두는' 개인의 권리=격리의 권리이다. 마르크스는 전자가 후자의 권리에 종속되어지는 것이 근대사회, 시민사회라고 말한다. 이른바 부르주아가 지배하는 사회이다.

근대의 본질을 이상과 같이 봤을 때, 지구의 생태계를 무너트려 온 것은 에고이스트의 권리(사인의 권리)인 것을 알 수 있다. 근대는 간디를 모방해서 말하자면, 기계적 성격의 대공업 시대이지만, 대량생산, 대량소비가 지구의 생태계를 무너뜨리는 범인이라는 것은 틀림없다.

지구의 생태계를 위기로부터 구하기 위해서는 에고이즘을 억제하는 방법밖에 없다. 그러나 이것을 난폭하게 하면 전체주의 체제가 되고, 조잡하게 하면 이미 실패로 끝난 기성 사회주의 국가가 된다. 기성의 사회주의의 붕괴로부터 내가 이끌어낸 교훈은 자유의 중요함이었다.

그러나 지금 마르크스의 「유태인 문제를 위해서」를 다시 읽어보면,

---

1) 마르크스, 『헤겔法哲學批判』, 大月書店國民文庫, 129頁.
2) 마르크스, 「유태인 문제를 위해서」, 同上, 國民文庫所收.

근대시민사회의 자유는 에고이스트로서의 자유이다. 인간이 인간과 공동으로 만들어낸 자유가 아니라, 공동체로부터의 간섭을 거부하는 격리의 권리이다. 이 자유의 중요함에 대한 인식만으로는 지구의 생태계를 도저히 지킬 수 없다. 자유를 보장하면서, 지구의 생태계를 지키기 위해서 에고이즘을 극복하려면 어떻게 하면 좋을 것인가?

그중 하나가 근대이전사회에 대한 새로운 재검토이다.

종래의 시점은 근대이전이란 신분사회·봉건사회라는 과거의 사회로서의 인식이 일반적이다. 신분사회·봉건사회라고 말하는 것은 확실히 그러하다. 근대가 가져온 자유, 평등, 박애(우애)의 권리를 결코 손에서 놓쳐서는 안 된다. 그 의미에서는 근대이전 사회는 부정의 대상이 되고, 과거의 것이 된다. 그러나 한편 근대이전은 근대가 잃었던 중요한 것을 가지고 지니고 있던 사회였던 것을 간과해서는 안 된다. 그것이 지구의 생태계 유지를 위해서 도움이 된다면, 더욱 그것을 적극적으로 오늘날 평가해야만 한다. 그것은 자연에 대한 경외심, 인간을 자연의 일부라고 생각하는 자연과의 일체감이다. 유기체적 자연관, 등신대적等身大的 인식이라고 바꿔 말해도 좋다. 그것은 근대이전의 실학개념 안에 있었던 실심적實心的 요소에 집약되어져 있다고 생각한다. 이하에 그것을 문장을 고쳐 단위로 입증해보자.

근대이전사회의 그 신분제에 대해서는 계속 부정하면서, 그 사회에는 있었지만 근대가 잃어버린 장점을 특별히 높게 평가하지 않으면 안 되는 것을 나는 지금 강조하고 싶다. 사회발전단계설의 입장에서 근대이전의 시점을 일부 견지하면서도, 근대가 잃어버린 중요한 것을, 게다가 지구의 생태계유지를 위해서 필요하다면 그것을 높게 평가하고, 발전사관을 그 면에 있어서는 부정하는 것이다.3) 발전사관을 일부 긍정하면서, 다방면으로는 대담하게 부정한다. 이 복안적複眼的 사관을 지금 찾

---

3) 화폐경제를 사회발전의 지표라고 하는 관점도 다시 생각해보지 않으면 안 된다. 화폐경제비판은 先見性이 있었던 것이다.

고자 하는 것이다. 그것을 실현하기 위해서, 나는 그것을 근대이전에 대
한 혁명적 재검토라고 이름 붙이고 싶다.

3. 實心實學의 實心은 왜 중요할까

유학의 대명사가 근대이전의 실학이라고 한다면, 그 실학은 공자로
부터 성립했다고 하여도 좋을 것이다. 유학의 정의로서 최적인 것은 수
기치인의 학문이다. 공자는 논어에서 "수기이안인修己以安人" "수기이안
백성修己以安百姓"(憲問篇)이라고 말하고 있다. 수기修己가 실심에 해당하고,
치인治人(安人, 安百姓)이 지금 말하는 실학에 해당한다. 따라서 유학으로서
의 실학은 실심실학實心實學이라고 규정할 수 있다. 유학(유교)의 유산 가
운데에서 시대를 초월해 평가할 수 있는 것이 있다고 한다면, 그것은 수
기일 것이다. 오늘날에 있어서도 위정자(代議制의 경우 대표자)는, 나를 닦지
않으면 안 된다. 수기의 중요성이다.

근대이전의 실학이 근대이후의 실학과 다르다는 것은 실심을 중시하
는 점이다. 그래서 나는 근대이전의 실학을 실심실학이라고 규정하는
것이지만, 근대이전의 실심실학은 유학(유교)의 독점물인 것은 아니었다.
노장사상의 장점을 취한 기氣 철학자들의 실심실학은, 수기치인형修己治
人型이 아니고, 천인형天人型 실심실학이었다. 천인天人의 천天은 자연 그
자체를 의미한다. 기 철학자들은 우수한 자연인식을 전제로 하기 때문
에, 그들의 학문은 천인형 학문이 되고, 거기에서는 "성자천지도야誠者天
之道也, 성지자인지도야誠之者人之道也"라고 하는 『중용中庸』의 명제가 관
철되고 있다. 이 성誠은 끊임이 없는 자연의 영위를 의미하고, 식물에서
전형적으로 취할 수 있는 자연의 법칙이고, 그 의미에서 농업을 주요 산
업으로 하는 근대이전 사회의 자연법칙에 적합한 것이다. 천天은 성誠
바로 그것이 되고, 따라서 천인天人의 학學은 또 하나의 실심실학으로,
실심이란 하늘의 도道인 성誠이 내실이 되고, 목표가 되고 있다. 18세기

일본의 자연철학자 미우라 바이엔三浦梅園의 「성誠이라는 설說」에서 그것은 입증되어진다.

천인형 실심실학의 전형적인 예는 17 · 18세기에 등장한다.

실심을 중시하는 실심실학은 공자 때부터 시작되고, 근대이전의 실학을 11세기 이후로 한정하거나, 17세기 이후로 한정하는 일은 불가능하다. 그러나 21세기 현대의 우리들이 모델로 삼아야하는 실심실학은, 과학이나 기술이 상당히 발달하고 있는 17세기 이후의 그것이 알맞고, 특히 실심이 높게 평가되어지지 않으면 안 된다. 17 · 18세기의 천인형 실심실학이야말로 에고이즘을 억제해서 지구의 생태계를 지키는 모델로 적합한 실심실학인 것이다.

왜 17세기 이후의 실심실학이냐고 하면, 체제교학화體制教學化한 주자학에 대한 비판, 고학古學-六藝의 學으로 복귀가 중요한 계기가 된 사실도 확인해둘 필요가 있다. 조선(한국) 실학이 이 요건을 가장 선명하게 드러내고 있지만, 17세기 중국의 실심실학자도 이 요건을 확실하게 갖추고 있다. 최근 알게 된 것에서 실심의 중요성을 입증해보자.

1) 唐甄의 實과 實心의 중시

당견唐甄(1630~1704)은 청초淸初에 있어서 문학과 사공事功의 분열을 초래한 도학道學(주자학)을 엄격하게 비판하고, 그 일치를 강렬하게 주장했다. 그는 성리性理를 공담空談하고, 심성을 공담한 송명宋明 도학을 비판하고, 실사實事, 실행實行, 실용實用, 실공實功을 중시했다. 실의 중시는 유학자로서는 특이한 명名에 대한 철저한 비판에서도 알아차릴 수 있다.

명(名)은 허(虛)로서 실(実)이 없고, 아름다움으로서 사모해야 한다. 잘 마음을 꿰뚫어 그 덕(德)을 망가게 한다. 더욱이 핵(核)을 뚫어 그

종(種)을 없애는 것처럼 한다. 마음의 종이 끊어지면 덕도 끊어진다. 덕
이 끊어지면 도도 끊어진다. 도가 끊어지면 치(治)도 끊어진다. 사람들은
학문을 하지만, 세상에 진실한 학문은 없다. 사람들이 다스림을 말하지
만 천하는 점점 어지러워진다.[4]

이 정도까지 명名에 해가 있다고 한다면, 명을 버리는 것이 가장 중요
하다.

군자가 천하를 다스리는데, 그 다스리는 길은 또한 많지만, 이름을 버
리는 것보다 큰 것은 없다.[5]

그는 명名을 버리는 길(방법)을 몇 개인가 예로 들고 있지만, 충신忠信,
정직正直, 성언聖言을 근거로 하고, 실제로 노력하는 일이 가장 요긴한 부
분이다.

충신, 정직은 실심에 해당한다.

실공實功을 중시한 점은 '성재性才' '성공性功'의 성론이편性論二篇에도
잘 나와 있다. 그는 "세상은 성덕性德을 알고 있어도 성재性才는 알지 못
한다"(世知性德,不知性才)고 말하고, 성性은 구체적으로 인의예지를 극진히
하여 천하를 기르고, 심판하고, 바로잡고, 밝히는 공이 있음을 지적하였
다. 또 그와 같이 재才를 발휘해야, 비로소 성性이 다해졌다고 말할 수
있기 때문에, 성性과 재才라는 것은 특별한 것이 아니라고 설명한다. 성
性과 재才의 관계는 불과 밝음과의 관계에 비유된다. 천天에 삼명三明(日·
月·星)이 있듯이, 사람의 마음에도 삼명三明(聖人=日·賢人=月·後儒=星)이 있

---

4) 『潛書』, 去名篇(名者虛而無實, 美而可慕. 能鑿心而滅其德, 猶鑽核而絕其
  種. 心之種絕則德絕, 德絕則道絕, 道絕則治絕. 人人爲學而世無眞實, 人人
  言治而天下愈亂).
5) 同上 (君子爲政, 於天下, 治亦多道, 莫大於去名矣.)

다고 한다. 태양과 같은 명明은, 성인인 요堯·순舜·공자孔子의 명明이 바로 그것이고, 사람은 천지만물과 만민을 모두 밝게 비추는 태양과 같은 명明을 목표로 삼아야 한다고 말한다. 이와 같은 성론性論은 지극히 실공을 중시한 것으로, 각자 성性이 이와 같이 발휘하기 위해서는, 그 마음이 진실하지眞心 않으면 안 된다. 당견은 실심이라는 단어는 사용하고 있지 않지만, 실심을 강조한 것임에는 틀림없다. 각자의 마음이 진심이 되고, 태양과 같은 명明을 발휘하는 것을 목표로 하는 것은, 사람이 천天(자연) 그 자체가 되는 것을 목표로 삼는 것이다. 당견은 유학자이기 때문에 그의 실심실학은 수기치인형으로 보아도 좋지만, 양명학의 영향을 받아 실행·실공을 중시하고, 명名을 버린다고 하는 헌신성을 가지고 천인형 실심실학으로 전환하고 있다. 다음에 살펴보는 같은 17세기 일본의 구마자와 반잔熊澤蕃山과도 비슷하다.

2) 자신의 名이 이 세계로부터 없어지는 것을 바랐던 구마자와 반잔

당견의 거명론去名論의 철저함은 지금 살펴본 정도에 그치지만, 구마자와 반잔의 경우는 더욱 철저했다.

> 세상에서 나의 이름이 없어져 자취가 없어지는 것이, 나의 본심이다. 이것 이상으로 즐거운 것은 없다.[6]

반잔은 사람의 스승이 되는 것을 바라지 않고 항상 다른 사람으로부터 배우는 제자로 남고 싶다고 말한다. 또 천하의 지知를 모아 그것을 활용하는 것을 위정자라고 하면서, 그 방법을 스스로 실천했다. 치산치수

---

6) 『集義外書』 卷八, 실은 『集義和書』의 補.

治山治水 사업의 성과도 마을 노인들의 지知를 모아 실천한 것이라고 말한다.

그는 '안으로 향하는' 것을 중시했다.

> 군자(君子)의 뜻(意思)은 안으로 향한다. 내가 혼자 만 아는 곳에서도 조심하고, 다른 사람에게 알려지는 것을 구하지 않는다. 천지신명과 소통한다. 그 사람됨이 광풍제월(光風霽月)과 같다.[7]
>
> 천하에 나 혼자서 살아가고 있다고 생각해야 한다. 천(天)을 스승으로 삼고, 신명(神明)을 친구로 볼 때, 바깥사람에게 의지하는 마음이 없어진다. 이렇게 되면 내면이 견고하여 빼앗길 수 없다. 외면은 온화하여 비난받지 않는다.[8]

'안으로 향함'이란 천天을 스승으로 삼고, 신명神明을 벗으로 삼는 것이지만, 그보다 단적으로 '태허太虛'(宇宙)를 마음으로 삼는 것이라고 분명히 밝히고 있다.

> 인자(仁者)는 태허(太虛)를 마음으로 삼는다. 천지·만물·산수·하해(河海) 모두가 내 안에 있다. 춘하추동·유명주야(幽明晝夜)·풍전우로상설(風電雨露霜雪), 모두 나의 행동이다.[9]

태허라는 것은 우주이기 때문에, 우주를 마음으로 삼는 것은, 마음이 우주 그 자체가 되고, 그것과 일체화 되는 일이다. 오늘날의 과제로 말한다면, 그 사람이 완전히 지구 생태계 그 자체가 되는 것이다. 그렇게 되면 계속 파괴되고 있는 그 상처도 아픔도 이해하게 된다. 반잔은 안으

---

7) 『集義和書』 卷4.
8) 『集義和書』 卷9.
9) 『集義和書』 卷4.

로 향하는 것에 의하여 천天(자연)과 하나가 되었다. 그의 실심실학은 천인형 실심실학까지 스스로를 향상시켰다고 말할 수 있다.

3) 미우라 바이엔의 誠의 중시

미우라 바이엔[三浦梅園](1723~1789)은 실심이라던가 실학이라는 단어를 사용하고 있지 않다. 하지만 천도天道로서의 성誠을 인간을 만들어가는 중요한 요소로 보았기 때문에, 그 학문은 실심실학이라 할 수 있다. 그는 인간을 2가지의 요소(측면)의 통일체로 보았다. 인도人道를 발휘해 사람이 되는 요소와, 천도에 따라 사람을 이루는 요소의 통일이다.

> 사람이 인도(人道)를 가지고 있지 않으면 사람이라고 할 없다. 그것이 내가 수양을 중시하는 이유이다. 사람은 천도(天道)에 따르지 않으면 즉 사람이 될 수 없다. 그것이 도(道)를 사람보다 중시하는 이유이다. 따라서 그것을 충(忠)이라고 말하고, 실(實)이라고 말하고, 진(眞)이라고 말하고, 량(諒)이라고 말하는 것이다. 모두 성(誠)을 지극히 하여 하늘을 본받는 것이다. 예(禮)라고 말하고, 문(文)이라고 하고, 교(敎)라고 말하고, 학(學)이라고 말하는 것이다. 모두 수양을 가지고 사람으로 여기는 것이다. 때문에 예문(禮文)으로 사람을 수양시키고, 성실(誠實)로 사람을 완성시킨다.[10]

인도를 가지고 사람으로 삼는 측면이란, 교육이나 학문, 제도나 문화, 예술이나 기술 등을 구사하여 사람을 만들어가는 측면이며, 인간의 능

---

10) 『贅語』, 善惡帙, 誠僞第六(人不以人道則不能爲人, 我之所以貴修也. 人不順天道則不能成人, 道之所以貴于人也. 故其曰忠, 曰實, 曰眞, 曰諒, 皆盡誠而則天也. 曰禮, 曰文, 曰敎, 曰學, 皆以修而爲人也。是以禮文以修人, 誠僞以成人).

동성을 발휘시키는 측면이다.

천도에 따르는 것으로 사람을 이룬다는 측면이란 무엇일까? 그것에 의해 성실誠實이 형성되어진다고 한다. 나는 긴 시간 이 측면이 무엇을 의미하는 것인지 알지 못했었다. 현대인은 이 측면을 완전히 이해하지 못하고 있다고 생각한다. 내가 10년 이상 걸쳐서 겨우 알게 된 것은, 있는 그대로의 자기 존재, 생물로서, 생명으로서의 존재이다. 의학의 대상이 되는 인간의 몸의 조직이나 기능이 그 측면이다. 또 실학에 충실한 인간의 신체적 정신적 움직임이나 기능이 이 측면이다. 그 결과 성실이, 자연天의 존재가, 그 영위가 위대하다는 것을 인식하는 것이다.[11]

그리고 놀랄만한 것은, 전자에서의 인간의 능동성 측면보다도, 후자에서의 진실에 충실한 성실함 쪽을 보다 높은 가치라고 바이엔은 말한다. "도道(天道, 誠의 일 - 小川)가 사람보다 귀한 것이다"고.

"인조人造는 즉 리理보다 앞서고, 천조天造는 즉 기氣보다 앞선다"고 인간의 능동성을 높게 평가한 바이엔이지만, 그 능동성보다도 천지만물을 꿰뚫는 천도로서의 성誠(거짓이 없음)이 더 존중할 만하다고 말하는 것이다. 바이엔을 실심誠을 중요시한 실심실학자라고 말하는 까닭이 여기에 있다.

4) 洪大容의 眞實의 본령

바이엔과 동시대의 조선에 동아시아 최고의 우주무한론宇宙無限論을 전개한 천문학자 홍대용洪大容(1731~1783)이 있다. 그 우주무한론을 전개한 「의산문답毉山問答」이라는 작품만으로도 그의 이름은 불후不朽이겠지만, 천문학자, 수학자였던 그는 실심을 매우 중시한 실학자이었던 점이 주목할 만하다.

---

11) 小川晴久(2006).

인생의 궁달(窮達)은 스스로 정명(定命)이 있으므로 겸선독선(兼善獨善)은 처지에 따라 직분을 다할 따름이다. 우리 유학의 실학은 원래 이와 같다. 만약 반드시 문을 열어 놓고 후학들에게 수업을 해주며, 나와 다른 것을 배척하여, 은근히 남을 이기려는 마음을 갖고 거만스럽게 나만이 제일이라는 뜻을 갖고 있다면, 이런 것은 근세 도학의 법도로서 진실로 매우 실증 날 만한 일이다. 오직 그 실심(實心)·실사(實事)로써 날로 실지(實地)를 밟아 먼저 이 진실한 본령을 가진 뒤에야 모든 주경(主敬)·치지(治知)·수기(修己)·치인(治人)의 방법이 바야흐로 실지 손쓸 곳이 있어, 공허한 그림자에 돌아가지 않을 것이다.[12]

그러한 분들(李土亭, 趙憲-小川)의 성취가 이와 같은 것은, 모두 실심(實心)으로 실학을 하였기 때문이다. 만약 실천은 하지 않고 단지 공연(空言)에만 힘썼다면, 당시에 그런 사업을 성취하지 못했을 것이고, 후세에 그런 이름을 남길 수 없었을 뿐이고, 학문이라 할 수도 없을 것이다.[13]

실심을 가지고 실사實事에 종사하고, 게다가 날마다 실지實地를 밟는다는 태도를 진실의 본령으로 삼고, 어떤 일을 이루는 대 전제로 삼았다. 실심실사로 매일 실지를 밟는다는 태도야말로 진실을 중요시하는 실학의 태도로서 더할 나위 없다. 실심실학이라고 하는 규정까지 등장한다. 당파적으로 배타적인 도학=주자학을 엄중하게 비판하는 가운데에서의 실심실학은, 18세기의 동아시아가 만들어낸 최고의 것으로, 실심실학이라는 단어를 사용하지 않은 미우라 바이엔의 실심실학과 나란히 쌍벽을 이룬다.

---

12) 『湛軒書』, 「杭傳尺牘」, 「答朱朗齋文藻書」(人生窮達, 自有定命, 兼善獨善, 隨處盡分. 吾儒實學, 自來如此. 若必開門授徒, 排闢異己, 陰逞勝心, 傲然有惟我獨存之意者, 近世道學矩度, 誠甚可厭. 惟其實心實事日踏實地, 先有此眞實本領, 然後凡主敬致知修己治人之術, 方有措置而不歸於虛影).
13) 同, 「桂坊日記」. (此等人(李土亭, 趙憲─小川)成就如此, 皆以其實心實學也. 苟不實踐而徒務空言則?時無所成其業, 後世無所垂其名, 非所謂學也).

4. 結語

내가 동아시아 근대이전사상에 대해 매우 강렬한 관심을 갖게 된 것은, 서양 콤플렉스에 근거를 둔 것이었다. 서양과 동질의 과학적·비판적 정신을 지닌 사람을 찾기 위해서였다. 다행히 18세기 일본의 미우라 바이엔과, 같은 18세기 조선의 홍대용을 만날 수 있었다. 홍대용의 우주무한론에 매료되어 30년 전에 한국에서 유학하고, 조선유학을 사이에 두고, 유학의 대명사로서의 근대이전의 실학과 만나게 되었다. 1980년대에 들어와, 또 하나의 중대한 계기와 만나게 되었다. 지구의 생태계 파괴라고 하는 큰 문제이다. 이 문제를 계기로 서양이 과학·기술에 우수하다는 의식도 상대화 되어, 역으로 지구의 생태계를 구하기 위해서 근대이전에 가지고 있던 새로운 가치에 대해 관심이 생겨났다. 미우라 바이엔의 수필「誠이라는 說」과의 만남은 "성자천지도야誠者天之道也, 성지자인지도야誠之者人之道也"라는 『중용』의 규정이, 식물의 논리이면서, 농업의 논리이고, 근대이전의 자연관의 근거가 된다는 것을 알게 되었다. 성誠이라는 개념은 사람냄새 나는 윤리적 심정적 규정이라고 생각했지만, 거짓을 말하지 않는 '신信'과 비교해 거짓이 없다고 하는 '성誠'은 훨씬 더 거대하고, 자연의 법칙에 상응하는 규정이라고 납득했다. 동아시아 전근대의 실학은 수기치인의 학이 유학의 대명사이지만, 동아시아의 자연철학자들은 노장사상의 영향을 받은 기 철학자들로, 유교의 테두리를 깨고 있다. 미우라 바이엔이나 홍대용은 이러한 타입의 실심실학자로, 그들의 실심실학은 천인형 실심실학이라고 규정되었다. 유교형 실심실학인 수기치인형도 중요하다. 수기의 영위는 앞으로 영원히 중요하기 때문이다. 그러나 현대 사람들은 과학·기술을 불가결로 본다. 이 현대인들의 실학에 실心을 되찾는 것은, 천인형 실심실학, 과학자·자연철학자의 실심실학이 보다 어울린다. 구체적 인물로 말하면 미우라 바이엔이나 홍대용이다.

작년까지 내가 도달한 실학에 대한 탐구는 이상과 같은 것이었다. 지구의 생태계를 지키기 위한 실학은, 천인형 실심실학이고, 그 모델은 미우라 바이엔이나 홍대용이다. 이것을 나는 자신을 가지고 동아시아 세계에, 혹은 전 세계에 제시하고 싶다.

그러나 올해에 들어와서 적지 않은 하나의 발견이 있었다. 20세기의 조선·한국에 실심실학을 실천한 우수한 모범이 있었던 것이다. 안창호 安昌浩(1868~1938), 이승훈李承薰(1864~1930), 유영모柳永模(1890~1981)가 그들이다. 이 사람들은 덕육德育·체육體育·지육智育이 삼박자를 갖춘 사람을 만들자고 제창하고, 스스로 실천했다. 덕육을 가장 중요시했던 점이, 무엇보다도 주목할 점이다. 이것은 참으로 실심을 중시함이다. 그들의 인간교육이 근현대에 있어서의 실심실학의 실천이라는 것에 큰 감명을 받았다. 안창호로 말하면 그는 정의情誼라는 것을 가장 중요시했다.

그들 세 사람의 공통점은 유교를 토대로 하면서, 기독교 교도가 되었던 것이다. 안창호는 사랑의 부족을 일관되게 설명했다. 그들이 실심 가운데 기독교의 이웃사랑을 가지고 들어온 것이, 실심실학의 새로운 요소이고 형태이다.

안창호 등 세 사람의 실천의 예는, 실심실학이 주로 근대이전의 실학이라고 하는 역사성을 가지면서도, 근대이후에도 그것을 실천한 사람들이 있다는 것을 확인시켜 준다. 그들은 실심실학을 현대에 실천해 가는 데에 있어서도 매우 귀중하고 든든한 선구가 되었다. 현대에 있어서의 실심실학의 실천은 무엇보다도 이런 형태(기독교형)가 모범이 된다는 의미는 아니지만, 일본의 조선 지배에 기가 꺾이지 않고, 당당하게 나아갔던 것에 감명을 받았다. 그들 세 사람의 연구도 병행해 해보고 싶다.

한예원(조선대학교) 교수 옮김

實心實學概念の歴史的使命

小川晴久*

一、前言

　東アジアの近代以前、とりわけ十七・八世紀の思想が、現代を生きる我々にどのような積極的な意味を持っているのかを明らかにするのが、本發表の主題である。

　東アジア社會にあって、實學という言葉は歴史的に二つの意味を持っている。近代以前の實學と近代以後の實學である。今日の日本に完全に定着しているのが、資本主義の發達の中で培われてきた實業の學、實用の學としての實學、これが近代以後の實學である。しかし東アジアの近代以前にもう一つの實學が存在した。儒學(儒教)の代名詞としての實學である。しかしこの實學概念を今日の日本人はほとんど知らない。今日の日本人が知っているのは、日々その恩惠に浴していながら、少しばかり輕視している實業の學としての實學である。心は關係しないテクニック、技術の學だからである。

　現代の日本人が近代以前の實學と出會うのは容易ではない。近代が切り拓き、福澤諭吉が明治２６年に提唱した實業の學としての近代實學に滿足し、その道に邁進しているからである。その一人である私がいかにして近代以前の實學と出會ったか、少し複雑であるが、參考までに記そう。一般性を持つと思うからである。

　私が東アジアの近代以前の思想に關心を向けたのは深い西洋コンプレッ

＊ 日本東亞實學研究會 會長

クスによる。なぜ東洋は自然を對象化する精神、批判的精神、論理的精神が
弱いのか。世界に通用するこのような精神の持ち主を東アジアの近代以前の
世界に見出すべく、敢えて下限を蘭學攝取以前に限定した。先ず三浦梅園
(一七二三~一七八九)との出會いがあった。ついで十七世紀の中國の學者方
以智(一六一一~一六七一)と王夫之(一六一九~一六九二)、最後に朝鮮(韓國)
の十八世紀の天文學者洪大容(一七三一~一七八三)との出會いである。当時
私はこれらの人々を東アジアの十七・八世紀の百科全書家(アンシクロペ
ディスト)と呼んで研究していた。

　一九七八年私は洪大容の研究のため一年韓國に留學した。三十七歳の時
である。留學は一年であったが、朝鮮(韓國)實學との生の出會いはこの時か
ら始まる。活字上の出會いは一九六〇年に平壤で出た『朝鮮哲學史』の日本語
版(一九六二年)を呼んだ時である。一九六五年以前である。しかしそのとき
東アジアの近代以前に儒教の代名詞としての實學が存在したことをまだ知ら
なかった。一年間韓國に留學しても氣がつかなかった。私がそれに氣づくよ
うになったのは、一九八〇年代に入って、李栗谷や李退溪の國際シンポジウ
ムに招かれるようになってからであった。李栗谷や李退溪を勉強することで
儒學が近代以前に實學と呼ばれていたことを知るのである。

　もう一つ大事な契機があった。一九八〇年代に入って國連ブラント委員
會報告を讀み、地球の生態系の危機が進行していること、二〇〇〇年までに
對策を建てないと、大変なことになるという警告を知ったことである。

　地球の生態系の危機が今や人類最大の問題であることを知って以來、私
の近代以前に對する認識が徐々に変化していった。二十數年経った今日、私
の前近代(近代以前)認識は革命的に変った。それと共に近代以前の實學に對
する認識も確固たるものになった。最近の新しい發見も含め、以下簡潔にこ
れらのことを記したい。

二、 前近代(近代以前)をどう捉えるか

前近代社會が身分社會であったことは、洋の東西同じである。人々は身分を固定されて經濟生活をし、その單位で政治にも關わった。ヘーゲルはそれを政治と經濟の一致と規定した。[1]近代の到來はフランス革命が先陣を切ったと見てよい。身分制の打破である。それは政治と經濟の分裂(分離)を意味した。經濟的人間としての私人(エゴイスト)と政治的人間としての公人(シトゥワイヤン)の分裂である。眞の人間は抽象的な公人(citoyen)の姿において始めて認められるのに比し、現實的な人間はエゴイスト的個人の姿において始めて認められた。[2]

近代は人權の思想を切り拓いた。しかし人權の思想も公人としての權利(政治的權利)と私人としての權利(經濟的權利)に分裂し、前者は後者の下に從わされるとマルクスは分析した。平等、自由、安全、財產の諸權利。政治的權利とは、「他の人々との共同においてのみ行使される權利」であり、參政權が主なものである。一方私人としての權利は、「エゴイスト的人間、人間からまた共同體から切り離された人間の權利」、「人間の人間からの隔離に基づく」個人の權利=隔離の權利である。マルクスは前者が後者の權利に從屬されているのが近代社會、市民(bourgeois)社會であるという。いわゆるブルジョアが支配する社會である。

近代の本質を以上のように見るとき、地球の生態系を崩してきたのはエゴイストの權利(私人の權利)であることがわかる。近代はガンジーにならって言えば、機械性大工業の時代であるが、大量生產、大量消費が地球の生態系を崩す眞犯人であることは間違いない。

地球の生態系を危機から救うためにはエゴイズムを抑制して行くしかない。しかし、これを亂暴にやると全体主義体制になるし、粗雜にやると既に

---

1) マルクス、『ヘーゲル法哲學批判』、大月書店國民文庫129頁。
2) マルクス、「ユダヤ人問題のために」、同上國民文庫所收。

失敗に終わった既成の社會主義國家となる。既成の社會主義の崩壊から私が引き出した敎訓は自由の大切さであった。しかし今マルクスの「ユダヤ人問題のために」を再讀してみると、近代市民社會の自由はエゴイストとしての自由である。人間が人間と共同して作り出す自由ではなく、共同体からの干涉を拒否する隔離の權利である。この自由の大切さの確認だけでは地球の生態系はとても守れない。自由を保障しながら地球の生態系を守るためにエゴイズムを克服していくにはどうしたらよいのか。

その一つが前近代社會の新しい見直しである。

從來の見方は、前近代は身分社會、封建社會であって過去の社會であるという認識である。身分社會、封建社會という意味では確かにそうである。近代が切り拓いた自由、平等、博愛(友愛)の權利は決して手放してはならぬ。その意味で前近代社會は否定の對象であり、過去のものである。しかし、近代が失った大切なものを持っていた社會であることを見落としてはならない。地球の生態系の維持のために役立つものであるなら尙更それを今評価する必要がある。それは自然に對する畏敬の念であり、人間を自然の一部であると感ずる自然との一体感である。有機体的自然觀、等身大的認識と言い換えてもよい。それは近代以前の實學槪念の中にあった實心的要素に集約されていると思うのである。以下にそれを章を改めて簡単に立証しよう。

前近代社會(前近代)を、その身分制は否定しつつ、その社會が持っていて近代が失ってしまった大事なものは、特別に高く評価しなければならないことを、私は今強調したいのである。社會發展段階説に立った近代以前の見方を一部堅持しつつも、近代が失ってしまった大切なもの、しかも地球の生態系維持のために必要なら、それを高く評価し、發展史觀をこの面では否定することである。3) 發展史觀を一部肯定しつつ、多面では大胆に否定する。この複眼的史觀が今求められているのである。それを實現するために、私は

---

3) 貨幣経濟を社會發展の指標とする見方も再考されなければならない。貨幣経濟批判は先見性があったのである。

それを前近代の革命的見直しと名づけたい。

三、實心實學の實心はなぜ重要か

儒學の代名詞が近代以前の實學であったとすると、その實學は孔子から成立したと見てよい。儒學の定義として最適なのは修己治人の學である。孔子は論語の中で「修己以安人」、「修己以安百姓」(憲問篇)と語っている。修己が實心に当り、治人(安人、安百姓)が今日言う實學に当る。したがって儒學としての實學は實心實學と規定できるのである。儒學(儒敎)の遺産の中に時代を超えて評価できるものがあるとすれば、修己である。今日にあっても爲政者は、代議制における代表者は、己を磨かなければならない。修己の重要性である。

近代以前の實學が近代以後の實學と異なるのは實心の重視である。それゆえに私は近代以前の實學を實心實學と規定するのであるが、近代以前の實心實學は儒學(儒敎)の獨占物ではなかった。老莊思想の良さを取り入れた氣の哲學者たちの實心實學は、修己治人型ではなく、天人型實心實學である。天人の天は自然そのものを意味する。氣の哲學者たちは優れた自然認識を前提とするので、彼らの學問は天人型學問となり、そこでは「誠者天之道也、誠之者人之道也」という『中庸』の命題が貫徹されていた。この誠は間断のない自然の營みを意味し、植物に典型的に見てとることのできる自然の法則であり、その意味で農業を主産業とする前近代社會の自然法則にふさわしいものであった。天は誠そのものであり、從って天人の學はもう一つの實心實學であって、實心とは天の道である誠が内實となり、目標となっている。十八世紀の日本の自然哲學者三浦梅園の「誠といふの説」でそれは立証される。

天人型實心實學はの典型例は十七・八世紀に登場する。

實心を重視する實心實學は孔子の時から始まっており、前近代の實學を十一世紀以降と限定したり、十七世紀以降に限ることはできない。しかし、

二十一世紀の現代の我々がモデルとすべき實心實學は、科學や技術のかなり
發達している十七世紀以降のそれがふさわしく、しかも實心が高く評価され
ていなければならない。十七・八世紀の天人型實心實學こそ、エゴイズムを
抑制して地球の生態系を守っていくのにふさわしいモデルとなる實心實學な
のである。

　　なぜ十七世紀以後の實心實學なのかについては、体制教學化した朱子學
への批判、古學(六芸の學)への復歸が重要な契機となこととも確認しておく必
要がある。朝鮮(韓國)實學がこの要件を一番鮮明にしているが、十七世紀の
中國の實心實學者もこの要件をハッキリ語っている。最近氣づいたこのこと
から實心の重要性を立証していこう。

　1) 唐甄の實と實心の重視
　　唐甄(一六三〇〜一七〇四)は清初にあって文學と事功の分裂を招いた道學
(朱子學)を嚴しく批判し、その一致を強烈に説いた。彼は性理を空談し、心
性を空談した宋明道學を批判し、實事、實行、實用、實功を重視した。實
の重視は、儒者としては珍しい名の徹底した批判にも見てとれる。

　　「名は虚にして實なし、美にして慕ふべし。能く心を鑿してその德を滅
す、猶ほ核を鑽(うが)ちてその種を絶つがごとし。心の種絶ゆれば德絶ゆ。
德絶ゆれば道絶ゆ。道絶　ゆれば治絶ゆ。人々學を爲すも世に眞學なし。
人々治を言ひて天下愈々亂る。」(名者虚而無實、美而可慕。能鑿心而滅其
德、猶鑽核而絶其種。心之種絶則德絶、德絶則道絶、道絶則治絶。人人爲
學而世無眞實、人人言治而天下愈亂。)(『潛書』去名篇)

　　これ程までに名に害があるとすれば、名を去ることが一番肝心となる。

　　「君子政を天下に爲す、治も亦多道なるも、名を去るより大なるはなし。

」(君子爲政於天下、治亦多道、莫大於去名矣。)(同)

　　彼は名を去る道(方法)をいくつか擧げているが、忠信、正直、聖言を據り所とし、實に務むることが骨子である。

　　忠信、正直が實心に当る。

　　實功を重んじる所は「性才」「性功」の性論二篇にもよく出ている。彼は世間は性德を知っていても性才は知らない(「世知性德、不知性才」)と言い、性は具体的に仁義礼智を盡くして天下を育み、裁き、匡し、照すという功を擧げ、そのような才を發揮して、始めて性が盡くされたと言えるので、性と才とは別物ではないことを說く。性と才の關係は火と明るさの關係に喩えられる。天に三明(日、月、星)があるように、人心にも三明(聖人＝日、賢人＝月、後儒＝星)があると言う。太陽のような明は、聖人である堯、舜、孔子の明がそれであって、人は天地万物万民をすべて照らす太陽な明を目指すべきだと言う。

　　このような性論は極めて實功を重んじたものであり、各自の性がこのように發揮されるには、その心が眞なる心(眞心)でなければならない。唐甄は實心という言葉は使用していないが、實心の強調であることはまちがいない。各自の心が眞心となり、太陽のような明を發揮することを目指すのは、人が天(自然)そのものになりきることを目指すことである。唐甄は儒者であったからかれの實心實學は、修己治人型と見てよいが、陽明學の影響を受けて、實行、實功を重んじ、名を去ると言う獻身性を持って、天人型實心實學に轉化している。次に見る同じ十七世紀の日本の熊澤蕃山と同じである。

　2)　自分の名がこの世から消えることを願った熊澤蕃山

　　唐甄の去名論の徹底さは今見たばかりであるが、熊澤蕃山はなお徹底している。

「世中に愚が名の亡で跡なからん事は、愚が本心なり。悦びこれに過べからず。」(『集義外書』卷八、實は『集義和書』の補)

　蕃山は人の師となることを願わず、つねに人から學ぶ弟子でありたいと言い、天下の知を集めてそれを活用することを爲政者にも說き、自ら實踐した。治山治水事業の成果も村の古老の知を集め實踐したものと言う。
　彼は「內に向ふ」ことを重視した。

「君子の意思は內に向ふ。己ひとり知るところを愼て、人に知られんことを求めず。天地神明とまじはる。其人がら光風霽月のごとし。」(『集義和書』卷四)

「天下の間に己一人生ありと思ふべし。天を師とし、神明を友として見時、外、人によるの心なし。かくのごとくなれば、內固して奪ふべからず。外和してとがむべからず。」(同、卷九)

　「內に向ふ」ことは天を師とし、神明を友としてみることであるが、彼はより端的に「太虛」(宇宙)を心とすることであると言明した。

「仁者は太虛を心とす。天地・万物・山水・河海みな我有なり。春夏秋冬・幽明晝夜・風雷雨露霜雪、みなわが行なり。」(同、卷四)

　太虛とは宇宙のことであるから、宇宙を心とすることは、心が宇宙そのものになり、それと一体化することである。今日の課題で言えばその人が地球の生態系そのものになり切ることである。とすれば破壊されつつあるその傷も痛みも分かると言うことになる。蕃山は內に向うことによって天(自然)と一体となった。彼の實心實學は天人型實心實學にまで自らを高めたと言えよう。

　3）三浦梅園の誠の重視

　三浦梅園(一七二三~一七八九)は實心なり實學という言葉を使っていない。しかし天道としての誠を人間を作り上げる重要な要素としたので、その學は實心實學である。彼は人間を二つの要素(側面)の統一と見た。人道を發揮して人と爲る要素と天道に順(したが)って人と成る要素の統一である。

　「人は人道を以てせざれば則ち人を爲すこと能はず、我の以て修を貴ぶ所なり。

　人は天道に順はざれば則ち人を成すこと能はず、道の以て人より貴き所なり。

　故にそれ忠と曰ひ、實と曰ひ、眞と曰ひ、諒と曰ふ、皆誠を盡して天に則るなり。

　礼と曰ひ、文と曰ひ、敎と曰ひ、學と曰ふ、皆修を以て人を爲すなり。

　是を以て礼文は以て人を修め、誠實は以て人を成す。」(人不以人道則不能爲人、我之所以貴修也。人不順天道則不能成人、道之所以貴于人也。故其曰忠、曰實、曰眞、曰諒、皆盡誠而則天也。曰礼、曰文、曰敎、曰學、皆以修而爲人也。是以礼文以修人、誠實以成人。)(『贅語』善惡帙、誠僞第六)

　人道を以て人と爲る側面とは、敎育や學問、制度や文化、芸術や技術などを驅使して人を作り上げていく面で、人間の能動性の發揮の側面である。

　天道に順(したが)って人と成る側面とは何か。それによって誠實が形成されると言う。私は長い間この側面が何を意味するのか分からなかった。現代人はこの側面が全く分からなくなっていると思う。十年以上かけて漸く分かってきたことは、あるがままの自己存在、生物としての、生命としての存在である。医學が對象とする人間のからだの仕組みや機能がこの側面である。また眞實に忠實である人間の身体的精神的はたらきや機能がこの側面である。總じて、自然(天)の存在と營みの偉大さの側面とその認識である。4)

そして驚くべきことに、前者の人間の能動性の側面よりは後者の眞實に忠實な誠實さの方がより尊いと梅園は言うのである。「道(天道、誠の事—小川)の人より貴き所なり」と。

「人造は則ち理先んず、天造は則ち氣先んず」と人間の能動性を高く評価した梅園であるが、その能動性よりも天地万物を貫く天道としての誠(偽りのなさ)の方が尊いと言うのである。梅園を實心(誠)を重んじた實心實學者と言う所以である。

4) 洪大容の眞實の本領

梅園と同時代の朝鮮に東アジア最高の宇宙無限論を展開した天文學者洪大容(一七三一～一七八三)がいた。その宇宙無限論を展開した『毉山問答』という作品だけでその名は不朽であるが、天文學者、數學者であった彼が實心を極めて重んじた實學者であった所が非凡である。

「人生窮達、自ら定命あり。兼善獨善、隨處に分を盡す。吾が儒の實學、自來此の如し。

必ず門を開き徒に授け、己に異なるものを排闢し、陰かに勝心を逞しうして、傲然と惟我獨存の意ある者の若き、近世道學の矩度、誠に甚だ厭ふべし。惟だそれ實心實事日々に實地を踏む、先ず此の眞實の本領ありて、然る後凡そ主敬致知修己治人の術、方に措置ありて虛影に歸さず。」(人生窮達、自有定命、兼善獨善、隨處盡分。吾儒實學、自來如此。若必開門授徒、排闢異己、陰逞勝心、傲然有惟我獨存之意者、近世道學矩度、誠甚可厭。惟

---

4) 拙稿「實學における實心とは何か」『「實心實學思想と國民文化の形成」論文集』所收、2006年10月二松學舍大學東アジア學術總合研究所發行。

其實心實事日踏實地、先有此眞實本領、然後凡主敬致知修己治人之術、方有措置而不歸於虛影。)（『湛軒書』杭伝尺牘、答朱朗齋文藻書）

　「此等の人（李土亭、趙憲—小川）成就此の如し。皆それ實心を以て實學するなり（實心實學を以てするなり）。苟に實踐せずして徒らに空言に務むれば則ち当時その業を成す所なし、後世その名を垂るる所なし。いはゆる學に非ざるなり。」（此等人（李土亭、趙憲—小川）成就如此、皆以其實心實學也。苟不實踐而徒務空言則当時無所成其業、後世無所垂其名、非所謂學也。)（同、桂坊日記）

　實心を以て實事に從事し、しかも日々實地を踏むと言う態度が眞實の本領とされ、何事を成すにも大前提とされた。實心實事日々實地を踏むと言う態度こそ眞實を重んずる實學の態度として申し分ない。實心實學という規定まで登場する。党派的排他的な道學＝朱子學を嚴しく批判した中での實心實學は、十八世紀の東アジアが生み出した最高のものとして、實心實學という言葉を使っていない三浦梅園の實心實學と並ぶ双璧である。

四、結語

　私の東アジア前近代思想への強烈な關心は、西洋コンプレックスに根ざしたものであった。西洋と同質の科學的批判的精神の持ち主を探すためであった。幸い、十八世紀日本の三浦梅園と同じく十八世紀朝鮮の洪大容と出會うことができた。洪大容の宇宙無限論に魅せられて三十年前に韓國に留學し、朝鮮儒學を介して、儒學の代名詞としての近代以前の實學と出會うことになった。一九八〇年代に入り、もう一つの重大な契機と出會うことになった。地球の生態系破壊と言う大問題である。この問題を契機に西洋は科學・技術に優れていると言う意識も相對化され、逆に地球の生態系を救うために近代以前の持つ新たな價値への關心が生まれた。三浦梅園の隨筆『誠といふ

の說」との出會いは「誠者天之道也、誠之者人之道也」という『中庸』の規定
が、植物の論理であり、農業の論理であり、前近代の自然觀として根據のあ
るふさわしいものであることに氣づかされた。誠という概念は人間臭い倫理
的心情的規定と思っていたが、僞りを言わない「信」に對して、僞りがないと
いう「誠」ははるかに巨大であって、自然の法則にふさわしい規定であると納
得した。東アジア前近代の實學は修己治人の學である儒學の代名詞であった
が、東アジアの自然哲學者たちは老莊思想の影響を受けた氣の哲學者たちで
あり、儒教の枠を打ち破っていた。三浦梅園や洪大容はこのタイプの實心實
學者であり、彼らの實心實學は天人型實心實學と規定された。儒教型實心實
學である修己治人型も大切である。修己の營みは未來永劫重要であるからで
ある。しかし現代人たちは科學・技術を不可欠とする。この現代人たちの實
學に實心を取り戻すには、天人型實心實學、科學者・自然哲學者の實心實學
がよりふさわしい。具体的人物で言えば三浦梅園や洪大容である。

　昨年までに私が到達した實學の探求は以上のようなものであった。地球
の生態系を守るための實學は、天人型實心實學で、そのモデルは三浦梅園と
洪大容である。これを私は自信を持って東アジア世界に、また全世界に提示
したい。

　しかし今年に入って小さくない一つの發見があった。二十世紀の朝鮮・
韓國に實心實學を實踐した優れた模範があったのである。安昌浩(一八六八~
一九三八)、李昇薰(一八六四~一九三〇)、柳永模(一八九〇~一九八一)のそれ
である。これらの人々は德育、体育、知育三拍子揃った人間作りを提唱し、
自ら實踐した。德育を最重要視したところが最も注目に值するところであ
る。これまさしく實心の重視である。彼らの人間作りが近現代における實心
實學の實踐であることに多大な感銘を受けた。安昌浩でいえば、彼は情誼と
言うものを一番大事にした。

　彼ら三人に共通するのは儒教を土台にしながら、キリスト教徒になった
ことである。安昌浩は愛の不足を一貫して説いた。彼らの實心の中にキリス

ト教の隣人愛が入ってきたことが實心實學の新しい要素であり、形態である。

　安昌浩ら三人の實踐例の確認は、實心實學が主に近代以前の實學という歴史性を持ちながら、近代以後にもそれを實踐した人々がいたことで、實心實學を現代に實踐して行く上でとても貴重で心強い先驅である。現代における實心實學の實踐は何もこの形(クリスチャン型)が模範と言う意味ではないが、日本の朝鮮支配にひるまず、堂々と進められたことに感銘を受ける。彼ら三人の研究も併せ行って行きたい。

실천 윤리학과 실학
: 도덕수양에 대한 다산의 접근

Don Baker | University of British Columbia

　실학[silhak]이라는 용어가 조선후기 사상계의 몇 가지 흥미로운 흐름에 적용되기 시작한 지 70년 이상이 되었다. 그러나 여전히 실학이 정확히 무엇을 의미하는 것인지에 대한 명확한 합의점은 없다. 예를 들면 신유학에 대한 실학의 관계는, 실학이 신유학에 반대하여 일어난 것인지 아니면 단순히 신유학의 다양한 형태 중 하나로 보아야 할 것인지 여전히 논쟁중이다. 몇 년 전에 발행된 한 저서, 『다시 실학이란 무엇인가』에는 실학과 신유학이 전혀 다른 것이라고 주장하는 세 학자들이 쓴 세 개의 장이 있다. 그리고 이와 다른 또 다른 세 명이 쓴 세 개의 장은 실학이 넓게 정의한 신유학의 다양한 형태 중의 하나로 가장 잘 이해된다고 주장했다.[1]

　실학에 대한 학술적 문헌들을 한 번 조사해보면 왜 그러한 혼란이 있는지 드러난다. 실학자로 서술된 사람들의 수와 범위가 너무 광범위해서 그 용어가 정확하게 무엇을 지칭하는 것인지 확인하기 어렵다. 예를 들면 1975년에 발행된 실학에 대한 포괄적 연구에는 실학 사상가로서 29명이 수록되었다. 그 리스트는 천주교 작품에서 유용한 점들을 발견한 것으로 보이는 이익과 정약용뿐만 아니라, 매섭게 천주교를 반대한 신후담과 안정복을 포함한다. 리스트는 또한 중국의 유럽 선교사의 종교적 신념이 진지한 토론과는 대체로 상관이 없고 거의 가치도 없음을 알았던 홍대용과 박지원도 포함한다. '실학파'로 상정된 사람들에 대해 의견일치를 보지 못하는 것은 천주교뿐만이 아니다. 실학이란 명칭은 상업 활동을 증진시키고자 했으며 심지어 청 왕조에서 최신 과학기술을 수입하기를 원했던 박제가와 같은 사람뿐 아니라, 조선 사회와 경제에 농업의 특징을 유지하고자 했던 유형원 같은 사람들에게도 적용된다.[2]

---

1) 한영우 외(2007), 『다시 실학이란 무엇인가』, 푸른역사.
2) 이을호 박사 정년기념 실학 논총 간행 위원회 편(1975), 『이을호 박사 정년

지난 20년 이상 실학이라는 용어는 점점 더 포괄적으로 성장해 왔다. 실학박물관 웹 페이지에는 경기도의 실학자로 서술된 50명의 명단이 있다. 그 리스트는 신유학의 대안으로 왕양명을 선양해 가장 잘 알려진 정제두와 유교 고전에 대한 자신의 독창적인 주석으로 명성(당시에는 악명이었지만)을 얻었던 박세당 같은 사람을 포함한다. 그 명단은 풍수에 대한 강한 신념이 기입된 조선의 인문지리로 유명한 이중환뿐만 아니라 19세기 조선에 전통 한의학의 변종을 소개했던 이제마도 포함한다.[3] 이 명단에 오른 사람들은 조선의 엘리트 식자층이라는 것 이외에는 서로 간에 많은 공통점을 가지지 않았을 뿐만 아니라, 서로 다른 사람의 작품을 많이 읽었던 것 같지도 않다. 당시 조선의 학자들은 우선 같은 당파 구성원의 작품을 읽곤 했지만, 실학파로 상정된 사람들은 당파의 경계를 넘나들었다[4]. 예를 들어 정약용은 이익과 유형원의 작품을 읽었지만, 그가 홍대용과 박지원의 작품에 아주 친숙했다는 증거는 없다. 더욱이 정제두나 박제가의 주석이 다산의 유교 고전 읽기 방식에 영향을 주었다는 어떤 증거도 없다.

실학이라는 표식을 적용하는 방법에 정확성이 결여되어 있음에도 불구하고 실학이라는 용어가 가리키는 포괄적인 윤곽에는 일반적인 동의가 존재한다. 한 학자가 최근에 언급했듯이, 이 용어는 보통 조선후기에 새로이 나타나는 사상경향, 즉 18세기 사회모순이 깊어지면서 추상적인 문제에 대한 논쟁보다 구체적인 사회현실에 관심을 두고 이를 개혁해 보려고 했던 근대지향적이고 민족적인 사상경향을 의미한다고 볼 수 있다.[5] 하지만 그 정의에도 문제가 있다. 정의가 너무 광범위해서 근대지

기념 실학 논총』, 전남대학교 출판부.

3) www.silhakmuseum.or.kr 2009년 9월 12일에 이용.

4) 문맥상으로 '실학자들은 자기 당파의 글을 우선 읽고 당파의 경계를 넘은 것 같지는 않다'로 되어야 다음 문장과 호응이 될 터인데, 원문이 긍정문으로 되어 있어 그대로 번역했다.

5) 고영진(2008), 「성리학과 실학」『새로운 한국사 길잡이』, 한국사연구회 편,

향 혹은 민족지향이 무엇을 의미하는지 명확히 하는 데 실패했을 뿐 아
니라, 실학파로 상정한 대다수의 인물들이 유교 경전을 정확히 설명하
는 데 자신의 저작 대부분을 바치고 있으며(보통 주희가 중요성을 부각시킨 四
書에 초점을 맞추고 있다) 예禮에 관한 문제를 토론했다는 사실을 무시하고
있다. 실학자의 대부분은 또 『역경易經』에 관한 광범위한 글을 썼으며
리理, 기氣, 인성人性과 심성心性 등 모두 핵심적인 성리학의 형이상학 개
념에 대한 긴 토론에도 관여했었다. 그러므로 실학자들이 추상적인 철
학문제보다 구체적인 사회현실에 초점을 맞췄다고 얘기하는 것은, 그들
의 학구적 관심사의 일부분을 강조하면서 나머지를 희생시킨 가운데 실
학파의 지적 관심을 왜곡한 그림을 보여주는 것이다.

근대지향이 무엇을 의미하는지도 매우 분명하지 만은 않다. 근대성
이란 실학자들의 작품에 반영되지 않은 많은 방면에서 다른 것이다. 정
치학에서 근대성은 다스리는 사람과 그들이 다스리는 나라 사이의 명료
한 구별뿐 아니라, 헌법에 의하여 인민이 참여하는 대의제 정부를 구성
한다는 신념을 함축한다. 실학자들은 군주제 지지자이며 보통 이씨 왕
조로부터 분리되고 구분되는 별개로서의 조선에 대해서는 쓰지 않았다.
예를 들자면 나는 정부예산에서 왕족예산의 분리를 요구한 어떤 실학자
도 알지 못한다.

사회학에서 근대성은 남녀평등뿐 아니라 지리적, 사회적 이동을 의
미한다. 게다가 근대사회는 전근대사회가 했던 것보다 훨씬 더 다양한
직업을 남성과 여성에게 제공한다. 나는 실학자들이 여성을 위한 많은
고용기회 제공을 지지했거나 혹은 그들이 상인/사업가에게 현대사회에
서 누리는, 교수 이상은 아닐지라도 교수만큼이나 높은 지위를 부여하
려고 했는지의 증거를 알지 못한다.

경제학의 관점에서 근대성은 생물에너지 의존에서 비생물에너지로
이동하면서 부분적으로 박차를 가한, 산업화가 야기한 생산성의 빠른

지식산업사, 505면.

증가와 분리될 수 없다. 비록 몇몇 실학자(주로 북학파)가 조선에 더 많은 상업 활동을 증진시키고자 했지만, 그들 중 어느 누구도 생산 과정에 단지 보충이 아니라 노동력 투여를 대치할 기계의 필요성을 이야기하지 않았다. 그들 중 누구도 비생물에너지 자원이용 증진의 중요성을 인식한 것으로 보이지 않는다. 산업화와 그에 따른 비생물에너지 자원의 이용 증가가 대부분의 실학자가 살아있을 때 세계 어느 곳에서도 시작되지 않았기 때문에 미래가 가져올 것을 알지 못한 데 대해 그들을 비난할 수는 없다. 하지만 동시에 그들이 여전히 전통 경제학에 빠져 있었을 때 그들을 근대적이라고 불러서는 안 된다.

가끔 홍대용 같은 실학자들은 자연 현상에 대한 관심 때문에 칭송된다. 하지만 자연세계의 사물과 사건에 대한 경험적인 관측은 자연현상에 대한 수학적 분석과 실험 조사가 동반되지 않으면 근대적인 것으로 거의 보장받을 수 없다. 나는 과학 연구실을 가진 실학자들을 알지 못한다. 홍대용은 천문대를 가지고 있었는지도 모르겠다. 그러나 그가 관찰했던 행동을 지배하는 수학 법칙을 발견하려는 시도에 관여했다는 증거는 없다. 게다가 나는 많은 실학자들(정약용과, 어느 정도 홍대용과 박지원 같은 몇몇을 제외하고는)이 자연의 방식(天道)과 도덕 방식(人道)의 차이를 분명하게 구별했었는지 알지 못한다.[6] 그러나 그러한 구별은 근대 과학을 정의하는 자연의 객관적 탐구에 필수적이다.

마지막으로 나는 전근대 조선의 공동체 지향에서 근대사회를 특징짓는 개인으로의 상당한 전환이 있었는지 찾아내지 못했다. 어떤 실학자도 등장인물의 내면심리를 탐구하는 근대소설의 의미에서 진정한 근대소설을 창작하지 못했다. 어떤 실학자도 한 사람당 한 투표권, 또는 개인의 권리에 기초한 정부를 제안하지 않았다. 그리고 내가 알고 있는 한

---

6) 이러한 예외에 대해 토론한 것으로는 필자의 글(2007년 8월), 「근대성의 씨앗: 조선 유교사회의 예수회 자연철학」, 環태평양 보고서, 샌프란시스코 環태평양 센터, no.48, 1~16면.

예외(정약용)를 제외하고는, 어떠한 실학자도 도덕 실천의 근저에 자유의지, 즉 개인의 자유 선택을 위치시킬 만큼 진지하게 도덕수양에서 개인의 역할을 숙고하지 못하였다.

실학자들의 민족주의 성향이라 여겨지는 것에 대해 말하자면, 실학자들은 조선이 서양 야만족과도 동등할 뿐 아니라 중국과도 동등한 국제사회의 일원으로 인정받아야 한다고 주장하지 않았다. 또한 근대 민족주의의 또 다른 특징, 즉 한 정체政體로서 살아남기 위해서는 필요하다면 한 국가의 문화를 변형시키려고 한 자발적 의지도 보지 못했다. 실학자들이 그들은 한국인이며 중국인이나 일본인이 아니라는 것을 알고 있음을 보여준 것은 사실이다. 그러나 한국인들은 오랫동안 자신이 한국인임을 깨닫고 있었다. 우리가 한국적인 것의 독특함을 인식했기 때문에 실학자들을 민족적이라고 한다면, 우리는 한글을 창제했으므로 세종대왕도 민족적이라고 불러야 하며, 고대 삼국의 역사를 쓴 김부식까지도 민족적이라 해야 할 것이다. 그러나 만약 민족적 성향이라는 용어를 그렇게 넓게 적용한다면 그것은 진정한 묘사력을 갖지 못할 것이다.

실학자들에게 적용된 광범위한 특성과 관련해 내가 본 문제에도 불구하고, 나는 조선 왕조 후기의 지적 삶에 흥미로운 것들이 없다고 주장하는 것은 아니다. 이와는 전혀 반대로 내가 주장하는 것은 우리가 사용하는 언어를 명백히 해야 17세기·18세기·19세기 초반의 조선이 과연 어떠했는지 정확하게 집어낼 수 있다는 점이다. 그 작업은 이 시대를 흥미롭게 할 뿐 아니라 어떻게 한국이 20세기 근대로 전환하게 되었는지 이해할 수 있도록 해준다.

예를 들어 1600년 이후로 학자들이 쓸 수 있는 영역이 확대되는 것을 볼 수 있는데, 그러한 학자들을 여전히 존경할 만한 학자로 보아야 한다고 말하더라도 과장은 아닐 것이다. 이수광의 『지봉유설』, 유몽인의 『어우야담』, 이익의 『성호사설』과 같은 작품에서 볼 수 있는 광범위한 주제는, 그 작품 속에 근대 초기의 유럽 백과전서파에서 보이는 종류와 같은,

모든 인간의 지식을 조직적인 작업틀 속에 담으려는 시도를 볼 수 없다는 점만 제외한다면, 거의 백과사전적이라 부를 수도 있을 정도다. 다산 정약용의 저작이 포괄하는 수많은 다른 주제들을 체계적인 작업틀 안에 조직화하려는 어떤 시도도 볼 수 없었다. 그럼에도 조선의 이전 연구와는 다른 변화를 볼 수 있다. 1600년 이후 조선 학자들은 이전 세대의 학자들이 토론하는 데 있어 격이 좀 떨어진다고 느꼈던 문제들, 예컨대 역법이나 기술(테크놀로지) 같은 주제를 기꺼이 다루려고 했다. 이러한 많은 문제들이 일상생활과 관련이 있었기 때문에, 그렇게 광범위한 관심사를 보여준 학자들을 실학자[practical learning scholars]라고 부르는 것은 정당한 일이다.

　또한 한국적인 것에 대한 관심이 자라고 있음도 볼 수 있다. 안정복의 『동사강목』, 한치윤의 『해동역사』와 같은 사찬사서私撰史書의 편찬에서 그러한 것을 본다. 18세기에 최초로 『청구영언』이라는 선집으로 시조時調 속요俗謠가 출판됐다는 사실도 언급해야 한다. 물론 한국 최초의 인문지리서라 할 이중환의 『택리지』도 있다. 이 시기에 민족주의를 말하기에는 너무 이르지만 한국의식이 부상하고 있음은 또렷이 알 수 있다. 자신이 살아온 나라의 역사와 문화에 대해 더 많이 쓰기 시작했으므로, 그러한 한국적인 것에 대한 관심을 실학[practical learning]의 한 예例로 불러도 정당할 것이다.

　또한 몇몇 학자 가운데 기술에 대한 관심이 자라고 있었다. 다산이 화성 성벽을 쌓으면서 이용한 기중기에서, 홍대용이 천문관측 기구에 매혹된 사실에서, 박제가가 『북학의』에서 한 여러 제안들에서 그러한 것을 알 수 있다. 이러한 기술은 어떤 구체적인 실제 목표를 이뤘을 때 그 유용성 때문에 찬탄 받았기 때문에, 그러한 기술을 채택하는데 관심을 보였던 사람들도 실학자[practical learning scholars]라고 부를 수 있을 것이다.

　조선 후기에는 또 유형원의 『반계수록』과 다산의 『목민심서』, 『경세유표』, 『흠흠신서』에서 볼 수 있듯 경세經世에 대한 부정할 수 없는 관심

의 증가가 있었다. 하지만 이것은 정부와 행정에 관련된 중요한 문제에
대한 원시 유교적 관심의 부활 이상의 새로운 경향으로 보기는 어렵다.
다만 그들이 하는 일이 명백히 주류 유교의 행동반경 내에 있다는 점을
이해하는 한, 그러한 작품의 작가도 실학자(practical learning scholars)라고 부를
수는 있을 것이다.

물론 1600년 이후 조선학계에 몇 가지 흥미로운 발전이 있었음을 인
정한다면 그러한 발전에 대해 설명해야 할 것이다. 몇 가지 가능한 설명
을 해 보도록 하겠다.

첫째, 17세기 전반 중국에서 만주족의 성장은 아마도 많은 조선 사람
들에게 한국적인 것보다 중국적인 것들을 더 선호했던 이전 성향을 수
정하고, 대신 자신의 나라, 자신의 관습, 자신의 역사, 자신의 지리를 좀
더 가까이 보기 시작하도록 자극하였던 듯하다. 더욱이 17세기 경 조선
인들은 신유학을 자신의 것으로 만들었다. 많은 조선인이 보기에 그것
은 더 이상 중국에서 빌려온 것이 아니었으며 따라서 변함없이 유지해
야 하는 것이었다. 대신 이제 새로운 방향으로 수정하거나 추진하는데
자유로움을 느꼈다. 조선학계가 실용적으로 전환하는 데 또 다른 자극
을 주었다고 자주 언급되는 것이 서학과의 접촉이다. 조선학계가 조우
한 서학이 근대 서양 학문은 아니었지만, 그것은 서학에 직면한 사람들
에게 과학기술의 중요성과 지구의 상태, 우주의 본질, 그리고 심지어 인
간사와 초자연적 존재의 관계에 대한 기본 가정 몇 가지를 재고하도록
자극할 만큼 매우 다른 것이었다. 또한 인구증가의 역할 그리고 농업 경
제를 짓누르면서 몇몇 학자들이 사회 경제 정치적 이슈에 대한 전통적
유교의 관심으로 귀환하도록 영향을 준 그 압력에 대해서도 소홀히 다
룰 수 없다. 마지막으로 실용 학문의 등장에 있어 당파 간의 싸움에도
얼마간 공을 돌려야 할 것이다. 소수의 매우 지적인 학자들은 그들이 속
한 당파의 표식이 정부 관료가 되는 것을 막고 있었기 때문에 그들이 자
신의 시간을 마음대로 사용할 수 있음을 알게 되었다. 양반으로서 그들

은 자신들의 자유로운 시간을, 사업에 쓰거나 개인적으로 자신의 땅을 경작하는 데조차 쓸 수 없었다. 그래서 그들은 읽고 쓰는 데 몰두했으며 광범위한 읽기와 쓰기 과정에서 조선왕조 전기에는 많은 관심을 끌지 못했던 주제들에 더욱 관심을 가지게 되었다.

조선후기 지성사에 탐구할 만한 가치가 있는 특징들이 있음은 아주 명백하다. 이러한 특징들의 많은 면을 실학의 예증이라고 부르는 것은 정당하다. 그러나 실학파라 불리는 많은 사람들의 관심사가 광범위한 분야에서 다르기 때문에 그들이 한 가지 사상 유파에 속한다고 보기는 어렵다. 많은 차이점을 무시한다면야 그렇게 할 수 있겠지만 말이다.

그렇게 하기보다 나는 실학자[practical learning scholar]로 널리 인정받는 한 사람에 대해 토론하고 싶다. 다산이 실학 사상가[silhak thinker]라는 것에 대해서는 모두 동의한다. 사실 그는 보통 탁월한 실학자로 불린다. 그러나 정확히 무엇이 그를 실학 사상가로 만드는가에 대해 많은 의견 차이가 있다. 그가 더 균등한 농지분배를 제안해서인가? 아니면 그가 더 나은 과학기술과 많은 상업 활동을 통해 조선의 경제 증진을 옹호했기 때문에 실학 사상가인가? 오행五行 풍수風水에 대한 회의적인 태도에서 그는 실학정신을 예증했는가? 아니면 그는 구체적인 자연현상의 토대에 자연 세계에 대한 전통적 성리학의 사변성을 놓으면서 그의 실학적 접근 방식을 보여준 것일까? 그는 일반 공중에게 더 책임지는 정부를 요구했기에 실학자라는 표식을 얻은 것인가? 또는 그는 개혁을 수행하기 위해 국왕에게 많은 힘을 주기를 원했기 때문에 실학의 정치철학자[silhak political philosopher]였던가? 그가 신유학의 형이상학을 해체해 조선을 포스트 유학 사회로 이동시키기 위해 노력했기 때문에 실학 사상가였던가? 그는 공자와 맹자의 정통유교를 부활시키기 위해 노력했기 때문에 실학 사상가였던가? 그는 신학사상을 포함해 서양사상에 개방적이었기 때문에 실학 사상가였던가? 또는 그는 토착요소로부터 새로운 유교철학을 건설하는, 유교를 한국화하기 위해서 노력했기 때문에 실학 사상가였던가?[7)]

실학 철학자(silhak philosopher)로서 다산의 지위를 만든 대부분의 주장은 그의 경세적인 글과 유가 경전에 대한 주석에 초점을 맞추고 있다. 한국 사의 선배 윤리철학자들의 윤리 관점보다 그의 윤리관점 역시 좀 더 실용적이고 적응가능하며 현실적인 것으로서 이해될 수 있는지에 대해서 는 거의 주의를 기울이지 않았다.[8] 나는 다산학의 그 틈으로 들어가 윤리학과 도덕, 어떻게 도덕적 인간이 되는가에 대해 그가 말해야만 했던 것에 좀 더 주의를 기울여야 한다고 제안하고자 한다. 나는 인간의 조건 에 대해, 도덕적인 것의 의미에 대해, 인간이 진정 어떻게 도덕적 인간으로 변모할 수 있는가에 대해 다산이 비상하게 현실적이고 실용적으로 접근했음을 논의할 것이다.

그러나 그전에 먼저 다산이 태어난 시대의 윤리환경에 대해 설명해야 한다. 주지하다시피 다산은 유교시대에 살았다. 성리학을 포함해 유교는 그 중심에 윤리철학이 놓여 있다. 성리학의 윤리학은 인간중심적이며 인간 관계적이다. 그것이 유대교, 기독교, 이슬람교의 아브라함 전통이 널리 보급된 윤리학과는 매우 다른 윤리학을 만들었다.

그러한 서구전통에는 인간의 첫 번째 의무는 하나님에 대한 것으로 유일한 지고至高의 존재가 있음을 인식하고, 그 존재를 지고한 존재로서 경애하며 그의 명령에 복종하는 것이다. 유교 윤리학은 그 대신 상호 의무를 지닌 계급사회 안에서 인간이 어떻게 서로 상호작용하는지에 대해

---

7) 최근 다산이 조명된, 다양한 주제에 대한 좋은 연구를 보려면,『다산과 현대』 창간호의 앞 세 논문을 볼 것. 11-111면. 문학가로서 다산을 조명한 박무영의 논문, 어떻게 역사 속에서 다산의 위치가 해석돼 왔는가에 대한 김문식의 논문, 자연계에 대한 다산의 접근이 어떻게 평가되는가에 대한 구만옥의 논문.

8) 내 말은 다산의 윤리 철학이 가진 실용적 차원이 무시돼 왔다는 것을 암시하려는 의도가 아니다. 장승희((2005)의『다산 윤리사상 연구』(경인문화사)는, 장승구(2000)가『한국학 리뷰The Review of Korean Studies』4권에 실린「윤리학에 대한 다산의 실용적 관점」에서 한 것처럼, 윤리에 관련된 다산의 글을 분명히 실학 진영 안에 위치시키고 있다.

초점을 맞췄다. 신의 명령에 대한 복종 대신 유학자들은 훌륭한/상층의 인간에 대한 충忠과 부모에 대한 효孝 같은 덕德을 강조했다. 궁극적으로 유학자들의 덕 이해에 맞추어 도덕적 인간이 되는 것은 한 개인의 이익 대신 항상 공공선公共善을 마음에 두고 생각하고 행동하는 것을 의미한 다. 그것은 또한 가능하다면 한 개인의 이익보다 공공선을 증진시키는 방법으로 공공의 장場에서 행동하는 것을 의미한다.

바꿔 말하면 성리학은 도덕적 의도를 계발시키고 도덕적인 행동을 증진시키는 실용적인 핵을 지녔다. 예禮에 대한 성리학의 관심에서 실용 적인 지향을 볼 수 있는데, 예에는 두 가지 목적이 있기 때문이다. 첫째, 예는 사람 간의 관계에 안내를 제공하는 방법이다. 그러므로 관계가 매 끄럽게 진행된다. 둘째, 개인적 요구와 필요에 대한 고려를 그만두고 그 대신에 예 참가자들이 그 예에서 자신의 적절한 역할을 명백히 수행하 도록 하는 방법이기도 하다. 그 예는 같은 위치에 있는 어떠한 사람도 개인적인 선호에 상관없이 똑같은 방법으로 수행해야 하는 것이다. 예 는 집단이 알맞게 방향을 잡도록 계발시키는 방법이었다.

이것이 교육받은 엘리트 양반계급의 윤리학 개념이었다. 그러나 조 선에서는 인간중심적 윤리지향에 신神 중심적 요소가 더해진다. 샤머니 즘과 대중불교를 포함한 민간신앙에서 선인善人은 동료 인간뿐 아니라 부처와 보살, 무당 만신전의 다양한 신과 귀신과 같은 초자연적인 존재 와도 적절하게 잘 지내는 사람이다. 그러나 귀신에 대한 책무가 살아있 는 인간에 대한 책무보다 앞서지는 않는다. 사실 귀신은 사람들의 사회 적 책무를 강화하고, 만약 사람들이 귀신에게 알맞은 존경을 보여주지 않으면서 또한 동료 인간들과 적절하게 행동하는 데에도 실패한다면 사 람들에게 벌을 준다고 믿어졌다.

유일신이나 신들보다 인간을 우위에 두는 사고는 근대 이전 한국의 윤리지향을 그 당시 서양에 지배적이었던 윤리지향과 전혀 다르도록 만 들었다. 다산 당시의 조선에서도 늘 알맞게 행동해야 하는 인간의 잠재성에 대해 달리 가정하고 있었다. 유대교-기독교-이슬람교 전통은 인간이 기본적으로 죄인이라고 가정한다. 우리는 신의 명령에 복종하기보다는 우리 자신의 소망, 예를 들면 개인의 쾌락을 따르고자 하는 자연스러운 강렬한 성향을 가지고 있다. 이러한 타고난 인간의 도덕적 나약함을 극복할 수 있는 유일한 방법은 신에게 자신의 기본 본성을 극복할 수 있도록 도움을 얻는 것이다. 반면 근대이전의 한국인들은 인간의 완벽함을 믿으려고 했다. 성리학자들과 철학에 경도된 불교도 모두 인간의 기본 본성이 선하다는 것을 믿으며, 아주 열심히 노력하기만 한다면 우리가 계발해 온 어떤 도덕적인 나약함도 극복해 우리가 속한 어떤 상황 속에서도 적절하게 행동할 수 있다고 보았다. 그들이 눈앞에서 매일 보는, 인간은 늘상 적절하지 않게 행동한다는 증거조차 그들의 도덕적 낙관론을 그만두게 하지는 못했다. 민중문화 속에서는 인간의 완벽함에 대한 신념이 명백하게 나타나지는 않는다. 그럼에도 불구하고 교육받지 못한 사람들조차 그들이 필요로 하는 특별한 어떤 것, 건강과 부와 같은 것을 얻을 때 신에게 좀 더 도덕적인 사람이 되도록 도와달라고 하기보다는 초자연적인 도움을 추구하는 데 좀 더 경도되었던 것으로 보인다.

조선 사람들이 도덕적 인간이 될 수 있는 내적 능력을 갖고 있음을 믿었다 하더라도 그들은 보통 그렇게 되는 데 실패했다는 것을 알고 있었다. 그러므로 그 목표를 성취하도록 도와줄 것이라고 믿는 어떤 기술과 관계를 맺었다. 성리학자들과 철학적인 불교도들은 이기심과 무지가 적절하지 않은 행동의 원인이라고 믿었기 때문에, 그들은 자기중심적인 생각을 잠재우고 궁극적으로는 그것을 완전히 제거하기 위한 목적으로 명상에 잠겼다. 또한 성리학자과 철학적인 불교도 모두 도덕적 인간이 되도록 하는 자기 수양에 유용한 충고를 준다고 믿었던 경전을 연구하였다. 그리고 그들은 개인 관심사를 없애고 대신 더 큰 공동체의 한 구성원으로서 행동하도록 요구한 예禮를 실천했다.

농부와 어부들은 명상에 참여하는 이가 적었던 것 같다. 대신 알맞은 행동을 하기 위해 그들은 알맞은 행동규칙을 배워 그에 맞게 행동하려고 노력하였다. 그러한 규칙은 인간과 초자연적인 존재 사이의 상호작용을 지배하는 규칙뿐 아니라 인간 공동체 안의 사람 사이의 상호작용 규칙을 포함한다. 물론 그것은 또한 조상숭배 제례祭禮를 지배하는 규칙도 포함하였는데, 그 규칙은 학식 있는 성리학자에게는 좀 더 중요했다.

이것이 다산이 태어나고 자란 사회의 윤리 문화이다. 그러나 다산은 그것이 자신이 선호했던 이성적인, 현실적인 혹은 실용적인 것이라고는 보지 않았다.

하지만 다산은 도덕성이 초자연적인 존재와 상호작용하기보다는 인간간의 상호 작용이라는 견지에서 정의된다는 점에는 동의했다. 『대학』의 지선至善이라는 말에 대한 설명에서 다산은 지선至善은 사람 사이의 알맞은 상호작용을 가리킨다고 주장했다.9) 다산에게는, 자신 이전의 유학자들과 마찬가지로, 오늘날 도덕이라고 번역하는 인륜人倫이라는 핵심어가 각각 사람과 관계를 뜻하는 한문 두 글자로 이루어졌다는 사실이 중요했다. 그러므로 그는 도덕을 인간관계와 떼어 놓고 생각할 수 없었다.

몇 페이지 뒤에 『대학』에 대한 같은 주석에서 다산은 도덕적 선악善惡은 오직 인간간의 상호작용 맥락에서 이해될 수 있다고 되풀이하면서, 지적하기를, 그것이 바로 유학의 최고 덕목인 인(仁 - 가끔 인간다움humanity으로 번역된다)이라는 한자가 둘(二)이라는 한자와 사람(人)이라는 한자를 결합해 만들어진 이유라고 하였다. 인仁이란 덕은 자식이 부모를 진실한 효孝로 섬기고, 아우가 형을 공경으로 대하며, 부모가 자식을 사랑으로 키우는 것 외에 아무 것도 아니라고 다산은 말했다.10) 모든 경우 '인仁'은 한 인간이 다른 인간과 관계를 맺는 것이다.

이것이 다산이 동료 성리학자들과 공유했던 매우 구체적이고 실질적

---

9) 정약용, 『여유당전서』 II, 『大學公議』, I :13.
10) 『大學公議』, I :40a.

인 윤리학의 개념이었다. 그러나 그는 더 나아가 자신이 선호하는 특정
하고 구체적인 것을 좀 더 추상적인 몇 가지 유교 가치에 적용하기 시작
했다. 사람 사이의 상호작용을 지배하는 그 가치들에 공통되며 기저가
되는 것은 존경과 공경의 태도이다. 존경과 공경은 항상 그러한 존경과
공경의 대상을 지시한다. 그것은 하늘[天]에 대한 공경일 수도 있고, 지배
자에 대한 공경일 수도 있으며, 어른에 대한 공경일 수도 있고, 형에 대
한 공경일 수도 있으며, 어른에 대한 공경일 수도 있고, 존경으로 상대를
대하거나 또는 존경하는 태도를 유지하면서 가까이에 있는 문제들을 다
루는 것이기도 하다. 그러나 이 모든 경우 경敬은 어떤 사람이나 사물에
대해 공경하거나 존경하는 태도를 함의한다.11) 다산은 인간이 우주의
일체성이나 가시화하기 어려운 어떤 개념에 대해 추상적인 공경을 계발
해야 한다는 생각을 거부했다. 그는 경敬이란 오늘날 (영어로) 'mindfulness'
로 번역하는,12) 일반적인 마음의 어떤 상태를 지칭한다는 주류 성리학
자들의 의견에도 동의하지 않았다. 대신 그는 경敬이 특정한 구체적 대
상에 대한 것이라면, 그 경이야말로 유일한 참된 경敬이라고 주장했다.
경敬의 구체적인 대상에 대한 이러한 주장은 그로 하여금 서양의 하느님
의 개념에 상응하는 초자연적인 존재(personality)에 대한 믿음을 갖도록 유
도했다.

　　일반적인 것보다 특정한 것을, 추상적인 것보다 구체적인 것을 더 좋
아한 다산의 선호가 신神의 존재를 믿도록 만든 유일한 이유는 아니었
다. 다산은 내가 실용신학(pragmatic theology)이라 부르는 것에 의해 또한 견
인되었는데, 이는 그가 그의 시대 성리학자들 세계에 널리 퍼졌던 인간
본성에 대한 비현실적인 이해를 거부했기 때문이었다.

　　『중용』에 대한 주석에서 다산은 인성人性에 대한 성리학의 표준적인

---

11) 『여유당전서』 II, 『孟子要義』, 2:23b.
12) mindfulness에 대해서는 마이클 칼튼(Michael Kalton)(1988), 『성현이 되다 To
　　Become a Sage』, 컬럼비아大, 187~189면을 볼 것.

이해에 도전한다. '천명지위성天命之謂性'이란 구절은 맹자가 어떻게 '인
성人性'이란 용어를 사용했는가 하는 관점에서 풀이돼야 한다고 다산은
썼다. 맹자는 그 용어를 '인욕人欲'을 의미하는 것으로, 도덕적 욕망과 육
체적 쾌락의 욕망 두 가지를 모두 의미하는 것으로 분명하게 썼다고 다
산은 말한다.13) 그는 이 두 욕망, 즉 도덕의 선한 면을 향한 욕망과 육체
적 쾌락의 좋은 점을 향한 욕망은 종종 갈등을 일으킨다고 지적한다. 예
를 들어 다산의 지적은, 만약 누군가가 뇌물로 볼 수 있는 선물을 주어
서 이것을 받는 것이 잘못임을 안다면, 우리는 선물이 줄 쾌락에 대한
욕망과 알맞게 행동해서 선물을 거절해야 하는 욕망 사이에서 분열된다
는 점이다. 마찬가지로 자신이 곤란한 상황에 빠졌음을 발견했다면 그
상황을 처리해야 한다는 것을 알면서도, 그럼에도 불구하고 우리는 그
냥 달아나 책임을 거부하려는 유혹에 빠진다는 것이다.14)

　인간은 오직 한 가지 본성을 가졌음에도 종종 갈등한다는 이런 결론
은 논리적인, 하지만 비정통적이긴 결론, 즉 인간은 태어나면서 내면의
덕성을 갖춘 것은 아니라는 지점으로 다산을 이끈다. 사실 인간은 누구
나 덕성있게 행동하지 않는 한 덕 있는 인간이라 부를 수 없다고 다산은
주장했다. 다른 사람에게 인자하게 행동한 뒤에야 인仁하다고 할 수 있
으며, 손님을 알맞은 예법으로 대한 다음에야 공경[禮]하다고 할 수 있는
것이다. 알맞게 행동한 다음에야 의롭다[義] 할 수 있으며, 옳고 그름을
판별할 줄 앎을 보여주고 그에 따라 알맞게 행동한 후에야 지혜롭다[知]
고 할 수 있다.15) 대체로 말할 수 있는 것은, 인성人性은 자연스럽게 쾌
락적인 것에 끌림과 마찬가지로 도덕적 선에도 본능적으로 이끌린다는
점이라고 다산은 주장했다.16)

---

13) 『여유당전서』, 『中庸自箴』, Ⅱ:3, 2b.
14) 『여유당전서』, 『孟子要義』, Ⅱ:6, 19a.
15) 『孟子要義』, Ⅱ:5, 22a-b.
16) 『孟子要義』, Ⅱ:5, 32a-35b.

만약 인간이 천성적으로 덕성을 가지지 않았다면, 그리고 실제 갈등하는 욕망 사이에서 분열된다면 그럼에도 불구하고 인간이 도덕적일 수 있을까. 다산은 도덕적 삶을 산다는 것이 주류 정통 유교가 믿도록 했듯이 그렇게 쉬운 것은 아니라고 하면서도, 이 물음에 긍정적으로 대답할 만큼 여전히 유교 지식인이었다. 다산은 실제로 꾸준히 옳은 일을 하고 도덕의 길을 따라 가는 것은 가파른 언덕을 오르는 것처럼 어렵고, 육체적 쾌락을 더 좋아하고 따르는 것은 가파른 언덕을 구르는 것처럼 쉽다고 지적한다.[17] 인간의 실제 성향에 대한 이와 같이 날카로운 관찰이 다산의 실질적이고 현실적인 정신을 보여주는 최고의 예이다. 다산은 인간을 바람직한 존재이기보다는 현실적인 존재로 보아야 한다고 주장했던 것이다.

그러므로 다산은, 인간이 타고난 덕을 지녔다고 말할 수 없는 다른 이유가 동물과 달리 인간에게는 옳은 일을 할 것인지 나쁜 일을 할 것인지 선택할 능력, 즉 자유 의지[自主之權]가 주어졌다는 점을 계속해서 지적하였다. 다산은 인간의 본성이 원래 선한 것인가 악한 것인가 논쟁하는 사람들은 인간의 본성이 욕망 이상 아무 것도 아니라는 사실을 모른다고 비판했다. 이 욕망이란 바로 그것을 촉진하든 무시하든, 사람이 덕을 갖는지 그렇지 않게 되는지를 결정하는 그런 욕망이다. 만약 우리가 도덕적으로 훌륭하게 되기를 갈망해 그러한 갈망에 따라 행동한다면, 덕은 높게 될 것이다. 그러나 개인적인 즐거움이나 이익을 위한 이기적 욕망이 우리 행동을 이끌도록 한다면 그때 우리는 악인이 될 것이다.

성리학자들이 주장하는 것처럼 인간이 덕을 가지고 태어났다면 적절하면서도 도덕적으로 행동하는 것은 물이 아래쪽으로 흐르고 불이 위로 타오르는 것처럼 쉬울 것이다. 그런 경우라면 덕성 있는 행동은 더 이상 어떤 성취가 되지 않을 것이다. 마을보다는 숲에 살며 자기 본성에 따라 행동하는 사슴을 칭찬하는 것 이상으로 덕을 갖춘 인간을 더 칭찬하지

---

17) 『孟子要義』, II:5, 33a.

는 않을 것이다. 그러나 하늘은 인간에게 스스로 결정할 수 있는 능력을 부여하였다. 만약 인간이 옳은 일 하기를 선택한다면 인간은 옳은 일을 할 수 있다. 그러나 만약 부도덕한 행위 하기를 좋아한다면 인간은 마찬 가지로 그러한 일을 할 수 있다. 이것이 인간이 동물과 다르게 되는 것이다. 그리고 이것이 도덕적인 삶을 사는 것이 성취가 되도록 하는 것이며, 부도덕하게 행동하는 사람을 비난하는 이유이다.[18]

우리가 천성적으로 덕성을 갖지 않았다면 어떻게 가능한 한 도덕적인 삶을 살 것이라고 확신을 갖도록 할 수 있을까. 다산의 대답은 다시 한 번 그의 실용적 성향, 정통 주류 성리학에서 이탈하려는 그의 의지를 보여준다. 그때 그는 자신의 개인적인 경험의 증거가 그러한 이탈을 정당화해 줄 것이라고 느꼈다. 그는 우리가 꾸준히 의義의 길을 고수하며 우리 자신의 이기적인 욕망을 극복하기 위해서는, 단지 선한 사람이 되려는 일반 욕망보다 좀 더 자극이 필요하다고 말한다. 누군가 우리를 보고 있어서 우리가 행동하거나 생각해서는 안 되는 어떤 것을 우리가 행동하거나 생각할 때마다 우리는 부끄러움을 느낄 필요가 있다. 우리가 행동하거나 생각하는 모든 것을 누군가 보고 있다고 스스로에게 끊임없이 상기시켜준다면, 우리는 주의 깊게 생각하고 알맞게 행동하게 되어 어떠한 행동에도 부끄러워하지 않을 것이라고 다산은 쓰고 있다. 그러나 누가 우리를 늘 어느 곳에서건 지켜볼 수 있을 것인가. 다산의 답변은 상제上帝이다.

다산이 상제上帝라고 부르는 최고의 영적靈的 존재에 대한 그의 단언은, 고대 유교 경전을 읽은 것에서 유래한다. 특히 다산은 『중용』의 다음 글에서 깊은 인상을 받았다.

君子戒愼乎其所不睹, 恐懼乎其所不聞.

---

18) 『여유당전서』 Ⅱ, 『孟子要義』, Ⅱ:5, 34b-35a.

다산은 계속해서 설명한다.

우리가 볼 수 없는 이것[其所不睹]이란 무엇인가. 실제 존재하는 것으로서의 天이다. 들을 수 없는 이것[其所不聞]이란 무엇인가. 天의 소리다. 이 구절이 의미하는 것이 무엇인지 어떻게 아는가?『중용』뒷부분에서 다음과 같은 孔子의 말을 볼 수 있기 때문이다. "영적 존재의 힘이 지극히 풍성함은 참으로 놀랍다. 그것을 보아라, 보이지 않을 것이다. 그것을 들어 보아라, 들리지 않을 것이다. 그것이 어떤 구체적인 형태로 드러나지 않는다면 아무 것도 아닐 것이다. 그것은 세상 사람들이 정화(淨化)를 위해 재계(齋戒)하도록 하며 제사에 참여하기 위해 아름다운 옷을 입도록 한다. 그것은 흘러 넘쳐 위에 있는 듯하며 왼쪽에도 오른 쪽에도 있는 듯하다."19)

우리가 볼 수도 들을 수도 없는 것은 무엇인가? 그것은 하늘 외에 다른 것이 있을 수 없다.

이 땅에 기본 욕망없이 태어난 인간은 없다. 그런 욕망을 따라 하고 싶은 어떠한 행동을 하지 못하도록 하는 것은 무엇일까. 그것은 우리의 잘못된 행동은 주목받을 것이라는 두려움 때문이다. 누가 주목하는가. 누구의 시선이 우리를 끊임없는 경계와 긴장 상태로 만드는가. 우리는 반드시 법을 집행할 책임이 있는 집행관이 있음을 알기 때문에 경계하고 긴장한다. 우리가 부도덕하게 행동한다면 우리 주인이 처벌할 수 있다는 것을 알기 때문에 불안하고 긴장한다. 우리를 보는 누군가를 생각

---

19)『중용』제16장, 찰스 뮬러Charles Muller譯.
http:www.acmuller.net/con-dao/docofmean.html 2009년 4월 23일 이용. [역자주: 영역을 다시 직역했으므로 통용되는 해석과 차이가 있을 수 있다. 원문을 제시해 둔다. 子曰: "鬼神之爲德, 其盛矣乎! 視之而弗見, 聽之而弗聞, 體物而不可遺. 使天下之人, 齊明盛服, 以承祭祀, 洋洋乎如在其上, 如在其左右."]

하지 않는다면, 우리는 모든 도덕적 책임감을 포기하고 하고 싶은 어떤 짓이라도 하려고 들지 않을까.

하지만 무엇이 우리가 자기 방에 혼자 있을 때조차 알맞게 행동하도록 하며, 우리의 생각조차 알맞은 생각이라고 확신하게 하는가? 월등한 존재가 혼자 있는 방에서조차 자신의 생각과 행동을 지켜본다고 믿는 오직 한 가지 이유는 사실이야말로 자신을 보고 있는 상제上帝의 존재를 알기 때문이다.[20]

다산은 다음 페이지에서 계속해서 덧붙인다.

> 천(天)의 신령스런 의식은 우리의 정신과 마음을 꿰뚫어 볼 수 있다. 볼 수 없는 것은 아무 것도 없다. 천(天)이 모를 것이라고 우리가 행동하거나 생각할 수 있는 것은 아무 것도 없다. 가장 용감한 사람조차도 이것을 깨달을 때 긴장하지 않을 수 없다.[21]

상제上帝의 존재에 대한 다산의 논증은 실제적인 것이다. 기독교 철학자들은 우주를 창조하고 지배하는 절대존재가 있음을 가정하지 않는다면 우리는 우주의 질서를 설명할 수 없다고, 어떻게 우주가 시작되었는지 알 수조차 없다고 주장하면서 신의 존재를 논증한다. 이들과는 달리 다산은, 만약 우리를 주목하는 어떤 신의 존재를 믿는다면 이기적인 욕망을 따르는 것보다 덕을 지향하는 성향에 따라 행동하는 더 나은 기회를 갖게 될 것이라고 간단하게 말한다. 그는 그러한 믿음이 행동과 밀접하게 관련되기 때문에 신의 존재를 믿는다. 그것은 매우 실천적인 신학神學[practical theology]이다.

이러한 실용신학[pragmatic theology]은 도덕수양, 즉 선인善人이 되는 실천적인 접근으로 이끈다. 다산은 조선의 많은 성리학자들이 좋아했던 좌

---

20) 『中庸自箴』, Ⅱ:3, 4b-5a.
21) 『中庸自箴』, Ⅱ:3, 5b.

정坐定이나 거경居敬에 참여할 필요에 대해서는 많이 쓰지 않았다. 그는 경敬에 대한 일반 태도를 개발하도록 격려하지 않았다. 대신 다산은 선한 인간이 되기 위한 가장 좋은 방법은 선한 인간처럼 행동해야 한다고 쓴다. 만약 상제上帝가 우리를 지켜보고 있음을 믿는다면 그처럼 행동할 것이다.

보통 실학자로서, 현실적이고 실천적인 사상가로서 다산에 대해 이야기할 때 정부 행정에 대한 그의 저서와 도르래와 기중기, 토지 재분배와 천연두 면역에 대한 그의 글을 언급한다. 그러나 나는 다산의 윤리철학만 고려하더라도 그를 실학자로 부를 수 있는 토대를 가질 수 있다고 이 논문에서 논의하려 하였다. 그의 현실적인 도덕심리학, 그의 구체적인 윤리처방 그리고 그의 실용신학[pragmatic theology]만으로도, 그가 세상을 떠난 지 거의 이백 년이 지난 오늘날까지도 배울 점이 있는 중요한 인물로서 그를 일급의 실학 사상가[silhak thinker of the first rank]라고 자랑스럽게 부를 수 있는 근거가 충분하다.

최경열(성균관대 한문학과 박사과정 수료) 옮김

Practical Ethics and Practical Learning
: Tasan's approach to moral cultivation

Don Baker*

It has been over 70 years since the term "silhak" began to be applied to some of the more interesting currents in the world of thought during the second half of the Chosŏn dynasty. Yet there is still no clear consensus on what precisely what "silhak" means. For example, the relationship of silhak to Neo-Confucianism, whether it arose in opposition to Neo-Confucianism or whether it should instead be seen as simply one variety of Neo-Confucianism, is still being debated. In a book published just a few years ago, Tasi silhagiran muŏsin'ga [Again, we ask what is silhak?] there were three chapters by three different individuals arguing that silhak and Neo-Confucianism were quite different, and three by another three different individuals arguing that silhak is best understood as a variety of Neo-Confucianism, broadly defined.[1]

A survey of the scholarly literature on silhak reveals why there is such confusion. The number and range of people described as silhak writers is so broad that it is difficult to ascertain exactly what that term refers to. For example, a comprehensive study of silhak published in 1975 listed 29 different men as silhak thinkers. That list includes the harsh anti-Catholics Sin Hudam and An

---

* University of British Columbia
1) Han Yŏngu, et.al, Tasi silhagiran muŏsin'ga (Seoul: p'urŭnyŏksa, 2007)

Chŏngbok, as well as Yi Ik and Chŏng Yagyong, who appear to have found useful points in Catholic writings. It also includes Hong Taeyong and Park Chiwŏn, who found the religious beliefs of European missionaries in China to be largely irrelevant and hardly worthy of serious discussion. Catholicism is not the only issue on which members of this supposed 'silhak school' disagreed. The appellation silhak is applied to those, such as Yu Hyŏngwŏn, who wanted to maintain the agrarian character of Korean society and economy as well as to those, such as Pak Chega, who wanted to promote commercial activity and even wanted to import the latest technology from Qing China.[2]

Over the last couple of decades, the term silhak has grown even more encompassing. On the webpage of the Silhak Museum, there is a list of 50 men described as the silhak scholars of Kyŏnggido. That list includes men like Chŏng Chedu, best known for promoting the alternative Neo-Confucianism of Wang Yangming, and Pak Sedang, who gained fame (and, in his day, notoriety) for his original commentaries on the Confucian Classics. It includes Yi Chema, who introduced a variant on traditional Sino-Korean medicine to Korea in the 19th century, as well as Yi Chunghwan, famous for his cultural geography of Korea that is informed by his strong belief in geomancy.[3] Not only did the men on this list not have much in common with each other, other than their membership in Chosŏn Korea's literate elite, it is unlikely that they had read much of each other's work. Korean scholars in those days tended to read the writings primarily of their fellow faction members, and the supposed silhak school crosses factional

---

2) Yi Ŭrho paksa chŏngnyŏn kinyŏm silhak nonch'ong kanhaeng wiwŏnhoe, ed. Yi Ŭrho paksa chŏngnyŏn kinyŏm silhak nonch'ong [a collection of studies of silhak in honor of Dr. Yi Ŭrho's retirement] (Kwangju: Chŏnnam University Press, 1975)

3) www.silhakmuseum.or.kr accessed September 12, 2009

boundaries. Chŏng Yagyong, for example, read the writings of Yi Ik and Yu Hyŏngwon but there is no evidence that he was very familiar with the writings of Hong Daeyong or Pak Chiwŏn. Nor is there any evidence that the commentaries of Chŏng Chedu or Pak Chega influenced the way Tasan read the Confucian Classics.

Despite the lack of precision in the way the label silhak is applied, there is general agreement over the broad outline of what that term refers to. As one scholar noted recently, "This term is usually used to mean a new trend in thought that, stimulated by worsening contradictions in society in the 18th century, focused on concrete social reality rather than abstract philosophical issues and sought to promote reform and therefore it can be said to have a modern and a "nationalistic" orientation."[4] However, there are problems with that definition. Not only is it too broad, it fails to clarify what is meant by a modern orientation or a nationalistic orientation. It also ignores the fact that the vast majority of the supposed members of the silhak school devoted much of their writing to explications of the Confucian Classics (usually focusing on the Four Books that Zhu Xi raised to importance) and discussing questions of ritual. Many of them also wrote extensively on the Book of Changes and also engaged in lengthy discussions of li, ki, human nature, and the heart-and-mind, all key Neo-Confucian metaphysical concepts. Therefore, to say that they focused on concrete social reality rather than abstract philosophical issues is to present a distorted picture of their intellectual interests, emphasizing one part of their scholarly interests at the expense of the rest.

---

4) Ko Yŏngjin, "Sŏngnihak kwa sirhak," Han' guksa yŏn' guhoe, ed. Saeroun Han'guksa kiljabi [A new guidebook to Korean history] (Seoul: Chisik sanŏpsa, 2008), p. 505.

It is also not very clear what is mean by a modern orientation. After all, modernity differs in a number of ways that are not reflected in the writings of silhak scholars. In politics, modernity implies a belief in constitutional, participatory, and representative government as well as a clear distinction between those who rule and the country they rule over. The silhak scholars were supporters of the monarchy and usually did not write about Chosŏn Korea as separate and distinct from the Yi royal family. For example, I know of no silhak scholar who called for a separation of the royal family's budget from the government's budget.

In society, modernity means geographic and social mobility, as well as gender equality. In addition, a modern society offers a much greater diversity of occupation for both men and women than does a pre-modern society. I see no evidence that silhak scholars supported greater employment opportunities for women, or that they were willing to grant businessmen a status equivalent to what they enjoy in the modern world, where they often rank as high as, if not higher than, professors.

In terms of economics, modernity can not be separated from the rapid increase in productivity that industrialization has brought, spurred in part by a shift from a reliance on animate to inanimate energy. Though a few silhak scholars wanted to promote more commercial activity in Korea (primarily the Pukhak school), none of them talked of the need for machines to replace, rather than just supplement, human input into the productive process. Nor do any of them appear to be aware of the importance of increasing the utilization of inanimate sources of energy. Since industrialization, and the accompanying rise in the utilization of inanimate sources of energy has not just begun anywhere in the world when most silhak scholars were alive, they can hardly be blamed for not being aware of what the future would bring. At the same time, however, they should not be called modern when they were still mired in the traditional economy.

Sometimes silhak scholars such as Hong Taeyong are praised for their interest in natural phenomena. However, the empirical observation of things and events in the natural world hardly qualified as modern if it is not accompanied by mathematical analysis and experimental investigation of those phenomena. I know of no silhak scholars who had a scientific laboratory. Hong Taeyong may have had an astronomical observatory but there is no evidence that he engaged in attempts to uncover the mathematical laws governing the behavior he observed. Nor am I aware of many silhak scholars (with a few exceptions such as Chŏng Yagyong and, to some extent, Hong Taeyong and Park Chiwŏn) who distinguished clearly between the way of nature and the way of morality.[5] Yet such a distinction is essential to the objective examination of nature that defines modern science.

Finally, I fail to detect much of a shift from the communitarian orientation of pre-modern Korea to the focus on the individual that characterizes the modern world. No silhak scholars produced true novels, in the sense of novels that were explorations of the inner psychology of their character. No silhak scholar proposed a government based on one person, one vote, or on individual rights. And, with one exception I know of (Chŏng Yagyong), no silhak scholar took the role of the individual in moral cultivation seriously enough to place free will, the free choice

---

5) For a discussion of those exceptions, see my "Seeds of Modernity: Jesuit natural philosophy in Confucian Korea," Pacific Rim Report (from the Center for the Pacific Rim, University of San Francisco) no. 48 (August, 2007), pp.1-16.

of the individual, at the core of moral practice.

As for the supposed nationalistic orientation of silhak scholars, they did not call for Korea to be recognized as a member of an international community of nations, equal to China as well as to the "barbarian" states of the West. Nor do we see another characteristic of modern nationalism, the willingness to transform the culture of one's country if that appears necessary for that country to survive as a political entity. It is true that silhak scholars showed that they were aware that they were Koreans and not Chinese or Japanese. But Koreans had long been aware that they were Koreans. If we call silhak scholars nationalistic for recognizing the distinctiveness of things Koreans, then we also should call King Sejong nationalistic for creating the Korean alphabet, and even call Kim Pusik nationalistic for writing a history of the three ancient Korean kingdoms. But if we apply the term "nationalistic orientation" that broadly, it fails to have any real descriptive power.

Despite the problems I see with many of the broad characterization applied to silhak scholars, I am not arguing that there is nothing interesting going on in the intellectual life of the second half of the Chosŏn dynasty. Quite the contrary. I am arguing that we clarify the language we use so that we can pinpoint exactly what it is about 17th, 18th, and early 19th century Korea that not only makes it interesting but also helps us understand how Korea made the transition to modernity in the 20th century.

For example, it would not be an exaggeration to say that, after 1600, we see a broadening of the areas that scholars could write about and still be considered respectable scholars. The wide-range of subjects we see in collections such as the

Chibong yusŏl of Yi Sugwang, the Ŏu yadam of Yu Mongin, and the Sŏngho Saesŏl of Yi Ik can almost be called encyclopedic, except that we don't see in their work the attempts to place all human knowledge within an organizational framework of the sort we see in the early modern European encyclopedias. Nor do we see any attempts to organize into a systematic framework the many different subjects covered in the writings of Tasan Chŏng Yagyong. Nevertheless, we can see a change from earlier scholarship in Korea. Korean scholars after 1600 are willing to look at subjects, such as calendars and technology, that earlier generations appear to have felt beneath their dignity to discuss. Since many of those issues have relevance for everyday life, it is fair to call scholars who displayed such a broad range of interests "practical learning scholars."

We also see a growing interest in things Korea. We see that in the production of private histories of Korea, such as An Chŏngbok's Tongsa kangmok and the Haedong Yŏksa of Han Chiyun. We should also mention the publication for the first time, in the 18th century, of the vernacular poetry of sijo in such anthologies as Ch'ŏnggu yŏng'ŏn. And, of course, we have what may be called the first cultural geography of Korea, Yi Chunghwan's T'aengniji. Though it is too early to talk of nationalism in Korea at this time, we clearly can see a rise in Korea-consciousness. Since Koreans are starting to write more about the culture and history of the country in which they themselves live, we are justified in calling such interest in things Korea an example of "practical learning."

Also, among some scholars, there is a growing interest in technology. We see that in the pulleys and cranes Tasan used to build the wall around Hwasŏng, in the fascination Hong Taeyong showed for astronomical instruments, and in the proposals in the Pukhagŭiof Pak Chega. Since this technology was admired for its usefulness in achieving certain concrete practical goals, those who displayed an interest in adopting that technology can also be called scholars of "practical learning."

There is also an undeniable growing interest in statecraft in the latter half of the Chosŏn dynasty, as we can see in Yu Hyŏngwŏn's Pan'gye surok and Tasan's Mongmin simsŏ, Kyŏngse yup'yo, and Hŭmhŭm simso. However, it is hard to see that as a new trend rather than a revival of the ancient Confucian concern for matters related to the government and administration. We can call the authors of such texts "practical learning"scholars, as long as we realize that what they were doing was clearly within the parameters of mainstream Confucianism.

Of course, once we recognize that there were some interesting developments in scholarly circles in Korea after 1600, we are obligated to come up some explanation for those developments. Let me suggest a few possible explanations:

First of all, the rise of the Manchu to power in China in the first half of the 17th century probably inspired many Koreans to modify their previous tendency to give preference to things Chinese over things Korean and to instead began looking more closely at their own country, its customs, its history, and its geography. In addition, by the 17th century, Koreans had made Neo-Confucianism their own. In the eyes of many Koreans, it was no longer something they had borrowed from China and therefore should leave unchanged. Instead, they now felt free to modify it or push it in new directions. Another often-cited stimulus to a practical turn to Korean scholarship is the exposure to Western Learning. Though the Western Learning they encountered was not the learning of the modern West, it was different enough to stimulate those who encountered it to rethink some of their fundamental assumptions about the importance of technology, the state of the earth, the nature of the cosmos, and even the relationship of supernatural beings to the affairs of humanity. We also can not discount the role a growing population, and the pressure that put on an agrarian economy, played in inspiring a few scholars to return to the traditional Confucian interest in socio-economic and political issues. Finally, we should give factionalism some credit for the rise of "practical learning."Quite a few very intelligent scholars founds that they had time on their hands, since their factional affiliation barred them from government service. As yangban, they couldn't use that free time to go into business or even to personally get involved with tilling their land. So they devoted themselves to reading and writing, and, in the course of that extensive reading and writing, became interested in subjects that had not attracted much interest in the first half of the dynasty.

It is quite clear that there are threads in the intellectual history of Korea in the second half of the Chosŏn dynasty that are will worth exploring. And it is legitimate to call many of these threads examples of "practical learning." However, the interests of the many people called "practical learning scholars"vary so widely that it is difficult to see them as belong to one school of thought. We can only do that if we ignore their many differences.

Rather than do that, I would like to discuss one man who is universally recognized as a practical learning scholar. Everyone agrees that Tasan is a silhak thinker. In fact, he is usually called the silhak writer par excellence. However, there is much disagreement over exactly what makes him a silhak thinker. Is it his suggestions for a more equal distribution of agricultural land or is he a silhak thinker because he advocated improving the Korean economy through better technology and more commercial activity? Did he exemplify the silhak spirit in his skeptical attitude toward the Five Phrases and geomancy? Or does he reveal his silhak approach in the way he grounded traditional Neo-Confucian speculations about the natural world in specific natural phenomena? Did he earn the silhak label through calls for a government that was more accountable to the general public? Or was he a silhak political philosopher because he wanted to give the king more power to implement reforms? Was he a silhak thinker because he tried to dismantle the metaphysics of Neo-Confucianism and move Korea toward a post-Confucian society? Or was he a silhak thinker because he tried to revive the authentic Confucianism of Confucius and Mencius? Was he a silhak thinker because he was open to Western ideas, including theological ideas? Or was he a silhak thinker because he tried to Koreanize Confucianism, building a new Confucian philosophy from indigenous elements?[6]

Most of the arguments made for Tasan's status as a silhak philosopher focus on his statecraft writing and his commentaries on the Confucian Classics. Less attention has been paid to whether or not his ethical perspective can also be understood as more "practical," more "applicable," more "realistic" than the ethical perspectives of those ethical philosophers who preceded him in Korean history.[7]

---

6) For a good survey of the many different ways Tasan has been viewed in recent years, see the first three articles in the inaugural issue of *Tasan kwa Hyŏndae* (pp.11-111.: one by Pak Muyŏng on Tasan viewed as a literary figure, one by Kim Munsik on how Tasan's place in history has been interpreted, and one by Ku Manok on how Tasan's approach to the natural world has been evaluated.

7) I don't mean to imply that the pragmatic dimensions of Tasan's ethical philosophy have been ignored. Chang Sŭnghŭi's *Tasan yulli sasang yŏn'gu* (Seoul: Kyŏngin munhwasa, 2005) places Tasan's ethical writings clearly within the silhak camp, as does Seungkoo Jang's "Tasan's Pragmatic View of Ethics," which appeared in *The Review of Korean Studies* vol 4 (2000), pp.19-33.

I would like to step into that gap in Tasan studies and suggest that we pay more attention to what he had to say about ethics, about morality, and about how to become a moral human being. I will argue that Tasan had an unusually realistic and pragmatic approach to the human condition, to what it means to be moral, and to how human beings can become the virtuous person they are meant to be.

Before I do that, however, I should first describe the ethical atmosphere into which Tasan was born. As everyone knows, Tasan lived in a Confucian age. Confucianism, including Neo-Confucianism, was at its core an ethical philosophy. And the ethics of Neo-Confucianism was anthropocentric and interpersonal. That made it quite different from the ethics that prevails in the Abrahamic traditions of Judaism, Christianity, and Islam. In those traditions, a human being's first obligation is to God, to recognize that there is only one Supreme Being, to honor Him as such, and to obey His commands. Confucian ethics focused instead on how human beings interacted with one another within a hierarchical society of mutual obligations. Instead of obedience to God's commands, Confucians emphasized such virtues as loyalty to a human superior and filial behavior toward parents. Ultimately, being a moral person according to the Confucian understanding of virtue mean always thinking and acting with the common good in mind instead of one's personal benefit. It also meant, if possible, acting in the public arena in such a way as to promote the common good rather than one personal benefit.

In other words, Neo-Confucian had a practical core, that of cultivating moral intentions and promoting moral actions. We even see that practical orientation in the Neo-Confucian concern for ritual. since the purpose of ritual was two-fold: first, it was a way of providing guidance for interpersonal relations so that they would proceed smoothly and, second, it was a way for a participant in a ritual to put aside consideration of personal wants and needs and instead simply perform his appropriate role in that ritual, the ritual that anyone in that same position would perform the same way, regardless of personal preferences. Ritual was one way of cultivating the proper group orientation.

This was the concept of ethics among the educated elite yangban class. However, others in Korea added to that anthropocentric ethical orientation a theocentric element. In the popular religion, including shamanism and popular Buddhism, a good person was a person who interacted appropriately not only with fellow human beings but also with supernatural beings, such as Buddhas, Boddhisattvas, and the various gods and spirits in the shaman's pantheon. However, obligations to the spirits did not take precedence over obligations to living human beings. In fact, the spirits were believed to reinforce our social obligations and to punish us not only if we didn't show them proper respect but also if we failed to act appropriately toward our fellow human beings.

This priority placed on human beings rather on God or gods makes the ethical orientation of pre-modern Korea quite different from the ethical orientation that prevailed in the West at that time. Tasan's Korea also differed in its assumptions about the potential for human beings to consistently act appropriately. The Judeo-Christian-Islam tradition assumes that human beings are basically sinners. We have strong natural tendencies to follow our own wishes, to see personal pleasure for example, rather than obey God's commands. The only way we can overcome this innate human moral weakness is to obtain help from God to overcome our own basic nature. Pre-modern Koreans, on the other hand, tended to believe in human perfectibility. Both Neo-Confucians and philosophically-inclined Buddhists believe that our basic human nature was good and that, if we just tried hard enough, we could overcome any moral weaknesses we may have developed and act appropriately in any situation we found ourselves in. The evidence they saw before themselves everyday that human beings regularly acted inappropriately did not dissuade them of their moral optimism. In the popular culture, there doesn't appear to have been as explicit a belief in human perfectibility. Nevertheless, even uneducated villagers appear to have been more inclined to seek supernatural assistance in obtaining something specific they needed, like health or wealth, rather than asking the gods to help them be a more moral person.

Though Koreans believed that they had an innate ability to become moral beings, they recognized they usually failed to do so. Therefore they engaged in certain techniques which they believe would help them achieve that goal. Since Neo-Confucians and philosophical Buddhists believed that selfishness and ignorance were the cause of inappropriate behavior, they engaged in meditation with the goal of calming and eventually eliminating completely self-centered thoughts. Both Neo-Confucians and philosophical Buddhists also studied texts which they believed provided helpful advise for the self-cultivation that would make them a moral person. And they performed rituals that required them to put aside individual interests and act instead as a member of a larger community.

Peasants and fisher-folk were less likely to engage in meditation. Instead, in order to behave properly, they tried to learn the rules of proper behavior and act in accordance with them. Those rules would include the rules of interpersonal interaction within the human community as well as the rules governing interactions between human beings and supernatural entities. And of course, it also included the rules governing ritual displays of reverence for ancestors, rules that were even more important for educated Neo-Confucians.

This is the ethical culture into which Tasan was born and in which he was raised. Tasan, however, did not find it as reasonable, as realistic, or as practical as he preferred.

He agreed, however, that morality was defined in terms of human interactions, rather than interactions with supernatural beings. In his exegesis of the term "perfect goodness" in the Great Learning, Tasan argued that "perfect goodness" referred to appropriate interactions between human beings.[8] For Tasan, just as for the Confucians who preceded him, it was significant that a key term which we translate today as morality, illun, is composed of two Sino-Korean characters that mean "people" and "relationships" respectively. Therefore he could not conceive of morality apart from human relationships.

A few pages later, in that same commentary on the Great Learning, Tasan reiterates that moral good and evil can only be understood in the context of human interaction, and, he points out, that is why the Sino-Korean character for the supreme Confucian virtue, In(sometimes translated as humanity), is written by combining the character for "two" with the character for "human being." The virtue of humanity, he writes, is nothing other than a son serving his father with true filial piety, a younger brother showing fraternal respect for his older brother, and a parent raising a child with paternal affection.[9] In every case, "humanity" involves one human being in a relationship with another human being.

---

8) Chŏng Yagyong, Yŏyudang chŏnsŏ, II, Taehak kongŭi, I: 13
9) Taehak kongŭi, I: 40a

This is a very concrete, down-to-earth concept of ethics, one that Tasan shared with his fellow Confucians. However, he went on to apply his preference for the specific and concrete to some of the more abstract Confucian virtues. Common to, and underlying such virtues governing interpersonal interaction is an attitude of respect and reverence. Respect and reference always refer an object of such respect and reverence. It can be reverence for Heaven, reverence for your ruler, reverence for your parents, reverence for your elder brother, reverence for your elders, treating a guest with respect, or maintaining respectful attention while dealing with matters at hand, but in every instance reverence denotes a reverent or respectful attitude toward someone or something.[10] Tasan rejected the notion that human beings should cultivate an abstract reverence for the unity of the cosmos, or some other hard-to-visualize concept. Nor did he agree with mainstream Neo-Confucians that reverence referred to a general state of mind of the sort we translate today as mindfulness.[11] Instead, he insisted reverence was only true reverence if it was reverence for a specific object. This insistence on a specific object of reverence led him to a belief in supernatural personality who corresponds to the Western concept of God.

That was not the only reason Tasan's preference for the specific rather than the general, and for the concrete rather than the abstract, led him to a belief in God. Tasan was also drawn to what I call a pragmatic theology because he rejected what he felt was the unrealistic understanding of human nature that prevailed in the Neo-Confucian circles of his day.

---

10) Yŏyudang chŏnsŏ II, Maengja yoŭi, 2: 23b.
11) On mindfulness, see Michael Kalton, To Become a Sage (New York: Columbia University Press, 1988), pp.187-189.

In his commentary on the Doctrine of the Mean, Tasan challenges the standard Neo-Confucian understanding of human nature. He writes that the line "what heaven has ordained is called human nature"should be interpreted in light of how Mencius uses the term "human nature." Tasan says Mencius clearly uses that term to mean "human desires," both moral desires and desire for physical pleasure.[12] Tasan points out that those two desires, the desire for the good of morality and the desire for the good of physical pleasure, are often in conflict. For example, he pointed out that if someone offers us a gift that could be interpreted as a bribe and therefore we know it would be wrong to accept it, we are torn between a desire for the pleasure that gift would give us and the desire to act appropriately and decline it. Similarly, if we find ourselves in a difficult situation but we know we should deal with that situation, we nevertheless are tempted to simply flee and abdicate our responsibilities.[13]

This conclusion that human beings, though they have only one human nature, are often conflicted leads him to the logical, though non-orthodox, conclusion that human beings are not innately naturally virtuous. In fact, he argues, no one can be called virtuous until he or she acts in a virtuous manner. Only after you act benevolently toward another human being can you be called benevolent. Only after you entertain a guest with proper etiquette can you be called polite. Only after you act properly can you be called righteous. And only after you show that you can distinguish between what is right and wrong, and then act accordingly, can you be called wis-e.[14] The most we can say, he argues, is that human nature

---

12) <u>Yŏyudang chŏnsŏ</u>, "Chungyong chajam" [Admonitions for myself upon reading the Doctrine of the Mean], II:3, 2b.

13) <u>Yŏyudang chŏnsŏ</u>, "Maengja youi," II:6, 19a.

14) "Maengja youi,"II:5, 22a-b

includes an instinctive attraction toward the moral good, along with a natural attraction for what is pleasurable.[15]

If human beings are not naturally virtuous, and, in fact, are torn between conflicting desires, then is it possible nonetheless for human beings to be moral? Tasan is still Confucian enough to answer in the affirmative, though he notes that living a moral life is not as easy as mainstream orthodox Confucians would have us believer. He points out that in actuality consistently doing the right thing and sticking to the moral path is as difficult as climbing up a steep hill, and following our preference for physical pleasure is as easy as rolling down that same hill.[16] Such an accurate observation of actual human tendencies is a prime example of Tasan's practical and realistic spirit. He insists on looking at human beings as they actually are rather than how we wish they were.

Tasan then goes on to point out that another reason we cannot say we are born virtuous is that, unlike animals, human beings have been given free will, the ability to choose to do the right thing or to do the wrong thing (自主之權). Tasan charges that those who debate whether human nature is innately good or bad are ignorant of the fact that human nature is nothing more than desires. It is what those desires are desires for, and whether they are nurtured or disregarded, which determines whether a person becomes virtuous or not. If we desire a moral good, and act in accordance with that desire, we become virtuous. However, if we let a selfish desire for personal pleasure or benefit guide our behavior, then we will become evil.

---

15) "Maengja yoŭi,"II: 5, 32a-35b
16) "Maengja yoŭi," II:5, 33a

If human beings were born virtuous, as Neo-Confucians claim, then for people to act appropriately and morally would be as easy as it is for water to roll downhill and for fire to flame upwards. If that were the case, acting virtuously would be no great accomplishment. We would no more praise a person for being virtuous than we would praise a deer for acting in accordance with its nature and living in a forest rather than a village. However, heaven has endowed human beings with the ability to make their own decisions. If they choose to do what is right, then they can do what is right. But if they prefer to act in an immoral fashion, then they can do that as well. This is what makes human beings different from animals. And that is what makes living a moral life an accomplishment, and is the reason we condemn those who act immorally.[17]

If we are not virtuous by nature, then what can we do to ensure that we lead as moral a life as possible? Tasan's answer reveals once again his pragmatic orientation, his willingness to depart from mainstream Neo-Confucian orthodoxy when he feels the evidence of his own personal experience justifies such a departure. He says that, in order for us to consistently adhere to the path of righteousness and overcome our own selfish desires, we need more incentive than just the general desire to be a good person. We need to feel that we are being watched so that we will be ashamed every time we do or think something we shouldn't do or think. He writes that, if we constantly remind ourselves that, always and everywhere, everything we do or even think is being observed, we will be careful to think and act properly so that we won't feel ashamed of any misdeeds. But who can possibly watch us always and everywhere? Tasan's answer is God above.

---

17) "Maengja youi," II:5, 34b-35a

Tasan's assertion of the existence of a supreme spiritual being, whom he called Sangje (上帝), is drawn from his reading of the ancient Confucian classics. In particular, he is impressed by the line in the Doctrine of the Mean that read, "The noble person is cautious in regard to what is invisible, and apprehensive about what is inaudible." (君子戒愼乎其所不睹, 恐懼乎其所不聞).

Tasan goes on to explain,

What is it that we can't see? Heaven as it really is. What is it we can't hear? Heaven's voice. How do we know that is what this passage means? Because later on in the Doctrine of the Mean we can see the lines "Confucius said: The overabundance of the power of spiritual beings is truly amazing! Looking for them, they cannot be seen. Listening for them, they cannot be heard. There is nothing that they do not embody. They cause the people of the world to fast for purification, and wear beautiful clothes in order to participate at the sacrifices. They are overflowing, seeming to be above, seeming to be on the left and on the right."[18]

What is it that we can not see nor hear? It cannot be other than Heaven.

There is no human being born on this earth without base desires. What keeps us from following those desires and doing whatever we feel like doing? It is the fear that our misbehavior will be noticed. Noticed by whom? Whose gaze keeps us in a state of constant caution and apprehension? We are cautious and apprehensive because we know there are enforcement officers responsible for

---

18) Doctrine of the Mean, chapter 16. Translation by Charles Muller,
http://www.acmuller.net/ con-dao/ docofmean.html accessed April 23, 2009.

making sure rules are followed. We are cautious and apprehensive because we know our sovereign can punish us if we behave improperly. If we did not think there was someone watching us, would we not simply abandon all sense of moral responsibility and just do whatever we felt like doing?

But what makes us behave properly even in the privacy of our own room and make sure that even our thoughts are proper thoughts? The only reason a superior person is watchful over his thoughts and behavior even in the privacy of his own room is that he knows that there is a Lord Above (Sangje) watching him.[19]

Tasan goes on to add a page later, "Heaven's numinous consciousness is able to look right into our hearts and minds. There is nothing it cannot see. There is nothing that we do or think that Heaven doesn't know about. Even the bravest person can't help but feel apprehensive when he realizes this."[20]

Tasan's argument for the existence of God Above is a pragmatic one. Unlike Christian philosophers who argue for God's existence by claiming that we can't explain order in the universe, or even how the universe began, if we don't assume the existence of a Supreme Being who created and rules over the universe, Tasan simply says, "if we believe in a God who watches us, we will have a better chance of acting in accordance with our virtuous inclinations rather than following our selfish desires." He believes in God because of the behavioral implications of such a belief. That is a very practical theology.

This pragmatic theology leads to a practical approach to moral cultivation, to

---

19) "Chungyong Chajam," II: 3, 4b-5a
20) "Chungyong Chajam," II: 3, 5b.

becoming a good person. Tasan doesn't write much about the need to engage in the "quiet-sitting" or "abiding in reverence"favored by many Korean Neo-Confucians. Nor does he encourage developing a general attitude of mindfulness. Instead, Tasan writes that the best way to become a good person is to act like one. And we will act like one if we believe that God above is watching us.

Usually, when we talk about Tasan as a silhak scholar, as a realistic and practical thinker, we refer to his books on government administration and his essays on pulleys and cranes, on land redistribution, and on smallpox immunization. However, I have tried to argue in this paper that, even if we take into account only Tasan's ethical philosophy, we have grounds for calling him a silhak scholar. His realistic moral psychology, his concrete ethical prescriptions, and his pragmatic theology alone are enough to justify awarding him the proud label of a silhak thinker of the first rank, someone we can learn from today, almost two centuries after his death.

丁若鏞 四書詮釋의
체계와 그 의의

蔡 振 豊 | 台灣大學

1. 동아시아 朱熹四書學의 전개

주희朱熹(1130~1200)는 유학에 대한 자신의 구상을 밝히기 위해『대학大學』에 대한 정호程顥와 정이程頤의 수정修訂을 계승하고,『예기禮記』속의「대학大學」과「중용中庸」을 따로 독립시켜『대학』을 '초학입덕지문初學入德之門'으로,『중용』을 '공문전수지심법孔門傳授之心法'이라 정하였으며,『논어論語』와『맹자孟子』를 사서四書 속에 끼워 넣었다. 주자는 학문적 측면에서 사서 간의 긴밀성과 완전성을 밝히기 위해 후학들에게『사서』를 학습하는 순서(『대학』,『논어』,『맹자』,『중용』)를 제공하였다. 후학들을 계몽하기 위해 주자는『대학』과『중용』의『장구章句』및『논어』와『맹자』의『집주集註』이외에도,『사서혹문四書或問』을 편찬하여 해설을 덧붙였다. 주자 본인 스스로 '『어語』·『맹孟』집주集註, 첨일자불득添一字不得, 감일자불득減一字不得'[1]이라고 말한 바 있다.『사서장구집주四書章句集註』는 그의 평생의 학문이 존재하는 곳이며, 또한 '주자학朱子學'의 중요한 내용을 담고 있는 책이라고 말 할 수 있다.

주자학은 원대元代 연우延祐 2년(1315)에 정통학문으로, 그리고 과거시험의 기본 텍스트로 지정되었다.[2] 이로부터 주자학의 관학적 색채는 확

---

1) 『朱子語類』, 第19卷, 第59條 참조.
2) 『元史』卷81에 보면 당시 과거시험의 규정을 알 수 있다. : 蒙古·色目人은 첫 번째 장에서 '經問' 五條를 시험 치르는데,『大學』·『論語』·『孟子』·『中庸』내에서 문제를 내되, 朱氏의『章句集注』를 사용하였다. 두 번째 장에서는 '策'을 치르는데, '時務'에 관하여 출제하였고, 500자 이상을 써야 했다. 漢人·南人(화남 지방의 중국인)은 첫 번째 장에서 '明經', '經疑' 두 문제를 치르는데,『大學』·『論語』·『孟子』·『中庸』내에서 출제 하되, 朱氏의『章句集注』를 사용하였다. 두 번째 장에서는 '經義'를 치르는데, 각자 하나의 경전을 택하되,『詩經』은 朱氏를 위주로,『尙書』는 蔡氏를 위주로,『周易』은 程氏와 朱氏를 위주로 하였고,『春秋』는『三傳』및 胡氏의『傳』을 허용하였

립되었고, 사서의 경학화 경향이 나타나게 되었다. 명대明代는 원대가 주자학을 관학官學으로 삼았던 것을 계승하여 1384년(홍무洪武 17)에 '과거정식科擧定式'3)을 반포하고 학습 텍스트의 표준화를 추진하였다. 이에 따라 남송에서 시작된 『사서집주四書集注』의 주석서4)는 과거시험의 수요 및 상업성5)으로 인해 부단히 출판되었다.6)

　　주자학의 관학화官學化와 사서의 경서화經書化 추세는 일본과 한국에서도 마찬가지로 진행되었다. 고려 말기 유입된 주자학은 먼저 안향安珦(1243~1306)의 추종을 받았으며, 공민왕恭愍王 16년(1367)에는 대사성大司成이

고, 『禮記』는 古注疏를 사용하였다. 상술한 시험의 규정을 살펴보면, 『四書』는 몽고인·색목인·한족·남인들 모두의 필수과목이었으며, 朱熹의 『四書章句集注』가 그 표준본이었음을 어렵지 않게 알 수 있다. 원대 科擧에서 주자학의 지위에 관한 내용은 周春健의 「'延祐科擧'與四書學官學地位的制度化」, 『內蒙古大學學報』, 第40卷 第3期(2008年5月) 참조.

3) 「科擧定式」의 내용은 다음과 같다.: '初場試四書義三道, 經義四道. 四書主朱子『集注』, 『易』主程『傳』, 朱子『本義』, 『書』主蔡氏傳及古注疏, 『詩』主朱子『集傳』, 『春秋』主左氏·公羊·穀梁三傳及胡安國·張治傳, 『禮記』主古注疏'. 이후에 成祖 永樂 연간에 『四書五經大全』을 공포하고 注疏를 폐기하여 사용하지 않았다. 이상의 내용은 『明史』 卷70 「選擧」 참조.

4) 眞德秀(1178~1235) 『四書集編』, 趙順孫(1215~1277) 『四書纂疏』, 祝洙(安道, 1256進士) 『四書集註附錄』等이 있다.

5) 남송 중기 이후에 특히 명대 후반기에 상업적 출판이 성행하였다. 佐野公治 『四書學史の研究』(東京: 創社, 1988年), 井上進 『中國出版文化史-書物世界と知の風景』(名古屋: 名古屋大學出版會, 2002年) 참조.

6) 元代의 胡炳文(1250~1333) 『四書通』, 陳櫟(定宇, 1252~1334) 『四書發明』(이상 두 권의 책은 대략 1330年 이전에 간행되었음), 倪士毅(1330년 전후) 『四書發明』개정하여 『四書輯釋(大成)』 발간. 明代의 四書注疏書로는 永樂 13년(1415) 황제의 명으로 편찬·간행한 胡廣(1369~1418) 등이 엮은 『四書大全』(倪士毅 『四書輯釋』과 吳眞子의 『四書集成』을 근거로 편성하였음), 『性理大全』, 『五經大全』이 있고 蔡淸(虛齋 1453~1508) 『四書蒙引』(1504년경에 간행), 林希元(1481~1565) 『四書存疑』, 陳琛(紫峰, 1477~1545) 『四書淺說』(16세기 중엽쯤에 책으로 완성됨), 盧一誠 『四書講述』, 王納諫(觀濤) 『四書翼註』, 張居正(1525~1582) 『四書直解』등이 있다.

었던 이색李穡(牧隱, 1328~1396)이 성균관成均館을 다시 운영하고 학제를 개편하여 오경사서재五經四書齋(후에는 九齋라 부름)를 마련하는 등 송학宋學을 일으켰다. 조선왕조는 고려의 제도를 그대로 따르면서 구재九齋를 성균관에 두고 과거시험에서 경서의 뜻과 사서는 주자의 『집주』를 본으로 삼았다.[7] 이후로 조선의 지식인들은 사서를 공부할 때 주자를 본보기로 삼지 않은 자가 없었다.

16세기 중엽 이후 서원의 인재 양성 및 향약 조직의 활성화로 인해 정주학은 조선사회에 뿌리 내리고 꽃을 피우기 시작하였다. 이 시기의 학자들은 성리학 이론 탐구를 강력히 주장하였다. 그리하여 『성리대전性理大全』, 『주자대전朱子大全』, 『주자서절요朱子書節要』, 『주자문록朱子文錄』, 『심경心經』 등의 전적典籍들에 대하여 깊이 연구하였다. 이 시기에 학자들이 철학적 측면에서의 논변은 주리파主理派의 이황李滉(退溪, 1501~1572) · 성혼成渾(牛溪, 1535~1598)과 주기파主氣派의 기대승奇大升(高峰, 1527~1572) · 이이李珥(栗谷, 1536~1584)간에 벌어졌던 사단칠정론四端七情論이 그 핵심을 이룬다. 처음 퇴계退溪와 고봉高峰, 율곡栗谷과 우계牛溪 사이에 벌어졌던 그 논쟁은 의심할 바 없이 진리 추구에의 열망에서 비롯된 것이었는데, 퇴계와 고봉의 사후에는 이러한 논쟁들이 점차 정치당쟁으로 전락하여 파벌 대립의 표식이 되어버렸다. 그리하여 퇴계 이론을 근본으로 하는 퇴계학파退溪學派(지역상으로는 嶺南學派)는 정치적으로는 동인東人(동인은 다시 南人과 北人으로 나뉘고, 뒤에는 주로 南人을 가리킴)에 속하게 되었고, 율곡을 계승

---

7) 고려 말기와 조선 초기의 과거제도는 비록 약간의 혁신이 있었으나 대체로 변화가 없었다. 文科는 製述(文藝)이 주가 되었고, 講書(經術)는 부가 되었다. 세종 6년(1424)에 明經科를 설치해 관리를 등용했고, 성종 때 '式年(정기 과거)' 明經之法이 있었다. 초시 · 복시 모두 四書와 五經으로 치러졌다. '經書義'와 四書는 朱子의 『集注』 위주로 하였다. 『易』은 程子의 『傳』, 朱子의 『本義』를, 『書』는 蔡氏傳을, 『詩』는 朱子의 『集傳』을, 『春秋』는 『左氏傳』과 그 밖의 것을, 『禮記』는 陳氏의 『集說』을 위주로 하였다. 그 제도는 대체로 명나라를 모방하여 시행하였다.

한 학파(지역상으로는 畿湖學派)는 서인西人(서인은 다시 老論과 少論으로 나뉘고 후에
는 주로 노론을 가리킴)에 속했다.

　퇴계학파와 율곡학파의 논쟁은 수백 년 동안 계속되었다. 주리主理
및 주기主氣 논쟁 외에도[8] 18세기에는 주기론을 따르던 서인일파가 분열
되어 '인물성동人物性同', '미발순선未發純善'설과 '인물성이人物性異', '미발
즉유선악未發即有善惡'설 논쟁이 발생하였다.[9] 이러한 전개 등을 통해 보
면, 주자학이 심화되고 발전했으며, 실제로 조선 유학의 주류가 되었음
을 알 수 있다.

　주자학을 정학正學으로 삼았던 이들은 조정 및 재야학자들 뿐만이 아
니고 조선의 왕들도 주자학의 가르침을 힘써 실천하고 솔선수범하였는
데, 그중에서도 정조正祖(재위1776~1800)가 특히 그러하였다. 정조 22년(1798) 4
월 경연經筵의 강학하는 자리에서 정조는 군신들에게 자신은 일생동안
줄곧 주자학을 연구해 왔노라고 술회한 바 있다.[10] 이는 건륭乾隆·가경

---

8) 主理派는 退溪의 제자인 趙穆(月川)·黃俊良(錦溪)·鄭逑(寒岡, 1543~1620)
　·柳成龍(西厓, 1542~1607)·金誠一(鶴峰, 1538~1593)에서부터 李玄逸(1627~
　1704)·李栽(1657~1731)에게 까지 이어졌고. 주기파는 栗谷의 제자인 金長生
　(1548~1631)·金集(1574~1656)에서 宋時烈(尤菴, 1607~1689)·宋浚吉(1605~1689)
　·朴世采(1632~1695)와 權尙夏(遂菴, 1641~1721)에게 이어졌다.

9) 두 파의 논쟁은 肅宗 35年(1705) 전후에 시작되었고 결국에는 당쟁을 형성
　하게 되었다. '人物性同論'은 李柬(巍巖, 1677~1727)으로 대표되는데, 그 주장
　을 펼쳤던 金昌翕(三淵, 1653~1722), 李縡(陶菴, 1680~1746), 魚有鳳(杞園,
　1672~1744), 朴弼周(黎湖)와 같은 인물들이 대부분 京畿지방에 있었기 때문
　에 洛學 혹은 洛論이라 칭한다. '人物性異論'은 韓元震(南塘, 1682~1751)이
　대표가 되어 宋時烈, 權尙夏, 金昌協(農巖, 1651~1708), 尹鳳九(屛溪, 1681~
　1767)등과 신봉자들이 忠淸道에 거주하였기 때문에 湖論 혹은 湖學이라 부
　른다.

10) 『正祖實錄』 22년 4월 癸丑條에 다음과 같이 적혀있다. '夫子嘗曰, 述而不
　作. 予之平生工夫, 在於一部朱書. 予年二十時, 輯『朱書會選』, 又與春桂坊
　抄定注解, 又點寫句讀於 『語類』. 四十後編閱朱書者多, 而近年又輯『朱書
　百選』. 而昨年夏秋, 取 『朱子全書』 及 『大全』, 『語類』, 節略句語, 又成一書,
　名曰 『朱書節約』. 近又留意於『朱子大全』 及 『語類』 與其外片言隻字之

嘉慶 시기로 당시 청조淸朝에서는 주자학이 쇠퇴기에 들어가고 있었는데, 조선에서는 주자학이 여전히 부흥하고 있었음을 알 수 있다.[11]

일본은 비록 과거제도는 없었지만 16세기 후반 이후부터 조선·중국의 서책들이 조·일, 중·일 무역의 주요 상품이 되었고, 게다가 과거科擧에 쓰였던 출판서적들이 다수를 이루었다.[12] 도쿠가와德川 막부시대(1600~1868)의 후지와라 세이카藤原惺窩(1561~1619)는 이때 중국으로부터의 수입서적 및 전쟁 포로가 된 조선 지식인들의 영향을 받아 도쿠가와 유학의 창시자가 되었다. 그 밖에도 후지와라 세이카 문하에 있다가 막부幕府에 등용된 하야시 라잔林羅山(1583~1657), 가이바라 에키켄貝原益軒(1630~1714), 나카무라 테키사이中村惕齋(1629~1702), 안도 세이안安東省庵(1622~1701), 모리 테사이毛利貞齋(?~?) 등은 모두 '명대사서학明代四書學'이라는 수입서적을 통해 유학자가 된 인물들이다.[13]

일본 도쿠가와 막부시대는 비록 주자학자인 하야시 라잔을 학관學官으로 기용하였지만, 하야시 라잔의 유학은 막부의 기본정책에 영향을

出於夫子之手者, 欲為集大成, 編為一部全書. 待其編成, 將別構一室於宙合樓旁, 奉安朱子真像, 並藏全書皮本於其中. 子於朱夫子實有師事之誠, 所以欲如是也' 吳唅『朝鮮李朝實錄中的中國史料』12冊(北京, 中華書局, 1980年), 下編卷12, 4954면 참조.

11) 陳祖武, 「『李朝實錄』所見乾嘉年間中朝兩國之文獻與學術」『東亞視域中的近世儒學文獻與思想』(鄭吉雄編, 台北: 台大出版中心, 2005年), 405~423면 참조.

12) 大庭脩, 『漢籍輸入の文化史－聖德太子から吉宗へ』(東京: 研文出版, 1997年),『江戶時代における中國文化受容の研究』(京都: 同朋社, 1984年) 참조.

13) 17세기 일본에는 朱子『四書集註』의 독립적인 텍스트가 없었기 때문에, 일본학자들의 중국유학 수용은 대부분『四書輯釋』·『四書大全』·『四書蒙引』·『四書存疑』·『四書淺說』등의 사서 주석서를 통해서 이루어졌다. 辻本雅史는 16·17세기 일본에 유입된 과거학습서를 '明代四書學'이라 칭하였다. 明代四書學은 당시 일본 유학 서적의 주류가 되었다. 辻本雅史(2005), 「德川時代'四書學'的開展與轉變: 從媒體的觀點出發」, 『東亞儒者的四書詮釋』, 台北: 台大出版中心), 132~134면 참조.

주지 못했다. 만약 도쿠가와 시대 유학의 작용에 대해 논한다면, 아마도 통치계급의 자제들에게 실시되었던 교육적 측면에서 가능할 것이다. 유학 교육의 결과, 오카야마한[岡山藩]의 이케다 미츠마사[池田光政](1609~1682], 아이즈한[會津藩]의 호시나 마사유키[保科正之](1611~1673), 미토한[水戶藩]의 도쿠가와 미츠쿠니[德川光圀](1628~1701) 같은 사람들은 주자학을 숭상하였고 이로 인해 '명군名君'이라는 명성을 얻기도 하였다. 18세기 말 마츠다이라 사다노부[松平定信](1758~1829)은 관정개혁寬政改革을 추진하면서, 주자학을 정치개혁의 이념으로 삼았다. 그리고 막부 직할의 학교를 설립하고, 주자학을 '정학正學'으로 삼았을 뿐만 아니라 다른 학문을 금지하는 학문통제 정책인 '이학지금異學之禁'을 실시하였다. 상술한 '유학제도화儒學制度化'의 전개 속에서 주자학의 기본 텍스트는 민간서점에서 출판되었을 뿐만 아니라 막부의 학문을 관장하는 출판국에서 발행한 '관판官版' 및 전국의 번藩 소속 학교에서 출판한 '번판藩版'이 있었다. 주자학의 기본 텍스트가 저렴한 가격에 대량으로 공급되면서 18세기 후반에서 메이지 유신 때까지는 주자학을 중심으로 한 유학이 일본에 보편화되는 추세를 보인다. 이러한 주자학은 중세의 불교를 대신하였으며 일본 근세 지식인들에게는 지식적 자원이 되었다.[14]

2. 동아시아 朱熹四書學의 전환

주자는 사서를 통해 그의 이학理學적 체계를 완성하였으며 동시에 사서 이외의 경서經書의 지위를 변화시켰다. 이러한 현상에 대해 학자들이 서로 다른 견해가 없는 것은 아니다. 중국에서 주자의 사서학을 반대하는 세력으로는 송대宋代에 섭적葉適(水心, 1150~1223)의 학문이 있었으며, 명대明代 이후에는 양명심학陽明心學, 자연기학自然氣學,[15] 그리고 청대에는

---

14) 辻本雅史(2005), 『日本德川時代的教育思想與媒體』第十章, 台北: 台大出版中心 및 (1990), 『近世教育思想史の研究』, 京都: 思文閣出版 참조.

문헌고증학文獻考證學이 그 주류가 된다. 일반적으로 말하자면 주자 사서
학에 대한 반대는 대체로 세 갈래로 나뉜다. 하나는 문헌학의 각도에서
유학 속에서 사서의 정통성 및 거기서 파생된 도통론道統論에 대한 회의
이고,[16] 두 번째는 경전의 해석 및 실천의 효용적 측면에서 주자의 해석
을 반대하는 것이다.[17] 그리고 세 번째는 학문적 방향에서 주희의 이학

---

15) 劉又銘은 氣本論을 두 가지 유형과 세 가지 형태로 명확히 분석하였다. 첫
    번째 유형은 程朱理學과 혹은 陸王心學이 서로 수용되는 것으로 '神聖氣本
    論'이라 불린다. 그 유형은 다시 두 가지 형태로 나누어지는데, 하나는 氣本
    論의 조직 아래에 理本論이 있다는 관점이며 王夫之(1619~1692)로 대표될
    수 있다. 두 번째 형태는 氣本論 구조 아래에 심학이 있다는 관점이며 劉宗
    周(1578~1645), 黃宗義(1610~1695)로 대표된다. 두 번째 유형은 '自然氣本論'이
    라 부르며 이 부류는 氣論이 정주이학과 심학의 형태를 벗어나고, 羅欽順
    (1465~1547), 王廷相(1474~1544), 吳廷翰(1491~1559), 顧炎武(1613~1682), 戴震
    (1723~1777)으로 대표될 수 있다. 馬淵昌也는 明代 氣哲學을 세 가지 유형과
    두 가지 조류로 분석하였다. 소위 세 가지 유형은 첫 번째, '朱子學系의 氣
    哲學'으로 羅欽順, 吳廷翰, 王夫之로 대표된다. 둘째로 '心學系의 氣哲學'으
    로 湛若水, 劉宗周, 王幾로 대표된다. 세 번째는 '非性善說적인 氣哲學'으로서
    王廷相로 대표된다. 두 가지 조류는 '性善說-本來부터 聖人이라는 이
    론적 구조'와 '본래부터 성인이 아니라는 이론적 구조'를 가리킨다. 馬淵昌
    也는 '본래부터 성인이 아니라는 이론 구조' 속에서 王廷相의 '非性善說'과
    陳確의 '性善說'의 차이를 나눌 수 있다고 인식하였다. 본 논문은 비록 劉又
    銘의 '自然氣本論'의 이름을 사용했지만 羅欽順을 自然氣本論 속에 넣는
    데에는 동의하지 않는다. 劉又銘, 「宋明淸氣本論硏究的若干問題」 및 馬淵
    昌也, 「明代後期 「氣的哲學」 之三類型與陳確的新思想」, 두 논문은 모두 『
    儒學的氣論與工夫論』(楊儒賓 · 祝平次 編, 台北: 台大出版中心, 2005年) 203~
    246면, 161~202면에서 볼 수 있다.
16) 葉適은 孔子에게는 '中庸'설이 없으며 中庸의 의미는 上世에서 전해진 것
    이 아니라고 인식하였다. 그는 '孔子嘗言 : "中庸之德民鮮能", 而子思作『中
    庸』.若以爲遺言, 則顏 · 閔猶無是告, 而獨悶其家？非是.若所自作, 則高者極
    高, 深者極深, 非上世所傳也.然則言孔子傳曾子, 曾子傳子思, 必有謬誤',
    '漢人雖稱『中庸』子思所著, 今以書考之, 疑不專出子思也.'라고 말한 바 있
    다. 「總述講學大旨」, 『宋元學案』 卷54 「水心學案」(台北: 中華書局, 1983年),
    12~26면.
17) 王陽明(1472~1528)의 경우 주자가 『大學』의 '親民'을 '新民'으로 바꾼 것과

은 유학이 아니라는 회의이다.[18] 상술한 회의적 경향 및 외부 정치적 영향을 기반으로 하여 건륭 14년(1749)의 '조거경학특과詔擧經學特科' 이후부터는 '오로지 한학漢學만을 논하고 송학宋學은 연구하지 않는(專言漢學, 不治宋學)' 고증학이 학술적 주류가 된다.[19]

중국 외에 일본에서도 주자학이 유입된 이후[20]의 도쿠가와 시대에는 주자사서학을 흡수한 유학자들 외에도 과거서科擧書로서의 '명대사서학明代四書學'을 맹렬히 거부하는 학자들도 있었다. 명대사서학을 반대하는 학자들 속에는 나카에 토쥬中江藤樹(1608~1648)와 구마자와 반잔熊澤蕃山(1619~1691)과 같이 양명학을 받아들인 사람들도 있었다. 그런데 양명학은 덕천시대 일본에서 뚜렷하게 학파를 구성하지는 못했으므로 막부말기 이전까지의 영향이 크지 않았다. 양명학자는 아니지만 야마자키 안사이山崎闇齋(1618~1682)와 같이 『사서장구집주四書章句集注』의 주소본注疏本을 강력하게 부정하면서 명대 사서학을 통하지 말고 직접 주자

'格物'을 訓解한 것에도 반대하였다. 『傳習錄』 第1-6條 참조.

18) 顔元(習齋, 1635~1704)은 주자가 유학의 正宗이 아니라고 인식하였다. 그의 『存學編』 卷2에서 다음과 같이 말하였다. '朱子論游,楊入釋老處不知何指? 但旣廢堯·舜·周·孔六府·六藝之學, 則其所謂不入釋老者又果何指也? 僕嘗論漢人不識儒, 如萬石君家法眞三代遺風, 不以儒目之, 則其所謂儒, 只是訓詁辭華之流耳. 今觀朱門師弟一生肆力, 文字光景, 恐或不免爲游楊所不屑也.' 그리고 「朱子語類評」에서 '朱子所見之儒道, 卽釋氏精微'라고 하였다.(『顔元集』, 北京: 中華書局, 1987年, 282면) 참조.

19) 段玉裁(1735~1815)는 嘉慶 19년(1814)에 당시 학술계의 폐단에 대해 깊이 통감하며 다음과 같이 말한 바 있다. '愚謂今日之大病, 在棄洛·閩·關中之學不講, 謂之庸腐.而立身苟簡, 氣節敗,政事蕪, 天下皆君子, 而無眞君子, 未必非表率之過也.故專言漢學, 不治宋學, 乃眞人心世道之憂'. 「與陳恭甫書」, 載陳壽祺, 『左海文集』, 卷4, '答段懋堂先生書' 附錄 참조.

20) 足利衍述의 『鎌倉室町時代之儒敎』(東京: 有明書房, 昭和45年)에 근거하면, 주자학이 일본에 유입된 것은 1212년 일본 승려 俊芿이 『四書』를 浙江성 明州(지금의 寧波)에서 가지고 들어온 것에서 시작이 되었다. 또한 鄭樑生은 『朱子學之東傳日本與其發展』(台北: 文史哲出版社, 1999年)에서 주자학이 동쪽으로 유입된 경로와 일본 禪僧과의 관계에 대해 상세하게 논했다.

의 원의原意를 체득해야 한다고 주장한 사람도 있었다.

야마자키 안사이 이후에, 이토 진사이[伊藤仁齋](1627~1705)는 명대 사서학의 영향에서 벗어나기 위해 직접 주자학을 체득하라고 주장한 안사이학[闇齋學]에 대립하여21) 독자적인 '고의학古義學'을 형성하였다. '고의학'이란 주자학의 경로를 밟지 않고 직접 경서의 고의古義 속에서 '공맹지도孔孟之道'를 탐구하는 것을 말한다. 이토 진사이는 '공자와 맹자의 혈맥'을 표준으로 삼는 방식을 사용하여 고의古義를 수립하고 사서에 대한 텍스트 비판을 진행하였다. 그는 주희 사서학 중『대학』의 경전성을 부정하면서,『논어』·『맹자』및『중용』원본의 삼서주의三書主義를 주장하였다.22) 진사이의 '고의학'은 덕천시대에 처음으로 사서를 해체하고 주자 사서학을 제거한 일본유학으로 간주되어진다.

이토 진사이 이후 주희 사서학에 대한 오규 소라이[荻生徂徠](1666~1728)의 태도는 더욱 급진적이었다. 그는 그의 저서『대학해大學解』에서『대학』에 대한 주자의 해석에 반대하였을 뿐만 아니라23)『대학』을 '기記'의 위치로 끌어내려놓았다.24)『대학』의 가치를 부정한 것 외에도 소라이는『

---

21) 辻本雅史는 仁齋가 '註疏本에 근거한 明代四書學(예를 들면 貝原益軒과 같은)과 이에 대항하며 직접 주자학을 체득해야 한다고 주장하는 闇齋學, 이 두 학문의 틈새에서 고군분투하였다'고 인식했다. 辻本雅史,「德川時代 '四書學'的開展與轉變: 從媒體的觀點出發」『東亞儒者的四書詮釋』(台北: 台大出版中心, 2005年), 136면.

22) 伊藤仁齋는 다음과 같이 말하였다. '子思撰『中庸』之書四十九篇, 今此篇載在『戴記』之中. 至於朱考亭氏, 合『論』·『孟』·『大學』列為四書, 分(『中庸』)為三十三章. 然而『大學』本非孔門之書, 蓋熟『詩』·『書』二, 而未知孔門之旨者所作', 『中庸發揮 敘由』(關儀一郎編:『日本名家四書註釋全書』第一卷, 東京: 鳳出版, 1973年) 3면.

23) 荻生徂徠는 다음과 같이 말하였다. '宜乎朱子之不能讀古文辭者也, 故朱熹之解, 雖若密乎, 古莫有焉'.『大學解』(關儀一郎編:『日本名家四書註釋全書』第一卷, 東京: 鳳出版, 1973年) 9면.

24) 荻生徂徠는 '故『大學』之為書, 記也, 非經也, 非傳也, 體裁殊也'라고 말한 바 있다.『大學解』, 9면 참조.

중용』과 『논어』는 부분적으로 내용이 상통할 뿐이고,[25] 노자의 무리와
논쟁하려는 뜻이 있었기 때문에 종종 후세 유학자들의 오해를 불러 일
으켰다고 인식하였다.[26] 오규 소라이는 진사이의 사서 해체에서 진일보
하여 오경五經(六經)을 중심으로 한 '소라이학徂徠學'을 형성하였다. 오규
소라이는 오경이 바로 기본 텍스트일 뿐만 아니라 선왕이 제정한 '물物'
을 밝히는 전적이라 여겼기 때문에 『논어』 해석서만 편찬하고 오경의
주석서는 편찬하지 않았다. 바꾸어 말하면 소라이는 비록 오경을 중심
으로 해야 한다고 주장했지만 그에게는 새로운 '오경학五經學'은 없었다.

　　만일 진사이와 소라이를 하나로 같이 놓고 본다면 그들은 비록 오경
에 대한 주석 작업을 진행하지 않았지만 실제로 그들에게는 유학의 정
전正典을 사서에서 육경으로 옮기려는 의도가 있었던 셈이다. 진사이는
육경六經을 『시詩』·『서書』·『역易』·『춘추春秋』 사경四經과 『예禮』·『악樂』
으로 양분하였고, 『예』·『악』은 다른 사경이 정치·교화적 측면에서 참
고할 서적으로 여겼다. 따라서 『논어』·『맹자』의 혈통을 밝힐 수 있게
되면 육경六經의 의미까지도 이해할 수 있다고 본 것이다.[27] 그러나 소
라이는 성인聖人의 가르침은 육경에 존재하기 때문에 『시』·『서』·『예』·
『악』의 학습이 중요하다고 여겼다.[28] 진사이가 표방했던 '인륜일용지학

---

25) 『中庸解』 '其書專言學以成德, 而以中庸為行遠登高之基, 則孔子之家法也.
　　祇本天本性, 言中庸之德不遠人情, 以明其非偽.言成德者之能誠, 以明禮樂
　　亦非偽. 又贊孔子之德極其至, 皆所以抗老氏也' 참조. (關儀一郎編 : 『日本名
　　家四書註釋全書』 第一卷, 東京: 鳳出版, 1973年) 1~2면.

26) 『中庸解』 '故孔門之學, 以脩德為務, 子思之言不其然乎.雖然有所爭, 斯有
　　所辨, 廼言孔子之所未發, 故語性之弊,內外之辨, 於是乎出, 儒者遂忘先王之
　　道為安天下而設焉, 豈子思之心哉'.

27) 『語孟字義』 '『論語』,『孟子』者, 說義理者也. 『詩』,『書』,『易』,『春秋』不說
　　義理, 而義理自有者. 說義理者, 可學而知之者 ; 義理自有者, 須思而得之
　　也.…四經猶天生之物, 不煩雕琢, 自然可觀焉. 『語』,『孟』 猶設權衡尺度, 以
　　待天下之長短. 六經猶畫也,『語』,『孟』猶畫法也, 知畫法而後可通畫理, 示
　　知畫法而能通畫理者, 未之有也.…故通 『語』,『孟』 二書, 而後可以讀六經.'(『
　　日本儒林叢書』第六卷, 東京: 鳳出版, 1978年, 78면).

人倫日用之學'이나 '인의仁義'의 '왕도王道', 또는 소라이가 주장했던 '예악형
정禮樂刑政'의 '선왕지도先王之道'[29] 어느 쪽이든 간에 그 기본적 경향은 모
두 주희朱熹의 이기심성론理氣心性論을 반대하는 것에서 벗어나지 않으며,
군왕의 예악형정을 중심으로 한 유학적 해석을 지향하였다는 데 있다.

　일본과는 상대적으로 조선에서는 중앙집권체제의 일환으로서의 주
자학 혹은 사서학이 안정적으로 발전하였다. 그 기간 동안에는 비록 조
선의 학자들 고유의 토론과 견해가 있었지만 그래도 대부분은 주자학의
수정정도에 그쳤고 주자학을 뒤흔들기에는 역부족이었다. 중국에서 주
자학과 대립되었던 양명학 또한 조선에 유입되면서[30] 곧바로 거유巨儒
이퇴계李退溪의 비판을 받았다.[31] 이 때문에 양명학의 발전은 주자학의

---

28) 『辨名』에 다음과 같은 내용이 있다. '學者, 謂學先王之道也.先王之道在『詩
』,『書』,『禮』,『樂』, 故學之方, 亦學『詩』,『書』,『禮』,『樂』而矣, 是謂之四敎,
又謂之四術. 『詩』,『書』者, 義之府也 :『禮』,『樂』者, 德之則也.德者所以立
己也, 義者所以從政也. 故『詩』,『書』,『禮』,『樂』足以造士, 然其敎之法,『詩』
曰誦,『書』曰讀,『禮』,『樂』曰習, 春秋敎以『禮』,『樂』, 冬夏敎以『詩』,『書』,
假以歲月, 隨陰陽之宜以長養之, 使學者優柔厭飫于其中, 藏焉修焉, 息焉游
焉, 自然德立而知明焉, 要在習而熟之, 久與之化也, 是古之敎法為爾.『論語
』所謂博學約禮者是也'. (台灣大學圖書館所藏江戶中期刊本) 41면.

29) 荻生徂徠는『辨道』에서 '道者統名也, 舉禮樂刑政凡先王所建者, 合而論之
也.非離禮樂刑政別有所謂道也'라고 말한 바 있다. 『荻生徂徠』(東京: 岩波
書店『日本思想大系』36', 1978年), 201면.

30) 유입된 시기에 대해 李能和의 견해(1521년 이후)와 李丙燾의 견해(1546~1566
년 사이), 高橋亨의 견해(1588년) 세 가지가 있는데, 일반적으로 1588년 이전
으로 보고 있다. 崔在穆은「韓國陽明學硏究の論的考察-傳來時期を手掛か
りとした硏視角の再考」(筑波大學倫理學原理硏究會 :『倫理學』5號, 1987年)
에서 1552년 전후로 보았고, 宋錫準은「韓國陽明學의 形成과 霞谷鄭齊斗」
라는 글에서 陽明學이 유입된 뒤 1566년에 退溪의 비판이 있었는데, 이는
양명학이 들어온 지 이미 사십 년 이상의 시간이 지난 것으로 퇴계의 비판
이전에는 적지 않은 학자들이 양명학을 승인했을 거라고 보았다. 宋錫準,
『韓國江華陽明學硏究論集』, (鄭仁在·黃俊傑編, 台北: 台大出版中心, 2005
年), 1~28면.

31) 李退溪 편저『傳習錄辨』에서 양명학을 이단으로 배척하였다.『退溪全書·

그늘 아래서 겨우 몸을 숨길 수 있을 뿐이었다.[32] 조선 양명학 발전의 맥락은 주로 소론少論파 학자들의 가학家學 형태에서 출발하여 정제두鄭齊斗(霞谷, 1649~1736) 후에 비로소 체계를 이루게 되었다. 정제두는 '양지체용도良知體用圖'를 지었는데 이 책에서 주자학과 양명학이 비록 같지는 않으나 근본적 주지로 말하자면 양자 사이의 차이는 없음을 지적하였다.[33] '양지체용도'는 비록 조선의 특색을 갖춘 양명학 이론이기는 하나 조선 주자 학자들이 양명학을 반대하지 않도록 설득하려는 의도로 보아 당시 주자학의 강력한 압력을 알 수 있다.[34]

양명학은 조선 주자학에 대한 정면적인 위협이 되지 않았을 지도 모르나 주자학의 수정과 양명학 수용의 결과, 조선의 유학은 오히려 중국 및 일본과 다른 독특한 발전을 이루게 된다. 임진왜란壬辰倭亂(1592~1598)과 병자호란丙子胡亂(1636~1645)을 통해서 주자학의 도덕 함양이 현실적 문제 해결에 있어서 드러낸 한계성에 대해 조선 유학자들은 사고를 거듭하게

下」, 「年譜」 卷2.

32) 王陽明의 『傳習錄』이 중국에서 1518년경에 출간되었는데, 조선에서는 1593년에 가서야 비로소 간행되었다. 그 이전에 조선에서는 이미 1552년에 『異端辯正』, 1560년에 『困學記』, 1573년에 『學蔀通辨』 등과 같은 양명학 비판 서적이 간행되었다. 金容載, 「韓國研究陽明學現況與新探索－以江華學研究為中心」(『韓國江華陽明學研究論集』, 鄭仁在・黃俊傑編, 台北: 台大出版中心, 2005年) 참조.

33) 崔在穆, 「鄭齊斗陽明學在東亞學術中的意義」 『韓國江華陽明學研究論集』, (鄭仁在・黃俊傑編, 台北: 台大出版中心, 2005年), 337~64면.

34) 이 내용은 鄭齊斗의 문인이었던 李匡臣(恒齋, 1700~1744)의 말을 통해 살펴 볼 수 있다. 李匡臣의 아우인 李匡贊(襄仲, 1702~1766)은 일찍이 朱子學과 陽明學에 대한 이광신의 해석 방식에 대하여 비평하며 다음과 같이 말한 바 있다. '襄以為: 心即理之說, 弟固深有取焉, 而其與程,朱性理說, 如水火不同. 而兄則以為未嘗不同, 欲彌縫兩合. 此蓋兄於王,朱常有兩可之意, 所謂 『冰炭錄』 皆是此意, 故於此論性同異處, 亦未免援王而入朱, 以朱而準王'. 「與襄弁難朱王理氣說・三」, 『恒齋譯匡臣公遺稿』 册1 참조. 『恒齋譯匡臣公遺稿』는 沈慶昊가 門中本 三册을 수집하여 「恒齋李匡臣論」이라는 논문을 발표하였다. 『震檀學報』 第84號 (震檀學會, 1997年)에 수록.

되었다. 이 때문에 주자학 이외의 지식자원은 현 상황을 돌파하기 위해 힘써 노력하는 지식인들의 필수적인 무기가 되었다. 이런 의미에서 조선 후기 유학의 발전은 학파의 전통 및 가학의 전통에 벗어난 기미를 보이게 된다. 이 때문에 비록 한 사람의 스승으로부터 이어받은 전통이라도 그 사이의 영향과 관계가 단선적인 발전을 보인다고 함부로 말할 수 없다. 양명학자인 정제두는 그 좋은 예라 할 수 있다. 그의 문하였던 이광신李匡臣·심육沈錥(樗村, 1685~1753)·윤순尹淳(白下, 1680~1741) 세 사람 중 이광신은 양명학을 절충하려는 경향이 뚜렷한데 반해 심육은 주자학을 존숭하고 양명학을 비판하였으며, 윤순은 양명학과 하곡학霞谷學을 받아들이는 태도를 보이지 않는다.[35] 이것은 분명 정제두가 양명을 존숭한 마음을 은폐시키고 '양주음왕陽朱陰王'의 방식을 취했을 뿐만 아니라 그의 문하 사람들이 별집을 편찬할 때 양명학을 신봉했던 부분을 일부러 삭제했던 것으로 보인다.[36] 또한 조선 후기의 학자들이 이미 학파의 영향을 받지 않고도 자주적 학풍을 형성하는 경향이 있었다는 사실을 추론할 수 있다.

다시 성호학파星湖學派의 이익李瀷(1681~1763)을 예로 들면 다음과 같다. 성호星湖는 당색黨色에 있어서는 퇴계학 계통이고 남인에 속했으며 퇴계를 사숙하며 그를 존경하는 것이 주자와 다르지 않았다. 심성이기설心性理氣說에 대해서는 퇴계를 지지하고 율곡에게 반발하는 등 남인의 특색을 발휘하였다. 그러나 경제실용의 학문에 있어서는 성호는 이율곡과 유반계柳磻溪(馨遠, 1622~1673)의 설을 본받아 밝혔으며 '아조유리률곡我朝唯李栗谷, 류반계위식무지최柳磻溪為識務之最, 이혹억이불시而或抑而不施, 혹온이미현或蘊而未顯, 시위가한是為可恨'이라고 여겼다.[37] 여기에 이르러서 가학

---

35) 中純夫, 「陽明學對初期江華學派的影響」(『韓國江華陽明學研究論集』,(鄭仁在·黃俊傑編, 台北: 台大出版中心, 2005年).

36) 高橋亨, 「朝鮮の陽明學派」, 『朝鮮學報』第4輯(朝鮮學會, 1953年) 및 李能和, 「朝鮮儒界之陽明學派」, 『青丘學叢』第25號(青丘學會, 1936年).

37) 『星湖先生全集』附錄卷之二, 許傳所撰 「謚狀」

과 학파를 탈피한 자주적 학풍 아래에서 조선 유학은 비로소 점차적으로 주희 사서학의 제약에서 벗어나 조선의 특색을 갖춘 새로운 사서학으로 발전하게 된다.

3. 茶山 四書學의 발생 의의

조선 후기 유학의 새로운 발전은 정약용(1762~1836)의 사서학으로 대표될 수 있다.

동아시아 유학의 영역에서 다산 사서학의 발생의의에 대한 고찰은 조선유학 자체적인 맥락과 중국과 일본 유학의 맥락이라는 두 가지 측면에서 설명이 가능하다.

조선유학의 맥락에서 말하자면, 퇴계학파와 율곡학파의 논쟁은 이미 수 백 년이 되었기 때문에 학술적인 토론은 결국 정치적인 투쟁의 구실이 되었다. 이런 상황을 변화시키기 위해서는 오로지 유학과 이기론의 구조를 분리시켜야만 비로소 가능하였다. 다산은 23세에 이미 사단칠정론에 대하여 관심을 가지고 논했는데, 율곡의 '기발이이승지氣發而理乘之'를 주장하고 이벽李蘗이 주장한 '이기호발설理氣互發說'에 반대하였다. 그러나 34세에는 서암西巖의 강학회講學會에서 자신의 입장을 바꿔서 퇴계와 율곡이 제시한 '이理'와 '기氣'에 대한 정의가 같지 않다고 인식하고 '시비 득실이 하나로 귀결되지 않을까 두렵다恐無是非得失之可以歸一者'라고 하였다.[38] 표면적으로는 다산이 퇴계와 율곡의 쟁의를 종합한 것처럼 보이지만, 사실상 다산은 이와 기의 논쟁을 종결시키고 싶었던 것이다. 이런 태도는 「답이여홍答李汝弘」이라는 글 속에 가장 잘 표현되어 있는데, 다음과 같이 말하였다.

然理氣之說, 可東可西, 可白可黑, 左牽則左斜, 右挈則右斜, 畢世相

---

38) 〈西巖講學記〉, 『與猶堂全書』 第3冊, 403~404면.

爭, 傳之子孫, 亦無究竟. 人生多事, 兄與我不暇爲是也.[39]

　다산은 이기理氣문제 혹은 사단칠정론에 대하여 서로 다른 정의와 입장으로 인해 서로 다른 관점을 갖게 되므로 이것 때문에 생명을 허비하고 '익어언담溺於言談'하고 '소어천리疎於踐履'하는 상황을 만들어서는 안 된다고 인식했다.[40] 그러나 다산은 '이기론'으로 유학의 태도를 토론하는 것에는 반대하였지만, 퇴계와 율곡의 유학에 직접적으로 반대하지 않았다. 그러므로 「이발기발변이理發氣發辨二」 속에서 그는 특별히 퇴계학의 중요한 요지는 '이기지변理氣之辨'에 있지 않다고 설명하였다.

　　四端由吾心, 七情由吾心, 非其心有理氣二竇而各出之使去也, 君子之靜存而動察也. 凡有一念之發, 即已惕然猛曰 : 是念發於天理之公乎? 發於人欲之私乎? 是道心乎是人心乎? 密推究是果天之理公, 則培之養之, 擴而充之. 而或出於人之私, 則遏之折之, 克而復之. 君子之焦脣敝舌而慥慥乎理氣之辨者, 正爲是也. 苟知其所由, 發而已, 則辨之何爲哉? 退溪一生用力於治心養性之功, 故分言其理發氣發, 而唯恐其不明, 學者察此意而深體之, 則斯退溪之忠徒也.[41]

　다산은 상기 인용문 속에서 리기 구분의 중점사항은 '천리天理 / 인욕人欲', '도심道心 / 인심人心'의 구분에 있으며 심념心念 발생이 '기발氣發' 혹은 '이발理發'에서 비롯되는 것이냐에 있지 않다고 설명하였다. 진정한 퇴계의 학도라면 마땅히 고찰해야 할 것은 마음이 천리 혹은 인욕에 부합하느냐, 도심 혹은 인심에 부합하는 것이냐 이지, 생각의 근원이 '이'

---

39) 『與猶堂全書』 第3冊, 244면.
40) 〈鹿菴權哲身墓誌銘〉에서 다음과 같은 말이 나온다. '後世之學, 溺於言談, 說理氣論情性, 而疎於踐履'. 『與猶堂全書』第2冊, 610면.
41) 『與猶堂全書』 第2冊, 308~309면.

인가 아니면 '기'인가를 추구해서는 안 된다고 인식하였다.

　상술한 논점 역시 주자의 이기설에 대한 다산의 비평을 반영한다. 그는 비록 주자의 이기설을 반대했지만, 주자의 학문을 반대하지는 않았다. 다산은 그의 수많은 저서를 통해 주자에 대한 존경심을 표현했다. 그는 주자의 인품에 대해 '不計自己利害, 不顧旁人是非, 不念朋舊之誼情好之篤, 而極口觝排, 務障狂瀾. 是其心未嘗不純然一出於天理之公, 而無一毫人欲之私也'42)라고 하였다. 그리고 주자의 학문에 대해 '從違取舍之際, 又必兢兢致愼, 要令理勝而義明而已. 未敢輕呵前人, 取快筆舌. 其才如彼其高, 而其心如此其公, 所以其言之端的可信, 非餘人所及也'43) 라고 언급한 것을 봐도 그러하다. 다산의 이러한 치학治學의 태도는 단지 주자학뿐만 아니라 중국과 일본 유학에 대한 비판에서도 드러난다.

　중국과 일본 유학의 맥락에서 이야기 한다면, 1644년 만주인이 세운 청나라가 산해관에 들어가 명왕조가 멸망한 이후에 조선은 청나라를 오랑캐라 여기고 청나라 사람들과의 문화적 교류를 차단해버렸다. 이러한 상황에 맞추어 박제가朴齊家(貞蕤, 1750~1805)는 1786년에 '북학北學'을 제창하였다.44) '북학'이란 북쪽의 중국에서 배운다는 의미이다. 다산은 『일본론日本論』에서 일본이 걱정하지 않아도 되는 다섯 가지를 논하면서, 중국과의 교류에 대해 '日本未通中國, 凡中國之錦綉寶物, 皆從我得之. 又其所孤陋, 我人之詩文書畵, 得之爲奇珍絶寶. 今其舟航直通江浙, 不唯得中國之物而已, 竝得其所以製造諸物之法, 歸而自造而裕其用'45)라고 말하였다. 이

---

42) 「與金承旨」, 『與猶堂全書』 第3冊, 154~155면.

43) 「與金德叟 · 又書」, 『與猶堂全書』 第3冊, 350면.

44) 朴齊家는 『北學議』 內外 二篇을 지었다. 〈內篇〉에는 中國의 수레, 선박, 성곽, 바닥에 까는 벽돌, 기와, 궁실, 도로, 교량, 목축, 市井, 상업, 약, 醬, 弓矢 등 일상생활에 필요한 설비와 체계를 수록하고 있고 조선이 가난을 면하기 위해서는 필수적으로 중국의 문물을 배워야 한다고 힘주어 말하였다. 〈外篇〉에는 田, 糞, 桑, 農, 蠶總論, 通江南浙江商船議, 科擧論, 財賦論 등을 수록하고 있다. 농업과 양잠업을 개량하고 선박의 활용과 외국과의 교역을 주장하였다.

로써 다산과 박제가는 모두 당시 조선과 청왕조의 단절에 대해 불만을 가지고 있었음을 알 수 있다. 그렇지만 다산은 청대의 문헌고증학을 경험한 이후에 중국 유학에 대한 발전에 대해서도 불만을 품게 된다. 이 내용은 모기령毛奇齡(西河, 1623~1716)에 대한 비판 속에 잘 드러나 있다. 그는 「답이나주答李羅州」에서 다음과 같이 말하였다.

世稱毛奇齡詆斥朱子之說, 語雖乖悖, 理或明的, 鏞亦嘗比觀而照勘矣. 蓋其學術專襲於漢儒纖緯之餘, 而雜引其贗書荒怪之談, 人見其考據之博, 驚怯喪膽而云然也. 細細查櫛, 則枘鑿相戾, 瘡疣百出. … 況其「曼殊傳」,「連廂詞」等作, 無異倡優下賤, 大非儒者氣象. 而其從曾祖卽王陽明之親徒, 故傳其心法, 而爲此醜正之論也. 知此而後益信朱子爲天地四時, 而蒧然顧笑於蚍蜉之撼樹也. 至於格君安民之苦心血誠, 亦鏞之所嘗反覆詠歎而不能已者. 今門下言之, 益不勝犁然而會心也.46)

여기서 다산은 양명학과 청대 고증학에는 유자儒者의 기상氣象이 없다는 관점을 드러냈다. 그리고 유학에서 주자학의 중요한 위치에 대해서도 거듭 피력하였다. 이 때문에 중국 근세에 전래된 한학에 대해 다산은 반드시 '虛心公觀, 以察是非之眞'의 태도로써 임해야 한다고 인식했다.47)

조선은 일본 유학의 발전을 이해할 수 있었는데, 그 이유는 1764년 전

---

45) 『與猶堂全書』, 第2冊, 280~283면.
46) 『與猶堂全書』, 第3冊, 191~192면.
47) 「答金德叟」에 다음과 같은 내용이 있다. '竊嘗以爲漢儒高古, 其訓詁相承, 固多可取, 而其紕繆錯誤, 誠亦不少, 故朱子多所更改, 非求瑕於白璧也. 近世一種習尙, 乃欲專心古注, 凡古注所言, 有議其不允者, 指之爲妄人. 然窮居數十年, 沈漸章句, 積久稽驗, 知古注未必盡是, 後儒新論未必盡非. 唯當虛心公觀, 以察是非之眞. 不宜按世次考年紀, 以斷其從違也'. 『與猶堂全書』第3冊, 330면.

후 통신사의 정보를 통해 고학파古學派의 발전 상황을 알 수 있었기 때문
이다.48) 다산은 일본 고학파가 군왕의 예악형정을 중심으로 유학을 해
석하는 점에 대해서 경외감을 가진 것 같다. 왜냐하면「일본론」에서 그
는 일본에 이토 진사이・오규 소라이・다자이 준太宰純(春臺, 1680~1747) 등의
문사가 있음을 극찬하며 '日本今無憂也, 余讀其所謂古學先生伊藤氏所爲
文, 及荻先生・太宰純等所論經義, 皆燦然以文, 由是知日本今無憂也'49)라
고 말하고 있기 때문이다. 그러나 다산은 그의 사서 주석을 완성한 이후
에 이토 진사이・오규 소라이・다자이 준의 학문에 대한 태도에 변화가
생기게 된다. 다산의『논어고금주論語古今注』는 비록 다자이 준의『논어
고훈외전論語古訓外傳』을 인용하기도 했지만 종종 그의 의견을 긍정하지
않았다.50)「발태재순논어고훈외전跋太宰純論語古訓外傳」이라는 글 속에서
그는 태재순太宰純를 '괴교乖巧'・'방사放肆'라며 비평하기도 하였다.51) 이

---

48) 통신사의 외교적 임무를 통해서 조선은 1764년에 일본의 古學과 徂徠學의
발전에 대해 알게 되었다. 茶山의 저작「日本論」(『與猶堂全書』第2冊,
280~283면),「跋太宰純『論語古訓外傳』」(『與猶堂全書』第2冊, 498면)이 있으
며, 1813년에 지은『論語古今注』에서는 伊藤仁齋에 관한 설명이 3번, 荻生
徂徠에 관한 설명 50번, 太宰春台에 관한 설명이 148번 보인다. 이로 보아
이들에 관한 다산의 이해가 상당했을 뿐만 아니라 많은 영향을 받았음을
알 수 있다. 통신사와 일본 古學파와의 교섭에 관한 내용은 夫馬進의「朝通
信使による日本古學の認識」(『思想』981號, 2006年1月),「一七六四年朝鮮通
信使と日本の徂徠學」(『史林』89卷 5號, 2006年9月)을 참조. 조선시대 일본유
학의 유입은 朴洪植「伊藤仁齋・荻生徂徠之學對丁茶山的意義」(嶺南大學
民族文化硏究所:『民族文化論叢』第31輯, 2005年6月) 참조. 朴洪植은 위의
글에서 일본 유학의 유입은 3단계로 구분된다고 보았다. 첫째는 安鼎福의
伊藤仁齋 소개, 두 번째는 李德懋의 伊藤仁齋・荻生徂徠・太宰純 소개, 세
번째는 伊藤仁齋・荻生徂徠・太宰純의『論語』注釋에 대한 정다산의 인용
과 비평. 일본 고학파에 대한 다산의 인용은 河宇鳳,「丁若鏞の日本儒學硏
究」『朝鮮實學者の見た近世日本』(東京: ぺりかん社, 2001年) 참조.
49)「日本論一」,「日本論二」『與猶堂全書』第2冊, 280~283면.
50) 張崑將,「丁茶山與太宰春臺對『論語』的解釋比較」『東亞視域中的茶山學與
朝鮮儒學』(黃俊傑編, 台北: 台大出版中心, 2006年) 참조.

밖에도 다산은 고시古詩를 지어 일본의 유명한 유학자의 학문은 '정학正
學'이 아니며, 결국에는 '음란경권淫亂經卷'에 빠졌다고 보았다. 그 시를
살펴보면 다음과 같다.

> 日本多名儒, 正學嗟未見. 伊藤稱好古, 荻氏益鼓煽.
> 流波及信陽, 詖淫亂經卷. 五穀未始嘗, 稗稊種已遍.
> 危哉洛閩脈, 雞林亦一線. 世運噫如此, 中夜獨轉輾.52)

「일본론」과 「고시」에서 드러난 전반적인 의견으로 볼 때, 다산은 처
음 일본 유학에 접했을 때의 '今其文學, 遠超吾邦'과 같은 탄식에서 자
국의 문화에 대한 깊고도 철저한 반성으로 변화되었음을 알 수 있다. 이
러한 반성은 오경과 사서에 대한 주석 작업을 거친 뒤에는 다시 자신감
으로 변하게 되었다.

자신의 사서학에 대한 다산의 자신감은 중국 및 일본의 학술계에 대
한 관찰 속에서 비롯되었을 것이다. 그는 이미 청대의 고증학이 선비의
기개와 학문의 작용 속에서 별다른 교화의 역할을 할 수 없다는 사실
뿐만 아니라 일본 유학의 근본 없는 방사함에 대해서도 알게 되었다.
다산과 일본 유학자의 분명한 대립에 대해서는 오규 소라이와 다자이
준의 우민론愚民論에 대한 다산의 반응을 참조할 만하다.53) 소라이는 일
찍이 무사武士만이 학문의 양성과 교육을 향유할 수 있다고 인식했던
'민시우지물民是愚之物'을 말한 바 있다. 다자이 준도 소라이의 사상을 계

---

51) 「跋太宰純論語古訓外傳」에서 다음과 같이 말하였다. '太宰純, 日本名儒也.
　　其所著『論語古訓外傳』祖述皇侃, 詆排朱子『章句』.異哉一時風氣, 如煙羃霧
　　漲, 至及海島之中也.以『論語』有「牢曰」,「憲問」二文, 遂以七篇爲出琴原
　　二子之手, 其言之乖巧類如此.其淵源蓋出於伊藤維禎, 而轉轉磯激, 放肆至
　　此.『與猶堂全書』第2册, 498면.
52) 「古詩二十四首」,『與猶堂全書』第1册, 139면.
53) 張崑將, 「丁茶山與太宰春臺對『論語』的解釋比較」, 85~92면.

승하여 『논어 · 태백泰伯』 '민가사유지民可使由之' 장을 다음과 같이 주해
한 바 있다.

> 有君子可以治民, 有民可以養君子. 其必一君子可以治眾民, 然後天下
> 治. 若使天下之人, 家喻戶曉, 而民咸為君子, 是天下無民. 無民非國也, 其
> 君子亦無所使者, 若然者, 何以為國乎?54)

　　다산은 이에 대해 반박하며, 공자와 맹자는 '유교무류有教無類' · '지공
무사至公無私' · '인개가이위요순人皆可以為堯舜'과 같은 입장에서 교화를 행
했는데, 만약 예와 악으로써 백성들로 하여금 절제하기를 가르치지 않
는다면 국가는 망하고 말 것이며, 진秦나라의 멸망이 바로 그 예가 될 수
있다고 하였다.55)
　　상술한 설명을 통해 보면 다산은 비록 각종 학문의 영향을 받았지만
그는 시종일관 엄격한 학문적 태도를 유지했으며, 어떤 한 가지의 학설

---

54) 『論語古訓外傳』(張崑將京都大學影印本)卷8, 8면. 太宰純은 『斥非』(『日本儒
林叢書』第4卷에 수록, 10면)에서 이러한 사상을 발휘하여 다음과 같이 인식
했다. '君子之道者, 為人上之道也 ; 而小人之道者, 為人下之道也. 且古者有
圭璧金璋, 命服命車, 宗廟之器, 皆不粥於市, 以尊物非民所宜有故也, 先王
之制也. 今說經於衢路, 豈不粥尊物於市之類乎 ? '

55) 茶山의 반박은 다음과 같다. '孔子親口自言曰 : 『有教無類』, 而又反之曰 :
『不可使知之』, 有是理乎? 『書』大傳曰 : 『公卿大夫元士之適子, 十五入小學』,
故說者遂謂『孟子』所云 : 『謹庠序之教, 申之以孝弟之義者』, 亦不過貴族. 然
『王制』曰 : '卿大夫元士之適子, 國之俊選皆造焉', 所謂國俊者, 即朱子所謂『
凡民之俊秀者』. 『周禮　大司徒』『以鄉三物教萬民, 而賓興之』. 『以鄉八刑糾
萬民』, 『以五禮防萬民之偽』, 『以六樂防萬民之情』. 凡萬民之不服教者, 歸于
士. 名曰萬民, 豈復有尊卑貴賤於其間乎? 聖人之心, 至公無私, 故孟子曰 : 『
人皆可以為堯舜』, 豈忍以一己之私欲, 愚黔首以自固, 阻人堯舜之路哉? 設
欲自固, 亦當教民以禮義, 使知親上而死長, 然後其國可守. 眞若愚黔以自固,
則不踰朞月, 其國必亡, 秦其驗也' 『論語古今注』卷4, 『與猶堂全書』第5册,
297~298면.

에 치우치지 않았음을 알 수 있다. 동아시아 유학적 상황 속에서 다산의 심적 경로를 살펴보는 것 외에도 서학의 각도에서 다산의 사서학의 발생 의의를 살펴볼 수 있다. 일반적으로 다산의 '사천학事天學'과 '성기호지설性嗜好之說'은 서학의 영향을 받았다고 보인다.[56] 그러나 다산이 서학의 영향을 받았다고 해서 그저 서학의 의견을 수용하기만 했다고 단정 짓는 것은 결코 아니다. 이러한 예는 다산이 권철신權哲身(鹿菴, 1736~1801)의 학문에 대해 평가한 「녹암권철신묘지명鹿菴權哲身墓誌銘」에서 그 단서를 찾을 수 있다. 지금 그 내용을 인용해보면 다음과 같다.[57]

> 以余所聞, 其論『大學』以爲'格物'者, 格物有本末之物 ; '致知'者, 致知所先後之知 ; 又以孝弟慈爲'明德', 而舊本不必有錯簡. 其論『中庸』, 以'所不聞所不睹'爲天, '載之無聲無臭'. 其論'四端', 以端爲首, 如趙岐之說. 而仁義禮智'爲行事之成名. 其論『喪禮』, 以兄弟爲同族之通稱, 以立後爲死人之後, 以帶下尺爲衣裾之長, 以燕尾爲本無之物.其受弔, 唯主人拜賓, 衆主人不拜賓, 以玆速謗不少. 其論『國風』, 以鄭衛爲刺淫之詩. 其論『尙書』以梅氏二十五篇爲膺書. 凡此諸說, 雖與朱子所論, 不無異同. 生平愛慕朱子, 誦其文述其義, 津津淫淫, 不知眉毛之跳動. 嘗曰 : '眞心慕朱子者, 莫我若也'.

권철신은 일찍이 1777년에 천주교를 신봉하였고, 1801년 신유박해 때 죽임을 당하였다. 위 인용문을 통해서 다산이 『사서』 주해에서 권철신의 의견을 많이 취했음을 어렵지 않게 짐작할 수 있다. 그리고 권철신의

---

56) 琴章泰(2003), 「다산사천학과 서학수용」『조선 후기 유학과 서학』, 서울대학교 출판부; 方浩範(2004), 「儒學과 丁若鏞의 哲學思想」『韓國學術情報』; 鄭仁在, 「西學與丁茶山的'性嗜好'學說」『東亞視域中的茶山學與朝鮮儒學』(黃俊傑 編(2006), 台北: 台大出版中心) 참조.
57) 『與猶堂全書』第2冊, 612면.

'眞心慕朱子者, 莫我若也'라는 말을 통해 볼 때 조선의 초기 천주교는 공·맹의 유학이 천주교의 학문이 서로 저촉되고, 주자학이 천주교리에 위배된다고 인식하지 않았음을 알 수 있다.

상술한 설명을 통해 알 수 있는 내용은 다음과 같다. 다산은 당시 중국·일본 유학의 발전에 대해 깊이 이해한 뒤, 학문의 쇠퇴에 대한 깊은 우려를 가졌고, 유학을 다시 진작시키기를 꿈꾸었다. 그리고 서학을 섭렵한 뒤에는 서학과 공자 유학이 충분히 서로 같이 발전할 수 있으며, 주자학의 본뜻을 명백히 설명할 수 있음을 발견하였다는 것이다. 따라서 그가 새로운 사서학 해석이라는 학문을 창조하게 된 것은 유학의 부흥을 희망했을 뿐만 아니라 조선의 예악 문화를 강화시키고 부국강병의 토대를 다지고자 하였음을 알 수 있다.

4. 다산이 스스로 체계를 세운 四書學

다산이 그의 사서학 체계를 능히 완성할 수 있었던 것은 그가 각종 학문의 영향을 받았던 것과 관계 깊다. 성호에 대한 존경심,[58] 퇴계의 학문과 인품에 대한 경의[59] 외에도 그는 이기양李基讓(茯菴, 1744~1802)·권철신·이승훈李承薰(1756~1801)의 영향을 받아 양명학과 서학을 수용하게 되었다.[60] 통신사의 정보를 통해서 일본 고학파의 발전에 대해서도 알

---

58) 다산은 34세 때 金井察訪 재임 때 星湖의 증손인 李森煥에게 보내는 편지에서 다음과 같이 말한 바 있다. '惟我星湖夫子以天挺英豪之才, 生於道喪敎弛之後, 得以私淑於晦退. 經之以心性之學, 緯之以經濟之業, 著書累百餘編, 以嘉惠後學 … 往在戊戌己亥之間, 京洛游談之士, 恭趨長楫, 攝以威儀, 儼然有三代氣象, 是誰之力? 皆星翁爲之拓基址立門戶, 以中興斯道, 而樹萬世不拔之業也. 前後聖敎勤勤懇懇, 以崇正學, 爲闢異端之本, 苟有待文王而興者, 將奮然自作於無根沒源之地, 而況游星翁之門, 而聞星翁之風者哉!「上木齋書」『第一集詩文集·書』, 『與猶堂全書』第2冊, 185~186면.

59) 「陶山私淑錄」『與猶堂全書』第3冊, 431~453면.

60) 徐鍾泰(1995), 「성호학파의 양명학과 서학」, 서강대학교 박사학위논문, 6~73면.

수 있었다.[61] 그렇지만 다산의 저작과 발언을 통해 볼 때 그는 비록 각
종 학문의 영향을 받았으되, 자신만의 학문적 주체성을 잃지 않았기 때
문에 성호를 존숭하여도 '예식禮式'에 관련된 저작의 결함을 지적하였다.
그리고 성호의 학설이 근거 없는 고례古禮를 세상에 퍼뜨렸기 때문에 지
식인들의 조소를 받게 될 것이라 여겼다.[62] 그는 비록 퇴계를 사숙하였
어도 율곡의 기발이승설에 반대하지 않았다.[63] 왕양명을 현자賢者로 칭
송하였고, 고본대학설古本大學說을 수용하였으나 양명학을 '이단학문'으
로 비평하기도 하였다.[64] 다산은 자주적인 학문 정신을 지니고 있었기
에 사서학에 대한 그의 해석은 동아시아에서 독자적인 체계의 완성이라
는 공헌을 할 수 있게 되었다.

　　다산은 어떻게 해서 자신만의 사서학을 만들어 낼 수 있었을까? 「오
학론일五學論一」에서 그 주요내용을 살펴볼 수 있다.

　　　性理之學, 有所本也. 然古之爲學者, 知性之本乎天, 知理之出乎天,

---

61) 주 48)과 동일 내용.

62) 「上仲氏」에서 다음과 같이 말했다. '『僿說』以今所見, 使得任意刪拔, 恐與武
　　成相同, 十行廿字, 不過七八冊.似可了當. 『疾書』亦必然矣.向於箋『易』之時,
　　取見『周易疾書』, 亦多不可不採錄者. 若採而錄之, 可得三四張, 他經必十倍於
　　此. 但禮式不但失之太儉, 其違於今俗. 而無據於古禮者, 不可勝數.此書若廣
　　布, 入於識者之眼, 大段未安, 此將奈何!'『與猶堂全書』第3冊, 314~315면.

63) 『中庸講義補』 속에는 다산이 23세 때 정조가 『中庸』에 관한 질문에 대한
　　응답이 실려 있는데, 사단칠정론에 대해서는 李滉이 주장했던 퇴계의 '理氣
　　互發說'에 반대하였고, 율곡의 '氣發理乘說'에 동의하였다. 34세에 西巖講學
　　會에서 그는 퇴계와 율곡의 '理'와 '氣'에 대한 범주가 같지 않기 때문에 '시
　　비 득실이 하나로 귀결되지 않을까 두렵다(恐無是非得失之可以歸一者)'라
　　고 하였다. 『中庸講義補』(『與猶堂全書』 第4冊, 365~366면), 「西巖講學記」(『
　　與猶堂全書』 第3冊, 403~404면) 참조.

64) 「致良知辨」에서는 다음과 같이 이른다. '王陽明以致良知三字爲法門宗旨,
　　遂以『大學』之致知, 爲致『孟子』所云不學而知之良知.重言復言而不知止, 謂
　　自家一生得力, 只此三字.察其語, 深信不疑, 欣然自得, 百世以俟聖人而不
　　惑, 嗚呼! 此陽明之所以爲賢者.而陽明之學之所以爲異端也.凡立一句語爲宗
　　旨者, 其學皆異端也'.『與猶堂全書』 第2冊, 309면.

知人倫之爲達道. 以孝弟忠信, 爲事天之本 ; 以禮樂刑政, 爲治人之具 ; 以誠意正心, 爲天人之樞紐. 其名曰 : '仁' ; 其所以行之, 曰 : '恕' ; 其所以施之, 曰 : '敬' ; 其所以自秉, 曰 : '中和之庸', 如斯而已, 無多言也.[65]

상기 단락은 '성리지학性理之學'에 대한 다산의 설명이다. 다산의 설명을 분석해보면 기본적인 구조가 『중용』을 기초로 하고 있음을 알 수 있다. '知性之本乎天, 知理之出乎天, 知人倫之爲達道'의 내용은 『중용』의 '천명지위성天命之謂性'의 설명에 대응된다. 그리고 '以孝弟忠信, 爲事天之本 ; 以禮樂刑政, 爲治人之具'는 『중용』의 '솔성지위도率性之謂道'에서 위로는 '사천事天', 아래로는 '치인治人'이 두 갈래의 길이 있어 능히 성의誠意·정심正心하면 능히 사천·치인할 수 있게 되므로 '誠意·正心, 爲天人之樞紐'라 하였다. 능히 '효제충신孝弟忠信'의 덕을 실천하고 '예악형정禮樂刑政'의 법도를 세울 수 있다는 것은 바로 『중용』의 '수도지위교修道之謂敎'의 의미를 개괄하는 것이라 볼 수 있다.

상술한 설명에 근거해서 다산 성리학의 기본적인 틀을 그려보면 다음과 같다.

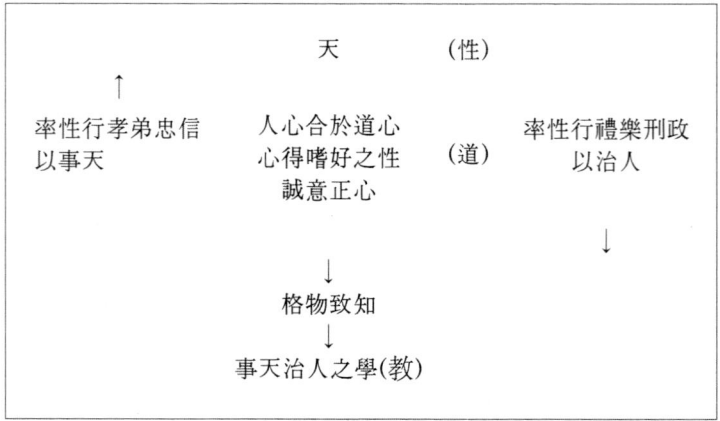

65) 『與猶堂全書』 第2册, 498면.

사서를 다산의 성리학 속에 들여놓는다면 사서학이 『논어』의 '효제충신'을 총강령으로, 『중용』을 그 심법心法으로 삼았음을 알 수 있다. 다산은 『중용』을 중시했음은 「중용책中庸策」에서 제기한 『중용』과 「향당鄕黨」의 '상표리설相表裏說'을 통해 알 수 있다. 다산은 「향당」을 통해 공자가 밖으로 표출했던 거동 속에서 예의 엄숙함과 장중함을 볼 수 있으며,[66] 『중용』을 읽으면 공자의 내면에 충만했던 성性과 천도天道의 학문을 알 수 있다고 보았다.[67] 그런 까닭에 『중용』의 '天命之謂性, 牽性之謂道, 修道之謂敎'의 가르침을 공자의 심법으로 여겼다.

다산은 『중용』의 심법이 밖으로 행해지면 '교敎'를 논하지 않을 수 없다고 여겼다. '교'란 '효제충신'에서 벗어나지 않는다. '효제충신'은 다시 '효孝·제弟·자慈' 세 가지로 말할 수 있다. 그중에서 '자'는 성인이 '불면이능不勉而能'한 까닭에 성인이 '유효제시훈唯孝弟是訓'이라는 가르침을 세웠다. 이러한 논지들은 대부분 「원교原敎」속에 개괄되어 있다. 그 내용은 다음과 같다.

> 愛養父母謂之孝 ; 友於兄弟謂之弟 ; 教育其子謂之慈, 此之謂五敎也. 資於事父以尊尊而君道立焉 ; 資於事父, 以賢賢而師道立焉, 茲所謂生三而事一也. 資於事兄以長長 ; 資於養子以使衆 ; 夫婦者, 所與共修此德,

---

66) 『詩經講義·大雅·蕩之什·烝民』에서 다음과 같이 말하였다. '『春秋』傳觀人論人之法, 不外乎威儀 ; 「鄕黨」篇尊聖學聖之術, 不出乎威儀'(『與猶堂全書』第6冊, 550면). 又『論語古今註 鄕黨』中茶山按語言 : '記 「鄕黨」者, 記夫子動容中禮也'(『與猶堂全書』 第5冊, 351면).

67) 「中庸策」에 다음과 같이 말하였다. '臣竊嘗以爲『中庸』一書, 與 「鄕黨」篇實相表裏, 何者 : 「鄕黨」就聖人文章之著於外者而言之 ; 『中庸』就聖人道德之充乎內者而言之. 欲知聖人之內蘊者, 舍是書何以哉 ? 蓋門人之所得而見者, 不過威儀動作之間. 若子思則本之家庭之學, 接乎宗嫡之統, 其所得而知之者, 乃其精髓蘊奧之祕. 子貢所謂 : 夫子之文章, 可得而見, 夫子之言性與天道, 不可得而聞者此也. 苟使學者讀 「鄕黨」之篇而得其文章之表, 讀『中庸』之書而發其道德之蘊, 何患乎學孔子也 ! '『與猶堂全書』 第1冊, 655면.

而治其內者也；朋友者, 所與共講此道, 而助其外者也. 然唯慈者, 不勉而
能之, 故聖人之立教也, 唯孝弟是訓. 『孟子』曰：仁之實, 事親是也；義之
實, 從兄是也；禮之實, 節文斯二者是也；樂之實, 樂斯二者是也；智之
實, 知斯二者, 不去是也. 由是言之, 『大學』之明明德, 明此二者也. 『中庸
』之自誠明, 誠此二者也. 忠之爲言, 盡此二者而實於己也；恕之爲言, 推
此二者而及於物也. 格物致知, 格此二者而知所以先後也；窮理盡性, 窮
此二者而盡吾之性分也. 二者誠乎心, 謂之正心；二者誠乎身, 謂之修身；
昭明二者, 以順性命, 謂之事天. '天命之謂性, 率性之謂道, 修道之謂教'.
教也者, 五教也.(68)

상기 인용문의 주요 내용은 다음 세 가지로 나눌 수 있다. 첫째, '효'
는 '효친孝親', '군도君道, 尊尊', '사도師道, 賢賢'의 뜻으로, '제'는 '사형事兄,
長長', '양자養子, 使衆', '부부공수차덕夫婦共修此德', '붕우공강차도朋友共講此
道'의 뜻으로 각각 파생될 수 있다. 그러므로 '효제충신' 혹은 '효제'는 '부
자유친父子有親, 군신유의君臣有義, 장유유서長幼有序, 부부유별夫婦有別, 붕
우유신朋友有信' 등 '오륜五倫'이라는 인간관계 활동과 '오교五敎'의 의미를
총괄한다. 이것으로 보아 다산은 '효제'로써 유학의 '학學'교학론敎學論의
내용을 개괄하고 있음을 알 수 있다.

둘째, 다산은 『맹자』에서 말한 '인仁, 의義, 예禮, 악樂, 지智', 『대학』에
서 말한 '명명덕明明德', '격물치지格物致知', '정심성의正心誠意', 그리고 『중
용』의 '자성명自誠明', 『논어』의 '충서지도忠恕之道', 『주역周易・설괘說卦』의
'궁리진성窮理盡性'의 실천 대상은 바로 '효와 제' 이 둘에 있음을 지적하
였다. 여기서 다산이 '효와 제'라는 두 글자로써 유학의 '행行'(실천론實踐論)
의 대상과 수양(천부론天夫論)의 목적을 개괄하였다고 말할 수 있다.

셋째, 자기 한 몸이 능히 효와 제의 가르침을 실천하는 것이 바로 '수

---

68) 『與猶堂全書』第2冊, 125~126면.

신修身'이다. 수신은 능히 솔성순명率性順命할 수 있게 되는데, 즉 '사천事天'이다. 여기서 다산은 '효제' 두 글자로써 유학의 '천도'(천인론天人論)의 함의를 개괄하였다고 말 할 수 있다.

상술한 정다산의 성리학을 사서학의 구조로 전환한다면『중용』의 '성性·도道·교敎' 세 글자는 사서학을 종관縱貫하는 '천인天人' 체계로서 '형이상학적 가치'에 대한 인간의 탐구에 해당된다. 그리고『맹자』의 '진심盡心·지성知性·지천知天'은 천인의 종관 체계 속의 개체가 자각하는 내재적 근거로서 '자아가치'에 대한 인간의 탐구에 해당된다. 비교적 특수한 것은『대학』이라는 책의 입지이다.『대학』에는 두 개의 키워드가 있다. 첫째는 '성의정심誠意正心'이고, 둘째는 '격물치지格物致知'이다. '성의정심설誠意正心說'은 맹자의 '진심',『중용』의 '성명誠明'과 동일한 개념이다. 그렇기 때문에 '성의정심'로 천인체계에 대한『맹자』·『중용』의 자각을 총괄할 수 있기 때문에 '천인지추뉴天人之樞紐'가 될 수 있다.『대학』의 '격물치지'에 대해 다산은 '格物之解, 當以本末字尋之：致知之解, 當以先後字尋之'라고 인식했다.[69] 그러므로 '격물'의 뜻은 '물의 본말을 헤아리는 것度物之有本末'을 가리킨다. '치지'의 의미는 '그 선후가 되는 바를 잘 아는 것極知其所先後'을 뜻한다.[70] '격물치지'는 '시사始事'를 '본本'으로, 천자성의天子誠意를 '선先'으로 삼는다. 그리고 '물격지지物格知至'는 '종사終事'를 '말末'로, 추급서인推及庶人을 '후後'로 삼는다. 다산의 '격물치지'에 대한 해석을 보면, 그가 의도적으로 '격물치지'를 '성의정심'이라는 자아의 도덕적 자각에서 '왕제예악王制禮樂' 혹은 '사회가치社會價値'라는 체계로 확대시키려 했음을 알 수 있다. 이런 까닭에 '격물치지'는 천인체계 속에서 횡관橫貫하여 그 의의를 드러낼 수 있는 위치에 있다고 볼 수 있다. 이러한 점에서, 다산은 실제로 '형이상학적 가치'·'자아가치'가 반드시 인륜의 일상 사회 속에서 구체화 되어야만 비로소 의미를 가질 수 있

---

69)『大學公議』,『與猶堂全書』第4冊, 40면.
70)『大學公議』,『與猶堂全書』第4冊, 32면.

다는 심오한 생각을 가지고 있었다고 말할 수 있다.

상술한 이유들을 근거로 해서 다산은 삼강령이 '효제자孝弟慈'에서 확대되어 나온 것이고 주자가 말했던 8조목에서 격물과 치지는 조목이 되지 않기 때문에 '육조六條'만 있을 뿐이라고 인식했다. 이 6조목은 삼강령을 실천하는 방법이자 절차이다. 그 방법은 격물과 치지의 시·종·선·후가 핵심이 된다고 인식했다. 그는 다음과 같은 두 가지 도표를 작성하여 삼강령과 6조목의 의미를 드러내었다.71)

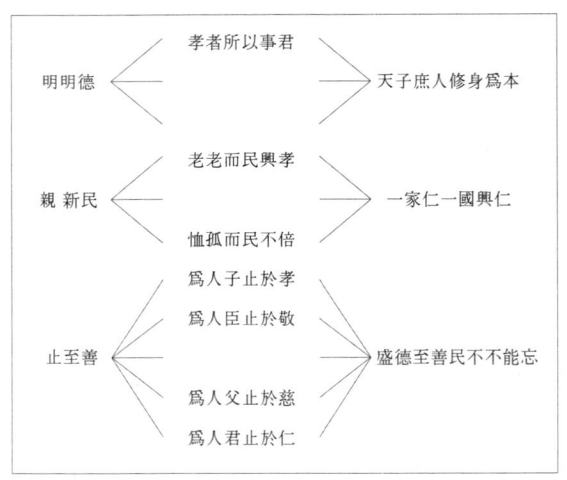

71) 『大學公議』, 『與猶堂全書』 第4冊, 25~26, 36면.

위 두 그림의 가장 큰 의의는 주자가 '격물치지'를 '궁구천리窮究天理'
로 보던 해석을 '성의정심'으로써 '오교五敎'를 실천하는 것으로 바꿨다는
데 있다. 이로써 다산의 사서학에 나타난 도덕적 논술은 정치 도덕적 논
술로 편향되었음을 알 수 있다.

5. 맺음말: 동아시아 四書學에서 茶山 四書學의 의의

다산의 사서에 대한 주석은 20세 남짓에 쓴『중용강의中庸講義』와『대
학강의大學講義』에서부터 시작되었지만 본격적인 주석 작업은 강진 유배
기간(1801~1818) 2년째 되던 해 부터이다. 다산의 나이 52세(1813) 되던 해에
『논어고금주』를 저술하였고, 그 이듬해에 계속해서『맹자요의孟子要義』·
『중용자잠中庸自箴』·『중용강의보中庸講義補』·『대학공의大學公議』 등의 작
품을 완성하였다. 그의 사서 주해는 경학의 연원을 거슬러 올라간 뒤에
써낸 뛰어난 저작이라 말할 수 있다.

동아시아 유학사의 시각에서 다산 사서학의 의의를 관찰해보면 그의
사서학이 동아시아 유학의 폐단을 바로잡는데 공헌했음을 발견할 수 있
다. 그리고 그의 노력은 중국과 조선의 유학발전과, 일본의 유학발전에
대한 진술에서 드러난다. 중국과 조선 유학의 발전에 대해 말하자면, 다
산은 주자가 '유학 중흥의 시조'라는 지위로 간주되는 것에 반대하지 않
았다.『논어고금주』속에서 그는 다음과 같이 주자의 공로를 칭찬한 바
있다.

> 以己克己是千聖百王單傳密付之妙旨. 要言明乎此, 則可聖可賢；昧
> 乎此則乃獸乃禽. 朱子之爲吾道中興之祖者, 亦非他故, 其作『中庸』之
> 序, 能發明此理故也. 近世學者欲矯宋元諸儒評氣說理, 內禪外儒之弊,
> 其所以談經解經者, 欲一遵漢晉之說, 凡義理之出於宋儒者, 無問曲直,

欲一反之爲務, 其爲一二人心術之病. 姑舍是, 將使擧天下之人, 失其所
僅, 昧其所僅, 明滔滔乎爲禽爲獸爲木爲石, 非細故也.[72]

　　상기 인용문에서 알 수 있듯이, 다산은 청대의 학술에 대하여 깊은
불만을 가지고 있었다. 그는 청대 유학이 한당漢唐의 학설을 추종하고
송대 유학의 '평기설리評氣說理'·'내선외유內禪外儒'에 반대한 것이 그르다
고 말할 수는 없지만, 줄곧 송·원대의 유학자들의 공헌을 지워버리는
것은 받아들일 수 없다고 여겼다. '평기설리'가 만일 후세 학자들이 이기
설에 깊게 빠진 것을 가리키고, '내선외유'가 예악제도가 유학의 정신을
발전시킬 수 없다고 한다면 이 두 가지 측면은 중국 유학의 병폐일 뿐만
아니라, 동시에 한국 유학의 병폐가 된다고 생각했다. 다산은 중국의 청
대 학술계가 비록 폐해를 극복하려는 의도를 가지고 있었지만 문제의
핵심을 파악하지 못했다고 보았다. 그러나 조선의 실학은 자주적인 학
풍으로 인해 부단한 창조를 이룰 수 있었다고 인식했다. 이 때문에 그는
자신의 재능을 발휘하여 앞 시대의 학자들의 지력智力을 모아서 새로운
사서학을 재건하고자 하였다.

　　다산은 주자가 말한 이기理氣의 목적이 자신의 마음속에 천리天理가
있음을 일깨워 실천의 기초로 삼는데 있었으며 퇴계 역시 이러한 생각
들을 가졌었지만, 후대 학자들이 이기의 쟁론에 빠져 종종 실천에 소홀
했음을 인식하였다. 그래서 다산은 주자의 이기관理氣觀에 반대하고, 주
자가 『대학』의 '격물치지'를 '궁구천리'로 이해하는 방법에 대해 반대하
였다. 그렇지만 다산의 이러한 반대는 주자학에 대한 세상 사람들의 관
점을 바로 잡으려는 데 있었다. 다산은 주자의 진정한 공헌이 『중용』의
'인심유위人心惟危 ; 도심미道心微'의 뜻을 발휘하였다는 데 있다고 인식하
였다. 그리하여 그는 사서의 해석 속에서 '도심 / 인심'의 구조로써 '이 /
기'의 구조를 대체하였다.

---

72) 『論語古今注』 卷六, 與猶堂全書』 第五冊, 450~451면.

이 밖에도 다산은 『중용』의 '성도교性道教'에서 '교教'의 중요성 및 작용을 강화시키기 위해 '수도修道'교教의 본말선후本末先後 문제를 사서 해석의 핵심으로 삼았다. 이것은 또한 『대학』 본의本義에 대한 다산의 복원작업이라 볼 수 있다. 다산의 『대학』 복원은 왕양명이 오직 '치양지致良知'만을 가지고 주자와는 다른 이론異論을 세우려고 한 것과는 다르다. 그는 '교'의 입장에서 거슬러 올라가 「고요모皐陶謨」가 『대학』의 사상의 원류가 된다고 여겼다.73) 그래서 유학의 근원을 탐구할 수 있었을 뿐만 아니라 사서에 대한 시야를 넓혀서 육경의 '예·악·형·정'의 개념을 서로 접목할 수 있었다.

다산이 동아시아 유학 속에서 폐단을 바로 잡고자 했던 두 번째 측면은 바로 일본 고학파의 발전을 겨냥한 것이다. 고학파는 당시 사상계의 신흥 세력으로서, 그들은 복고적인 형태로 나타났으며, 주자학에 대한 부정을 통해서 변혁 이론을 형성하였다.74) 총체적으로 말하자면 주자학을 반대하고자 하는 목표가 명확했기 때문에 이토 진사이伊藤仁齋와 오규 소라이荻生徂徠는 모두 『대학』과 『중용』의 가치를 의심했었다.

이토 진사이는 그의 『중용발휘中庸發揮』의 「서유敘由」 속에서 『논어』·『맹자』의 가치를 절대화 하고 『중용』이 공문孔門의 주지主旨를 연역하고 있음을 긍정하고 『대학』의 경서적 성질은 부정하였다.75) 그는 『대학』은 공문의 서책이 아니라고 판단하고, 주자의 '격물치지'에 대한 해석을 반

---

73) 『大學公議』 '「皐陶謨」一篇, 乃『大學』之淵源. 千聖相傳之旨, 始於此「謨」, 終於『大學』, 不可不察也. 上云 :「愼厥身修, 惇敍九族, 庶明勵翼, 邇可遠在茲者」, 『大學』之『修身治國平天下』也. 此云 :「知人之哲, 安民之惠」, 卽『大學』此章之兩大義也. 下云 :「三德,六德,九德」之辨, 卽官人之法. 下云 :「艱食鮮食乃粒之奏」, 卽惠民之績. 上下二千年之遠, 而其言若合符契, 斯非治平之宗旨乎! 爲天下國家者, 盍亦深思'. 42면.

74) 蔡振豊, 「伊藤仁齋と丁若鏞の『中庸』に対する古學的解釋」(東京: 日本思想史懇話會, 『日本思想史』第70號, 17~41면) 참조.

75) 『中庸發揮·敘由』'若『孟子』發明孔子之旨者也. 『中庸』又演繹孔子之言, 其書雖未的知子思之作與否, 然以其言合於『論語』, 故取之'. 3면.

대한 것 외에도 '명덕明德'이라는 두 글자가 『시』·『서』·『좌전左傳』에는
많이 보이지만 『논』·『맹』에는 보이지 않으며 그저 성덕을 찬미하는 단
어일 뿐, 중요한 철학적 용어가 될 수 없다고 판단하였다.76) 『대학』 이외
에 진사이는 『중용』이라는 글자에 대한 주자의 풀이에 대해서도 반대하
였다. '중용'이란 두 글자는 '言無過不及, 而平常可行之道'라고 인식하
였으나 주자는 '謬為堯舜以來傳授心法, 孔門蘊奧之書, 以高遠隱微之說解
之, 而不知孔孟之敎, 不出仁義二字, 而仁義之外, 又無所謂中庸者也'라고
보았다.77) 그래서 진사이는 '고古『악경樂經』 탈간脫簡', '『태전太傳』『악기
樂記』지류之流' 및 '한유소오漢儒所誤'를 구실로 삼고서 '희노애악미발지중
喜怒哀樂未發之中',78) '성자천지도誠者天之道' 등의 구절에 대한 송대 유학자
들의 풀이를 기술적으로 피해갔다.79) 그는 특히 '희노애악지미발喜怒哀樂

---

76) 伊藤仁齋는 다음과 같이 말했다. '明德二字, 多見於『詩』·『書』·『左傳』. 而
　　至於『論』·『孟』, 則專以仁義禮智為敎, 孝弟忠信為要, 而未嘗有一言及明德
　　者. 蓋以明德二字, 其義甚大, 唯可以贊聖人之德, 而非學所能承當, 不若以仁
　　義忠信為敎之通上下, 盡人道, 而無遺漏也. 至於以此為人心之稱, 則失其義
　　益甚矣. 『章句』解明德曰: 『虛靈不昧, 具衆理而應萬事』, 蓋深泥明字, 而不
　　知本贊美聖人之德之辭也' 『大學定本』(關儀一郎編(1973) 『日本名家四書註
　　釋全書』第一卷, 東京: 鳳出版), 3~4면.
77) 『中庸發揮』, 4면.
78) 『中庸發揮』 '此(『喜怒哀樂之未發』至『萬物育焉』)四十七字, 本非『中庸』
　　本文, 蓋古『樂經』之脫簡'. 11면.
79) 『中庸發揮·敍由』 '子嘗觀宋三山陳善論『中庸』曰: 『脩其祖廟, 陳其宗器』
　　以下一段, 恐是漢儒雜記. 又魯齋王氏以二十一章(『自誠明謂之性, 以明誠謂
　　之敎』)以下, 定為『誠明書』, 子謂其說甚有理. 然無證之言, 不足信據, 頃嘗竊
　　思孔子家語, 以第二十章為「哀公問政」篇, 則此章本一篇之書, 誤入于『中
　　庸』, 其非『中庸』本文, 彰彰明矣. 且『中庸』一書, 僅僅四千二百餘字. 而第
　　二十章, 實計七百八十字, 則殆居五分之一, 其無全用「哀公問政」一篇之理,
　　此亦一證也. 以此觀之, 則陳(善), 王(柏)之說可謂卓見矣. 而十六章論鬼神,
　　及二十四章論禎祥妖孽處, 又非孔子之語, 說見條下. 然則『中庸』一書, 為漢
　　儒所誤者亦居多, 然而除論鬼神妖孽外, 其言皆鑿鑿, 與『論語』, 『孟子』實相
　　表裏, 蓋洙泗之遺言也, 大有補於世敎'. 3~4면.

之未發'에서 '만물육언萬物育焉'에 이르는 47자에 대한 송·명대 유학자들의 풀이가 '선종을 가지고 수많은 해석을 덧붙였으나 공자와 맹자의 주지에 부합하는지의 여부는 살피지 않았다(多以禪附儒, 而不察其合于孔孟之旨與否)'라고 질책하였고, 10가지 증거를 제시하여 명확히 밝혔다.[80]

진사이에게서 이러한 의견들이 있을 수 있었던 이유는 그가 '성性'에 대한 주자의 해석에 찬성하지 않았다는 점에 관계있다. 주자는『중용장구』속에서 '희노애악지미발喜怒哀樂之未發'을 '성性'으로 여겼는데,[81] 진사이는 이러한 해석이 매우 위험한 것이라 여겼다. 진사이가 논한 '성性'은 그 뜻을 맹자에서 취했지만,[82] 오히려 '인심'과 '도심'의 구별에 대해서는 동의하지 않았다. 그는 '도심즉인의지량심道心即仁義之良心', '도심본현연역견자이비미道心本顯然易見者而非微', '인심수고역류어욕人心雖固易流於欲, 연인필유의리지심然人必有義理之心, 불가전위지위不可專謂之危'하므로 '위미이자危微二字, 불합공맹지지不合孔孟之旨'라고 말한 바 있다.[83] 이러한 그의 견해는 맹자가 말한 '성性'에 대한 이해가 철저하지는 못한 것에 연유한 것으로,[84] 결국 맹자를 '미운천하지성개선이무악未云天下之性皆善而無惡'이

---

80) 仁齋가 제시한 10가지 증거를 간략히 요약하면 다음과 같다. : (1)已發未發之說不見六經以來聖人之書. (2)孟子受業於子思, 然未嘗有此說. (3)三代之書皆以已發言之, 不言未發. (4)典謨皆說發而中節之地, 未以'和'言之. (5)若以'未發之中'言之, 六經,『論語』,『孟子』皆為有用無體之書. (6)書名為'中庸', 但不專論中庸之義, 卻論中和之理. (7)'中'字屢出, 皆以已發言之, 而無以未發言者. (8)全書少言'和'字. (9)前以喜怒哀樂發而中節為天下達道, 而後以君臣, 父子, 夫婦, 昆弟, 朋友之交為天下之達道. (10)前以'大本', '達道'並稱, 而後單言'天下之大本'.『中庸發揮』, 6~7면.

81) 朱子는『中庸章句』에서 '喜怒哀樂, 情也. 其未發, 則性也'라고 말하였다(『點校四書章句集註』, 18면).

82)『中庸發揮』에서 이르길 '性者, 生之質, 人其所生, 而無加損者也. 言人有斯形焉, 則惻隱羞惡辭讓是非之心, 生來具足, 不假外求, 乃天所賦予我, 故曰天命之謂性'. 9면.

83)『中庸發揮』, 7면.

84) 蔡振豐,「伊藤仁齋と丁若鏞の『中庸』に対する古學的解釋」참조.

라 여기고, 성선설에 대해서는 '위자폭자기이발爲自暴自棄而發'일 뿐이라
고 인식하기에 이른다.[85]

오규 소라이는 『대학』을 '기記'로 끌어내렸을 뿐 아니라 『중용』의 내
용은 『논어』에 부분적인 공통점이 있을 뿐이라고 인식했다. 『중용해』에
서는 『중용』은 자사子思가 노자老子의 무리들에 맞서기 위해 만든 작품이
며,[86] 『맹자』·『순자荀子』보다 앞서 저술되었다고 인식하였다. 왜냐하면
『중용』은 의도적으로 노자의 무리들과 쟁변하려 했기 때문에 『중용』의
부분적인 사상이 공자의 도에서 벗어나 있으며 이 때문에 공자의 도에
대한 맹자의 오해를 초래하였다고 여겼다. 소라이는 『중용』의 '성性'과
'내외內外'의 구분이 맹자를 곤혹스럽게 만들었고 맹자가 선왕의 도는 천
하를 안정시키기 위해 마련되는 것임을 망각하여[87] 육경과 공자의 도를
잃어버리는 결과를 초래했다고 인식했다.[88] 결국 소라이는 사서 중에서
겨우 『논어』라는 책 한 권만이 믿고 따를 만한 책으로 여겼던 것이다.

만일 다산의 사서학과 이토와 소라이의 사서에 대한 해석을 비교해
본다면, 다산의 논점은 일본 고학파의 의견에 대한 반박은 적절했다. 특
히 『중용』이라는 책의 지위, '도심/인심'의 구분 의의, 『대학』의 '명명덕'
과 『논어』·『맹자』 및 6경과의 관계 등의 문제에 대해서 다산은 항상 상
세한 해설 및 그 연원에 대하여 깊이 탐구하였음을 알 수 있다.

상기 논점에 근거하여 아래와 같은 결론을 내릴 수 있다.

첫째, 다산의 사서주해는 비록 주자의 사서학과 다른 측면이 적지 않

---

85) 『孟子古義』, 149면 참조.
86) 『中庸解』'七十子旣歿, 鄒魯之學稍稍有失其眞者. 而老氏之徒萠蘖於其間,
    迺語天語性, 以先王之道爲僞, 學者惑焉, 是子思所以作『中庸』也'. 1면.
87) 『中庸解』'其所以異乎孔子者, 迺離禮樂而言其義, 必盡其所欲言而後已. 自
    此其後, 儒者務以己意語聖人之道, 議論日盛, 而古道幾乎隱, 孟荀百家之說
    所以興, 道之汚隆繫焉'. 2면.
88) 『中庸解』'欲讀『中庸』者, 必先讀六經而知聖人之道, 然後可以知子思著書
    之意'. 5면.

지만 근본적으로 사서 속에서 『중용』과 『대학』의 중요한 지위 및 주자가 『중용』에서 '인심유위人心惟危, 도심유미道心惟微'의 함축적 의미를 드러낸 것에 대해서도 긍정하였다. 그렇기 때문에 다산의 사서학은 '반주자反朱子'적 학문이 아니라 '후주자학後朱子學'의 대표로서 간주될 수 있을 것이다.[89]

둘째, 주자의 사서학이 동아시아에서 만들어낸 경직 현상 및 그로 인해 생겨난 폐단을 고치고 과오를 씻으려는 논술이었다는 점에서 본다면, 유학의 근원에서 끊임없이 흐르는 물을 끌어 올려 생명을 불어 넣은 자로 정다산이 동아시아의 첫 번째 사람이었다고 말할 수 있다.

김영죽金玲竹(성균관대 강사) 옮김

---

89) 필자는 崔英辰이 다산의 사상사는 '비판과 계승의 이중주'가 존재한다고 한 표현방식에 동감하는 바이다. 『韓國儒學思想硏究』第五章 第五節(刑麗菊譯(2008), 北京: 東方出版社) 참조.

丁茶山四書詮釋的體系及其意義

蔡 振 豐*

一、 朱熹四書學在東亞的展開

朱熹(1130-1200)爲揭示其對儒學體系的構想, 繼承了二程對 ≪大學≫ 的改訂, 將 ≪禮記≫中的〈大學〉,〈中庸〉獨立出來, 定 ≪大學≫ 爲「初學入德之門」, 定 ≪中庸≫ 爲「孔門傳授之心法」, 並與 ≪論語≫, ≪孟子≫ 並列爲四書。朱子爲明示四書在學問上的緊密與完整, 提供了後學學習 ≪四書≫的順序(≪大學≫, ≪論語≫, ≪孟子≫, ≪中庸≫)。爲了啓發後學, 朱子除了作有 ≪大學≫, ≪中庸≫ 之 ≪章句≫ 及 ≪論語≫, ≪孟子≫的 ≪集註≫之外, 還撰寫了 ≪四書或問≫ 爲其解說, 自言「≪語≫, ≪孟≫ 集註, 添一字不得, 減一字不得」,[1] 可見 ≪四書章句集註≫ 爲他畢生學問的所在, 可說是「朱子學」的重要內容。

朱子學於元代元祐二年(1315)被定爲正統之學及科擧考試的範本,[2] 這不但

---

1) 見 ≪朱子語類≫, 卷19, 第59條.

2) 由 ≪元史≫ 卷81可見當時科擧考試的規定：蒙古, 色目人第一場考「經問」五條, 由 ≪大學≫, ≪論語≫, ≪孟子≫, ≪中庸≫內設問, 用朱氏 ≪章句集注≫。第二場考「策」一道, 以「時務」出題, 限五百字以上。漢人, 南人第一場考「明經」,「經疑」二問, 由 ≪大學≫, ≪論語≫, ≪孟子≫, ≪中庸≫內出題, 並用朱氏 ≪章句集注≫。第二場考「經義」一道, 各治一經, ≪詩≫以朱氏爲主, ≪尙書≫以蔡氏爲主, ≪周易≫以程氏, 朱氏爲主, ≪春秋≫許用 ≪三傳≫ 及胡氏 ≪傳≫, ≪禮記≫用古注疏。由上所述考試的規定不難看出, 無論蒙古人, 色目人, 還是漢人, 南人, ≪四書≫都是必考的科目, 且以朱熹的 ≪四書章句集註≫爲標準本。有關四書學在元代考試中的地位, 亦可參見周

確立了朱子學的官學色彩，也使四書有經學化的趨向。明代繼承了元代將朱子學定爲官學的作法，於洪武十七年(1338)頒布〈科舉定式〉，〈科舉定式〉[3]推進了學習文本的標準化。這使得原本在南宋就已開始的《四書集注》之疏釋書，[4]因考試之需要及商業的考量，[5]不斷的被編刊成書。[6]

　　朱子學的官學化與四書的經書化的趨勢，同樣也在日本及朝鮮進行。高麗末期傳入的朱子學，由於受到安珦(1243-1306)的推崇，在恭愍王十六年(1367)時有大司成李穡(牧隱，1328-1396)重營成均館，更定學制，分有五經四書齋(後稱九齋)，興起宋學。朝鮮王朝時，依高麗之法，設九齋於成均館，科舉考試之經書義，四書主朱子《集註》之說。[7]自此之後，朝野讀書人研習四書莫不以

春健：〈「延祐科舉」與四書學官學地位的制度化〉，《內蒙古大學學報》，第40卷第3期(2008年5月)。

3) 的內容爲：「初場試四書義三道，經義四道。四書主朱子《集注》，《易》主程《傳》，朱子《本義》，《書》主蔡氏傳及古注疏，《詩》主朱子《集傳》，《春秋》主左氏，公羊，穀梁三傳及胡安國，張洽傳，《禮記》主古注疏」。之後，於成祖永樂年間，頒《四書五經大全》，廢注疏而不用。以上參見《明史》卷70〈選舉〉。

4) 如真德秀(1178-1235)《四書集編》，趙順孫(1215-1277)《四書纂疏》，祝洙(安道，1256進士)《四書集註附錄》等。

5) 南宋中期以後，尤其是明代後半期的商業性出版十分興盛，此可參見佐野公治：《四書學史の研究》(東京：創文社，1988年)，井上進：《中國出版文化史－書物世界と知の風景》(名古屋：名古屋大學出版會，2002年)。

6) 如元代胡炳文(1250-1333)有《四書通》，陳櫟(定宇，1252-1334)有《四書發明》(上二書約刊於1330年以前)，倪士毅(1330前後)改訂《四書發明》而有《四書輯釋(大成)》。明代之四書注疏書有：永樂帝於十三年(1415)欽令編纂，刊行胡廣(1369-1418)等所編《四書大全》(根據倪士毅《四書輯釋》和吳真子《四書集成》而編成)，《性理大全》，《五經大全》；蔡清(虛齋，1453-1508)的《四書蒙引》(1504年左右刊)；林希元(1481-1565)《四書存疑》；陳琛(紫峰，1477-1545)《四書淺說》(成書於十六世紀中葉左右)；盧一誠的《四書講述》；王納諫(觀濤)《四書翼註》；張居正(1525-1582)《四書直解》等。

7) 高麗末期及朝鮮初期的科舉制度雖稍有革新，但大體無變。文科即以製述(文藝)爲主，講書(經術)爲副。世宗六年(1424)時設有明經科取士，成宗時有「式年」(定期科舉)明經之法，其初試，覆試並以四書，五經。「經書義」四書主朱

朱子爲宗。

十六世紀中葉以後, 由於書院的人才培育及鄕約組織之發揮效用, 程朱之學開始在朝鮮扎根開花, 這個時期的學者力主探求性理學理論, 因而深刻的硏讀《性理大全》,《朱子大全》,《朱子書節要》,《朱子文錄》,《心經》等典籍。此時期的學者在哲學上的論辯, 可以主理派的李滉(退溪, 1501-1572), 成渾(牛溪, 1535-1598)及主氣派的奇大升(高峰, 1527-1572), 李珥(栗谷, 1536-1584)之間的四端七情之辨爲核心。剛開始時退溪與高峰, 栗谷與牛溪等的論爭, 無疑是出於追求眞理的熱情, 但隨著退溪與高峰的逝世, 這種論爭也陷入政治黨爭之中, 作爲派別對抗的標幟。於是, 以退溪理論爲淵源的退溪學派(從地域講是嶺南學派)在政治派閥上屬東人(東人又分南人, 北人, 後來主要是南人);繼承栗谷的學派(從地域講是畿湖學派)屬西人(西人又分老論, 少論, 後來主要是老論)。

退溪學派與栗谷學派的論爭一直延續數百年, 除了主理及主氣之論爭外,8) 十八世紀也發生主氣論西人一派所分裂的「人物性同」,「未發純善」說與「人物性異」,「未發卽有善惡」說之間的爭論。9) 由這些發展皆可見朱子學的深化及發展, 實爲朝鮮儒學的主流。除了朝野學者以朱子學爲正學外, 李朝帝王亦

子 《集注》:《易》 主程子 《傳》, 朱子 《本義》:《書》 主蔡氏傳:《詩》 主朱子 《集傳》 G 《春秋》 主 《左氏傳》 及其他: 《禮記》 主陳氏 《集說》。其制度大體倣效明制而行。

8) 主理派從退溪的高足趙穆(月川), 黃俊良(錦溪), 鄭述(寒岡, 1543-1620), 柳成龍(西厓1542-1607), 金誠一(鶴峰, 1538-1593)傳到李玄逸(1627-1704), 李栽(1657-1731)。主氣派則經由栗谷的弟子金長生(1548-1631), 金集(1574-1656)傳到宋時烈(尤菴, 1607-1689), 宋浚吉(1605-1689), 朴世采(1632-1695)和權尙夏(遂菴, 1641-1721)。

9) 二派的論爭開始於肅宗35年(1705)前後, 最終形成黨爭。「人物性同」論以李柬(巍巖, 1677-1727)爲代表, 因其主張者如金昌翕(三淵, 1653-1722), 李縡(陶菴, 1680-1746), 魚有鳳(杞園, 1672-1744), 朴弼周(黎湖)多在京畿, 故稱洛學或洛論。「人物性異」論以韓元震(南塘, 1682-1751)爲代表, 說者宋時烈, 權尙夏, 金昌協(農巖, 1651-1708), 尹鳳九(屛溪, 1681-1767)與信從者並居在忠淸道, 故稱湖論或湖學。

無不身體力行， 率先垂範, 其中尤以正宗(1455-1468)一朝爲甚。正宗曾於二十二年(1798)四月經延講學時, 向群臣追述其一生究心於朱子學的經歷。10) 由此可見, 當淸代乾隆, 嘉慶兩朝朱子學衰退之際, 朝鮮朱子學仍有復興之象。11)

日本雖無科擧制度, 然十六世紀後半以後, 朝鮮, 中國的書本爲朝, 日貿易及中, 日貿易的主要商品, 且以這些作爲科擧之用的出版書籍爲大宗。12) 德川時期的藤原惺窩(1561-1619)卽受漢籍舶來書及淪爲戰俘之朝鮮知識分子的影響而成爲德川儒學的創始者。13)

日本德川幕府(1600-1868)雖然起用朱子學者林羅山爲學官, 但林羅山的儒學

---

10) 〈正宗實錄〉二十二年四月癸丑條言：「夫子嘗日, 述而不作。予之平生功夫, 在於一部朱書。予年二十時, 輯 《朱書會選》, 又與春桂坊抄定注解, 又點寫句讀於 《語類》。四十後編閱朱書者多, 而近年又輯 《朱書百選》。而昨年夏秋, 取 《朱子全書》 及 《大全》,《語類》, 節略句語, 又成一書, 名日 《朱子書節約》。近又留意於 《朱子大全》 及 《語類》 與其外片言隻字之出於夫子之手者, 欲爲集大成, 編爲一部全書。待其編成, 將別構一室於宙合樓旁, 奉安朱子眞像, 並藏全書皮本於其中。予於朱夫子實有師事之誠, 所以欲如是也」。見吳晗：《朝鮮李朝實錄中的中國史料》 12册(北京, 中華書局, 1980年), 下編卷12, 頁4954。

11) 此可參見陳祖武：〈《李朝實錄》 所見乾嘉年間中朝兩國之文獻與學術〉,《東亞視域中的近世儒學文獻與思想》(鄭吉雄編, 台北：台大出版中心, 2005年), 頁405-423。

12) 參見大庭脩：《漢籍輸入の文化史－聖德太子から吉宗へ》(東京：研文出版, 1997年),《江戶時代における中國文化受容の研究》(京都：同朋社, 1984年)。

13) 其他如惺窩門下而任職於幕府的林羅山(1583-1657), 貝原益軒(1630-1714), 中村惕齋(1629-1702), 安東省庵(1622-1701), 毛利貞齋(生卒年不明)等皆是透過「明代四書學」 之舶來書而成爲儒學學者。 由於十七世紀的日本並不存在朱子 《四書集註》 的獨立文本, 因此日本學者對中國儒學的吸收, 大都通過《四書輯釋》,《四書大全》,《四書蒙引》,《四書存疑》,《四書淺說》等四書注疏之書。辻本雅史稱這些十六, 七世紀傳入日本的科擧學習書爲「明代四書學」, 明代四書學爲當時日本的主流儒書。參見辻本雅史：〈德川時代 「四書學」的開展與轉變：以媒體的觀點出發〉,《東亞儒者的四書詮釋》(台北：台大出版中心, 2005年), 頁132-134。

並未影響幕府的基本政策。若要論儒學在德川時期的作用, 可能是在對統治
階級之子弟的敎育方面。儒學敎育的結果, 也產生像岡山藩的池田光政(1609-
1682), 會津藩的保科正之(1611-1673), 水戶藩的德川光圀(1628-1701)這類因奉
行朱子學而享有「名君」之稱的大名。十八世紀末, 松平定信(1758-1829)推行寬
政改革, 採行朱子學爲政治改革的理念, 設立幕府直轄的學校, 不但將朱子學
定爲「正學」而且推動了「異學之禁」。在上述 「儒學制度化」的推展下, 朱子
學的文本不但有民間書肆出版品, 也有由幕府學問所出版局所印行的 「官版」,
及全國藩校所出版的 「藩版」。由於朱子學的文本可以大量且價廉地供給, 因
而十八世紀後半期到明治維新爲止, 以朱子學爲中心的儒學在日本有普及化
的趨勢。這也使得朱子學取代了中世的佛敎, 成爲日本近世知識份子的知識資
源。14)

二、 朱熹四書學在東亞的轉折

朱子以四書完成了他的理學系統, 同時也轉移了四書以外其他經書的地位。
對於這種現象, 學者並非沒有不同的看法。在中國, 反對朱子四書學的勢力在
宋代雖有葉適(水心, 1150-1223)之學, 但主要仍是以明代以後的陽明心學, 自然
氣學,15) 以及淸代的文獻考證學爲主。一般而言, 對朱子四書學的反對大致有

---

14) 參見辻本雅史：≪日本德川時代的敎育思想與媒體≫ 第十章(台北：台大出
版中心, 2005年)及 ≪近世敎育思想史の硏究≫, 京都：思文閣出版, 1990年)。
15) 劉又銘分析明淸氣本論爲兩類三型。第一類可和程朱理學與或陸王心學相
包容, 稱爲「神聖氣本論」。其下又分兩型, 一是在氣本論架構下有理本論的
觀點, 可以王夫之(1619-1692)爲代表。第二型是在氣本論架構下有心學的觀
點, 以劉宗周(1578-1645), 黃宗羲(1610-1695)爲代表。第二類稱爲 「自然氣本論
」, 此類氣論脫離了程朱理學與心學的型態, 可以羅欽順(1465-1547), 王廷相
(1474-1544), 吳廷翰(1491-1559), 顧炎武(1613-1682), (1634-1740), 戴震(1723-1777)爲
代表。又, 馬淵昌也的文章分析明代氣的哲學爲三類型兩潮流。所謂三類型
是指一,「朱子學系的氣的哲學」, 可以羅欽順, 吳廷翰, 王夫之爲代表。二,「
心學系的氣之哲學」, 可以湛若水, 劉宗周, 王畿爲代表。三,「非性善說的氣

三個路向, 一是由文獻學的角度懷疑四書在儒學中的正典性及其引申的道統論；16) 三是由經典的詮釋及實踐的效用上反對朱子的解釋。17) 三是從學問的路向上懷疑朱熹理學不是儒學。18) 基於上述懷疑的傾向及外在政治因素的影響, 自乾隆十四年(1749)之「詔舉經學特科」以後,「專言漢學, 不治宋學」樸實的考據學仍成爲學術主流。19)

中國之外, 日本在朱子學傳入之後,20) 德川時代除了有吸收朱子四書學的

的哲學」, 可以王廷相為代表。所謂兩潮流是指「性善說－本來聖人的理論架構」及「非本來聖人的理論架構」。馬淵昌也認為在 「非本來聖人的理論架構」 中又可分為王廷相的「非性善說」及陳確的 「性善說」的不同。本文雖採用劉又銘的「自然氣本論」之名, 但並不同意將羅欽順列入自然氣本論中。參見劉又銘：〈宋明清氣本論研究的若干問題〉及馬淵昌也文：〈明代後期「氣的哲學」之三類型與陳確的新思想〉, 二文俱見 ≪儒學的氣論與工夫論≫(楊儒賓, 祝平次編, 台北：台大出版中心, 2005年), 頁203-46, 161-202。

16) 如葉適認為孔子無 「中庸」之說, 中庸之義非上世所傳。他說： 「孔子嘗言：『中庸之德民鮮能』, 而子思作 ≪中庸≫。若以為遺言, 則顏, 閔猶無是告, 而獨悶其家？非是。若所自作, 則高者極高, 深者極深, 非上世所傳也。然則言孔子傳曾子, 曾子傳子思, 必有謬誤」,「漢人雖稱 ≪中庸≫ 子思所著, 今以書考之, 疑不專出子思也。」見 〈總述講學大旨〉, ≪宋元學案≫ 卷54 〈水心學案〉(台北：中華書局, 1983年), 頁12, 26。

17) 如王陽明(1472-1528)反對朱子改 ≪大學≫ 「親民」為「新民」, 也反對其「格物」之訓解, 見 ≪傳習錄≫ 第1, 6條。

18) 如顏元(習齋, 1635-1704)認為朱子非儒學之正宗。其 ≪存學編≫ 卷2言：「朱子論游, 楊入釋老處不知何指？但既廢堯, 舜, 周, 孔六府, 六藝之學, 則其所謂不入釋老者又果何指也？僕嘗論漢人不識儒, 如萬石君家法真三代遺風, 不以儒目之, 則其所謂儒, 只是訓詁辭華之流耳。今觀朱門師弟一生肆力, 文字光景, 恐或不免為游楊所不屑也」。又 〈朱子語類評〉言：「朱子所見之儒道, 即釋氏精微」(≪顏元集≫, 北京：中華書局, 1987年, 頁282)。

19) 段玉裁(1735-1815)於嘉慶十九年(1814)深痛當時學術之病, 而言：「愚謂今日之大病, 在棄洛, 閩, 關中之學不講, 謂之庸腐。而立身苟簡, 氣節敗, 政事蕪, 天下皆君子, 而無真君子, 未必非表牽之過也。故專言漢學, 不治宋學, 乃真人心世道之憂」。見 〈與陳恭甫書〉, 載陳壽祺：≪左海文集≫, 卷4, 〈答段懋堂先生書〉附錄。

20) 據足利衍述：≪鎌倉室町時代之儒教≫(東京：有明書房, 昭和45年)之說, 朱

儒者, 也有强烈抗拒作爲科擧書之 「明代四書學」者。對抗明代四書學的學者
有接受陽明學者, 如中江藤樹(1608-1648)和熊澤蕃山(1619-1691)。然而陽明學
在德川日本不構成明確的學派, 在幕末之前影響不大。陽明學外, 如山崎闇齋
(1618-1682)强烈否定 ≪四書章句集注≫ 之注疏本, 而主張不透過明代四書學,
而直接體認朱子的原意。

　　山崎闇齋之後, 伊藤仁齋(1627-1705)爲脫離明代四書學的影響, 並對抗主
張直接體認朱子學的闇齋學,[21] 而形成了獨自的" 「古義學"。所謂 「古義學」
是指不取徑朱子學, 直接向經書古義探求 「孔孟之道」。仁齋用以建立古義的
方式是以 「孔孟之血脈」 爲基準, 對四書進行文本批判。他否定朱熹四書學中
≪大學≫ 的經典性, 主張 ≪論語≫, ≪孟子≫ 以及原本 ≪中庸≫的三書主
義。[22] 因而仁齋的 「古義學」, 可視爲德川時代首次將四書解體, 並遂行去朱
子四書學的日本儒學。

　　伊藤仁齋之後, 有荻生徂徠(1666-1728)對朱熹四書學的態度更爲激進。他著
有 ≪大學解≫ 一書, 反對朱子對 ≪大學≫的解釋,[23] 且將 ≪大學≫ 貶回 「
記」的地位。[24] 除了否定 ≪大學≫的價値外, 徂徠也認爲 ≪中庸≫ 與 ≪論

　　子學之傳入日本始於1212年日僧俊芿將 ≪四書≫由浙江明州(寧波)帶入日
　　本。又, 鄭樑生：≪朱子學之東傳日本與其發展≫(台北：文史哲出版社, 1999
　　年)一書對朱子學之東傳與日本禪僧之關係, 有詳細的討論。

21) 辻本雅史認爲：仁齋 「在依據註疏本的明代四書學(例如貝原益軒), 跟與其
　　對抗, 主張直接體認朱子學的闇齋學, 這兩學問的夾縫中艱苦奮鬪」。參見辻
　　本雅史：〈日本德川時代 「四書學」的開展與轉變：從媒體的觀點出發〉, 頁
　　136。

22) 伊藤仁齋言：「子思撰 ≪中庸≫ 之書四十九篇, 今此篇載在 ≪戴記≫ 之
　　中。至於朱考亭氏, 合 ≪論≫, ≪孟≫, ≪大學≫ 列爲四書, 分(≪中庸≫)爲
　　三十三章。然而 ≪大學≫ 本非孔門之書, 蓋熟 ≪詩≫, ≪書≫ 二經, 而未知
　　孔門之旨者所作」。見 ≪中庸發揮≫ 敍由(關儀一郎編： ≪日本名家四書
　　註釋全書≫ 第一卷, 東京：鳳出版, 1973年)頁3。

23) 荻生徂徠言：「宜乎朱子之不能讀古文辭者也, 故朱熹之解, 雖若密乎, 古莫
　　有焉」。見 ≪大學解≫(關儀一郎編：≪日本名家四書註釋全書≫第一卷, 東
　　京：鳳出版, 1973年)頁9

語》 只有部份相合，25) 因其有意與老氏爭辯，所以也容易造成了後儒的誤
解。26) 荻生徂徠比仁齋之解體四書學更進一步，而形成以五經(六經)爲中心的
徂徠學。由於荻生徂徠認爲五經是文字文本，也是揭示先王所制定之 「物」的
典籍，所以他只撰有 《論語》 的釋書而沒有撰寫五經的注釋書。換言之，徂
徠雖主張以五經爲中心，但他並沒有新的「五經學」。

如果將仁齋與徂徠視爲一個整體，他們雖然沒有對五經進行注釋的工作，但
實有將儒學的正典由四書推向六經之義的用意。仁齋分六經爲 《詩》，《書
》，《易》，《春秋》四經及 《禮》，《樂》 二部份，以 《禮》，《樂》爲其
他四經在政敎上的損益之作，其意以爲明 《論語》，《孟子》 之血脈，則可以
上通六經之義；27) 而徂徠以爲聖人之敎存於六經，其要在於學習 《詩》，《
書》，《禮》，《樂》。28) 不管是仁齋所標榜的「人倫日用之學」，「仁義」之

---

24) 荻生徂徠言：「故 《大學》之爲書，記也，非經也，非傳也，體裁殊也」。見
《大學解》，頁9。

25) 《中庸解》言：「其書專言學以成德，而以中庸爲行遠登高之基，則孔子之
家法也。祇本天本性，言中庸之德不遠人情，以明其非僞。言成德者之能誠，
以明禮樂亦非僞。又贊孔子之德極其至，皆所以抗老氏也」。見(關儀一郎
編：《日本名家四書註釋全書》第一卷，東京：鳳出版，1973年)頁1-2。

26) 《中庸解》言：「故孔門之學，以脩德爲務，子思之言不其然乎。雖然有所
爭，斯有所辨，廼言孔子之所未發，故語性之弊，內外之辨，於是乎出，儒者遂
忘先王之道爲安天下而設焉，豈子思之心哉」。見頁2。

27) 《語孟字義》言：「《論語》，《孟子》者，說義理者也。《詩》，《書》，《
易》，《春秋》不說義理，而義理自有者。說義理者，可學而知之者：義理自
有者，須思而得之也。… 四經猶天生之物，不煩雕琢，自然可觀焉。《語》，
《孟》猶設權衡尺度，以待天下之長短。六經猶畫也，《語》，《孟》猶畫法
也，知畫法而後可通畫理，示知畫法而能通畫理者，未之有也。… 故通 《語
》，《孟》二書，而後可以讀六經。」(《日本儒林叢書》第六卷，東京：鳳出
版，1978年，頁78)

28) 《辨名》 言：「學者，謂學先王之道也。先王之道在 《詩》，《書》，《禮
》，《樂》，故學之方，亦學 《詩》，《書》，《禮》，《樂》而矣，是謂之四
敎，又謂之四術。《詩》，《書》者，義之府也；《禮》，《樂》 者，德之則
也。德者所以立己也，義者所以從政也。故 《詩》，《書》，《禮》，《樂》
足以造士，然其敎之法，《詩》 曰誦，《書》 曰讀，《禮》，《樂》 曰習，春

「王道」 或者是徂徠所揭櫫的 「禮樂刑政」 之 「先王之道」,[29] 其基本的傾向，皆不脫離反對朱熹理氣心性之論， 而指向以王者的禮樂刑政爲中心的儒學解釋。

相對於日本， 作爲中央集權體制之一環的朱子學或四書學在朝鮮的發展十分穩定， 其間雖有朝鮮學者獨特的討論及見解， 然大部份皆是作爲修正， 難以撼動朱子學。以在中國和朱子學對抗的陽明學而言， 陽明學傳入朝鮮之初，[30] 就遭到巨儒李退溪的批判,[31] 因此其發展也僅能隱身於朱子學的陰影之下。[32] 朝鮮陽明學發展的脈絡主要是以「少論」派學者的家學型態出現， 直到鄭奇斗 (霞谷, 1649-1736)後乃成體系。鄭奇斗著有「良知體用圖」， 此圖用以指出朱子學與陽明學雖有不同， 但從根本主旨而言， 二者之間並無差異。[33]「良知體用

秋教以 《禮》, 《樂》, 冬夏教以 《詩》, 《書》, 假以歲月, 隨陰陽之宜以長養之, 使學者優柔厭飫于其中, 藏焉修焉, 息焉游焉, 自然德立而知明焉, 要在習而熟之, 久與之化也, 是古之教法為爾。《論語》 所謂博學約禮者是也」。見(台灣大學圖書館所藏江戶中期刊本)頁41。

29) 荻生徂徠言:「道者統名也, 舉禮樂刑政凡先王所建者, 合而論之也。非離禮樂刑政別有所謂道也」。見 《辨道》 收入 《荻生徂徠》(東京:岩波書店 「日本思想大系36」, 1978年), 頁201。

30) 傳入的時間有李能和:1521年以後;李丙燾:1546-1566年之間及高橋亨1588年等三種說法, 但一般認為應在1588年以前, 如崔在穆: 〈韓國陽明學研究の論的考察－傳來時期を手掛かりとした研視角の再考〉(筑波大學倫理學原理研究會:《倫理學》 5號, 1987年)認為在1952年左右。宋錫準:〈韓國陽明學的形成和霞谷鄭齊斗〉一文認為, 陽明學自傳入到1566年受退溪的批判, 應已經歷了四十年以上的時間。在退溪批判之前, 陽明學應該得到不少學者的認同。宋錫準文見於 《韓國江華陽明學研究論集》, (鄭仁在, 黃俊傑編, 台北:台大出版中心, 2005年), 頁1-28。

31) 李退溪編著有 《傳習錄辨》, 斥陽明學為異端, 見 《退溪全書. 下》, 〈年譜〉卷2。

32) 王陽明 《傳習錄》 在中國出刊約在1518年, 但朝鮮一直遲至1593年才有刊本, 在此之前朝鮮已在1552年出刊 《異端辯正》, 1560年出刊 《困學記》 及1573年出刊 《學蔀通辨》 等批判陽明學的書籍。參見金容載:〈韓國研究陽明學現況與新探索－以江華學研究為中心〉(《韓國江華陽明學研究論集》, 鄭仁在, 黃俊傑編, 台北:台大出版中心, 2005年)。

圖」雖是具有朝鮮特色的陽明學理論, 但由其用以說服朝鮮朱子學者不去反對陽明學的用心, 亦可見朱子學的強大壓力。[34]

　　陽明學或許對朝鮮朱子學沒有正面的威脅, 但由修正朱子學與受容陽明學的結果, 卻使得朝鮮的儒學有其別於中國及日本的獨特發展。壬辰倭亂(1592-1598)和丙子胡亂(1636-1645)促使朝鮮儒者重新思考朱子學的道德涵養對解決現實問題的侷限性, 因此朱子學以外的知識資源就成了力求突破現狀之知識份子的必要武裝。在這個意義上, 朝鮮後期儒學的發展, 應該有脫離學派傳統及家學傳統的跡象。因此, 即使是同一師承, 似乎也不能遽論其間的影響關係是單線的發展。以陽明學者鄭奇斗爲例, 其門下李匡臣, 沈銷(樗村, 1685-1753), 尹淳(白下, 1680-1741)三人, 李匡臣具有明顯折衷陽明學的傾向, 沈銷尊崇朱子學而批判陽明學, 尹淳未見接受陽明學與霞谷學的態度。[35]　此固然可以推論鄭奇斗隱蔽了尊崇陽明之心, 採取了「陽朱陰王」的方式, 而其門人在編纂別集時, 也有意將其崇信陽明學的部份刪除。[36]　但也未嘗不能推論朝鮮後期的學者已能不受學派影響, 而能形成自主學風的傾向。

　　再以星學派的李瀷(1681-1763)爲例, 星湖在黨色上雖爲退學統, 　同屬南人, 且私淑退溪, 尊慕崇拜無異朱子, 於心性理氣之說主退斥栗谷, 發揮南人之特

---

33) 見崔在穆:〈鄭齊斗陽明學在東亞學術中的意義〉,《韓國江華陽明學研究論集》, (鄭仁在, 黃俊傑編, 台北:台大出版中心, 2005年), 頁337-64。

34)　此亦可見於鄭齊斗的門人李匡臣(恒齋, 1700-1744)的說法之中。李匡臣之弟李匡贊(襄仲, 1702-1766)曾批評李匡臣對朱子學與陽明學的解釋方式言:「襄以爲:心即理之說, 弟固深有取焉, 而其與程, 朱性理說, 如水火不同。而兄則以爲未嘗不同, 欲彌縫兩合。此蓋兄於王, 朱常有兩可之意, 所謂《冰炭錄》皆是此意, 故於此論性同異處, 亦未免援王而入朱, 以朱而準王」。見〈與襄弁難朱王理氣說　三〉,《恒齋諱匡臣公遺稿》册1。《恒齋諱匡臣公遺稿》由沈慶昊搜集到門中本三册, 並發表論文〈恒齋李匡臣論〉見於《震檀學報》第84號(震檀學會, 1997年)。

35)　參見中純夫:〈陽明學對初期江華學派的影響〉(《韓國江華陽明學研究論集》, (鄭仁在, 黃俊傑編, 台北:台大出版中心, 2005年)

36)　參見高橋亨:〈朝鮮の陽明學派〉, "朝鮮學報"第4輯(朝鮮學會, 1953年)及李能和:〈朝鮮儒界之陽明學派〉,《青丘學叢》第25號(青丘學會, 1936年)。

色。但在經濟實用之學, 星湖亦祖述李栗谷, 柳磻溪(馨遠, 1622-1673), 而以
爲：「我朝唯李栗谷, 柳磻溪爲識務之最, 而或抑而不施, 或蘊而未顯, 是爲可
恨」。37) 在此脫離家學, 學派的自主風氣之下, 朝鮮儒學乃能逐漸脫離朱熹四
書學的限制, 而發展具有朝鮮特色的四書新學。

三、茶山四書學的發生意義

朝鮮後期儒學的新發展, 可以丁若鏞(茶山, 1762-1836)的四書之學做爲代表。
從東亞儒學的視域考察茶山四書學的生意義, 可以從二方面加以說明。一是朝
鮮儒學自身的脈絡, 二是中, 日儒學的脈絡。

就朝鮮儒學的脈絡而言, 由退溪與栗谷學派的爭訟已有數百年, 學術上之討
論最後淪爲政治鬥爭的口實, 要改變這種情況, 唯有將儒學與理氣論的架構分
開方有可能。茶山在23歲時對四端七情之辨, 仍有討論的興趣, 因此主張栗谷
「氣發而理乘之」 以反對李蘗所主張退溪的理氣互發說。但在34歲於西巖講學
會時, 他己改變這種立場, 認爲退溪與栗谷對「理」與「氣」的界定不同, 故「
恐無是非得失之可以歸一者」。38)　表面上看來茶山似是綜合了退溪與栗谷的爭
議, 實際上茶山所欲爲的是終結理氣的爭議, 這態度在〈答李汝弘〉書中表示得
最徹底, 他說：

然理氣之說, 可東可西, 可白可黑, 左牽則左斜, 右挈則右斜, 畢世相爭, 傳
之子孫, 亦無究竟。人生多事, 兄與我不暇爲是也。39)

茶山認爲對於理氣問題或四端七情之討論, 會因其不同的定義與立場而有
不同的看法, 故不能將生命虛耗於此, 形成「溺於言談」而「疎於踐履」的情
況。40) 然而, 茶山反對以「理氣論」討論儒學的態度, 並不直接反對退溪與栗谷

---

37) 見 ≪星湖先生全集≫ 附錄卷之二許傳所撰〈諡狀〉。
38) 見〈西巖講學記〉, ≪與猶堂全書≫ 第3冊, 總頁403-4。
39) 見 ≪與猶堂全書≫ 第3冊, 總頁244。
40)〈鹿菴權哲身墓誌銘〉言：「後世之學, 溺於言談, 說理氣論情性, 而疎於踐履
」。見 ≪與猶堂全書≫ 第2冊, 總頁610。

的儒學, 故在〈理發氣發辨二〉中, 他特別說明退溪學的重點不在於「理氣之辨」上：

四端由吾心, 七情由吾心, 非其心有理氣二竇而各出之使去也, 君子之靜存而動察也。凡有一念之發, 卽已惕然猛曰：是念發於天理之公乎？發於人欲之私乎？是道心乎是人心乎？密推究是果天之理公, 則培之養之, 擴而充之。而或出於人之私, 則遏之折之, 克而復之。君子之焦脣敝舌而慥慥乎理氣之辨者, 正爲是也。苟知其所由, 發而已, 則辨之何爲哉？退溪一生用力於治心養性之功, 故分言其理發氣發, 而唯恐其不明, 學者察此意而深體之, 則斯退溪之忠徒也。[41]

茶山於上段引文說明理氣之辨的重點在於 「天理／人欲」, 「道心／人心」之分, 而不在於心念之起是由「氣發」或「理發」上。他認爲眞正的退溪之徒, 應當體察的是心念合於天理或人欲, 合於道心或人心, 而不當推究其來源是「理」是「氣」。

上述的論點也反映在茶山對朱子理氣說的批評上, 他雖然反對朱子的理氣說, 但並不反對朱子之學。茶山在多處的著述上表明他對朱子的崇敬之意。如言朱子之人品言：「不計自己利害, 不顧旁人是非, 不念朋舊之誼情好之篤, 而極口觝排, 務障狂瀾。是其心未嘗不純然一出於天理之公, 而無一毫人欲之私也」；[42] 論朱子之學問言：「從違取舍之際, 又必兢兢致愼, 要令理勝而義明而已。未敢輕呵前人, 取快筆舌。其才如彼其高, 而其心如此其公, 所以其言之端的可信, 非餘人所及也」。[43] 茶山這種治學的態度, 非但表現他對朱子學的態度上, 也表現在他對中, 日儒學的批判上。

就中, 日儒學的脈絡言, 1644年滿淸入關, 明朝滅亡之後, 朝鮮視滿淸爲胡人, 因而阻斷了與淸人在文化上的交流。針對這種情形有朴家齊(貞蕤,　1750-1805)在1786年倡議「北學」,[44] 所謂北學者, 卽北學於中國之意。由茶山的〈日本

---

41) 見《與猶堂全書》 第2册, 總頁308-9。
42) 見〈與金承旨〉,《與猶堂全書》第3册, 總頁154-5。
43) 見〈與金德庾　又書〉,《與猶堂全書》第3册, 總頁350。

論〉論日本無可憂之五，言：「日本未通中國，凡中國之錦綉寶物，皆從我得
之。又其所孤陋，我人之詩文書畫，得之爲奇珍絶寶。今其舟航直通江浙，不
唯得中國之物而已，並得其所以製造諸物之法，歸而自造而裕其用」，[45]可知
茶山與朴家齊同樣不滿當時朝鮮與淸朝的隔絶狀態。然而，當茶山接觸淸代的
文獻考據學之後，他對中國儒學的發展也有不滿，這可由他批評毛奇齡(西河，
1623-1716)的話語中看出。在〈答李羅州〉中他說：

世稱毛奇齡詆斥朱子之說，語雖乖悖，理或明的，鏞亦嘗比觀而照勘矣。蓋
其學術專襲於漢儒纖緯之餘，而雜引其贗書荒怪之談，人見其考據之博，驚怯
喪膽而云然也。細細查櫛，則枘鑿相戾，瘡疣百出。⋯ 況其〈曼殊傳〉，〈連廂
詞〉等作，無異倡優下賤，大非儒者氣象。而其從曾祖卽王陽明之親徒，故傳其
心法，而爲此醜正之論也。知此而後益信朱子爲天地四時，而藐然顧笑於蚍蜉
之撼樹也。至於格君安民之苦心血誠，亦鏞之所嘗反覆詠歎而不能已者。今
門下言之，益不勝犁然而會心也。[46]

在這段話中，茶山表現了他對陽明學及淸代考據學不具儒者氣象的看法，也
重申了朱子學在儒學中的重要地位。因此對於中國近世傳來的漢學，茶山認爲
必須以「虛心公觀，以察是非之眞」的態度待之。[47]

朝鮮之了解日本儒學的發展，當在1764年前後藉由通信使的情報得知古學

---

44) 朴家齊作有《北學議》內外二篇，〈內篇〉載中國之車，船，城，甓，瓦，宮室，
道路，橋樑。畜牧，市井，商賈，藥，醬，弓矢等日常生活之設施，並力言朝鮮
爲免於貧窮必需學習中國之文物制度。〈外篇〉收錄田，糞，桑，農，蠶總論，
通江南浙江商船議，科擧論，財賦論等，主張改良農桑，利用船舶與外諸國貿
易。

45) 見《與猶堂全書》第2册，總頁280-3。

46) 見《與猶堂全書》第3册，總頁191-2。

47) 〈答金德叟〉言：「竊嘗以爲漢儒高古，其訓詁相承，固多可取，而其紕繆錯
誤，誠亦不少，故朱子多所更改，非求瑕於白璧也。近世一種習尙，乃欲專心
古注，凡古注所言，有議其不允者，指之爲妄人。然窮居數十年，沈漸章句，
積久稽驗，知古注未必盡是，後儒新論未必盡非。唯當虛心公觀，以察是非之
眞。不宜按世次考年紀，以斷其從違也」。見《與猶堂全書》第3册，總頁330

派的發展狀況。[48]　剛開始時，茶山對日本古學以王者的禮樂刑政爲中心的儒
學解釋應該懷有敬意，因而在〈日本論〉中，他盛讚日本之有伊藤仁齋，荻生徂
徠，太宰純(春臺，1680-1747)之文，而說：「日本今無憂也，余讀其所謂古學先生
伊藤氏所爲文，及荻先生，太宰純等所論經義，皆燦然以文，由是知日本今無憂
也」。[49]　但在茶山完成其四書的注釋之後，他對伊藤仁齋，荻生徂徠，太宰純
的學問實有態度上的轉變。茶山的 《論語古今注》 雖有引用太宰純 《論語
古訓外傳》 之處，然對其意見多不肯認，[50]　在〈跋太宰純論語古訓外傳〉一文
中，他批評太宰純「乖巧」，「放肆」。[51]　除此之外，茶山也作有古詩認爲日本名
儒之學非「正學」，其波流的結果是「淫亂經卷」，其詩言：

　　日本多名儒，正學嗟未見。伊藤稱好古，荻氏益鼓煽。

---

48) 藉由通信使的外交任務，朝鮮在1764年得知日本古學及徂徠學的發展。由茶
　　山作有〈日本論〉(見 《與猶堂全書》第2冊，總頁280-3)，〈跋太宰純 《論語古
　　訓外傳》〉(見 《與猶堂全書》第2冊，總頁498)，及其於1813年所作的 《論語
　　古今注》引有伊藤仁齋之說3次，荻生徂徠之說50次，太宰春台之說148次，可
　　知茶山對此情報有相當的掌握，且深受影響。有關通信使與日本古學之間的
　　交涉可參見夫馬進：〈朝通信使による日本古學の認識〉(《思想》 981號，2006
　　年1月)，〈一七六四年朝鮮通信使と日本の徂徠學〉(《史林》 89卷5號，2006年9
　　月)。有關朝鮮時代日本儒學的傳入，可參朴洪植：〈伊藤仁齋，荻生徂徠之學
　　對丁茶山的意義〉(嶺南大學民族文化研究所：《民族文化論叢》 第31輯，
　　2005年6月)。朴洪植文以爲日本儒學之傳入可分三階段：一是安鼎福對伊藤
　　仁齋的介紹；二是李德懋對對伊藤仁齋，荻生徂徠，太宰純的介紹；三是丁
　　茶山對伊藤仁齋，荻生徂徠，太宰純 《論語》 注釋之引用和批評。有關茶山
　　對日本古學派之引用可參見河宇鳳：〈丁若鏞の日本儒學研究〉，《朝實學者
　　の見た近世日本》(東京：ぺりかん社，2001年)。
49) 〈日本論一〉，〈日本論二〉見 《與猶堂全書》第2冊，總頁280-3。
50) 參見張崑將：〈丁茶山與太宰春臺對 《論語》 的解釋比較〉，《東亞視域中
　　的茶山學與朝鮮儒學》(黃俊傑編，台北：台大出版中心，2006年)。
51) 〈跋太宰純論語古訓外傳〉言：「太宰純，日本名儒也。其所著 《論語古訓外
　　傳》 祖述皇侃，詆排朱子 《章句》。異哉一時風氣，如煙冪霧漲，至及海島
　　之中也。以 《論語》 有〈牢日〉，〈憲問〉二文，遂以七篇爲出琴原二子之手，
　　其言之乖巧類如此。其淵源蓋出於伊藤維禎，而轉轉磯激，放肆至此」。見 《
　　與猶堂全書》 第2冊，總頁498。

流波及信陽, 詖淫亂經卷。五穀未始嘗, 稊稗種已遍。

危哉洛閩脈, 雞林亦一線。世運噫如此, 中夜獨轉輾。[52]

由 〈日本論〉與 〈古詩〉所顯現的前後意見, 實可看出茶山由接觸日本儒學時嘆息 「今其文學, 遠超吾邦」之自責, 轉而爲對自身文化的深切反省。這種反省在他遍注五經, 四書之後, 也轉而爲自信。

茶山對自我之四書學的自信應該起於對中國及日本學術二方面的觀察。他既看到淸代的考據學不能於士人之氣節及學問之作用有所導正, 也看到日本儒學之放肆無根。茶山與日儒的明確對抗, 可參照於他對荻生徂徠與太宰純的愚民論的反應上。[53] 徂徠曾言:「民是愚之物」, 認爲只有武士才能享有學問的養成教育, 而太宰純繼承這樣的思想, 注解 ≪論語. 泰伯≫ 「民可使由之」 章言:

有君子可以治民, 有民可以養君子。其必一君子可以治衆民, 然後天下治。若使天下之人, 家喩戶曉, 而民咸爲君子, 是天下無民。無民非國也, 其君子亦無所使者, 若然者, 何以爲國乎?[54]

茶山對此有所反駁, 認爲孔, 孟是站在 「有敎無類」, 「至公無私」, 「人皆可以爲堯舜」的立場行其敎化, 如果不敎以禮樂而令民自限, 將導致國家滅亡, 此可以秦國的覆亡爲例。[55]

---

52) 見 〈古詩二十四首〉, ≪與猶堂全書≫ 第1冊, 總頁139。

53) 參見張崑將:〈丁茶山與太宰春臺對 ≪論語≫的解釋比較〉, 頁85-92。

54) 見 ≪論語古訓外傳≫(張崑將京都大學影印本)卷8, 頁8。太宰純另有 ≪斥非≫(收入 「日本儒林叢書」 第4卷, 頁10)發揮此種思想, 認爲:「君子之道者, 爲人上之道也; 而小人之道者, 爲人下之道也。且古者有圭璧金璋, 命服命車, 宗廟之器, 皆不粥於市, 以尊物非民所宜有故也, 先王之制也。今說經於衢路, 豈不粥物於市之類乎?」。

55) 茶山駁曰: 「孔子親口自言曰:『有敎無類』, 而又反之曰:『不可使知之』, 有是理乎? ≪書≫ 大傳曰:『公卿大夫元士之適子, 十五入小學』, 故說者逐謂 ≪孟子≫ 所云:『謹庠序之敎, 申之以孝弟之義者』, 亦不過貴族。然 ≪王制≫ 曰:『卿大夫元士之適子, 國之俊選皆造焉』, 所謂國俊者, 卽朱子所謂『凡民之俊秀者』。≪周禮. 大司徒≫『以鄕三物敎萬民, 而賓興之』。『以鄕八刑糾萬民』,『以五禮防萬民之僞』,『以六樂防萬民之情』。凡萬民之不服敎者,

　　由上述的說明可知茶山雖受各種學問的影響，但他始終保持嚴謹的治學態度，不偏頗於某一家之說法。除了從東亞儒學的概況來察看茶山的心路歷程外，也可以由西學的角度來察考茶山四書學的發生意義。一般而言，茶山的「事天學」及「性嗜好之說」是被視爲是西學影響的結果，[56] 但說茶山受西學的影響，並非斷定全然接受西學的意見，這可由茶山在〈鹿菴權哲身墓誌銘〉對權哲身(鹿菴, 1736-1801)學問的評述看出一點端倪，茲引其文於下：[57]

　　以余所聞，其論《大學》以爲「格物」者，格物有本末之物；「致知」者，致知所先後之知：又以孝弟慈爲「明德」，而舊本不必有錯簡。其論《中庸》，以「所不聞所不睹」爲天，「載之無聲無臭」。其論《四端》，以端爲首，如趙岐之說。而「仁義禮智」爲行事之成名。其論《喪禮》，以兄弟爲同族之通稱，以立後爲死人之後，以帶下尺爲衣裾之長，以燕尾爲本無之物。其受弔，唯主人拜賓，衆主人不拜賓，以玆速謗不少。其論《國風》，以鄭衛爲刺淫之詩。其論《尙書》以梅氏二十五篇爲贗書。凡此諸說，雖與朱子所論，不無異同。生平愛慕朱子，誦其文述其義，津津洯洯，不知眉毛之跳動。嘗曰：「眞心慕朱子者，莫我若也」。

　　權哲身早於1777年卽信奉天主，於1801年死於辛酉敎難。由上段引文中不難看出茶山對《四書》的注解多取於權哲身的意見，又由權哲身之自言：「眞心慕朱子者，莫我若也」，可見朝鮮早期天主敎徒非但不認爲孔孟儒學與天主

　　歸于士。名曰萬民，豈復有尊卑貴賤於其間乎？聖人之心，至公無私，故孟子曰：『人皆可以爲堯舜』，豈忍以一己之私欲，愚黔首以自固，阻人堯舜之路哉？設欲自固，亦當敎民以禮義，使知親上而死長，然後其國可守。眞若愚黔以自固，則不踰朞月，其國必亡，秦其驗也」。見《論語古今注》卷4,《與猶堂全書》第5册，總頁297-8。

56) 參見琴章泰：〈茶山事天學與西學受容〉,《朝鮮後期儒教與西學》(首爾：首爾大學出版社, 2003年)；方浩範：〈儒學與丁若鏞的哲學思想〉，收入《韓國學術情報》(2004年)，及鄭仁在：〈西學與丁茶山的「性嗜好」學說〉，收入《東亞視域中的茶山學與朝鮮儒學》(黃俊傑編, 台北：台大出版中心, 2006年)

57) 見《與猶堂全書》第2册，總頁612。

之學有所抵牾, 也不認爲朱子之學背離於天主教義。

　　由上述之說明可知, 茶山在深入理解當時中國, 日本儒學之發展後, 對學的
衰微深有憂慮, 希望重振儒學, 在涉入西學後, 發現西學與洙泗儒學頗能互相
發明, 也能闡述朱子學之原意, 故興起創建新的四書詮釋之學, 不但希望用以
復興儒學, 也有強化朝鮮之禮樂文化, 奠立富國強兵之根基的用意。

四、茶山自成體系的四書學

　　茶山所以能完成其四書的體系, 與其身受各種學問的影響有關。除了對星
湖的尊崇,58) 對退溪學問人品的敬意之外,59) 他也經由李基讓(茯菴, 1744-1802),
權哲身, 李承薰(1756-1801)的影響容受了陽明學與西學；60) 藉由通信使的情報
得知了日本古學派的發展。61) 但由茶山的著作及言論看來, 他雖深受各種學問

---

58) 茶山34歲任職金井察訪時在給星湖曾孫李森煥的信中說：「惟我星湖夫子以
　　天挺英豪之才, 生於道喪敎弛之後, 得以私淑於晦退。經之以心性之學, 緯之
　　以經濟之業, 著書累百餘編, 以嘉惠後學 … 往在戊戌己亥之間, 京洛游談之
　　士, 恭趨長楫, 攝以威儀, 儼然有三代氣象, 是誰之力？皆星翁爲之拓基址立
　　門戶, 以中興斯道, 而樹萬世不拔之業也。前後聖敎勤勤懇懇, 以崇正學, 爲
　　闢異端之本, 苟有待文王而興者, 將奮然自作於無根沒源之地, 而況游星翁之
　　門, 而聞星翁之風者哉！」。見〈上木齋書〉,《第一集詩文集 書》,《與猶
　　堂全書》 第2册, 總頁185-86。
59) 作有〈陶山私淑錄〉見於《與猶堂全書》 第3册, 總頁431-53。
60) 參見徐鍾泰：〈星湖學派的陽明學與西學〉(首爾：西江大學博士論文, 1995
　　年), 頁6-73。
61) 藉由通信使的外交任務, 朝鮮在1764年得知日本古學及徂徠學的發展。由茶
　　山作有〈日本論〉(見《與猶堂全書》 第2册, 總頁280-3),〈跋太宰純《論語古
　　訓外傳》〉(見《與猶堂全書》 第2册, 總頁498), 及其於1813年所作的《論語
　　古今注》引有伊藤仁齋之說3次, 荻生徂徠之說50次, 太宰春台之說148次, 可
　　知茶山對此情報有相當的掌握, 且深受影響。有關通信使與日本古學之間的
　　交涉可參見夫馬進：〈朝通信使による日本古學の認識〉(《思想》 981號, 2006
　　年1月),〈一七六四年朝鮮通信使と日本の徂徠學〉(《史林》 89卷5號, 2006年9
　　月)。有關朝鮮時代日本儒學的傳入, 可參朴洪植：〈伊藤仁齋, 荻生徂徠之學

的影響, 但並不失去其研究的主體性, 故他雖尊崇星湖, 但也指出星湖關於「禮式」著作的缺陷, 認爲其說於古禮無據, 流佈於市, 將爲有識者所譏。[62] 雖私淑於退溪, 但也不反對栗谷氣發而理乘之的學說。[63] 稱讚王陽明爲賢者, 且接受古本大學之說, 但也批評陽明學爲「異端之學」。[64] 由於茶山具有自主的治學精神, 也使得他對四書的詮釋, 在東亞近代有其自成體系的貢獻。

茶山如何構建其一己的四書學? 這可由〈五學論一〉中得其大意:

性理之學, 有所本也。然古之爲學者, 知性之本乎天, 知理之出乎天, 知人倫之爲達道。以孝弟忠信, 爲事天之本; 以禮樂刑政, 爲治人之具; 以誠意正心, 爲天人之樞紐。其名曰:「仁」; 其所以行之, 曰:「恕」; 其所以施之, 曰

對丁茶山的意義〉(嶺南大學民族文化研究所:《民族文化論叢》第31輯, 2005年6月)。朴洪植以爲日本儒學之傳入可分三階段:一是安鼎福對伊藤仁齋的介紹;二是李德懋對對伊藤仁齋, 荻生徂徠, 太宰純的介紹;三是丁茶山對伊藤仁齋, 荻生徂徠, 太宰純《論語》注釋之引用和批評。有關茶山對日本古學派之研究, 可參見河宇鳳:〈丁若鏞の日本儒學研究〉,《朝實學者の見た近世日本》(東京:ぺりかん社, 2001年)。

62)〈上仲氏〉言:「《僿說》以今所見, 使得任意刪拔, 恐與武成相同, 十行廿字, 不過七八冊。似可了當。《疾書》亦必然矣。向於篗"s易"t之時, 取見《周易疾書》, 亦多不可不採錄者。若採而錄之, 可得三四張, 他經必十倍於此。但禮式不但失之太儉, 其違於今俗。而無據於古禮者, 不可勝數。此書若廣布, 入於識者之眼, 大段未安, 此將奈何!」見《與猶堂全書》第3冊, 總頁314-15。

63)《中庸講義補》中載茶山23歲時回應太祖對《中庸》所提的問題, 有關四端七情之辨, 他反對李蘗所主張退溪的理氣互發說, 而同意栗谷的「氣發而理乘之」的說法。34歲於西巖講學會時, 他認爲退溪與栗谷二者對「理」與「氣」的界定不同, 故「恐無是非得失之可以歸一者」。相關文獻見《中庸講義補》(《與猶堂全書》第4冊, 總頁365-6)及〈西巖講學記〉(《與猶堂全書》第3冊, 總頁403-4)。

64)〈致良知辨〉言:「王陽明以致良知三字爲法門宗旨, 遂以《大學》之致知, 爲致《孟子》所云不學而知之良知。重言復言而不知止, 謂自家一生得力, 只此三字。察其語, 深信不疑, 欣然自得, 百世以俟聖人而不惑, 嗚呼!此陽明之所以爲賢者。而陽明之學之所以爲異端也。凡立一句語爲宗旨者, 其學皆異端也」。見《與猶堂全書》第2冊, 總頁309。

：「敬」；其所以自秉, 曰：「中和之 庸」, 如斯而已, 無多言也。[65]

　上段文字是茶山對其所謂「性理之學」的說明, 分析茶山的說明可知其基本的架構是以 《中庸》 爲基礎。所謂「知性之本乎天, 知理之出乎天, 知人倫之爲達道」可對應 《中庸》「天命之謂性」之 說；而「以孝弟忠信, 爲事天之本：以禮樂刑政, 爲治人之具」是 《中庸》「率性之謂道」中, 向上「事天」及向下「治人」之兩途, 能誠意正心能方能事天, 治人, 故「誠意, 正心, 爲天人之樞紐」。能行「孝弟忠信」之德, 立「禮樂刑政」之法, 則可概括 《中庸》「修道之謂敎」之意。

　依上述之說, 茶山之性理之學的基本架構可以下圖表示之：

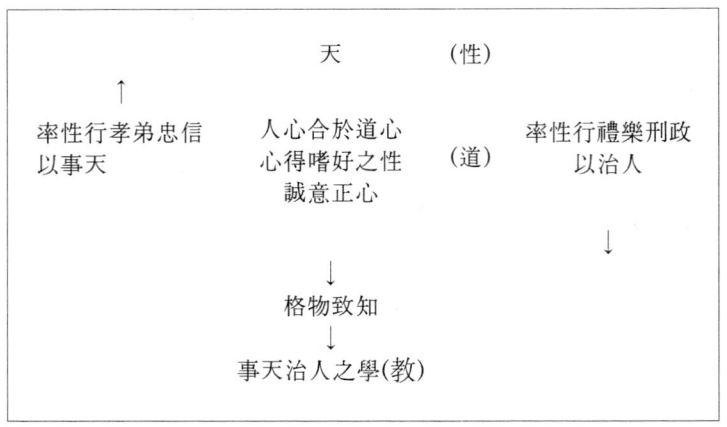

　將四書納入茶山的性理學中, 則可知其四書學是以 《論語》的 「孝弟忠信」爲總綱, 而以 《中庸》 爲其心法。茶山之看重 《中庸》, 可由〈中庸策〉所提出 《中庸》 與〈鄕黨〉「相表裏」之說中看出。他認爲 〈鄕黨〉可見孔子表現於外的動容中禮之威儀,[66] 而讀 《中庸》 可得孔子充塞於內的性與天道

---

65) 見 《與猶堂全書》 第2冊, 總頁498。
66) 《詩經講義 大雅 蕩之什. 烝民》言：「《春秋》傳觀人論之法, 不外乎

之學,(67) 因此 ≪中庸≫「天命之謂性, 率性之謂道, 修道之謂敎」可視爲孔子之心法。

茶山認爲 ≪中庸≫ 之心法行於外者, 不能不論於「敎」。「敎」者, 不外乎「孝弟忠信」, 而所謂「孝弟忠信」, 又可以「孝, 弟, 慈」三者言之。其中由於「慈」是聖人「不勉而能」者, 故聖人之立敎 「唯孝弟是訓」。這些論旨大多概括於〈原敎〉之中, 其言曰:

　　愛養父母謂之孝;友於兄弟謂之弟;敎育其子謂之慈, 此之謂五敎也。資於事父以尊尊而君道立焉;資於事父, 以賢賢而師道立焉, 茲所謂生三而事一也。資於事兄以長長;資於養子以使衆;夫婦者, 所與共修此德, 而治其內者也;朋友者, 所與共講此道, 而助其外者也。然唯慈者, 不勉而能之, 故聖人之立敎也, 唯孝弟是訓。≪孟子≫ 曰:仁之實, 事親是也;義之實, 從兄是也;禮之實, 節文斯二者是也;樂之實, 樂斯二者是也;智之實, 知斯二者, 不去是也。由是言之, ≪大學≫ 之明明德, 明此二者也。≪中庸≫ 之自誠明, 誠此二者也。忠之爲言, 盡此二者而實於己也;恕之爲言, 推此二者而及於物也。格物致知, 格此二者而知所以先後也;窮理盡性, 窮此二者而盡吾之性分也。二者誠乎心, 謂之正心;二者誠乎身, 謂之修身;昭明二者, 以順性命, 謂之事天。「天命之謂性, 率性之謂道, 修道之謂敎」。敎也者, 五敎也。(68)

　　上段引文的重點有三:一,「孝」可衍生「孝親」,「君道(尊尊)」,「師道(賢

　　　威儀:〈鄕黨〉篇尊聖學聖之術, 不出乎威儀」(見 ≪與猶堂全書≫第6册, 總頁
　　　550)。又 ≪論語古今註　鄕黨≫中茶山按語言:「記〈鄕黨〉者, 記夫子動容
　　　中禮也」(見 ≪與猶堂全書≫第5册, 總頁351)。

67)〈中庸策〉言:「臣竊嘗以爲 ≪中庸≫一書, 與〈鄕黨〉篇實相表裏, 何者:〈鄕
　　黨〉就聖人文章之著於外者而言之;≪中庸≫就聖人道德之充乎內者而言
　　之。欲知聖人之內蘊者, 舍是書何以哉?蓋門人之所得而見者, 不過威儀動
　　作之間。若子思則本之家庭之學, 接乎宗嫡之統, 其所得而知者, 乃其精髓
　　蘊奧之祕。子貢所謂:夫子之文章, 可得而見, 夫子之言性與天道, 不可得而
　　聞者此也。苟使學者讀〈鄕黨〉之篇而得其文章之表, 讀 ≪中庸≫ 之書而發
　　其道德之蘊, 何患乎學孔子也!」見 ≪與猶堂全書≫第1册, 總頁655。

68)見 ≪與猶堂全書≫ 第2册, 總頁125-126。

賢)」之意,「弟」可衍生「事兄(長長)」,「養子(使衆)」,「夫婦共修此德」,「朋友共講此道」之意。故「孝弟忠信」或「孝弟」可統括「父子有親, 君臣有義, 長幼有序, 夫婦有別, 朋友有信」等「五倫」之人際活動, 而有「五教」之意。由此可說茶山以「孝弟」概括儒學之「學」(教學論)的內容。

二, 茶山指出 ≪孟子≫ 所言的「仁, 義, 禮(樂), 智」; ≪大學≫ 所謂的「明明德」,「格物致知」,「正心誠意」; ≪中庸≫ 所謂的「自誠明」; ≪論語≫ 所謂的「忠恕之道」; ≪周易. 說卦≫ 所謂的「窮理盡性」, 其對象皆在於「孝弟二者」。由此可說, 茶山以「孝弟」二字概括儒學之「行」(實踐論)的對象及修養(天夫論)的目的。

三, 一己能行孝弟之教卽是「修身」, 而修身能率性順命, 卽是「事天」。由此可說茶山以「孝弟」二字概括儒學「天道」(天人論)的意蘊。

將上述丁茶山的性理學轉換爲四書學的架構, 則 ≪中庸≫「性, 道, 教」三句作爲展開四書學縱貫的「天人」系統, 可對應於人對「形上價値」的探求, 而 ≪孟子≫ 之「盡心, 知性, 知天」做爲天人縱貫系統的個體所自覺的內在依據, 可以對應人對「自我價値」的探求。比較特殊的是 ≪大學≫ 一書的地位, ≪大學≫ 中有二個關鍵語, 一是「誠意正心」, 二是「格物致知」。「誠意正心」之說同於孟子之「盡心」≪中庸≫ 之「誠明」, 故「誠意正心」可統括 ≪孟子≫, ≪中庸≫ 對天人系統的自覺, 可爲「天人之樞紐」。≪大學≫的「格物致知」, 茶山認爲「格物之解, 當以本末字尋之; 致知之解, 當以先後字尋之」,[69] 故而所謂「格物」之義, 是指「度物之有本末」, 所謂「致知」之義, 是指「極知其所先後」。[70]「格物致知」以「始事」是「本」, 以天子誠意爲「先」。而「物格知至」, 是以「終事」是「末」, 以推及庶人爲「後」。由茶山對「格物致知」的解釋, 可見他有意將「格物致知」由「誠意正心」的自我的道德自覺, 推廣對應於「王制禮樂」或「社會價値」的體系。因此,「格物致知」可視爲是天人系統能橫貫地開顯其意義的所在。於此可說:茶山實有 「形上價値」,「自我價値」必須

---

69) 見 ≪大學公議≫, ≪與猶堂全書≫ 第4冊, 總頁40。
70) 見 ≪大學公議≫, ≪與猶堂全書≫ 第4冊, 總頁32。

落實於人倫日用之社會始成意義的深遠用心。

　　基於上述的理由, 茶山認爲三綱領是由「孝弟慈」推廣而出, 朱子所說的八條目, 格致不能是條目故僅有「六條」, 此六條目是行三綱領的方法及步驟, 其方法是以格物, 致知的始, 終, 先, 後作爲核心。他作有如下之二圖, 用以表示三綱領與六條目所表示的意義。71)

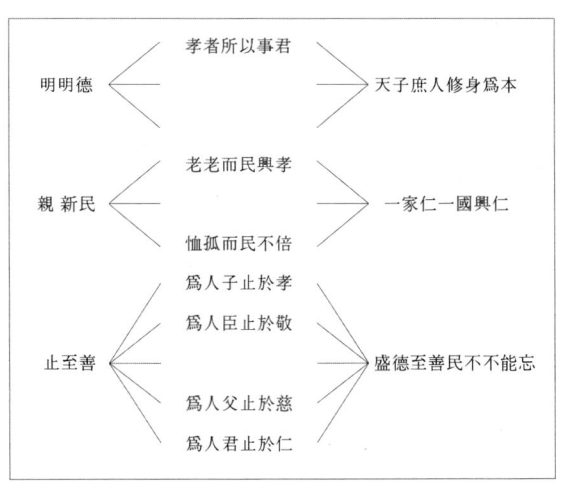

　　71)見 ≪大學公議≫, ≪與猶堂全書≫ 第4册, 總頁25-6, 36。

上二圖最大的意義是將朱子視「格物致知」爲「窮究天理」的解釋, 改爲以「誠意正心」而行「五敎」的解釋。因此可知, 茶山四書學中的道德論述偏向於政治道德的論述。

五、結語：茶山四書學在東亞四書學中的意義

茶山對四書的注解, 始於二十餘歲的 《中庸講義》 及 《大學講義》, 但他正式注解四書是在康津流放期間(1801-1818)的第二年。這一年茶山五十二歲(1813), 他撰作了 《論語古今注》, 次年之後才陸續完成 《孟子要義》, 《中庸自箴》, 《中庸講義補》, 《大學公議》 等作品。這些四書的注解可說是茶山追溯經學之淵源而後寫就的成熟之作。

由東亞儒學的視域觀察茶山四書學的意義, 可以發現其四書學實有矯正東亞儒學發展弊病的貢獻, 而其用心可以由對中國與朝鮮與對日本儒學的發展二方面陳述。就中國與朝鮮儒學的發展而言, 茶山並不反對朱子作爲「儒學中興之祖」的地位。在 《論語古今注》, 中他曾如此的稱許朱子的貢獻：

以己克己是千聖百王單傳密付之妙旨。要言明乎此, 則可聖可賢；昧乎此則乃獸乃禽。朱子之爲吾道中興之祖者, 亦非他故, 其作 《中庸》 之序, 能發明此理故也。近世學者欲矯宋元諸儒評氣說理, 內禪外儒之弊, 其所以談經解經者, 欲一遵漢晉之說, 凡義理之出於宋儒者, 無問曲直, 欲一反之爲務, 其爲一二人心術之病。姑舍是, 將使舉天下之人, 失其所僅, 昧其所僅, 明滔滔乎爲禽爲獸爲木爲石, 非細故也。[72]

從上段引文可以看出, 茶山對淸代的學術深表不滿, 他認爲淸儒遵漢唐之說而反對宋儒「評氣說理」,「內禪外儒」不能說有錯, 但一昧抹去宋元諸儒的貢獻, 並不可取。「評氣說理」 如指爲後世學者深陷於理氣之討論,「內禪外儒」如指不能由禮樂制度開展儒學的精神, 則這二方面不但是中國的儒學之病, 同時也是朝鮮儒學之病。茶山認爲中國近代學術雖有救助弊害的用意, 但不能看到問題的關鍵處, 而朝鮮實學因其自主的學風反而迭有新創, 因此他欲發揮一

---

72) 見 《論語古今注》 卷六, 《與猶堂全書》 第五冊, 總頁450-451。

己的所能, 集晚近學者之智力, 重建新的四書之學。

　　茶山認爲朱子言理氣的目的在於警惕自我之心存天理, 以做爲實踐的基礎, 這種用心在退溪亦然, 然而後來的學者陷身理氣的爭議, 往往疏於實踐。故茶山反對朱子的理氣觀, 反對朱子將 《大學》 「格物致知」 理解爲 「窮究天理」 的方法。但茶山的這種反對只在於導正世人對朱子學的看法, 他認爲朱子眞正的貢獻在於發揮 《中庸》 「人心惟危；道心微」 之義, 故在其四書詮釋中, 以 「道心 / 人心」 之架構取代 「理 / 氣」 之架構。

　　此外, 茶山爲了强化 《中庸》 「性道敎」 中 「敎」 的重要性及作用, 以 「修道」(敎)的本末先後問題爲其詮釋之核心, 此亦可視爲茶山對 《大學》 本義的復原工作。茶山之復原大學非如陽明之執一 「致良知」, 以立異於朱子, 而是從 「敎」 的立場追溯 〈皋陶謨〉 爲 《大學》 思想之源頭,[73] 不但能深究儒學的淵源也能拓展四書視野, 使之與六經的 「禮, 樂, 刑, 政」 相結合。

　　茶山四書學相欲有所救助於東亞儒學的第二方面是針對日本古學派的發展。古學派是當時思想界的新興力量, 他們以復古的面貌出現, 通過對朱子學的否定來形成變革的理論。[74] 整體而言, 由於反朱子學的目標明確, 所以伊藤仁齋與荻生徂徠皆懷疑 《大學》 及 《中庸》 的價值。

　　伊藤仁齋在 《中庸發揮》 的 〈敍由〉中, 一開始即絶對化 《論語》, 《孟子》 的價值, 肯定 《中庸》 演繹孔門之旨, 否定 《大學》 的經書性質。[75] 他

---

73) 《大學公議》 言：「〈皋陶謨〉一篇, 乃 《大學》 之淵源。千聖相傳之旨, 始於此 〈謨〉, 終於 《大學》, 不可不察也。上云：『愼厥身修, 惇敍九族, 庶明勵翼, 邇可遠在茲者』, 《大學》 之 『修身治國平天下』也。此云：『知人之哲, 安民之惠』, 即 《大學》 此章之兩大義也。下云：『三德, 六德, 九德』 之辨, 即官人之法。下云：『艱食鮮食乃粒之奏』, 即惠民之績。上下二千年之遠, 而其言若合符契, 斯非治平之宗旨乎！為天下國家者, 盍亦深思」。見頁42。

74) 　參見蔡振豐：〈伊藤仁齋と丁若鏞の『中庸』に対する古學的解釋〉(東京：日本思想史懇話會, 《日本思想史》第70號, pp.17-41)

75) 《中庸發揮　敍由》言：「若 《孟子》發明孔子之旨者也。 《中庸》又演繹孔子之言, 其書雖未的知子思之作與否, 然以其言合於 《論語》, 故取之」(頁3)。

判斷 ≪大學≫ 非孔門之書, 除了反對朱子的「格物致知」解之外, 也認爲「明德」二字, 多見於 ≪詩≫, ≪書≫, ≪左傳≫, 而不見於 ≪論≫, ≪孟≫, 只是贊美聖德之辭, 不能作爲重要的哲學名詞。76) ≪大學≫之外, 仁齋也否定朱子對 ≪中庸≫的釋名, 認爲「中庸」二字是「言無過不及, 而平常可行之道」, 而朱子「謬爲堯舜以來傳授心法, 孔門蘊奧之書, 以高遠隱微之說解之, 而不知孔孟之敎, 不出仁義二字, 而仁義之外, 又無所謂中庸者也」。77) 依此, 仁齋以「古 ≪樂經≫脫簡」, 「≪太傳≫ ≪樂記≫之流」及「漢儒所誤」爲由, 技巧性地避去宋儒對 「喜怒哀樂未發之中」,78)「誠者天之道」等語辭的說解。79) 他特別指責宋明儒解「喜怒哀樂之未發」至「萬物育焉」四十七字,「多以禪附儒, 而不察其合于孔孟之旨與否」, 因而舉發十證以明之。80)

---

76) 伊藤仁齋言:「明德二字, 多見於 ≪詩≫, ≪書≫, ≪左傳≫。而至於 ≪論≫, ≪孟≫, 則專以仁義禮智爲敎, 孝弟忠信爲要, 而未嘗有一言及明德者。蓋以明德二字, 其義甚大, 唯可以贊聖人之德, 而非學所能承當, 不若以仁義忠信爲敎之通上下, 盡人道, 而無遺漏也。至於以此爲人心之稱, 則失其義益甚矣。≪章句≫解明德曰:『虛靈不昧, 具衆理而應萬事』, 蓋深泥明字, 而不知本贊美聖人之德之辭也」。見 ≪大學定本≫(關儀一郎編: ≪日本名家四書註釋全書≫ 第一卷, 東京:鳳出版, 1973年), 頁3-4。

77) 見 ≪中庸發揮≫, 頁4。

78) ≪中庸發揮≫ 言:「此(『喜怒哀樂之未發』至『萬物育焉』)四十七字, 本非 ≪中庸≫ 本文, 蓋古 ≪樂經≫ 之脫簡」(頁11)。

79) ≪中庸發揮 敍由≫ 言:「予嘗觀宋三山陳善論 ≪中庸≫ 曰:『脩其祖廟, 陳其宗器』 以下一段, 恐是漢儒雜記。又魯齋王氏以二十一章(『自誠明謂之性, 以明誠謂之敎』)以下, 定爲 ≪誠明書≫, 予謂其說甚有理。然無證之言, 不足信據, 頃嘗竊思孔子家語, 以第二十章爲〈哀公問政〉篇, 則此章本一篇之書, 誤入于 ≪中庸≫, 其非 ≪中庸≫ 本文, 彰彰明矣。且 ≪中庸≫ 一書, 僅僅四千二百餘字。而第二十章, 實計七百八十字, 則殆居五分之一, 其無全用〈哀公問政〉一篇之理, 此亦一證也。以此觀之, 則陳(善), 王(柏)之說可謂卓見矣。而十六章論鬼神, 及二十四章論禎祥妖孽處, 又非孔子之語, 說見條下。然則 ≪中庸≫ 一書, 爲漢儒所誤者亦居多, 然而除論鬼神妖孽外, 其言皆鑿鑿, 與 ≪論語≫, ≪孟子≫ 實相表裏, 蓋洙泗之遺言也, 大有補於世敎」(頁3-4)。

80) 仁齋所舉十證, 簡述如下:(一)已發未發之說不見六經以來聖人之書。(二)

　　仁齋所以會有此類意見, 應該與他不能贊同朱子對「性」的解釋有關。朱子在 ≪中庸章句≫ 中以「喜怒哀樂之未發」爲「性」, 81) 仁齋認爲這種解釋爲害極深。仁齋之論「性」取義於孟子, 82) 但他卻不同意「人心」與「道心」的區別, 他說：「道心卽仁義之良心」,「道心本顯然易見者而非微」,「人心雖固易流於欲, 然人必有義理之心, 不可專謂之危」, 所以「危微二字, 不合孔孟之旨」。83) 這可見其對孟子所言之「性」並不深入, 84) 以致認爲孟子「未云天下之性皆善而無惡」, 性善之說是「爲自暴自棄而發」者。85)

　　荻生徂徠了貶 ≪大學≫ 爲「記」之外, 也認爲 ≪中庸≫的內容與 ≪論語≫ 只有部份相合。其 ≪中庸解≫ 認爲 ≪中庸≫ 是子思爲抗衡老氏之徒之作, 86) 其著成早於 ≪孟子≫,≪荀子≫；因爲 ≪中庸≫ 有意與老氏爭辨, 所以部份思想偏離了孔子之道, 以致造成孟子對孔子之道的誤解。徂徠認爲 ≪中庸≫的「性」與「內外」之辨, 困惑了孟子, 使得孟子忘卻先王之道是爲安天下而設, 87) 以致失卻六經, 孔子之道。88) 由此而言, 徂徠視四書中, 僅 ≪論

　　孟子受業於子思, 然未嘗有此說。(三)三代之書皆以已發言之, 不言未發。(四)典謨皆說發而中節之地, 未以「和」言之。(五)若以「未發之中」言之, 六經,≪論語≫,≪孟子≫ 皆為有用無體之書。(六)書名為「中庸」, 但不專論中庸之義, 卻論中和之理。(七)「中」 字屢出, 皆以已發言之, 而無以未發言者。(八)全書少言「和」字。(九)前以喜怒哀樂發而中節為天下達道, 而後以君臣, 父子, 夫婦, 昆弟, 朋友之交為天下之達道。(十)前以「大本」,「達道」並稱, 而後單言「天下之大本」。說見 ≪中庸發揮≫, 頁6-7。

81) 朱子 ≪中庸章句≫ 言：「喜怒哀樂, 情也。其未發, 則性也」(≪點校四書章句集註≫, 頁18)。

82) ≪中庸發揮≫ 言：「性者, 生之質, 人其所生, 而無加損者也。言人有斯形焉, 則惻隱羞惡辭讓是非之心, 生來具足, 不假外求, 乃天所賦予我, 故日天命之謂性」。見, 頁9。

83) 見 ≪中庸發揮≫, 頁7。

84) 參見蔡振豐：〈伊藤仁齋と丁若鏞の『中庸』に対する古學的解釋〉。

85) 見 ≪孟子古義≫, 頁149。

86) ≪中庸解≫言：「七十子既歿, 鄒魯之學稍稍有失其真者。而老氏之徒萠蘗於其間, 迺語天語性, 以先王之道為偽, 學者惑焉, 是子思所以作 ≪中庸≫也」(頁1)。

語》 一書爲可尊信之作。

如果比對茶山的四書學與伊藤及徂徠對四書的解釋, 則可見茶山的論點恰好可以批駁日本古學派的意見, 特別是在 ≪中庸≫ 一書的地位,「道心／人心」區分之意義, ≪大學≫「明明德」與 ≪論語≫, ≪孟子≫ 及六經的關係等問題上, 茶山皆有詳細的解說及對其淵源的追究。

基於上面的論點, 可作如下的結語:(一)茶山的四書注解雖然與朱子的四書學頗有異同, 但因爲在根本上肯定 ≪中庸≫ 及 ≪大學≫ 在四書中的重要地位, 及朱子抉發 ≪中庸≫「人心惟危, 道心惟微」的意蘊, 因此其四書學不是「反朱子」之學, 而只可視爲是「後朱子學」的代表。[89]

(二)由朱子四書學在東亞世界所產生之僵化現象及其救弊補過的論述看來, 從儒學的源頭引入活水而注入生命者, 丁茶山可謂東亞之第一人。

---

87) ≪中庸解≫言:「其所以異乎孔子者, 廼離禮樂而言其義, 必盡其所欲言而後已。自此其後, 儒者務以己意語聖人之道, 議論日盛, 而古道幾乎隱, 孟荀百家之說所以興, 道之污隆繫焉」(頁2)。

88) ≪中庸解≫言:「欲讀 ≪中庸≫者, 必先讀六經而知聖人之道, 然後可以知子思著書之意」(頁5)。

89) 本人同意崔英辰所指出茶山在思想史上具有「批判與繼承的二重奏」的提法。參見其 ≪韓國儒學思想研究≫ 第五章第五節(刑麗菊譯, 北京:東方出版社, 2008年)。

實學에서의 漢詩, 漢詩에서의 實學

- 그 시각과 연구방법 -

진 재 교 | 성균관대학교 한문교육과 교수

1. 머리말

이미 확인된 사실이지만 실학實學은 시대를 초월해서 존재하는 '보통
명사'가 아니라 17~19세기에 나타난 신 학풍을 의미하는 역사적 개념이
다. 실학은 우리 학계가 학술적 시민권을 가지고 있다.[1] 실학자는 오늘
날 분화된 개념의 학자나 문인이 아니라, 문文·사史·철哲을 통섭해서
사유하여 새로운 학문적 지평을 개척한 지식인이다. 그리고 실학의 연
구 성과를 문학에 연결시켜 논한 것이 실학파 문학이다.[2] 실학파 문학
은 실학의 대두와 함께 그 성격을 부여받은 셈이다. 실학파 문학은 그간
연암燕巖 박지원朴趾源(1737~1805)이나 다산茶山 정약용丁若鏞(1762~1836)과 같은
실학의 거두를 중심으로 진행되었다. 문제는 연암이나 다산의 일부 작
품처럼 '실학'과 '문학'의 상호 관련성이 선명하면 문제가 없지만, 그렇지
않은 경우 양자의 관계는 상당한 편차를 보이고, 양자의 관련양상을 이
해하는 것조차 쉽지 않다.

따라서 '실학'의 개념이 연구자에 따라 편차가 있듯이 실학파 문학 역
시 그 개념과 성격을 둘러싸고 같은 현상을 보일 수 있다. 그간 실학과
문학의 관계는 연구자에 따라 편차를 보인 것이 사실이다. 실학자가 남
긴 작품을 두고 그 평가가 갈리는 데는, 연구자의 시각과 연구 방식이

---

1) 실학의 성격과 범주에 대해서는 임형택(2003), 「21세기 다시 읽는 실학」, 『대
동문화연구』 42, 제2장을 참조.
2) 실학을 보통 경세치용, 이용후생, 실사구시로 나누고 '실학파 문학'의 용어
를 제창하는 한편 이를 한문학에서 본격적으로 다룰 것을 제기한 분은 이
우성 선생이다. 이에 대해서는 이우성(1982), 「실학파의 문학과 사회관」, 『한
국의 역사상』, 창작과비평사 참조. 처음 논문의 주제는 「실학연구 서설」(『
문화비평』 7·8, 1970)인데, 이 논문이 역사학회 편 『실학연구 입문』(일조각,
1973)의 권두 논문으로 들어갔다.

달랐기 때문이다.[3] 실학과 한시의 경우도 마찬가지다. 여기서는 실학과 한시가 무엇을 메신저로 관계를 맺고 있으며, 어떤 시각과 연구 방법으로 양자의 관계를 탐색할 것인가를 제시해 보고자 한다. 무엇보다 양자의 메신저로 '현실'이 그 기능을 수행할 수 있는지, 또한 실학과 한시의 관계가 필요하고도 충분한 조건인지 검토해 보고자 한다.

2. 한문학과 실학의 접속, 그 메신저 '현실'

한문학은 동아시아 한자문화권에서 '서동문書同文'으로 불리는 동문세계同文世界 속에서 산생하였다. 한반도의 문인지식인들은 근대 이전까지 이 동문세계에서 산생한 한문학의 보편 형식 속에 자신의 정서를 투영하면서 별 다른 이질감을 느끼지 않았다. 실학자들 역시 동문세계同文世界로부터 받아들인 한문학을 통해 주체를 포착하거나 그것을 작품으로 옮겼다. 무엇보다 조선조 후기 실학의 문학적 성과는 실학자들이 현실을 고뇌하고, 그것을 개혁하려는 의지와 관련이 깊다. 실학이 '현실' 문제를 주목하였듯, 실학파 문인 역시 현실을 대상으로 삼아 다양하게 형상하였다. 이들은 현실을 단순 반영하는 차원이 아니라, 한문학 양식 속에서 현실을 대상으로 삼아, 새로운 질서로 재구성하였음은 물론이다. 실학파 한시 역시 마찬가지다.[4] 실학파가 남긴 한시와 현실은 밀접한 관계를 지닌다.

과연 실학과 한시를 어떻게 관련시켜 이야기할 것인가? 실학과 한시의 관계를 고려하면 실학 개념을 그대로 한시에 적용시킬 수 없으며, 굳

---

3) 실학과 실학파 문학의 성과 및 향후 과제에 대해서는 진재교(2003), 「실학파 문학의 허와 실에 대한 변증」, 『한문학보』 9집 참조.

4) 실학의 문학적 성취에서 그동안 자주 거론되는 것이 '현실주의'와 '민족 문학적 성취'이다. 이는 실학파 문학을 연구하는 시각과 연구 방법론으로 의미가 있다. 기왕에 실학의 문학적 성취를 논하면서 이러한 시각과 방법으로 분석하여 성과를 이루었다.

이 그럴 필요도 없다. 조선조 후기 문인들은 한시를 통해 실학적 사유를 표출하기도 하고, 거꾸로 실학파 문인의 작품이 아닌 한시에서 실학적 면모를 발견할 수 있음은 물론이다. 이 점에서 실학과 한시는 일정한 공분모를 지닌다. 그렇다면 실학과 한시의 상관성을 논할 때, 무엇을 공분모의 메신저로 거론하는 것이 가장 유효할까? 우선 주목할 수 있는 것은 '현실'이다. 이때의 현실은 두말할 나위 없이 실학자들이 살았던 역사적인 공간이다. 역사적인 공간은 일국을 넘어 동아시아 공간까지 포함한다. 조공체제의 중심에 있었던 거대한 타자 청조로부터 조공체제의 밖에 있었던 낯선 타자 일본, 그리고 이들 국가와 정기적 혹은 부정기적으로 관계를 맺었던 조선조의 역사 공간을 두루 아우른다.

　실학의 문제의식 역시 이러한 공간을 넘나들면서 논리적으로 제시되었거니와, 실학파 문인들도 이러한 역사적 공간에서 견문하고 목도한 문제를 한시로 포착하였다. 이를테면 연행사燕行使와 통신사로 참여하면서 이국 문화로부터 다양한 선진기술을 견문하고 이를 시로 포착한 것, 해양과 선박 기술 등의 포착, 고구마와 식물 품종을 시로 포착한 것 등 모두 타자의 공간에서 발견한 것을 문학으로 끌어 들인 사례들이다. 실학파 문인들이 이러한 타자의 현실 공간에 관심을 두는 것은 이를 적극 받아들여 자아(주체)에 적용하기 위한 것임은 물론이다.

　또한 일군의 실학파 문인들이 자국의 제도문제와 낙후된 기술 문명, 이러한 현실 공간에서 생활하는 자국민의 처지를 시로 표출한 경우, 타자의 제도와 기술 문명을 자국 현실에 연결시켜 한시로 포착한 것 등은 모두 자국의 현실 문제를 시적 공간을 통해 표출한 것이다. 우리가 자주 언급하는 '북학北學'과 '북학파北學派'는 거대한 타자인 청조를 배후로 하여 직간접으로 연결한 개념이듯이, 실학파 한시에서의 중요한 성과 역시 청조의 앞선 기술 문명을 포착한 것이 많다. 알려진 사실이지만, 실학의 성과는 타자와 자아(주체) 등이 상호 길항하면서 나타났다. 그런데 실학에서 타자인 청조 문명을 어떤 시각에서 받아들이느냐 하는 문제는

그 층위가 다양하게 존재한다는 사실이다. 박지원처럼 자아주체를 무엇
보다 깊이 인식한 기초위에 타자를 상대화시켜 바라보는 경우가 있는가
하면, 박제가朴齊家처럼 주체 보다 타자인 청조의 앞선 문명을 수용하는
데 방점을 둔 경우,5) 타자인 청조의 앞선 문명을 모델로 삼아 이를 일방
적으로 수용하려는 이희경李喜經의 경우도 있다.6)

　하지만 실학과 한시의 경우, 현실을 메신저로 실학에 접속하지만 기
본적으로 '실학' 개념의 영향에서 벗어날 수가 없다. 실학과 문학은 실학
의 문학적 전환형태이며, 기본적으로 실학의 문학적 성과는 실학의 개
념에 따라 연동될 수밖에 없다. 거대한 타자였던 청조의 기술 문명을 포
착하여 형상한 사례만 보더라도 '실학'을 포착한 층위와 그 다양한 결을

---

5) 박제가는 『북학의』를 통해 그의 실학적 사유를 펼쳐 보이고 있으나, 그의
　　사유 전반에 가로 놓여 있는 것은 거대한 타자였던 청조 선진문물의 짙은
　　그림자다. 이를테면 그가 중국어 공용화론에 가까울 정도의 언어관을 표출
　　하고 있거니와, 이러한 언어관은 스스로 실현 가능성이 적다고 적시하고 있
　　다. 하지만 이는 자신의 논리를 관념적 차원에서 극대화 할 때 나올 수 있
　　는 귀결점이기도 하다는 점에서 그 사유의 저류에는 거대한 타자였던 청조
　　문화의 짙은 그림자를 읽을 수 있다. 그런 점에서 그의 실학적 사유와 논리
　　적 귀결 처는 관념성을 드러내고 있다. 이 점에서 연암 박지원의 사유와 논
　　리의 귀결 처와 갈린다. 박제가가 타자를 통해 자아를 들여다보는 방식이라
　　면 박지원은 타자를 객관화시킨 다음, 객관화 된 타자를 통해 자아(주체)를
　　다시 객관화(타자와)시켜 들여다보는 방식이다. 전자의 경우 비교의 대상에
　　우열이 있지만, 후자의 경우 그렇지 않고 상호 비교 대상 내지 상호 인식의
　　대상일 뿐이다.

6) 이용후생(북학)은 기본적으로 기술과 도구의 사용 등 선진 문물을 문제로
　　제기하였기 때문에 이들은 외부에 모델을 두고 안에 적용하는 것에 고심할
　　수밖에 없었다. 이들이 연행에서 보았던 기술 문명의 선진성에 주목하고 이
　　를 받아들이는 방식이었다. 하지만 이러한 이용후생은 두 방향이 존재한다.
　　밖의 모델을 견문한 것을 통해 국내에 적용하는 방향과 국내 조건을 십분
　　고려한 위에서 밖의 모델을 취사선택하여 창신하는 방향이었다. 엄밀하게
　　나누면 이희경과 박제가는 전자에 속하고 박지원은 후자에 속한다. 물론 한
　　시로 이러한 의식을 포착할 수는 없고 다른 산문 작품에서 이러한 의식을
　　확인할 수 있다.

변별하기란 쉽지 않다.[7] 기왕에는 실학의 성과를 한시에 그대로 이월시켜 실학파 한시의 성과에 바로 연결시킨 경우가 많았다.[8] 그런데 한시의 관점에서 실학을 볼 경우, 실학파 한시는 실학의 이론적 성과와 바로 일대 일로 대응이 되는 것은 아니다. 실학의 유파로 나누어지는 실학자의 경우만 하더라도 반드시 그 유파의 성격에 부합하는 한시를 창작하는 것은 아니기 때문이다. 박지원이나 홍대용처럼 자신의 실학적 이론과 성과를 한시로 드러내지 않는 경우가 있는가 하면, 이용후생을 주장한 실학자가 고증학에 기초한 한시를 짓는가 하면, 경세치용을 주장한 실학자가 고증을 기초로 하여 한시를 짓는 등 다양한 양상을 보여준다.

　이러한 사례는 이희경李喜經(1745~1805)[9]과 서유구徐有榘(1764~1845),[10] 그리고 윤정기尹廷琦(1814~1879)[11] 등에서 확인할 수 있는데, 뒤에서 재론할 것

---

7) 이를테면 수레와 벽돌제도 등을 소재로 하여 한시로 포착할 경우, 그것이 청조에서 목도한 것을 근거로 그 우수성을 적은 것인지, 아니면 자국의 현실 문제를 깊이 인식하고 이를 위해 소재로 이러한 문제를 포착한 것인지 불분명하며, 단순히 선진 문물의 우수성을 언급하기 위해 포착한 것인지, 이러한 제도를 자국의 현실을 고려하여 이 제도를 적용시키자는 것인지 여부는 시를 통해서는 확인할 수 없는 경우가 많다.

8) 실학의 관점에서 한시를 볼 경우, 실학파 문학은 실학의 개념에서 산생하였기 때문에 실학의 성과를 한시에서 확인하는 경향이 강하다.

9) 이희경이 남긴 한시집인『綸菴集』의「咏艸蟲」6수는 자신이 이용후생을 주장한 것과 달리 고증의 성향을 보여준다.『綸菴集』은 모두 3권으로 시만 수록되어 있는데, 최근에 알려졌다. 이희경의『윤암집』의 특징과 전체 내용에 대해서는 김영진(2007),「일본 천리대학 천리도서관 소장『윤암집』」『고전과 해석』제3집, 204~211면 참조.

10) 서유구는 실학의 유파로 나눌 경우 경세치용에 가깝다. 하지만 그가 남긴 한시 중「種樹歌」,「穮稻」,「甘藷」등에서는 이용후생의 경향이「田家月令歌」에서는 고증의 경향이 보인다. 서유구의 한시의 실학적 면모에 대해서는 조창록(2003) Ⅴ장 참조.

11) 정약용의 외손인 윤정기는 시적 성향이 당대 현실 문제와 민의 실상을 포착한 경우가 많아 경세치용적 성향을 보여주기도 하지만,「眞興王北狩碑歌」와「嶠南懷古」는 고증의 경향을 보여주는 등 실학의 다양한 측면을 보여주기도 한다.

이다. 앞서 실학과 한시의 메신저로 현실을 주목한 바 있다. 역사적인 현실 공간을 형상한 한시를 실학의 중요한 문학적 성과로 상정할 때 문제가 되는 것은, 한시가 현실을 대상으로 어떻게 재구조화하여 형상하였는가 하는 점이다. 그런데 실학자들이 현실을 읽는 방식은 단일하지 않다. 이희경의 사례를 들어 보자.

> 내가 다섯 차례나 중국에 드나들면서도 그리워하여 잊지 못하자, 비아냥거리는 사람들이 많았다.[12] 어떤 이가 물었다. "그대가 중국을 사모하는 것이 너무 지나치구려. 무슨 좋은 점이 있어서인지 모르겠소만, 그 까닭을 들려주시겠소?" 이에 내가 말하였다. "첫째는, 선왕(先王)들이 물려준 풍속 때문이고, 둘째는, 산천이 빼어나고 궁궐이 웅장해서이며, 셋째는, 인물이 훌륭하고 문장이 성대해서이고, 넷째는, 서화(書畵), 고기(古器), 금석(金石) 등의 진기한 물건 때문이오. 그밖에도 본받을 만하고 좋아할 만하며 완상할 만한 것을 이루 다 거론하기 어렵소. 평생소원이어서 꿈속에서도 항상 혼이 그곳으로 달려가니, 내 어찌 잊을 수 있겠소."[13]

이희경은 중국을 다섯 차례 드나들면서 중국의 기술 문명을 누구보다 소상하게 알았던 인물이다. 그는 청조 문물의 우수성에 누구보다 주목하여 『설수외사雪岫外史』에서 이의 적극적인 수용을 기술하고 있다. 이

---

12) 남아 있는 자료를 통해 보면, 이희경은 1782년(정조6), 1786년(정조10), 1790년(정조14), 1794년(정조18), 1799년(정조23) 다섯 차례에 걸쳐 중국을 다녀 온 것으로 보인다.

13) 이희경, 『雪岫外史』 '수레조', "余五入中原, 猶有眷眷不忘之意, 人以此多譏之. 或問之曰: "子之慕中國, 亦已甚矣. 未知所益何事? 願聞其說." 余曰: "一則先王之遺風餘俗也; 二則山川之勝·宮闕之壯也; 三則人物之好·文章之盛也; 四則書畵·古器·金石珍異之物. 其餘可則·可效·可愛·可樂·可嗜·可玩, 難以盡記. 平生之願, 夢寐長往, 吾何能忘也?"

희경은 자국의 현실을 변화시키기 위해 청조의 앞선 문물을 모델로 삼아 자국의 현실에 적용할 것을 주장하였다. 위의 언급에서 볼 수 있듯이 청조 문화에 대한 지나친 사모와 함께 이희경은 청조 문물의 선진성을 맹신할 정도로 경사되어 있었다. 그래서 그는 꿈속에서라도 자신의 혼이 청의 앞선 문물이 있는 곳으로 달려가는 것이 소원이라고 스스럼없이 말할 수 있었던 것이다.

이에 반해 박지원은 사뭇 다르다. 그는 이미 『열하일기』에서 자신의 대청관과 세계인식을 확실하게 보여주거니와,[14] 그는 청조의 앞선 기술 문명을 수용하는 차원을 넘어서는 시각과 인식의 틀을 보여준다. 요컨대 박지원은 청조의 선진 기술과 문명을 수용하는 것을 넘어 동아시아의 국제 질서와 천하대세를 관망하는 보다 더 넓은 시야와 적극성을 드러내었다. 하지만 실학과 한시를 접속하는 메신저가 조선의 현실을 아우르는 동아시아의 역사공간이라고 상정할 때, 문학 양식을 빌어 언어질서로 현실을 재구성하는 방식은 실학파 문인마다 사뭇 달랐다.

연암 박지원은 현재 진행하고 있는 현실 자체를 중시하여 생생하게 변화해 가는 과정을 중요한 장면으로 포착하였다. 이는 생기발랄한 현장을 문학으로 포착하여 형상하는 형상방식이다. 박지원이 거대한 새로운 질서를 상정하여 문학으로 형상하는 것이 아니라 변화하는 현실을 주목하여 이를 산문으로 담아 낸 것은 이 때문이다. 박지원은 「답창애答蒼厓」에서 "하늘은 푸른데, 하늘 천天자는 푸르지 않다."[15]는 아이의 말이 문자를 만든 창힐을 굶겨 죽인다고 언급한 바 있다. 일반적으로 하늘을 푸르다고 말하지만, 하늘은 시간과 상황에 따라서는 언제든지 다른 색으로 변화할 수 있는 것이다. 이러한 변화무상한 하늘의 실상을 간과

---

14) 박지원의 주체 의식과 타자인식에 대해서는 임형택(2000), 「박지원의 주체 의식과 세계인식」『실사구시의 한국학』, 창작과비평사, 137~166면 참조.

15) 신호열·김명호 역(2005), 『국역 연암집 2』, 85면, 「答蒼厓之三」: "里中孺子, 爲授千字文, 呵其厭讀, 曰: '視天蒼蒼, 天字不碧, 是以厭耳.' 此兒聰明, 餒殺蒼頡."

하고 하나의 색에 고정시키는 것은 실상에 맞지 않다는 것을 주목한 발언이다. 이어서 박지원은 「능양시집서菱陽詩集序」에서 "까마귀의 빛은 검은 것이 아니라 옅은 황금색, 연한 녹색, 자줏빛, 비취빛 등으로 변화한다."고 하여 까마귀는 환경과 상황에 따라 다양한 색을 띠게 되는 것에도 주목하였다. 하나로 고정된 시선과 실상을 제대로 보지 못하는 관념으로는 생기발랄하게 변화해 가는 까마귀의 다양한 색을 포착할 수 없다는 것이거니와, 여기서 박지원의 문학관의 단초를 읽을 수 있다. 박지원은 실제 현장에서 시시각각으로 진행하는 그 자체를 포착해야 한다고 인식하였다. 그러한 이치를 모르고 다만 까마귀의 색을 오직 검다고 한정하는 것은 실상을 모른다는 것이다.[16]

더욱이 이덕무李德懋가 『이목구심서』에서 "자세히 만물들을 관찰하면, 썩어서 냄새가 나는 것 이외는 모두 생기가 발랄하여 억제할 수 없고, 후줄근히 축 늘어진 것은 오래지 않아 썩어서 냄새가 나게 될 것들이다."라 하여 만물의 존재방식을 생기발랄[生氣英英][17]에서 찾았거니와, 그는 현실에서의 활발성活潑性과 변화양상을 소중하게 여겼다. 이 경우 문학으로 표출한 문자의 의미가 하나가 아니고, 그 의미는 변화에 따라 다기하다는 점을 상기할 필요가 있다. 이는 문자의 의미를 하나로 고정시킬 수 없다는 것을 말한다. 더욱이 현실의 생기발랄한 활발성을 강조한 이러한 시각은 사물이든 사회 현실이든 있는 그대로 보아야 한다는 사유와 맥락을 같이한다. 연암은 이 관점에 서 있었기 때문에 현실의 생기발랄한 실상을 포착하기 위해 '연암체燕巖體'를 구사하였고, 이러한 문체로 무장하여 현장의 변화무상한 활발성으로 현실에 더욱 가깝게 다가

---

16) 신호열·김명호 역(2005), 『국역 연암집 2』, 155면, 「菱陽詩集序」: "噫! 瞻彼烏矣, 莫黑其羽. 忽暈乳金, 僕耀石綠, 日映之而騰紫, 日閃閃而轉翠. 然則烏雖謂之蒼烏, 可也; 復謂之赤烏, 亦可也. 彼旣本無定色, 而我乃以目先定, 奚特定於其目? 不觀而先定於其心."

17) 한국고전번역원, 『국역청장관전서』 제49권 「耳目口心書 二」, "細看萬物, 腐臭以外, 無非生氣英英. 不可禁遏, 而冉冉低垂者, 匪久隣腐臭者也."

갈 수 있었던 것이다.

반면에 다산은 이와 반대로 언어의 의미를 고정하여 하나로 환원시키고자 하는 측면이 강하다. 정약용은 「문체책文體策」에서 자신의 이러한 언어문학의 견해를 잘 드러내 놓았다. 그는 문장이란 인정물태人情物態만한 것이 없고 인정물태를 잘 관찰하면 문장의 변화를 알 수 있다고 하였다. 이러한 물태만 하더라도 천태만상을 관찰할 수 있지만, 결국 그것은 냉冷과 난暖으로 귀결되고, 인정의 경우 역시 천태만상을 관찰할 수 있지만 결국 이利와 해害로 귀결된다는 것이다. 더구나 인정과 물태에 기초한 문체 역시 천변만화가 있지만 결국 득과 실의 테두리를 벗어나지 않는다고 하였다. 여기서 중요한 것은 인정물태에 기초한 천태만상이나 인정물태에 기초한 형형색색의 천변만화의 문체를 중시하는 것이 아니라, 이러한 인정물태와 문체의 변화는 냉난冷暖과 이해利害, 그리고 득실得失로 귀결되는 데 있다는 점이다.[18] 이는 연암이 생기발랄한 현실 그 자체를 중시하던 것과는 사뭇 다르다. 다산은 인정물태의 변화나 문체의 변화 자체에 시선을 두기보다, 인정물태, 그리고 문체가 그렇게 될 수밖에 없는 원인을 따진다. 그리고 그 해결을 위해 어지러운 질서를 자신이 구축하려는 새로운 질서로 환원시키는데 주력한다. 다산은 자신이 구축하려는 질서에 포섭되지 않는 유동성과 현장에서 진행 중인 인물정태人情物態 자체에 시선을 두지 않는다. 그가 자신이 구축한 호한

---

18) 한국고전번역원(1986), 「對策」『국역 다산시문집』 제8권, '文體策'. 다산이 "시대를 슬퍼하고 세속을 개탄하지 않는 것이라면 詩가 아니며, 높은 덕을 찬미하고 나쁜 행실을 풍자하며 선을 권하고 악을 징계한 것이 아니라면 시가 아니다. 그러므로 뜻이 서지 않고 학문이 순전하지 못하며 大道를 듣지 못하고 임금을 堯舜의 성군으로 만들어 백성들에게 혜택을 입히려는 마음을 갖지 못한 자는 시를 지을 수 없는 것이니, 너는 힘쓰도록 하여라(「寄淵兒」『국역 다산시문집』 제11권). 위의 언급은 '현실'을 중요한 잣대로 삼는다. 당대 현실에서 생활하는 백성, 자신이 생활하는 공간에서의 임금 등은 모두 시인의 현실과 관련이 깊다. 이러한 현실에 대한 깊은 고뇌와 형상은 현실의 질서를 새롭게 구축하려는 그의 사유와 관련이 깊다.

한 경학세계를 통해 새로운 질서를 구축하려는 방향성을 보인 것은 사실이지만, 그가 추구한 것은 유동하고 변화해 가는 것이 아니라, 잘 짜인 고정되어 있는 새로운 질서체계였다.

이 지점에서 그의 「문체책」과 '경학세계'는 만난다. 다산이 추구한 관점에 서면 언어 문학의 방향은 현장에서 진행 중이며, 변화하고 있는 인정물태를 포착하는 산문이나 소설의 창작 방법과는 거리를 둘 수밖에 없다. 그가 소설이나 산문 문학에 시선을 두지 않는 것 역시 이러한 것과 무관하지 않다. 다산이 현장의 언어나 실체험을 '조선시19)'로 포착한 것은 이러한 정황과 관련이 있다. 요컨대 다산의 실학적 논리는 흔들리는 사회를 재구성하여 질서를 안정시키려는 것과 맞물려 있기 때문이다.20)

이에 반해 추사 김정희의 현실 독법은 앞서 거론한 실학자와도 사뭇 다르다. 추사가 파악한 현실은 과연 어떤 것이었을까? 추사는 일찍이 "가슴 속에 청고고아淸高古雅한 뜻이 들어 있지 않으면 손에서 나올 수 없고, 가슴속의 청고고아淸高古雅한 뜻은 또 가슴속에 문자향文字香과 서권기書卷氣가 들어 있지 않으면 능히 완하腕下와 지두指頭에 발현되지 않는다."고 하면서 "모름지기 가슴 속에 먼저 문자향文字香과 서권기書卷氣를 갖추는 것이 예법隷法의 장본張本이며, 예隷를 쓰는 신결神訣이 된다."고 강조하였다. 사실 이러한 발언은 추사가 '학學'을 강조한 것과 유관하다. 추사는 한 작품에서 '묘오妙悟'와 '침사沈思'를 위해 '학學'과 '경적經籍'을 강조한 바 있다.21) 그는 좋은 시를 위해서 학술적 안목과 '경적經籍'의

---

19) 다산의 경우 유배시기에 현실과 더욱 가깝게 다가가 시의 현실화를 추구함으로써 실학적 현실주의의 성과를 이루었다. 이는 시의 현실화를 통해 현실에 한시를 더욱 밀착시킨 것을 의미한다. 말하자면 시와 현실의 거리를 보다 가깝게 조정하려는 그의 의식의 일환이었다.

20) 「13經詩」, 「詩經詩」, 「春秋詩」 등과 같이 경전을 소재로 시로 포착한 것 역시 다산이 현실을 바라보는 사유의 지평과 관련이 깊다.

21) 金正喜, 『秋史山泉』, 고대소장본, 「喜兒子與再從孫台濟, 作詩漫吟, 示之先

깊은 이해를 우선적 덕목으로 두었다.

추사의 이러한 문학 성향에 대한 당대 학술계의 평가도 마찬가지였다. 남병철은 추사의 학술과 문학을 평하면서 "선생 김정희를 가리킴: 필자 주 같은 학식으로 세상에 전하고 있는 것이 얼마나 됩니까. 시는 약간 정도가 있고 문도 전한 것이 드문데, 오직 이 척독은 비록 해타咳唾의 나머지라고는 하지만, 혹은 경사經史·백가百家와 고문古文·시사詩詞를 논하였고, 혹은 노불老佛·금석金石과 해예楷隸·명물名物 등을 고증하면서 고금을 드나들어 우뚝이 홀로 깊은 경지에 들어감으로써, 향상香象과 문표文豹가 지묵紙墨 사이에 분주하여 은은히 비추니, 문장의 전형이 바로 여기에 있지 않습니까?"22)라 하여 추사의 문학을 향상香象23)과 문표文豹24)에 비유하였다. 이미 젊은 시절부터 추사는 경사經史·백가百家와 고문古文·시사詩詞를 넘나들 정도로 남다른 지적 역량을 보여주었다. 뿐만 아니라, 그는 노불老佛·금석金石과 해예楷隸·명물名物 등 다방면의 학술과 고금을 아우르는 철저한 고증을 통해 자신이 문학세계를 펼친 바 있다. 위의 언급은 이를 의미한다.

위에서 보듯이 추사가 문학에서 학술을 강조하고, 금석학이나 고증학에 진력하여 '실사구시實事求是'의 경지를 개척한 것은 학술사적 의미가 있다. 이러한 성향을 고려하면 위에서 언급한 추사의 발언과 인식은

志. 余過台也, 專以沈思妙悟爲主, 恐至於穿鑿私智掉弄精神, 宜深戒之, 兼論近世妄學覃谿詩者, 不願兒輩亦效此. 시의 내용을 보면 "妙悟與沈思, 微爾心靈錮. 苟以不學求, 可畏魔精附. 爾勿輕視詩, 浴之風雅溯. 倘欲學眞詩, 經籍以鎔鑄." 추사의 고증학적 시경향에 대해서는 이철희(2004), 「추사 김정희의 시문학에 나타난 고증학의 영향」, 『한국시가연구』 제15집 참조.

22) 한국고전번역원, 「阮堂尺牘序」, 『국역완당전집』 권수.
23) 전설상의 향기를 띤 코끼리인 향상은 河水를 건널 때에 물에 뜨지 않아 밑바닥에 닿는다는 의미로 문장을 평론하는 데에 철저함을 비유한 말이다.
24) 문표는 문채가 있는 표범인데 이 표범은 자기 衣毛를 윤택하게 해서 문채를 빛내기 위하여 안개가 낀 때에는 10일간을 굶으면서도 밖에 나가지 않는다는 데서, 즉 좋은 문장을 남기는 것을 비유한 말이다.

현실과 무관한 것처럼 보인다. 하지만, 추사의 현실 인식과 이를 근거로 문예의 공간에서 현실을 표상하는 방식이 기왕의 실학자들과 달랐을 뿐, 그는 사대부의 일상생활을 중요한 현실의 대상으로 파악하여 시로 옮겼다.

하지만 추사가 한시를 통해 포착한 것은 인간이 살아 숨 쉬는 생활공간이나 민들의 현실 공간이 아니라, 당대의 문화 규범과 의식을 극대화시킨 문인지식인의 공간이었다. 추사가 추구한 문인지식인들의 이상적인 관념의 공간이었다. 그가 '문자향文字香, 서권기書卷氣'를 소유한 청고고아淸高古雅를 가슴 속에 두지 않으면 안 된다고 강조한 것도 이것과 연결이 된다. 이는 규범적이고 청고고아淸高古雅와 같은 문화화 된 문인 지식인의 이상적 공간만을 현실로 인식하는 것을 의미한다. 이때의 시나 언어는 일상적인 현실을 직시하거나 일상적 현실과의 관련성은 덜 중요하게 된다. 이것은 추사가 다양한 민들의 생활 모습과 민의 생활 속에서 포착할 수 있는 일상적 소재 등은 속화俗化된 현실로 판단하였기 때문이다. 다시 말하자면 이것은 추사가 당대 현실 자체를 속화 내지 시정화화 한 것으로 이해한 것인 바, 풍부한 학술적 성취와 지성을 추구하는 극단적인 아적雅的 취향趣向의 반영이다.

추사는 오직 학술을 중시하여 학문 내적인 논리에 따라 한시나 언어를 추수해 가는 것을 지향하였다. 그는 현실 속에서 문인 지식인들의 극단적 고급문화의 규범만을 현실로 받아들인 듯하다. 이때의 고급문화란 성인의 말씀이나 경전과 같은 깊은 이해와 그것에 대한 해박한 지식을 말함은 물론이다. 이런 점에서 추사는 경전에 대한 풍부한 지식과 학술을 소양으로 갖춘 문인 지식인이 추구할 소양의 극대화를 추구한 셈이다. 추사의 입장에 서면 학술적으로 경지에 오른 학자만이 시의 경지를 알아볼 수 있다. 이 점에서 추사는 풍부한 학술과 수준 높은 문예로 무장한 최고의 인식 수준에서 시를 이해하고 창작하였다. 이러한 방향으로 한시를 바라보고 문예를 이해한 추사의 인식과 한시 창작은 관념적 현실 공간을 사유한 결과물이라는 점에서 자신과 지향을 같이 하는 인사들과 시정신과 창작을 공유하려는 성향이 강하다. 이는 매우 제한된 범위에서 소통된다는 점에서, 한시가 현실과 거리를 좁히려는 다른 실학파 시의 방향과 시정신과는 기본적으로 다르다. 추사가 학술적 성취를 기초로 고증시를 추구한 것은 이러한 양상과 관련이 있다. 그럼에도 불구하고 이 역시 실학파 한시의 새로운 성과임에 틀림없다.

3. 실학의 관점으로 본 한시

앞서 언급하였듯이 실학의 문학적 성과나 실학파 문학이라는 개념 자체가 대단히 모호하고 경계가 불분명하다. 실학파 문학은 당초 실학의 개념과 논리, 그리고 그 성과의 규정을 받으며 출발하였다. 때문에, 실학파 문학의 독자적 성격은 명쾌하게 할 수 없다. 실학과 한시와의 관련성을 고려하면 이러한 양상은 더욱 복잡해진다. '실학'이 한시로 전환될 경우, 실학의 모습은 한시의 언어 질서와 양식을 거쳐 재구조화되어 드러난다. 한시는 실학의 논리와 반드시 일치하지 않기 때문이다. 특히 실학의 논리성이나 현실을 개혁하는 시각과 문제의식 등은 다른 문학적 언어와 질서로 표출되기 마련이다.

박제가의 시를 보기로 하자.

異哉無車國千里	이상하구나! 온 나라 천리에 수레 하나 없다니
萬馬誰憐瘡背死	많은 말 등창 나서 죽은 것 누가 가엾게 여길까?
平生頗喜談考工	평생 『주례』의 고공기 읽어 자못 즐거웠지만
眼明驅車定平始	눈앞에 수레 보기는 정평(定平)에서 처음.
草草作輪尖其轂	거친 바퀴와 뾰족한 바퀴통곡 만들고
以輗爲軛仍曲木	끌채로 멍에 삼고 곡목은 그대로 두었네.

蒙元遺制固可歎　　　몽고 원나라 남긴 제도 참으로 감탄할 만하니

猶能載重踰山麓　　　오히려 무거운 짐 싣고 산비탈도 넘을 수 있다네.

聞道海西亦行車　　　해서(海西) 또한 수레 다닌단 말 들었지만

今之議者徒紛如　　　지금 의론하는 자 단지 분분하기만.

難破悠悠一俗字　　　오래도록 한 글자 '속(俗)'을 깨뜨리기 어려워

却憶天門曾獻書25)　　임금님께 상소까지 올린일 문득 생각나네.

함경남도 정평군에서 목도한 수레를 직접 보고, 여기에 자신의 생각을 드러내었다. 앞에서 박제가는 평생 『주례』의 고공기를 읽었지만, 그 지식을 실제 현실에 적용할 수 없었던 학문 풍토와 현실을 문제 삼았다. 수레는 무거운 짐을 싣는 것은 물론 산비탈도 쉽게 넘나드는 효용성을 지니는데, 이것은 몽원蒙元의 오랑캐에서 나왔음을 적시하였다. 당시 조선 지식인들은 오랑캐와 이들의 문화는 멸시의 대상으로 여길 뿐, 그들이 남긴 훌륭한 제도인 수레를 실생활과 연결시켜 사고하지 않았다. 박제가는 조선의 속된 학자들의 태도와 관념적인 학문풍토를 꼬집었다.

이미 박제가는 『북학의北學議』 서序에서 수레가 없기 때문에 가난할 수밖에 없다고 단언한 바 있다. 사실 수레의 사용은 이익을 많이 가져다 주는데도, 이 제도를 적극 활용하지 못하는 것은 '습속習俗'에 얽매여 있기 때문으로 진단한 박제가의 시선과 진단은 옳았다. 조선조 후기의 현실을 감안하면 마땅히 받아들여야할 사안이었다. 이처럼 수레 제도를 거론한 박제가의 이용후생利用厚生의 정신은 시로 표출되고 있어, 이 작품은 박제가 실학정신의 시적 표출이자 실학시의 한 전형이다.

그런데 몽원蒙元의 유제인 수레를 사용하자는 박제가의 인식은 청나라에서의 견문과 그 제도의 도입을 인식의 배후에 깔려 있다. 박제가는 수레를 비롯한 이용후생의 프로젝트를 「연경잡절燕京雜絶」 곳곳에서 포

---

25) 『초정전서』 '詩集' 5, 「定平」

착하고 있는 데서 확인할 수 있다. 이를테면 우물에서 물을 길어 올리는 '도르래'를 형상하여 그러한 기술을 포착한 작품, 수차水車인 '용미차龍尾車' 등의 형상을 포착한 작품 등은 모두 자신의 이용후생의 정신을 적극 개진한 결과물이다.

하지만 짧은 편폭으로 실학을 포착한 경우, 실학의 구체적인 방향이 모호한 경우가 있는가 하면, 실학의 특수한 장면과 사례를 보여주는 경우도 있다. 때문에 이러한 시의 내용과 방향은 선언적이며 실학적 모습의 단순 반영일 경우도 있다. 심지어 어떤 작품은 시구를 통해 실학의 면모를 확인할 수는 있지만, 현실에서 구체적인 기술 도입을 하여 어떻게 활용할 수 있는가에 대한 구체적인 방법 등을 알 수 없는 경우가 있다. 이럴 경우, 전체 작품을 통해 구체적 적용 방법 등은 작품의 행간을 통해 미루어 짐작하는 경우도 있다. 물론 시적 행간을 통해 시인의 사유나 숨겨진 시선을 유추하거나 구체성을 탐색하는 것 자체가 한시의 묘미이기는 하다. 그러나 이러한 작품을 두고 실학과 한시의 관련성을 구체적으로 논의하기에 여전히 모호할 수밖에 없다. 이광려李匡呂의 다음 작품을 보자.

(1) 冠盖通燕路	사신으로 오가는 연행 길
悠悠幾歲年	아득히 몇 년이나 되었던가요?
丁寧存國計	정녕코 나라 위한 계책 있다면
此去訪燒甀[26]	이번 길엔 소전법(燒甀法) 탐문해 오기 바란다오.

(2) 萬曆番茹始入閩	명나라 만력(萬曆)에 민(閩) 땅에 고구마 들어온 뒤
如今天下少饑人	지금껏 천하에 굶주리는 사람 없네.

---

26) 『李參奉集』 권4, 「與洪判書漢師書」

　　寸根千里窮南海　　　천리 길 떠나가서 남쪽 해안 끝까지 뒤진 이는
　　五十姜翁只一身27)　　쉰 살 먹은 외톨이 강노인 한 사람뿐.

　　(1)과 (2)는 모두 이광려의 실학 정신을 표출한 작품이다.28) (1)은 이광려가 이계耳溪 홍양호洪良浩(1724~1802)가 동지부사로 연행사신에 참여한 것을 알고 소전법燒甎法을 제대로 파악하여 올 것을 주문한 내용이다. 하지만 이광려가 홍양호에게 준 편지의 구체적인 내용을 모르면, 이 시의 구체적인 방향과 의미를 이해하기란 매우 난감하다. 단순히 연행사신에 만족하지 말고, 청조의 선진 기술을 조사해 와서 낙후된 조선의 국계國計와 민생民生을 위해 소전법燒甎法을 현실화시켜 달라는 것이 이광려의 주문이다.29) 이광려는 이용후생에 누구보다 관심을 가졌고, 스스로 수레를 제작한 바 있을 정도로 실천적인 실학자였다. 하지만, 위의 작품은 제한된 편폭에서 실학의 단면을 거론하므로 우리는 소전법이라는 시어를 통해 실학의 측면을 상상할 수밖에 없다. 다만 이광려가 남긴 벽돌제도와 그 효용성을 설파한『의론권議論卷』등의 글을 함께 놓고 보면, 위 작품에서 시인이 말하고자 한 이용후생의 실상을 탐색할 수 있다.

　　(2)의 한시 역시 중국 명나라의 사례를 통하여 고구마가 민생에 큰 도움을 준다는 점을 담고 있다. 이광려는 감저甘藷를 보급하는데 심혈을 기울인 인물로 일찍 주목을 받기도 하였다.30)『이참봉집』에는 감저에 대한 세 편의 글이 있다.31) 세 편 모두 고구마의 도입과 재배를 통해

---

27)『李參奉集』권2,「贈姜生啓賢」.
28) 이광려의 실학과 경세적 관점의 문학에 대해서는 이현일(2007),「李匡呂의 實心實學과 經世學」『민족문학사연구』제25집 참조.
29) 여기에 대해서는 陳在敎(1999) 57~59면에서 자세하다. 또한 이광려가 벽돌에 대해서 홍양호에게 끼친 영향은 위의 책, 105~108면에 밝힌 바 있다.
30) 孫晉泰(1941)가 선구적이며, 鄭良婉, 위의 글 및 정양완(1993),「月巖李匡呂論」『江華學派의 文學과 思想』(1), 韓國精神文化硏究院 및 吳壽京(1993),「李匡呂의 實學思想과 現實主義 文學世界－少論系 文人知識層의 學問性向의 一斷面」『嶠南漢文學』, 大東漢文學 5에서도 언급하였다.

국계와 민생을 위한 이용후생의 의지를 곡진하게 드러낸 것이다. 하지
만 실학 정신을 구체적으로 제시한 다른 글과 함께 읽지 않으면, 이 작
품 역시 시어나 시구를 통해 이광려의 실학정신의 구체성을 읽어내기
란 매우 어렵다. 그가 기왕에 알려진 실학자이기 때문에, 실학의 사유
를 펼친 글과 연결시켜 시를 이해함으로써 그가 보여준 실학의 시적 성
취를 확인할 수 있는 것이다. 그렇지 않고 이처럼 짧은 편폭에 실학을
포착한 시만 있는 경우, 시인의 실학의 면모를 구체적으로 이해하기란
쉽지 않다.

경세치용經世致用과 실사구시實事求是의 성과도 조선조 후기 한시에서
확인할 수 있다. 경세치용과 관련한 작품은 너무 많기 때문에 논외로 하
고, 여기서는 실사구시를 중심으로 거론하기로 한다. 실사구시의 성과를
낸 대표적인 실학자는 추사 김정희이다. 그는 새로운 학문 방법인 고증
학을 동원하여, 19세기 연경과 서울 학예계學藝界에 큰 족적을 남긴 바
있다. 추사는 자신의 고증학적 성과를 한시로 포착한 바 있다. 추사의
고증적 시 경향을 대표하는 작품 중의 하나는 「자오천子午泉」32)이다. 그
일부이다.

吾邦九州外   우리나라 구주 밖에 있지만은
奇勝誰與讓   뛰어난 승경 뉘에게 사양하리.
洌陽及馯域   열수(洌水)의 남쪽과 한(馯)의 지역
於泉亦多狀   샘도 또한 갖가지 형상이다.
佛池湧異品   불지(佛池)에 솟아오르는 이품(異品)
金屑相儕行   금가루는 망천(輞川)과 서로 비등하다네.33)

31) 권3의 「書群芳譜後」와 「與徐判書一之書」 그리고 권2의 「贈姜生啓賢」이 그
    것이다.
32) 『완당전집』 권9. 이 작품의 분석에 대해서는 이철희(2004) 참조.
33) 梁山 圓寂山에 佛池가 있는데 일명은 金水窟이다. 굴속이 모두 다 금가루
    라 저 망천의 金屑泉과 서로 같은 것 같다.

靑松與一牟	청송 고을과 일모[34] 고을
琅城之東嶂	낭성의 동쪽 산기슭[35]
名以椒水者	이름을 초수라 부른 것
所在卽一樣	있는 곳마다 곧 같은 모양이다[36]
湯井任所記	탕정은 임씨의 기록이 있고[37]
神水甛合釀	신수는 달콤하여 술 빚기 좋구나.[38]

이 작품에서 추사의 고증학적 시선을 십분 느낄 수 있다. 전국에 산재한 샘의 소재지와 그 특성, 그리고 샘물의 맛과 쓰임 등을 자세하게 밝히고 있다. 무엇보다 주목할 점은 자주自註를 통하여 지명의 고호古號나 샘의 특성을 실증적으로 규명하려한 사실이다. 추사는 한시를 통해 자신의 풍부한 지식 정보와 학술적 능력을 시에 표출시킴으로써, 자신의 고증학적 학술 방법을 유감없이 드러내고 있다. 뿐만 아니라 추사는 전국 각지에 흩어져 있는 샘을 특징에 따라 분류하고 행간에 적절하게 배치하여 자신의 학술적 성과를 그대로 이월시키고 있다.

위에서 추사는 지리와 풍토에 대한 해박한 지식을 드러내고 있지만, 수사적 기교나 개인적 정감을 자제하여 표출시키지 않았다. 오직 자신이 축적한 지적 역량을 한시에 이월시키고 있을 따름이다. 어찌 보면 한시라기보다 한시를 통해 시인이 말하고자 하는 다양한 지식과 정보를 전달한다는 느낌을 지울 수 없다. 추사가 무엇 보다 시의 행간에 자주自註를 부기하여 사실의 고증에 힘쓴 것은 이를 말한다.

추사는 「별탁라백지임別乇羅伯之任」에서도 같은 양상을 보여준다. 그는 이 작품의 행간 곳곳에서 『수서隋書』, 『당서唐書』, 『풍토기風土記』 등을

---

34) 일모는 文義의 古號임.
35) 지금의 淸州임
36) 청송·문의·청주에는 다 초수가 있음.
37) 溫陽 溫井에는 任元濬의 기록이 있음.
38) 온정 곁에 신수가 있는데 역시 임원준의 기록이 있음.

원용하여 자주를 달고, 제주도의 고호古號와 역사적 사실을 고증하여 시를 구성하였다. 이와 같은 자주自註의 삽입은 고증학의 성과가 한시에 영향을 끼친 대표적 모습이라 할 수 있다. 그런데 고거考據에 기초한 시 창작은 청조의 고증학 성과와 깊은 관련을 지니며, 추사의 고증시 역시 청조 고증학의 성과와 무엇보다 관련성이 깊다. 주지하듯이 청조에 발달한 고증학考證學(考據學)이 한시와 접목하여 새로운 시적 성향을 보인 바 있다. 여기에 참여한 대표적인 시인으로 원매袁枚(1716~1797)[39]와 옹방강翁方綱(1733~1818),[40] 완원阮元(1764~1849)[41] 등을 들 수 있다. 특히 옹방강과 완원은 추사와 직·간접적으로 교류하며 영향을 주고받았을 정도로 정신적으로 학술적으로 소통하였다. 특히 이들은 모두 일련의 시들에서 고증과 학술은 물론 사료史料를 시의 소재로 하거나 시 구절에 주를 삽입하여 학술과 고증의 단면을 보여주었다. 당시 청조 지식인들은 주석

---

[39] 이러한 성향은 청에서 이미 고증학의 시적 현상으로 주목을 받았다. 袁枚의『隨園詩話』권5에 "近見作詩者, 全仗糟粕, 鎖碎零星, 如剃僧髮, 如拆襪線, 句句加注, 是將詩當考據作矣."(이철희 앞의 논문에서 재인용)라 하고 있는 바, 여기서 이미 원매는 '句마다 주를 달고, 考據를 위주로 작품을 짓는다.'라 하여 시의 고증적 성향을 언급하고 있다. 또한 원매는 考據에 기초한 이러한 시는 좋은 시가 아니라고 평하였다. 여기에 대해서는 원매, 앞의 책, 권4의 "吟詩自注出處, 昔人所無, 歐公譏元稹注桐柏觀碑, 言之詳矣. 況詩有待于注, 便非佳詩. 韓門先生蚊烟詩十二韻, 注至八行, 便是蚊類書, 非蚊詩也."의 언급에서 확인할 수 있다.

[40] 옹방강의 시 작품은 2,800여 수나 되는데 그중 많은 작품이 금석과 고증을 위주로 창작하였다. 옹방강은 詩歌의 考證작용과 史學가치를 중시하였다. 그래서 그는 시와 經術, 史料 등을 섞어서 시의 재료로 삼는 등 生活氣息과 眞情, 實感 등의 詩味를 추구하지는 않았다. 이 점에서 기왕의 시 성향과는 사뭇 다르다. 이 점에서 추사의 고증시와 겹친다.

[41] 이미 알려진 바대로 완원은『經籍纂詁』와『皇淸經解』를 편찬하였다. 또한 금석문 연구인『積古齋鐘鼎彝器款識』등을 통하여 청나라 考證學을 집대성하였다. 그의 문집인『揅經室集』을 보면 금석문을 소재로 시로 포착한 경우와, 시구의 중간에 주를 달아 시구를 설명하는 방식을 취하고 있다(『揅經室集』下, 詩 권8, 中華書局).

을 위주로 한 작품은 시적 예술성을 해치는 것으로 간주하고, 이를 좋은 시로 보지 않았지만, 이러한 고증시考證詩는 조선조 후기 실학파 한시의 한 특징으로 거론할 수 있다는 점에서 청조에서의 의미와는 사뭇 다르다.

어쨌거나 실학의 관점에 한시와 연계시켜 바라보면, 실학적 사유에 대응하는 한시는 매우 제한적이다. 따라서 실학과 한시의 관계 역시 일방적이며 실학의 정신과 사상을 드러내는 작품만을 거론할 수밖에 없다는 점에서 거론할 대상이 매우 한정되어 있을 수밖에 없다. 실학파 문학을 더욱 발전적으로 확장시키지 못하는 이유이기도 하다.[42]

4. 한시의 관점으로 본 실학

한시의 관점에서 실학을 보면, 기왕의 연구 성과처럼 실학의 유파로 나눌 때, 그 유파에 속하는 실학자들이 각 유파에 맞는 한시를 창작하지는 않는다는 사실이다. 물론 실학자의 한시를 통해 단일한 실학적 특성을 파악할 수는 있다. 그러나 한 작가의 작품에서도 실학적 성과를 다양하게 포착할 수 있다. 어떤 실학파 문인은 이용후생의 논리를 제기하면서 정작 한시 작품에서는 고증적 시 경향을 보이는가 하면, 경세치용의 논리를 주장하면서 고증시考證詩를 창작하기도 한다. 또한 어떤 실학파 문인은 복수의 실학적 성과를 보여주기도 한다. 더욱이 실학파 문학의 중요한 연구 방법론으로 주목하였던 '현실주의'만 하더라도, 다산을 계

---

42) 이러한 점을 해소하기 위해 실학의 문학 연구를 위하여 새로운 시각과 연구 방법으로 '현실주의'와 '민족 문학적 성취'를 거론한 바 있다. 이 같은 방법은 실학의 문학적 특성을 바라보는 유효한 개념이기는 하다. 이러한 성과 역시 실학파 문인의 전유물이 아니라는 데 있다. 그럼에도 불구하고 다만 이러한 개념을 설정한 것은 무엇보다 이러한 특징을 선명하게 드러내고 있기 때문에 이를 통해 실학파 문학의 중요한 특징으로 파악하는 것은 유의미한 일이다.

승한 윤정기는 다산을 계승한 측면과 고증적 한시 작품을 같이 창작하는 등 실학의 다양한 성과를 보여주고 있다. 요컨대 한시에서는 실학의 특성이 개별화되는 경우도 있지만, 혼재되어 나타나거나, 실학의 다양성이 보다 세분화되어 나타나기도 한다. 이 점에서 기왕의 유파의 방식대로 실학파 문인을 바라볼 수만은 없다. 따라서 한시로 실학을 읽으면 실학의 다양한 양상을 보다 풍부하게 파악할 수 있다.

성호星湖 이익李瀷의 「원거행 병서鶏鵾行 幷序」라는 작품을 주목할 수 있다. 성호는 안산으로 날아온 이름 모를 큰 바닷새를 자세히 고증하여 시를 창작하였다. 성호는『이아爾雅』는 물론 지식과 정보를 두루 활용하여 시에서 이름 모를 큰 새를 '원거'로 고증한 바 있다. 성호는 시의 병서를 통해 문헌과 견문 지식을 기초로 '원거'를 자주自註로 고증한 다음 원거를 형상하였다. 경세치용經世致用의 중요한 실학자로 주목을 받았던 이익이 고증을 원용하여 한시를 창작한 것은 의외다. 이러한 고증시考證詩는 실학파 시인들이 즐겨 창작한 바 있거니와, 기왕의 실학 유파의 성격과 관계없이 두루 보인다. 이희경, 서유구, 정학유, 윤정기, 김정희 등 유파를 뛰어 넘어 실학파 문인들이 즐겨 이러한 고증시를 창작하였다.

그러면『설수외사』를 저술하여 이용후생利用厚生의 논리를 선명하게 펼친 이희경의 「영초충咏艸蟲」을 보자. 이 작품은 「부종皇螽」, 「실솔蟋蟀」, 「촉직促織」, 「청정蜻蜓」, 「접蝶」, 「과라果蠃」 등 모두 6수이다.43) 그중 「실솔蟋蟀」을 보기로 한다. 이 시는 귀뚜라미를 포착하여 형상하였다. 이희경은 작품의 서두부분에서 '실솔'에 관한 생태학적 모습을 자세하게 적어 두고 있거니와, 일종의 소소小疏의 형태다. 이것은 시의 소서小序에 해당하는데, 시의 소재와 관련한 짧은 형태의 주소註疏와도 같다. 이처럼 시의 서두에 제목과 관련한 소소小疏를 배치한 것은 여느 작품에서 볼 수 없는 독특함이다.44)

---

43) "並有小疏六首"
44) 실솔에 대한 설명과 형상은 정학유의『詩名多識』에도 비슷한 내용이 실려

실솔(蟋蟀)에는 두 종류가 있다. 몸이 작고 넓적다리는 통통하며, 부엌 벽에 숨어산다. 울음소리는 마치 죽통 속에 콩을 넣고 흔드는 것 같은 것이 바로 습지에 사는 곤충 종류인 조마(竈馬)로, 세속에서는 귀뚜라미[圖南]라고 부르는데, 이것이 한 종류이다. 공(蛬)은 매우 보기 어려우니, 그 몸이 매우 작고, 울음소리는 비장(悲壯)한 것이 마치 찬 옥을 두드리는 것 같다. 그 더듬이는 색이 하얗고, 그 날개 끝의 무늬는 사모(紗帽)에 달린 뿔과 같다. 모든 넓적다리를 비벼서 울고 날개를 비벼서 우는 등속은 날개가 2개로, 날개를 모은 모습이 마치 대금(對襟)의 옷과 같은데, 공(蛬)은 하나로 포개지니 대체로 잘 숨어 잡기가 쉽지 않다.[45]

이처럼 이희경은 「실솔蟋蟀」에서 두주頭註 형태로 시의 소재에 대하여 자신의 생각을 간추려 놓고 있다. 실솔의 종류와 생활공간, 세속에서의 명칭을 비롯하여 실솔의 외모와 형태상의 특징, 그리고 실솔이 울음소리를 내는 방법과 사람 눈을 피해 숨어 환경에 적응해 사는 방식 등을 자세하게 적시하였다. 세속에서 실솔을 '귀뚜라미'라고 부르는데, 이것을 한자로 음차한 '귀도남鬼圖南'로 한 것과 귀뚜라미의 생태를 자세하게 기록한 것은 시인의 남다른 시선이다. 이희경은 여기에 그치지 않고, 작품의 시서詩序의 형태로 귀뚜라미의 구체적인 정보와 귀뚜라미와 관련한 생물학적 특징을 구체적으로 고증하고, 자신의 견해를 밝혀 놓고 있다.

있다. 특히 정학유는 이희경의 작품 배치와 같이 실솔에 대한 생태학적인 고증을 한 다음 한 수의 한시로 포착하고 있어 동일한 모습을 보여준다. 정학유가 이희경의 시를 보았는지 여부는 알 수 없지만, 육기의 언급과 속담의 내용은 모두 같다. 정학유의 『시명다식』은 최근에 번역이 되었다(허경진·김형태 옮김(2009), 『詩名多識』, 한길사, 560~561면 참조).

45) 이희경, 『윤암집』권1, 「蟋蟀」, "蟋蟀有二種. 身短股肥, 隱於竈壁, 聲如竹筒中搖豆者. 乃竈馬, 俗名鬼圖南, 此是一種也. 蛬甚難見, 而其爲形儉劣, 聲則哀壯, 如叩寒玉. 其角色白, 其翅末圖如紗帽角. 凡股鳴翼鳴之屬, 翅雙, 斂如對襟之衣, 而蛬則偏掩, 大抵善藏, 捉之不易."

『이아(爾雅)』에서 말하였다. "실솔(蟋蟀)은 공(蛬)이다." 곽박의 주에
"지금의 촉직(促織)이며, 또한 청렬(蜻蛚)이라고도 이름 한다."고 하였고,
또 이르기를 "취직(趣織)이다."고도 하였다. 속담에 "취직(趣織)이 울면
게으른 며느리가 놀란다."고 하였다. 육기가 말하였다. "공(蛬)은 황충과
비슷하지만 작고, 순전히 검으며, 광택이 있어 마치 옻칠한 듯하며, 더듬
이와 날개가 있다." 내가 공(蛬)과 촉직(促織)을 살펴보건대, 서로 매우
다르니 곽박은 공(蛬)을 주석하면서 촉직(促織)이라고 일컫은 것은 옳지
않다. 육기가 말한 순전히 검으며 광택이 있는 것, 이것이 공(蛬)이다. 공
(蛬)은 더듬이와 날개는 그다지 길지 않고, 몸은 작고 검은 빛이 나며, 낮
에는 풀 사이를 뛰어다니고, 밤에는 시끄럽게 천장과 벽 사이에서 운다.
촉직(促織)은 그 색깔이 푸르며, 다리도 길고 넓적다리도 긴데 넓적다리
를 비벼서 울음소리를 내니, 베틀 짜는 기계에서 나는 잉아와 바디의 소
리와 같다. 그렇다면 곽박이 실솔(蟋蟀)과 촉직(促織)을 한 사물로 혼칭
하는 것이 어찌 틀린 것이 아니겠는가? 청렬(蜻蛚) 또한 촉직(促織)의 다
른 이름이다. 청자(青瓷)는 충자(虫字)와 청자(青字)를 따른 것인데, 반드
시 순전히 검은 색의 벌레라서 청자(青字)를 따르는 것은 아니다.[46]

이희경은 전대의 문헌을 바탕으로 실솔의 다양한 이명異名과 세속에
서 귀뚜라미를 부르는 여러 이름을 제시하고 있다. 참고한 전대 문헌은
물론 자신이 직접 관찰한 것까지 종합하여 귀뚜라미의 외형적 특징과
생태적 실상을 자세히 적었다. 『이아爾雅』와 곽박의 견해와 속담, 여기에

---

46) 이희경, 『윤암집』 권1, 「蟋蟀」, "『爾雅』 蟋蟀, 蛬. 郭璞註, 今促織也, 亦名蜻
蛚. 又云 趣織, 里語曰 趣織鳴, 懶婦驚. 陸璣云 蛬似蝗而小, 正黑有光澤如
漆, 有角翅. 余觀蛬与促織, 甚異, 郭璞蛬註, 稱促織非是. 陸璣所云 正黑有
光澤者, 此是蛬也. 蛬則角翅不甚長, 體小光黑, 晝則跳行艸間, 夜則其聲烈
烈, 鳴於囪壁之間. 促織其色青, 長脚長股, 以股鳴之, 若織機綜筬之聲. 然則
郭璞之蟋蟀促織, 渾稱一物, 豈不謬哉? 蜻蛚, 亦促織一名, 蜻字从虫从青,
必不以正黑之虫从青也."

육기의 언급을 비롯하여 자신이 직접 관찰한 결과 등을 십분 활용하여 귀뚜라미의 구체적 특성을 주소註疏한 것은 매우 주목할 만하다. 이희경은 이러한 고증과 실 경험을 근거로 실솔과 비슷한 공蛬과 촉직促織을 동일한 것으로 파악한 곽박의 주석을 비정批正한 것은 그의 고증적 태도를 엿볼 수 있는 단초다. 특히 공蛬과 촉직促織을 구별하고, 그것들의 생물학적 특성에 주목하여 외형과 울음소리의 다른 점을 밝힌 것은 그의 실사구시적 태도의 한 예다. 이희경은 이처럼 시의 앞부분에서 귀뚜라미 관련 주석을 상세히 제시하고 다음과 같이 읊조리고 있다.

蟋蟀吟秋夜	귀뚜라미 가을밤에 우는데
音聲一何悲	울음소리 하나같이 어찌 그리 슬프더냐?
翅角光如漆	날개와 더듬이는 옻칠한 듯 빛나고
切切股鳴之	절절하게 넓적다리를 비벼서 울음소리를 내네.
瞿瞿樂歲暮	돌아보고 돌아보며 해가 저물어 감을 즐기는데
詠在唐民詩	당나라 백성의 시47)를 읊조리네.
殘更寒士壁	별이 사라지는 새벽에는 궁벽한 선비의 집 벽에서 울고
孤月美人幃	외로운 달이 뜬 밤에는 잠 못 드는 미인의 장막에서 우네.
万感集燈下	만감이 등불 아래 모이나니
吾亦淚垂垂	나 또한 눈물이 주룩주룩 나네.

귀뚜라미를 시로 포착한 경우는 전 시기에도 있지만, 이희경처럼 고증을 거쳐 포착한 사례는 드물다. 그가 귀뚜라미의 다양한 종을 고증하고, 귀뚜라미의 생태를 자세하게 관찰한 경험을 근거로 시를 형상한 것은 주목할 만하다. 직접 관찰하고 문헌을 활용하여 고증하지 않았다면

---

47) 『詩經』 「唐風·蟋蟀」을 가리킨다.

위의 언급처럼 귀뚜라미의 생태적 특성과 참모습을 알 리 없다. 이희경
이 스스로 관찰과 고증의 결과로 획득한 사물에 대한 새로운 발견이다.
날개와 더듬이가 옻칠한 것과 같이 빛나며, 넓적다리를 비벼 우는 모습
등은 미세한 대상에 접사렌즈를 통해 들여다보는 관찰자의 태도거니와,
고증학적 자세의 다른 모습이다. 이 점에서 현실을 읽어내는 이희경의
인식과 태도의 새로운 단초를 엿볼 수 있다.

주변에 있는 미시적 생물의 경우, 기왕의 시인들은 관심 밖이거나 그
저 관념적이며 추상적 대상으로 인식하고 시로 포착하였다. 이 점에서
이희경과 같은 관찰자의 태도는 현실에 대한 새로운 사유를 볼 수 있는
단초다. 이는 경전의 경직성과 규범화된 사유에서 유추하는 추상적 형
상이 아닌, 미시적 사물의 실제 관찰을 통해 새로운 현실세계를 발견하
는 것을 의미한다.

요컨대 이희경은 『시경』과 같은 경전의 공간에서 벗어나, 현실에서
미세한 사물의 구체적인 모습을 시로 포착한 것이다. 이러한 미시 세계
에 대한 관찰과 발견은 다산 정약용의 현실 포착과는 사뭇 다르다. 다산
은 자연 세계의 미시적 현실이 아니라 인간이 생활하는 공간, 특히 민이
생활하는 현실을 관찰하고 이들의 실상을 시로 포착하였던 것이다. 물
론 다산의 일부 작품 역시 동식물의 생태적 특징을 구체적으로 목도하
여 그 특징에 현실을 우의한 작품도 있지만, 어디까지나 다산의 시선은
민의 현실과 인간의 생활공간에 있었다.[48] 요컨대 실학자들이 현실을
읽어 내는 눈과 이것을 기초로 시로 포착한 방식은 실학자들이 처한 현
실과 시선에 따라 달랐던 것이다.

다음은 서유구의 사례를 보자. 그의 학문적 성향과 자세는 하나의 실

---

48) 다산이 유배시기에 민의 실상을 한시로 포착하면서 그들과 소통 가능한 형
식을 추구한 것이 이른바 '朝鮮風' 내지 다산의 '朝鮮詩 宣言'이다. 다산이
민과 거리를 좁혀 소통하는데 주력하였지만, 결국 소설이나 산문의 형식이
아닌 한시로 포착한 것은 앞서 「문체책」을 거론하면서 언급한 그대로다.

학 유파로 규정할 수 없을 만큼 다양성을 보여준다. 그가 찬술한『임원경제지』도 그렇지만, 그가 남긴 한시 역시 하나의 경향으로 파악할 수 없다. 청나라의 광동지방에서 들여 온 새로운 벼 품종을 주목한 작품도 그러한 성향의 하나이다. 우선 작품의 시제詩題부터 살펴보기로 한다.

> 번계 산장에서 광동(廣東)의 함도(醎稻)를 담장 남쪽의 논에다 50이랑 가량 심고, 번저(番藷) 고구마를 서쪽 다소 낮은 언덕에다 심었다. 인천 사또가 찾아왔는데, 갑자기 대접할 거리가 없어서 고구마 잎을 쪄서 밥을 싸서 먹게 하였더니, 달고 향긋하여 입에 맞는다고 매우 칭찬하였다. 돌아간 뒤에 시 2수를 보내왔다. 한 수는 볍씨를 구하는 것이고, 한 수는 고구마 잎을 읊은 시였다. 볍씨는 장차 인천 방죽 간척지 논에 옮겨 심을 예정이라는 것이었다. 운을 밟아 화답하고, 또 볍씨와 고구마 잎을 보냈다.[49]

시제詩題를 길게 적어 놓았는데, 그는 시를 짓게 된 배경을 시서詩序처럼 구성하였다. 광동에서 가져 온 벼 품종 중 하나인 함도벼와 고구마를 번계 산장에 심은 사실, 찾아 온 인천사또를 맞아 고구마 잎을 쪄서 대접한 사실, 그리고 볍씨를 인천 간척지에 심어 재배해 보기로 한 것을 거론하며 시제로 삼고 있다.『임원경제지』에서도 함도벼를 거론하고 있거니와, 이것은 중국 석성현石城縣에서 재배되는 것으로 노전鹵田에 심기 적합한 품종으로 보았다.[50] 이미 제명에서부터 서유구는 노전鹵田에 적합한 함도벼를 인천 근방에 심어 실험 재배하려는 실사구시實事求是의

---

49)『樊溪詩稿』下,「樊溪山庄 種廣東醎稻於墻南畦田, 種番藷於稍西小塢. 仁川使君來訪, 倉猝無供賓之需, 蒸藷葉, 裹飯而茹, 盛稱其甘香可口. 旣歸, 寄以二詩, 一求稻種, 一詠藷葉. 稻種將以傳殖於仁川堰田斥鹵地也. 步韻酬之且送稻種藷葉」

50) 보경문화사본(1983),『임원경제지』제1권, 158면, '醎稻', "産石城縣, 宜鹵田. 又有一種日, 大塞稻. 亦耐鹵田."

태도를 제시하고 있다.

서유구가 시제에 이어 함도벼를 어떻게 형상하고 있는가를 살펴보기로 한다.

思將傳殖百千同	장차 백천(百千)이나 되는 마을에 퍼트릴 생각하니[51]
海埈微范穉秖紅	바닷가 빈터 아득히 파아(穉秖)가 붉네.
萬事從來勤者得	모든 일 부지런한 사람이 얻는 것
四民先數穡人工	온 백성 먼저 농부의 공 꼽을 것이리라.
昔無而有眞嘉畫	없던 것 있게 함은 진정 좋은 일이니[52]
斥變爲良役化工	개펄이 양전(良田)됨은 힘써 일한 공이리라.
嘉穀穰穰魚鼈窟	좋은 곡식 넉넉하고 고기 자라 모이니
摠由賢守寸心中[53]	이 모두 것 마음가짐 잘 지녀서라네.

서유구는 염분이 많은 바닷가 마을에 함도벼를 심는다면, 그 결과 개펄은 좋은 논이 될 것이며, 풍성하게 결실할 수 있을 것이라 상상하고 있다. 그는 이러한 일련의 시를 통해 국계민생國計民生을 꿈꾸면서 자신의 이용후생利用厚生의 사유를 적실하게 드러내었다. 새로운 벼 품종의 도입과 생산량의 증대는 그야말로 이용후생의 중요한 모습이기 때문이다. 그런데 여기서 주목할 점은 율시임에도 불구하고 수련首聯과 경련頸聯에서 각 시어에 자주自註를 달아 고증적 면모를 보여주는 데 있다. 서

---

51) 원주: 10개 里를 成이라 하고, 10개 成을 同이라 한다(十里爲成, 十成爲同).
52) 원주: 邱瓊山이 말하기를, '宜令 남북의 백성들이 여러 가지 곡식을 겸하여 심고, 有司는 考課해서 권장하고 도운 숫자를 기록하였다. 그 곳에 옛날 없던 것이 지금 있게 되었으니(昔無今有), 관에서 상을 주었다.'라고 하였다. (邱瓊山曰, 宜令南北之民, 兼種諸穀, 有司考課書其勸相之數, 其地昔無今有者, 加以官賞).
53) 『樊溪詩稿』 下,「觀史疊前韻, 又寄二律, 和之」

유구는 청으로부터 새로운 벼 품종을 도입하여 개펄을 양전良田으로 바꾸며, 식량을 증대시켜 국계國計와 민생民生의 삶을 두텁게 하고자 하는 희망을 이 작품에 투영시켰다. 서유구는 자신이 추구한 임원경제를 위하여 수확이 많은 개량종을 도입하여 현실의 낙후한 농업의 현실을 바꾸려한 것이다. 서유구 역시 거대한 타자인 청조의 기술문명을 활용하여 자국의 현실 문제를 개혁하고, 이러한 원망顧望을 한시로 포착한 것은 특기할 만한 실학의 문학적 성취다.

이와 달리 다산의 외손인 방산 윤정기는 다산의 조선풍을 계승하는 한편, 당대 사회 현실의 제 문제를 소재로 삼아 시를 그려하였다. 실제 윤정기는 '조선풍朝鮮風'에 값하는 한시를 적지 않게 창작한 바도 있다. 이와 함께 그는 고증시 성향의 작품도 창작하였다. 「진흥왕북수비가眞興王北狩碑歌」와 「교남회고嶠南懷古」 등의 작품을 사례로 들 수 있다.54) 윤정기는 다산의 계승자로서 경세치용학파經世致用學派에 속할 수 있지만, 실제 작품 활동에서는 보다 폭넓고 한 곳에 얽매이지 않는 풍부한 실학의 문학적 성과를 보여준다.

앞서 보았듯이 한시는 기왕의 실학 연구의 성과와 같은 길을 걷지 않았다. 더욱이 한시는 경세치용經世致用이나 이용후생利用厚生과 실사구시實事求是와 같은 실학파의 계기적 선후관계에도 바로 대응되지 않는다. 실학의 각 유파가 지닌 내용이 상호 착종되어 드러나기도 한다. 심지어 기왕에 알려진 실학자가 아니지만, 그들이 남긴 한시를 통해 경세치용經世致用이나 이용후생利用厚生과 실사구시實事求是를 파악할 수 있는 경우도 있다. 이러한 다양한 사례를 통해 실학과 한시는 반드시 같은 몫과 비중을 가지고 일대 일로 대응하지 않는 사실을 확인할 수 있다. 요컨대 한시의 관점에서 실학을 보면, 오히려 실학의 외연은 더욱 확장되어 드러나고 있다.

---

54) 윤정기의 고증시에 대해서는 김용태(2007), 「茶山學團' 詩文學의 실학적 성격에 대하여」『한국실학연구』 14집 참조.

5. 맺음말

실학과 문학 내지, 실학과 한시의 거리를 좁히는 것은 새로운 시각과 연구 방법이 요구된다. 실학의 관점에서 한시를 바라보는 것이나, 한시의 관점에서 실학을 바라보는 것은 당연히 다를 수밖에 없다. 여기서 고민은 실학파 문인의 성격과 그들이 남긴 문학을 분명한 경계境界로 나눌 수 없다는 데 있다. 실학자 역시 경계를 넘나들며 문학 활동을 하였다. 하여 여기서는 편의상 이들이 남긴 문학적 성과를 거론하기 위하여, 경계를 나누어 바라보았다. 사실 실학파 문학은 실학의 성격과 실학의 연구 성과를 뛰어 넘지 못한다. 그럼에도 불구하고 실학파 문학은 오히려 실학의 성과에 비해 보다 다기하고 풍성한 양상과 성과를 담아내고 있다. 이를 위해 기왕에 제기된 '중심과 외연'의 시각은 유효한 연구 방법론을 도출할 수 있는 방법론 중의 하나이다.[55] 실학의 개념과 성격을 분명히 하는 것도 필요하지만, 실학의 성과를 중심으로 하고 그것을 기반으로 실학의 문학적 성과를 실학에 연계시켜 외연을 넓혀간다면 조선조 후기 실학의 성과는 물론 실학의 학적인 자산을 풍부하게 할 수 있다. 이러한 점은 동아시아 실학과 문학의 관계에서도 같은 논리로 설명할 수 있다. 한국과 중국, 그리고 일본 문학에서의 실학적 성과의 같고 다름도 중심을 확실하게 세운 다음 다른 점을 살필 수 있을 것이다. 한시만 하더라도 실학과 관련지어 논하면 동아시아 삼국은 그 양상이 같고 다름이 각기 갈리고 있다.[56]

---

55) 이러한 방식으로 실학을 개념 규정하고 실학의 풍부한 성과를 확인하자는 주장은 이미 임형택(2003)의 제2장에서 제기한 바 있다.

56) 청조의 고증시는 조선조 후기 고증시와 비슷한 양상을 보여주고 있지만 에도(江戸)의 그것과는 사뭇 다르다. 에도의 한시의 경우에는 풍속묘사와 자국 역사에 대한 시적 표출, 그리고 풍속 등을 사실적으로 포착한 점에서 조선조 후기 실학의 성취와 일견 유사성을 보여준다. 따라서 에도 시대에 한시에서 실학적 면모를 찾는다면 한시의 일본화와 대중화의 시각으로 바라

실학과 한시를 접속하는 메신저는 '현실'이다. 물론 이 때의 현실은 다기한 의미와 결을 지닌다. 실학파 문학은 현실을 자양분으로 삼아 다기한 양상으로 표출되기 때문이다. '현실'을 어떻게 읽는가에 따라 실학 연구의 방법도 도출될 수 있다. 그런데 현실을 메신저로 한시와 실학의 중요한 성과를 접속할 경우, 기왕의 실학의 유파를 바로 실학파 문학으로 적용시킬 수 없다. 한시에서의 실학은 유파로 설명할 수 없을 정도로 다양한 양상과 방향을 보여준다. 실학의 성과와 실학의 문학적 성과가 같고 다름이 있는 것은 이 때문이다. 그간 실학의 유파는 실학의 성격을 구분하고 그 발전 단계를 설명하는 데 매우 유효한 준거였다. 하지만 문학으로 내려오면 이러한 준거로만 설명할 수 없다. 실학의 성과를 문학에서 보완할 수 있다면 실학 연구를 보다 풍성하게 할 수 있다.

더욱이 현실을 보는 것도 그 결을 탐색할 필요가 있다. 오직 타자의 모델을 바로 자국에 적용하기 위하여 실학을 이야기 하는 경우도 있고, 필요에 따라 타자의 모델 일부를 활용하면서 실학을 이야기 하는 경우도 있다. 타자의 모델을 거론하면서도 분명히 그 결은 다르다. 그런 점에서 북학론 역시 실학자에 따라 그 방향과 시선은 상이하다. 물론 한시를 통해 그러한 결을 선명하게 구분할 수 없다. 대체로 그들이 남긴 다

볼 수도 있다. 에도시기 경학과 도덕으로부터 독립한 한시가 이러한 일본화와 대중화를 지향하는데, 여기에 詩社와 詠史詩, 죽지사를 대표로 하는 風俗詩 등은 그러한 양상을 보여주는 증표들이다. 詩社의 경우는 江戸의 江湖詩社, 大坂의 混沌詩社 등을 들 수 있는데 사물의 이름을 소재로 창작을 하거나 영사시를 짓기도 하였다. 또한 竹枝詞類의 풍속시는 現實主義를 제창하였다. 특히 풍속묘사의 선명한 사실성은 현실의 에도 풍경과 그곳에서 생활하는 인간의 모습을 사실대로 끄집어내고 있어 한시의 일본화를 잘 보여 주고 있다. 이런 몇 가지 방향에서 일본 실학의 시적 성취를 논할 수도 있다. 에도 시대 한시의 변모와 특징에 대해서는 揖斐高, 「漢詩の隆盛」(岩波講座, 『日本文學史』第 9巻, 十八世紀の文學) 19~34면 참조. 동아시아 삼국에서 한시를 통해 실학과 관련시켜 논하는 것은 흥미로운 문제이나 여기서는 구체적으로 논하지 않고 다음 기회로 미룬다.

른 산문을 통해서는 보다 뚜렷하게 확인할 수 있을 따름이다.

현실을 포착한 여타 한시의 경우 실학파 한시와 어떻게 같고 다른가? 이 역시 양자는 선명하게 구분할 수 없다. 실학이 발견한 현실과 한시가 발견한 현실은 다르기 때문이다. 여기서 실학의 논리와 한시의 경향에서 일정한 공분모를 확인하여 여타 한시와 차별성을 거론하는 것이 무엇보다 중요하다. 더욱이 지식과 정보의 유통과 확산, 이에 따른 물명류物名類 저술과 유서류類書類의 출현은 실학파 문학과 어떻게 연결될 수 있으며, 지식과 정보의 유통과 확산이 실학의 문학적 성과와 어떻게 연결되는 것인가 하는 점은 여전히 남는 문제들이다.

끝으로 이미 누차 언급한 바 있지만, 실학의 관점으로 한시를 보면 매우 제한적으로 실학의 문학적 성과를 확인할 수밖에 없다. 이는 실학의 성과를 한시에 대입시켜 그것을 확인하는 것을 의미한다. 반면 한시로 실학을 읽으면, 보다 폭넓고 다양한 실학의 성과는 물론, 실학의 관점으로서 파악했을 때, 맛보지 못하는 다기한 모습을 확인할 수 있다. 기왕에 알려진 실학자가 아니거나, 또한 실학적 이론을 남기지 않은 경우라 하더라도, 문학의 시선으로 실학을 읽으면 폭넓은 실학의 흔적과 풍성한 성과를 확인할 수 있기 때문이다. 향후 실학의 문학적 성과는 이러한 시각과 방법으로 읽을 필요도 있다.

제10회 東아시아 實學 국제학술회의
종합토론 녹취록

녹취 ㅣ 양희민 · 김영죽
정리 ㅣ 김용태 · 이현일

일시 : 2009년 10월 30일 금요일
장소 : 서울 프레스센터 20층 국제회의장
좌장 : 宋載邵
발표 : 林熒澤, 金泰永, 葛榮晉, 小川晴久, D. Baker,
　　　蔡振豊, 李憲昶, 陳在敎
토론 : 宋榮培, 李光虎, 金彦鍾, 金明昊, 權五榮

※ 편집자-참석자 대부분은 한국어로 발언하였으며, 葛榮晉 · 蔡
振豊 선생의 경우 중국어로 발언한 것을 한국어로 옮겼다.

송재소 : 이번 제10회 대회의 주제가 "동아시아 실학 그 의미와 발전"입니다. 저희들이 동아시아실학 국제학술회의를 10회까지 치러왔는데, 동아시아 실학의 실체가 무엇인가에 대한 고민을 많이 해왔습니다. 그래서 이번 대회를 준비하는 과정에서 한, 중, 일 각국에 있어서의 실학의 개념문제 실학의 정의, 어디까지를 실학연구의 범위로 남느냐, 이런 문제에 대해서 깊은 고민을 해왔고 그 문제를 집중적으로 토론해보자는 것이 이번 학술회의의 주제입니다.

그래서 오늘 해주셨습니다. 한국 측 발표자들 중 기조연설을 해주신 임형택 선생, 김태영 선생, 이헌창 선생은 한국 실학의 기점을 반계磻溪 유형원柳馨遠으로 삼는 데 큰 이견이 없었습니다. 특히 임형택 교수는 역사적 의미의 실학, 이걸 강조하셨습니다. 실학이라는 이름 자체, 용어 자체에 국한되지 말고, 역사적 의미에서의 실학의 시각에서 우리가 실학 연구를 해야 되겠다. 다만 이헌창 교수께서는 아까도 말씀하셨지만 실학을 복수의 개념으로 보고서 근세 실학이 있고 중세 실학이 있다. 이헌창 교수가 말하는 실학은 근세실학에 국한해서 한 말씀이지만 저는 대체로 일치한다고 봅니다. 나중에 실학의 복수 개념, 근세실학이 있고 중세 실학이 있고 또 고대 실학이 있는 것인가, 이런 의문이 있을 수 있겠습니다. 나중에, 토론과정에서 문제 제기를 해주시기 바랍니다.

그리고 갈영진 교수께서는 근대 이전의 실학을 통틀어서 구실학舊實學이라는 정의하시고, 구실학을 새롭게 해석해야 된다. 이런 발언을 하셨습니다. 우리나라에서도 명말 청초의 새로운 학풍을 중국 실학이라고 규정하는 게 어떤가 하는 논의가 일반적으로 확산되어 있는데, 갈영진 교수께서는 실학에 대한 뚜렷한 개념 없이 근대 이전의 모든 학문을 대상으로 해서 시대 해석을 새롭게 해야 된다, 이런 취지로 말씀을 해주신 걸로 알고 있습니다.

오가와 교수께서도 근대 이전 유학의 대명사가 실학이고, 그 실학은 공자로부터 시작된 것이다. 해서 그것을 통틀어서 실심실학이라고 하는 것이다. 이 실심실학에서 우리가 배워야 할 것을 배워서 앞으로 환경문제라든가 이 지구가 처한 위기를 대처하는 지혜를 거기서 찾아내야 한다. 이런 요점으로 말씀해주셨는데 일본의 실학 개념이 분명하지 않은 것 같습니다.

그리고 베이커 교수와 채진풍 교수는 다산 정약용에 국한해서 말씀을 해주셨고 진재교 교수는 실학의 문학에 대해서 따로 말씀해주셨습니다.

특별한 질의자가 명시되어 있진 않습니다만 사전에 조율을 해서 대체로 질의자를 제 나름으로 정해봤습니다. 제일 처음에 발표하신 김태영 교수, 「반계 유형원의 변법론적 실학풍」이라는 발표에 대해서 한국학 중앙연구원에 계시는 권오영 교수께서 질의를 해주시겠습니다.

권오영 : 김태영 교수님 발표를 잘 들었습니다. 실학의 개념에 대한 논의가 수십 년이 지났지만 합의된 결론이랄까, 그런 것이 없었고, 아마 이번 국제학술회의도 그런 의미에서 실학의 시기라든지, 실학의 범위라든지 이런 것을 한번 종합적으로 논의해보자는 그런 자리가 아닌가 싶습니다. 그렇게 볼 때, 이 반계는 선배학자들로부터 늘 실학 연구의 비조鼻祖로 논의되어 왔는데, 오늘 학술모임에서 역시 반계는 조선실학의 탄생을 알리는, 실학의 비조였다, 이런 논리로 김태영 선생님께서도 발표해주시고, 그것을 '변법變法'이라는 말씀으로, 기존의 주자朱

子 성리학性理學과는 판연히 구분된다는 그런 관점에서 발표를 해주셨습니다. 그러면서 김 선생님은 '실리實理'라는 개념을 도출하고 계십니다. 실리에 바탕을 두면서 개혁을 했다는 말씀을 하시는데, 지금 선생님께서 글을 여시면서 "이理와 기氣에 있어서 이理는 바로 기氣의 이理다." 이런 말씀을 하십니다. "이理는 기氣의 조리條理"라는 말은 아니지만 "이理는 기氣의 이理"라는 말씀을 하시면서 기氣는 현상계고, 이理는 원리인데, 기氣의 운동성도 이 원리원칙에 따라 움직이는 것으로 설명하시면서 시종일관 실리 개념에서 반계의 개혁이 도출되는 것이 아닌가, 이런 생각을 말씀을 하셨는데, 그렇다면 반계의 실학이 이학理學에 근거를 두고 있는 것인지, 기학氣學에 근거를 두고 있는 것인지? "이理는 기氣의 이理"라고 말씀하시면서, 기氣는 간간히 서술은 되지만, 역시 실리 중심으로 말씀하시기 때문에, 그렇다면 과연 선생님께서는 주자의 이학理學과 반계의 이학理學이 다르다고 얘기를 하시지만, 차이점이 과연 어느 정도 변별성을 가졌을까? 그런 의심을 약간 가졌습니다.

다산茶山에 오면 뚜렷하게 탈주자학脫朱子學이란 현상을 느낄 수 있는데, 반계의 이기심성理氣心性, 인심도심人心道心의 단계에서는 주자와의 차별성이라고 할까, 이런 것이 뚜렷하게 나타나지 않고 있어서, 반계의 경세론적經世論的 실학이라 할까, 이런 것을 실학으로 실학의 비조로 얘기할 때 실학의 개념이 어떻게 성립될 수 있을까? 이런 말씀을 드려봅니다.

왜 그러냐 하면 실학의 비조가 너무나 많습니다. 지봉芝峯 이수광李睟光도 실학의 비조고, 서애西厓 유성룡柳成龍도 실학의 비조고, 율곡栗谷 이이李珥도 실학의 비조고, 정도전鄭道傳도 실학의 비조고, 이런 식으로 얘기가 되니까 실학의 비조가 계속 탄생하는 현상이 벌어지는데, 이것은 실학의 범위나 개념과

다 같이 맞물려있는 문제입니다. 그런 관점에서 제가 생각할 때는 주자학에서 실학으로 넘어가는 이 부분을 실학이란 관점에서 접근할 때는 주자학을 극복하는 문제, 탈주자학의 문제, 이 문제 속에서 어떻게 당시의 학자들이 주자의 이기심성理氣心性에 대한 해석의 틀에서 벗어나느냐, 그런 관점에서 이야기를 했을 때, 우리가 역사학적 개념으로서의 실학을 좀 얘기할 수 있지 않겠느냐, 그런 생각을 제가 개인적으로 해봤습니다. 예컨대, 태극太極에 대해서 반계는 어떻게 생각했으며, 성性에 대해서 반계는 어떻게 생각했으며, 심心에 대해서 반계는 어떻게 생각했느냐? 선생님께서는 "심心은 활심活心"이고 이런 얘기를 구체적으로 하셨지만 그것이 주자학의 연장선상에서 논의된 얘기이지, 주자가 얘기했던 그 심心을 극복하면서 나갔던 것은 아니지 않느냐, 그런 생각을 개인적으로 해봤습니다. 다산에 와서는 분명히 깨 부숴버리거든요. 심心이다, 성性이다 하는 이 문제는 "성性은 기호嗜好다", 명덕明德에 대한 주자 해석은 완전히 틀렸다, 효제孝悌대로 해석을 해야 된다. 이런 것들이 보이기 때문에, 아직 반계 단계에서는 경세학적 주자학, 그런 관점에서 반계가 개혁론을 폈던 것이 아닌가, 그런 생각을 해봤습니다.

그리고 반계가『반계수록磻溪隨錄』을 지으면서 어떤 의도로 개혁에 의견을 개진했을까 생각해볼 수 있는데, 반계가 왜 우반동愚磻洞으로 갔느냐? 반계가 우반동으로 간 뜻이 뭐냐? 그것은 발표논문에서도 나왔습니다만, 명明이 망하고 청조清朝가 들어섰기 때문에, 지식인으로서 이적夷狄의 세계에서 벼슬할 수 없고 생활할 수 없다는 그런 관점에서 나간 것이고, 정미년丁未年 명나라 유민들이 표류해서 왔을 때, 그 명나라 유민을 만나서 영력永曆의 생존 여부를 묻고 눈물을 흘리면서 명에 대한 그런 생각을 한다던지, 이런 것들이 과연 대명의리론大明義理論을 주장하는 노론의 양송兩宋 - 宋時烈, 宋浚吉이나 그런 계열들과 어떤 차별성을 가질 수 있는지? 백호白湖 - 尹鑴도 마찬가지로 북벌을 주장하고, 16세기 지식인들 사이에서의 하나의 그런 큰 흐름이 아닌가 이런 생각을 해봤습니다. 우암尤菴 송시열宋時烈이 소과 생원 진사에 수석 합격하고도, 문과를 보지 않았던 이유는 바로 이 시대에, 청이 지배하는 이 시대에서는 내가 벼슬할 수 없다는 의식에서 그랬던 것인데, 역시 반계도 그렇게 본다면, 반계의 사상이라든지 개혁이라든지 이런 것이 송宋, 원元, 명明으로 이어지는 그런 어떤 주자학이라든지 이런 틀 속에서 이루어졌던 게 아닌가 그런 생각을 해봤습니다.

김태영 : 예. 질문 감사합니다. 나중에 말씀하신 것부터 제가 차례로 조금 설명해 보겠습니다. 반계는 분명히 "북벌을 하겠다" 이런 생각을 가진 적도 없고 그런 위상에 있지도 않았습니다만, 존주론자尊周論者입니다. 명나라 유민을 만나서 눈물을 흘린 것도 사실이고 또 반계의 글에는 중화주의적인 글이 상당히 있습니다. 가령 언어라든가 복식을 중국식으로 따르자는 글이 분명히 나옵니다. 그래서 존화주의尊華主義입니다. 따라서 주자 성리학에서 떨어져나가 주자를 반대하는 것이 전혀 아닙니다. 전혀 그렇지 않아요. 주자와 완전히 달라지는 것은 다산茶山에나 와서 그렇지, 성호星湖까지도 주자를 얼마나 존중합니까? 그건 나중에 실학의 귀결에 이르러 그렇게 되는 것입니다.

그 다음에 경세학적 주자학이 반계 실학이 아닌가 하는 데, 저는 전혀 그렇게 생각하지 않습니다. 심성론과 이기론에서 반계도 분명히 이기론자理氣論者입니다. 그러니까 성리학자지요. 성리학에서 출발해가지고 다시 경세론이 실학으로 갔습니다. 경세론에 관한한 주자를 넘어서서 실학을 했다는 것이지, 반계의 이기론은 아직 주자와 비슷합니다. 단지 강조점이 좀 달라집니다. 심心의 활성活性을 더 강조하고, 또 이런 차이가 있습니다. 그 차이로 이理의 실리성實理性을 더 강조하기 때문에 실학으로 나아갈 수 있는 철학적인 근거는 거기 있다고 생각합니다. 주자와의 차이, 심성心性에서 주자와의 차이, 그것도 마찬가지인데, 인간의 심心이 활성活性이라는 것을 주자보다 훨씬 더 강조합니다. 논문의 본문에 나옵니다만, '중화中和'라는, '중中'과 '화和'는 『중용中庸』이 말하는 지극한 덕德인데, 그것을 성취하는 것이 바로 인간의 심心이다. 반계는 직접 말합니다. 주자까지도 인간이 직접 한다고 하지는 않았죠. 반계도 주자가 그런 생각을 했다는 것을 인정하지만, 주자는 그런 식으로 말하진 않습니다. 그러나 반계는 분명히 그걸 이룩하는 것이 바로 인간의 심心이다, 이렇게 말합니다. 그래서 심心의 활성活性을 더 강조하는 것이죠.

또 이理도 더 실리實理를 강조합니다. 실리라는 것은, 처음 제시한 질문으로 돌아가면, "이理는 단지 기氣의 이理일 뿐이다", 이렇게 말했다고 하는데, 이것은 문제의 제기에 불과합니다. 반계는 처음에 이를 위해서 무척 고민을 하는데 37세 때 비로소 자기 친구에게 편지를 보내 이理와 기氣의 관계 때문에 평생 고심을 하였는데 비로소 새로운 깨달음을 얻었다 하면서, "이理는 단지 기氣의 이理일 뿐이다"고 했습니다. 말하자면 이理와 기氣가 따로 노는 것도 아니고, 선후 관계도 있는 것도 아니지만, 기가 이 세상을 연출하고 체현해 내는 까닭이나 원인, 제1원인이 바로 이理다. 이래서 이理에 절대적인 우월성을 부여합니다. 주자는 오히려 기氣와 이理를 대조하면서, 이理가 기氣에 대해서 우월하다는 견해에 반발합니다. 그런데 반계는 완전한 이理 우선적인 이런 생각을 합니다. 그게 실리입니다. 기

氣의 모든 작용을, 이理가 제어하는 것은 아니지만, 그러나 결국은 도심道心이 인심人心의 법칙이 되듯이, 이理가 기氣를 규율하는 근본적인 힘이 된다는 것이죠. 그래서 그게 실리고, 실리가 실학을 내었다. 이렇게 생각됩니다.

그 다음에 실학의 비조가 여러 사람이라 그러는데, 그건 다 옛날 애기입니다. 지금도 그렇게 생각하는 사람이 혹시 있겠습니다마는 일반적으로 그리 생각하지 않습니다. 경세론에서 반계는 주자와도 다르고 율곡, 또 서애, 정도전 이런 분들하고 전혀 다릅니다. 그것은 진秦나라 이후로는 삼대三代의 王政이 자취만 남아 전부 사리사욕이 판치는 이런 세상이 되고 말았다, 그러니 근원적으로 전부 새로 고쳐야 된다, 이런 입장입니다. 주자나 율곡은 전혀 그렇지 않습니다. 율곡은 우리나라 법제가 참 좋았지만, 연산군 때부터가 잘못됐다, 그렇게 보죠. 그러니까 역사를 보는 관점이 근원적으로 다릅니다.

송재소 : 예. 복잡한 문제입니다. 이기심성론에 있어서는 반계나 주자나 부분적인 차이는 있지만 큰 차이는 없다, 경세론에 있어서 반계와 주자가 많이 다르다. 이 변법變法이라고 하는 반계의 경세론을 가지고 한국 실학적 의미를 가지는 것이다. 이런 말씀을 하셨는데 역시 철저한 이理 우월을 주장하는 반계, 주자의 이기론 체계와 크게 차이가 없는 반계의 이기론에서 어떻게 변법론이 필연적으로 노출되었는가? 하는 문제는 역시 약간의 의문으로 남는 것 같습니다. 이런 의문은 의문으로 남겨놓고, 다음 토론으로 넘어가도록 하겠습니다. 갈영진 교수의 논문에 대해서 서울대학교 명예교수로 계시는 송영배 선생께서 질의를 좀 해주시죠.

송영배 : 저는 20여 년 전부터 갈 선생님과 잘 아는 사이입니다. 그런데 갈 선생님의 이번 논문을 읽고서 굉장히 놀랐고 배운 것도 상

당히 많습니다. 그런데 '구실학'에 대해서는 발언한 사람도 내
용이 다르고, 또 한·중·일이 각기 다른 특수한 사정도 있는
데, 각 나라마다, 각 사상가에 의해서 무엇이 허리虛理로 지목
되었으며, 무엇이 문제가 있단 말이지? 물론 여태까지 그 얘기
하던 연구들이 구실학이라는 지적은 참 옳은 지적이지만, 그
렇다고 갈 선생님이 인용한 서양의 근대 이후의 모든 사상을
받아들여 가지고, 현재의 시대정신을 파악해서, 옛날 텍스트를
잘 연구해서, 그걸 결합하는 신실학을 만들자, 말인즉 옳습니
다. 그렇지만 실제로 그것이 얼마나 어려운가? 그런 점에서 제
가 묻고 싶은 것은 적어도 동아 삼국에서 공통적으로 우리가
문제 삼고 있는 그것이 어떤 메타피직(metaphysic)이 있는 것인지,
그러한 공통적인 것으로 봤을 때, 한국이면 한국, 중국이면 중
국, 일본이면 일본에서 무엇을 허리虛理라고 보고 무엇을 허학
虛學이라고 보는지, 그것에 대한 설명을 해준다면, 그것을 참작
해서, 앞으로의 신실학은 적어도 옛날 것을 이어받지만, 새로
운 서양문명을 받아가지고 생긴 어떤 문제점을 허학虛學으로
봐서, 허리虛理로 봐서, 그 실리 실학을 얘기할 수 있는 방향이
있지 않는가, 좀 그러한 것이 구체적어야, 적어도 동아東亞의
신실학을 얘기할 수 있지 않을까? 그래서 간단히 말해서 묻고
싶은 것은, 갈 선생님이 보시기에 현대 동아 삼국이 자본주의
시장에 흡수된 상태에서 신실학을 말할 때 무엇을 가장 큰 허
리虛理, 허학虛學이라고 생각하는지? 그것을 좀 분명히 해줘야
그 다음에 그 것을 치유하는 실학을 얘기할 수 있다고 생각합
니다.

갈영진 : 송영배 교수님께서 아주 중요한 문제에 대해 언급하셨습니다.
방금 하신 말씀의 주요 요지는 '구실학舊實學'과 '신실학新實學'
두 가지의 개념에 대한 것인데, 아마도 송 교수님께서 신실학

에 대한 이해가 다소 부족하여 저와 상충되는 의견을 제기하신 듯합니다. 하지만, 우리는 20년이 넘은 친구 사이이므로 서로 잘 이해하는 사이이기도 합니다.

제가 여기서 생각하는 구실학은 동아시아 삼국, 즉 중국에서는 17~19세기 명청시대, 일본에서는 강호江戶시대, 한국은 조선 후기쯤 되는 시기에 생긴 새로운 학술 사조입니다. 이것은 이미 지나간 실학이며 우리 조상들이 창조한 실학입니다. 우리 현대인의 입장에서 말하자면 바로 구실학인 것입니다. 이 실학은 현재의 관점으로 보면 많은 차이점이 있지만 이는 중요한 문제가 아닙니다. 계속 연구하고 토론하면 됩니다. 무엇을 실학이라고 하는가에 대한 견해는 일치하지 않습니다. 중국에서는 30여 년간 토론해왔지만 아직까지 일치된 견해를 찾지 못했습니다. 이것은 제가 생각할 때 아주 정상적인 현상입니다. 몇백 년간의 역사이니 완전한 일치를 이루는 것은 불가능할 것입니다.

하지만 여기에는 공통적인 견해가 있습니다. 즉 17~18세기 이후에 삼국이 서세동점西勢東漸의 도전을 받자, 삼국의 학자들이 유학儒學의 입장에서 이 도전에 대해 어떤 방식으로 대응해야 하는가 하는 고민에서 비롯되어 실학 사조가 발생하게 되었다는 사실입니다. 실학 사조가 발생하게 된 목적은 바로 이 문제를 해결하기 위해서였습니다. 동아시아 삼국 근대 지향의 문제 즉 순수한 봉건제도에서 어떻게 자본주의로 전환하느냐라는 것은 아마도 공통적인 것이리라 여겨집니다. 일본은 좀 빨랐고 한국도 어느 정도는 괜찮았고 중국이 가장 늦었다고 봅니다. 그렇다면 어떻게 이 근대지향의 문제를 풀어갈 것인가 생각해보자면, 그 해답은 대체로 실학에 있었다고 말할 수 있습니다. 우리는 이 시기의 실학을 구실학이라고 부릅니다. 다시 말하면, 역사상 우리 조상들이 일찍이 만들었던 실학인 것입니다.

그러하기에, 저는 지금 21세기 동아시아의 신실학을 만들고 구축해야 한다는 점을 제기하는 것입니다. 신실학은 17, 18세기 역사상의 실학에 대비하여 '신新－새롭다'이라 명명한 것입니다. 그렇다면 이 새로운 것은 어디에 있을까요? 이것은 매우 열심히 연구하고 토론해야 하는 문제입니다. 생각건대, 머지않아 만들어질 이것을 신실학이라고 부르는 이유는 대략 몇 가지가 있습니다. 오늘날 21세기에 살고 있는 우리 동아시아인들이 당면한 주요 문제는 이미 '근대 지향'에서 '근대 극복'으로 바뀐 상태입니다. 근대 극복이란 자본주의가 발전하면서 발생한 많은 문제들을 지칭합니다. 예를 들자면 생태환경보호문제, 이는 한·중·일 삼국뿐 아니라 전세계가 당면한 문제이기도 합니다. 환경파괴의 심각성에 대해 모든 사람이 이 문제를 어떻게 해결해야 하는가를 생각해 보아야 합니다. 이것이 하나의 문제입니다.

또 하나는 외부적인 자연환경의 파괴뿐 아니라, 내면적으로 우리의 마음까지 오염되어 있다는 사실입니다. 지금 이 삼국의 사람들은 물질적인 면으로는 풍족하지만, 영혼은 심각하게 오염되어 있습니다. 가치관의 혼란이나 황금만능주의 등이 범람하면서 인류 보편적 가치가 타락하고 도덕이 파괴되는 것입니다. 이러한 문제는 어떻게 해결할 것인가요? 이것이 바로 근대 사회가 직면한 외부 환경 파괴 문제, 내부 영혼 오염 문제라는 두 가지의 매우 중요한 문제이다. 그 외에도 지금 세계는 매우 불안한 상태입니다. 겉으로 보기에는 평온하고 안전해 보이지만 안으로는 모두 대규모의 군사경쟁을 벌이고 있습니다. 테러리스트 문제 등등 수많은 문제들을 안고 있는 이 혼란한 사회를 어떻게 극복하고 모두가 화합할 수 있는 사회를 건설할 수 있을까요? 우리가 지금 당면한 근대 극복의 문제는, 이들을 새롭게 해석하고 해결책을 모색하는 것입니다. 이것이 바로 신실학의 중요한 내용입니다. 시대의 새로운 문제, 즉 지금 인류가 당면한 문제에 대해 반드시 철학적인 대답을 해주어야 하고 이론을 구축해주어야 합니다. '新-새롭다'란 무엇인가 하면, 20~21세기 인류의 새로운 철학이념과 새로운 사유방식 등을 신실학 안에 융합하는 것입니다. 새로운 사고, 새로운 이론방식으로 현실문제에 직면하여 새로운 이론을 구축해야 합니다. 그래서 이런 실학을 저는 신실학이라고 부르는 것입니다. 즉, 신실학은 역사상의 구실학과 대비되는 개념입니다. 그렇다면, 왜 이 문제를 제기하는가에 대해 말씀드리겠습니다. 역사상의 구실학은 우리 조상들이 당시에 직면했던 근대지향의 문제들을 해결하기 위해, 자신들의 관점을 이끌어내어 창조해 낸 눈부신 성과인 것입니다. 하지만 지금은 이미 몇 백년이 지났습니다. 우리는 그들의 성과를 열심히 연구해왔습니다만, 언제까지나 조상들의 연구성과에 머물러있을 수는 없습니다. 현실적인 문제에 임해, 지금 이 시대의 사람들에게는 이 시대의 사명이 있습니다. 우리들은 조상들의 연구성과와 그 기초위에서 지금의 현실문제에 대한 대답을 해 주어야 합니다. 이러한 문제에 대한 해답을 낼 수 있는 이론을 구축해야 합니다. 이것이 곧 현대사회의 신실학이라 할 수 있습니다. 제가 이 문제를 제기하는 것은 근거가 없는 것이 아닙니다. 사실 삼국의 학자들은 모두 이 문제에 대해 생각하고 있습니다. 제가 오늘 오전에 이미 언급했듯, 한국실학회의 초대회장 이우성李佑成 선생은 우리가 매우 존경하는 대학자인데, 선생께서는 이미 오래전에 우리의 실학이 당면한 문제가 근대극복의 문제임을 제기하신 바 있습니다. 당시에도 몇 가지 문제를 제기하셨는데 환경오염, 도덕 파괴의 문제 등 많은 문제가 언급되었습니다. 또한 지금 이 자리에 와계신 몇몇 선생님들의 예에서도 보듯, 신실학이 현실문제를 해결하기 위한 것이라는 기조는 제가 처음으로 제기한 것이 아니라 이미 시작된 것입니다.

중국학자들은 근 10년 동안 여러 방면으로 중국의 현실에 대해 신실학이 도대체 어떠한 존재인지를 공들여 탐색해왔습니다만, 아직까지 새로운 패러다임을 창조해내지 못했습니다. 그럼에도, 우리는 아주 열심히 탐색하고 있으므로 앞으로 새로운 실학을 구축할 수 있으리라 여겨집니다.

제가 생각하기에 현시대의 사람들이 언제까지나 조상들의 연구에 매달려 있지 말고 구실학의 연구결과를 초석으로 삼아, 당면한 사회문제와 새로운 철학사유를 상호 융합하여 꾸준히 연구해 나가면 가까운 미래에 새로운 실학의 사상체계를 만들어낼 수 있지 않을까 싶습니다.

송재소 : 선생님도 추가 질문 해보시죠.

송영배 : 이건 매우 큰 문제로서, 근대가 낳은 문제를 어떻게 처리해야 하는가 하는 것은, 실학에 문제뿐만 아니라 일류가 직면한 근본 문제입니다. 그러니까 실학도 그러한 근본 문제에 대한 대답에서 자유롭지 못하고, 옛날 것만 가지고 실학 얘기하는 것은 좀 지양하자, 그런 뜻인 걸로 알겠습니다. 그런 점에서 좋은 얘기를 했다고 생각합니다. 감사합니다.

송재소 : 아까 송영배 교수께서 질문하신 가운데 실학이라고 했으면 허학虛學이 무엇이며, 허리虛理가 무엇인가 하는 걸 분명히 좀 밝혀달라고 요구하신 거 같은데, 갈 교수께서 그 점에 대해서도 좀 답변을 해주시죠.

갈영진 : 이 문제에 대해 어떻게 개념을 잡아야 할지요. 제가 생각하기
에, 이는 지식인의 양심과 시대의 변화에 대응하는 감각이라
는 측면에서 제기되어야 할 문제라고 여겨집니다. 저 역시 이
시대의 지식인들이 이 시대의 문제에 대해 반드시 그 대안을
제시하는 자가 되어야 한다고 생각합니다. 방금 전에 선생께
서 하신 말씀은 매우 일리가 있습니다. 현대를 살아가는 사람
들은 갈수록 많은 문제에 직면해있습니다. 자연과학의 문제라
든가, 국가 정책에 관한 것까지, 공통적으로 해결해야만 문제
들이 있는 것입니다. 문인 학자의 입장으로서, 그리고 지식인
의 입장으로서 해결할 수 있는 방법은 이론적으로 설명하는
것입니다.

여기에 대해서는 어느 정도 신념이 있으며, 책임감 역시 느끼
고 있는 바입니다. 어떻게 이렇게 오랜 시간 동안 서구의 학술
에 매달려 있습니까? 제 생각에는 동양인에게는 동양인의 지
혜가 있습니다. 저는 우리들이 지혜로운 사람이라 믿습니다.
우리들에게는 열심히 탐색할 수 있는 능력이 있습니다. 만일
새로운 시스템을 구축할 수 있고, 새로운 철학적 형태를 만들
수 있다면 그렇게 되어 비단 나래주의拿來主義, 동시에 송거주
의送去主義 뿐만 아니라 이러한 철학들을 현대화시켜서 세계
인류에게 돌려줄 수 있다면 참으로 유쾌한 일일 것이고, 이것
은 지식인들의 책임이라 생각합니다.

송재소 : 감사합니다. 다음 토론으로 넘어가도록 하겠습니다. 일본 실학
학회 회장이신 오가와小川 교수께서 발표하신 「실심실학 개념
의 역사적 사명」이란 논문에 대해서 연세대학교에 계시는 이
광호 선생께서 좀 질의를 해주시기 바랍니다.

이광호 : 오가와 선생님께서는 한국말로 발표를 해주셔서 우선 너무나
감사합니다. 그리고 「실심실학 개념의 역사적 사명」이란 제

목으로 발표를 주셨는데요. 대체로 실학을 연구하고 또 실학
에 관심을 가진 분들이 대체로 경세치용經世致用, 더 나아가 근
대화, 과학 쪽에 포인트를 주고 관심을 가지고 발표를 하시는
데, 오가와 선생님의 논문에서는 오히려 역으로 '실심實心' 쪽
에다가 관심을 두신 것이 돋보이는 문제의식이라고 할 수 있
습니다.

저는 우선 질문하기 전에 저의 얘기를 조금 하고 하겠습니다.
저는 실학이라고 하는 용어는 역시 동아시아 유교문화권에서
어떤 학술용어이고, 기본적으로 유교사상을, 저는 수기치인修
己治人의 인문학적 이상주의로 이해하고 있습니다. 그래서 기
본적으로 수기修己라고 하면, 인간의 내면의 덕성에 대한 수
양, 인격의 완성을 통해서 인격이 완성된 그 능력 그 힘을 사
회화하고 해서, 어떤 그 사회 전체가 이상적 사회가 되는 것
을 지향하고 있습니다. 그래서 전체적으로 보면 동아시아 수
기치인의 유학 사상이라고 하는 것은 진리관에 있어서 본다
면 내재적 진리관을 취하고 있습니다. 성리학이 비판하고 또
한편 부정하기까지 한 불교, 노장사상, 전통적 동아시아 철학
사상이 내재적 철학사상이라는 측면에서는 동일하다고 봅니
다. 내재적 철학사상이 외재적 진리관을 가진 서양의 자연과
학과 만나게 되면서 근대화 과정을 이루게 되고, 심각한 문제
를 만나게 된다고 봅니다. 저는 실학이라고 하는 것을 기본적
으로 동아시아적 내재적 진리관의 철학·문화와 서구의 외재
적 진리관의 문화·과학의 만남과 갈등이라고 이해하고 있습
니다. 그런 측면에서 저는 문제를 이해하고 있습니다. 그래서
저 자신 동양철학을 하는 사람으로서 불교, 노장, 유학, 전통
철학에 관심이 많고 상당히 애정을 가지고 있으며, 뭔가 세계
철학으로서 아마 언젠가는 몫을 해야 할 중요한 철학이라고

보고 있습니다.

그런 측면에서 저는 오가와 선생께서 근대화 쪽보다는 오히려 전근대 쪽의 궁경실학窮經實學, 실심실학 쪽에 관심을 가지고 근대과학이 가지고 있는 문제점들, 인간의 심성을 무시하고 자연을 대상화하기만 하는 근현대문화가 가지고 있는 전체적인 문제점을 오히려 실심에 대한 강조를 통해서 해결할 수 있지 않겠느냐. 이런 관심에 대해서 저는 좋은 관심이라고 보고 있습니다.

그런데 그런 측면에서 문제를, 질문을 하나 드려볼까 하는데, 제가 논문을 읽으면서는 실심실학 개념의 역사적 사명, 실심에 대해서 관심을 가지는 것은 문제의식으로 좋은데, 아마 실심은 어떻게 보면 동아시아적 마음과 도덕을 대표하는 개념이고, 실학이라고 하면 실업의 학문, 기술의 학문, 과학의 학문을 대표하는 학문인데, 이 두 개가 합친 것으로 실심실학을 말씀하시면서 실심에 대한 강조라고 하는 것이 실심에 대함을 강조가 되었지, 실심의 배경이 되는 동아시아에 세계관과 철학에 대한 전체적인 관심으로 이어지지는 않고 있지 않나 해서 뭔가 조금 아쉽습니다. 오가와 선생님께서도 실심에 대한 관심이 동아시아 전체의 내재적 철학에 대한 전체적인 관심으로 발전시킬 수 있는 지를 묻고 싶습니다.

그리고 또 하나의 질문, 한국에서는 실학에 대해 경세치용파經世致用派, 이용후생파利用厚生派, 실사구시파實事求是派 이렇게 얘기를 합니다만, 아마 경세치용파에 있어서는 실심실학적 성격이 대단히 강합니다. 경세치용파의 반계 유형원이나 성호 이익이나 다산 정약용의 경우는 경학에 대한 연구를 끝까지 포기하지 않았고, 경학에 대한 연구를 통해서 치용致用, 즉 사회적인 문제를 해결하려고 하는 문제의식을 버리지 않았습니

다. 그 문제의식 속에는 끝없이 실심에 대한 강한 관심과 강조
가 남아 있습니다. 아까 김태영 선생님이 발표하신 반계 유형
원 경우만 해도, 인간이 가지고 있는 천리天理의 문제, 이성理性
의 문제에 대해서 오히려 이전 시대보다도 더욱더 강한 어조
로 확신을 가지고 얘기한다 말씀을 하셨는데, 그런 분위기는
성호나 다산에게서도 변함이 없다고 봅니다. 그래서 바로 실
심 철학에 대한 관심이 우주실학적宇宙實學的인 기론적氣論的인
실학에 관심을 가지고 접근을 하셨는데, 혹시 앞으로 관심을
이런 한국에 있어서 실심실학적 인문학적 이상주의에 대한 관
심으로 확대하실 생각이 없으신지, 두 가지 질문을 드립니다.

오가와[小川] : 네. 감사합니다. 질문이 두 개 있었습니다. 하나는 지금
현대에서 실심실학을 강조할 때, 실심을 잘 이해하려고 하면,
그 관심이 동아시아의 전통적인 심성론이나 전통적인 마음에
대한 철학의 전반에 나갈 수 있는 가능성이 있느냐, 그런 질문
이 맨 먼저 나왔습니다. 그 다음에는 경세치용학파는 실심실
학, 실심이란 관점을 깊이 갖고 있지만, 다른 실학에 학파에 대
해서는 그 관점이 관통할 수 있느냐? 그런 질문으로 이해했는
데 처음 질문에 대해서 대답하겠습니다.

저는 근대 이전에 17, 18, 19세기 실학을 실심실학으로 이해할
때 현대에 살고 있는 우리들의 근대 이전에 대한 이해를 크게
변혁해야 한다고 주장하고 싶습니다. 저는 사회발전적인 입장
에서 역사를 보아 왔습니다. 특히 진보적인 역사관이나 마르
크스주의적인 역사관이 그것입니다. 근대 이전에는 봉건시대,
신분제 시대인 것은 동양도 서양도 마찬가지입니다. 봉건시대
는 말도 안 되는 사회였는데, 백성으로, 농민으로 태어나면 죽
을 때까지 공부도 할 수 없고 고생만 하는 생활을 해야 하는데,
그 시대로 제가 돌아가지는 못합니다. 그러니까 근대나 현대

와서는 평등, 자유, 인권, 그런 가치를 우리들이 깊이 갖고 있는데 그것을 앞으로도 잘 실천해야 합니다. 그런데 근대나 현대가 잊어버린, 경시하고 있는 자유에 대한 외경성·존경성이나 자기가 자연 속에 자연의 하나로 있는 것, 그런 감각이 현대에 들어 약해지고 있습니다. 자연과 자기는 다르다. 자연이 자기 밖에 있다. 저는 자연을 관찰할 수 있다, 그런 감각이 아주 강해요. 하지만 자연을 인간적으로 이용하면서 인간생활에 활용하는 사고방식으로 지구 생태계가 무너지고 있는데, 이것이 근대적인 자연관입니다. 지구 생태계 파괴를 그만 두고 보호해야 한다면, 근대 이전의 자연관, 근대 이전 사람들의 사고방식을 새롭게 발견해야 한다고 봅니다.

그러니까 실심실학이란 근대 이전의 학문 개념이었고, 실심을 경시하고 있는 학문은 근대나 현대 실학인데, 실학이란 말은 아주 단순한 말이지만, 실학이란 말을 현대적으로 번역하면 학문이에요. 실학이란 학문이에요. 요즘 대학교가 많이 있지 않습니까? 대학교에서 공부나 연구하고 있는 것이 다 실학이에요, 실학! 마루야마 마사오[丸山眞男] 선생님이 일본에서 10년 전에 돌아가셨는데, 1968, 9년에 일본 동경대학교[東京大學校]에 대한 박해가 있었습니다. 대학이란 필요 없다, 그런 학생들의 심각한 운동이 있었어요. 그때 마루야마 마사오 선생님이 동경대학교를 분석하면서 홍고[本鄕]에 있는 구학부─법학부나, 경제학부나, 문학부나, 이학부나, 의학부나, 약학부나 다 실용적인 실학이다. 인간은 어떻게 살아야 하느냐, 그런 근본적인 문제를 배우고 가르칠 수 있는 학부는 교양학부 밖에 없다. 그러니까 진짜 대학은 교양학부밖에 없다. 그런 말씀을 하셨다고 들었어요.

그러니까 현대에 있는 학문은 다 실용적인 실학이에요. 실심이라는 것이 굉장히 부족한 학문이 현대적인 학문이니까, 현대적인 실학이나 학문이 실심이란 요소를 회복하려고 하면, 맨먼저 근대 이전에 대한 이해를 혁명적으로 변경해야 한다, 그런 것을 말씀드리고 싶습니다. 그러니까 첫째 질문에 대해서는, 현재 실심을 잘 이해하려고 하면, 근대 이전에 대한 우리들의 개념을 변혁하고, 그리고 근대 이전의 철학이나 인간론, 자연관을 전체적으로 공부하거나 이해해야 한다, 그러니까 동아시아 전통적인 철학에 대해서 새로운 관점으로 공부할 수 있다고 생각합니다.

두 번째 질문에 대한 답변입니다. 박지원, 박제가, 홍대용 등 도시에서 활동하셨던 학자들이 이용후생학파라고 한국에서는 이해되고 있는데, 이용후생학파도 실심을 아주 중요시 하셨던 분입니다. 박지원의 유명한 한문 소설이 있지 않습니까? 그것을 다 보면 진실을 심각하게 지적을 하셨는데, 그 정신은 역시 실심실학입니다. 그러니까 박제가 선생은 통상과 무역을 강조하셨는데, 그 박제가 선생님이 근대 지향적인 학풍을 갖고 계셨지만, 그 스승인 홍대용이나 박지원이 지닌 실심이란 요소를 잘 이해하지 않으면 안 됩니다. 실사구시로 그러니까 19세기 전반에 활약한 또 하나의 학파가 있는데, 19세기 전반에 살고 있었던 학자들을 전체적으로 이해하고 관찰하는 것이 필요하다고 생각합니다. 이상입니다.

송재소 : 예. 고맙습니다. 제가 오가와 선생께 질문을 하나 드리도록 하겠습니다. 선생님 페이퍼에 보면 "유학의 대명사로서의 실학", 이런 표현이 나옵니다. 말하자면 실학은 유학의 대명사다, 유교의 대명사다, 그런 말씀이신데 실학자가 유학자인 것은 사실이지만 모든 유학자가 다 실학자인 것은 아닙니다. 그래서 실학이 유학의 대명사다, 이런 표현은 조금 수정할 필요가 있

지 않나 싶고요. 또 한 가지는, 근대 이전의 실학에서 우리가 지혜를 발견해서 앞으로 지구를 살리는 하나의 교훈으로 삼자는 취지에서 말씀하셨는데, 그중에 한 가지가 근대 이전의 실학에서 유기체적 자연관에서 배울 점이 많다. 인간과 자연이 별개가 아니고, 쭉 이어져있다는 유기체적 자연관에서 교훈을 얻으면 지구의 생태계를 살리는데 많은 도움이 되지 않겠는가, 이런 논지로 말씀을 하셨습니다. 그러나 이런 유기체적 자연관은 성리학자들의 자연관입니다. 이미 다산에 오면 유기체적 자연관을 부정합니다. 전면적으로 부정하는 것은 아니지만 인간세계와 자연세계를 이분법적으로 보고 있습니다. 결코 유기체적 자연관이 아닙니다. 그러니까 유기체적 자연관을 견지한 성리학자들, 이런 사람도 실심실학자라고 보시는지 대답해 주시죠.

오가와 : 전체적으로 이야기하겠습니다. 미우라 바이안三浦梅園 선생님이 일본의 18세기를 대표할 자연철학자, 그리고 실심실학자라고 전 이해하고 있습니다. 미우라 바이안 선생님이 실심이나 실학이란 말을 하나도 사용하지 않았습니다. 실심이나 실학이란 말을 쓰지 않아도 실심, 실학을 잘 이해하시고 실천하셨습니다. 또 1920~30년대 한국 지성인들이 조선의 17~18세기 학문을 실사구시적 학풍으로 보고 주목했는데, 역시 실사구시학을 실학으로 이해하면서, 실학으로 그 학문을 총괄적으로 규정했습니다. 그때부터 실학연구가 한국에서 시작하지 않았습니까? 벌써 70이나 80년이 지났습니다. 그러니까 우리들은 한국에 유학하고 한국 실학을 먼저 배웠습니다. 한국 실학이란 무엇이냐? 그러니까 이 학술회의에서도 실학이란 말을 쓰지 않은 학자도 실심실학자로 저는 이해하고 있는데, 그것을 먼저 알아주셨으면 합니다.

그리고 근대 이전에 근대나 현대의 실학과 다른 실학이 있었다, 그런 실학이란 유교나 유학의 대명사로 원래 동아시아 근대 이전 사회에 쓰이고 있었다, 그것을 한국에 유학하면서 배웠습니다. 일본에서는 실학을 유교나 양명학으로 이해하고 있었던 선배가 많았어요. 하지만 현재 일본사람들의 실학이란 후쿠자와 유키치福澤諭吉, 일본의 근대나 현대를 상징하고 있는 학자인데, 후쿠자와 유키치가 강조했던 실학이란 실업實業의 학, 그러니까 실용적인 학문이에요.

그런데 그런 개념과는 다른 개념이 옛날 동아시아에 있었다는 것을 알고 보니, 그 실학이란 역시 수기치인修己治人, 자기 수양, 먼저 자기 수양을 잘 하지 않으면, 사람들의 지도자가 되지 못한다는 것입니다. 그런 관점에서 유가와 유교가 원래 동아시아 사회에서 주도권을 갖고 왔는데, 유가나 유교에서 가장 좋은 요소는 수기修己, 자기 수양이었습니다. 앞으로도 그렇습니다. 지금의 정치가, 앞으로의 정치가 다 자기 수양을 먼저 열심히 하지 않으면 안 됩니다. 그럼 자기 수양 요소를 높이 평가하는 시각을 한국 실학연구를 통해 저는 배웠습니다. 그러니까 공자도 실심실학자로 저는 이해하고 있습니다.

하지만 송재소 선생님 및 한국 실학 연구회 학자들에게는 말도 안 되는 이해입니다. 실학이란 역사적인 개념이다, 특히 한국에서는 17세기에 시작하여 19세기 전반까지 있었던 학문을 실학으로 먼저 이해하고 계시는데, 그런 이해는 동아시아 삼국에서는 한국밖에 없어요. 일본에서는 덕천막부德川幕府 시대 학문을 총괄적으로 실학으로 이해하지 않습니다. 그러니까 물론 실학이란 개념이 아주 단순한 개념이에요. 실학! 실용적인 학! 일본사람들이 실학의 은혜를 많이 받고 있지만 약간 경시하고 있습니다. 실용적인 학교는 대학보다 아래다, 대학생은 실용학 학생보다 높다, 그런 개념이 있는데, 실학에 대해서 약간 경시하고 있는 그런 사고방식을 갖고 있는 것이 보통 일본 사람입니다. 그러니까 실학이란 개념을 개혁해야 한다고 생각해요. 그것 때문에 저는 먼저 한국 실학을 공부하지 않으면 일본 사람의 실학 개념이 변혁할 가능성은 없다, 그런 것을 미리 지적하고 있지만, 요즘 지구 생태계 문제를 통해서 근대나 현대 학문을 반성할 큰 계기가 생기니까, 물론 중국 갈영진 선생님도 아까 말씀하셨지 않습니까? 근대를 극복해야 한다, 지구 생태계를 보호하기 위하여 근대를 극복해야 한다, 중국 학자들도 지금 이렇게 심각하게 생각하고 있는 것을 오늘 여기서 확인할 수 있었던 것이 큰 성과의 하나라고 생각합니다.

송영배 : 간단한 하나의 질문을 했으면 좋겠어요. 사실은 저 개인적으로는 오늘 오가와 선생에게 상당히 감명을 받은 것이 사실입니다. 지금 자본주의 세계 경제적 지구화 이런 차원에서 볼 때 세계를 움직이고 있는 것은 사실 이상론이 아니라, 어느 쪽에다 돈을 투자해서 어떻게 돈을 버느냐, 이것이 시장 경제의 법칙으로 전 세계를 지배하고 있습니다. 그것이 야기하는 폐해가 너무나 많습니다. 그런데 아름다운 철학, 아름다운 이야기를 하는 것도 중요하지만 그것의 현실성을 한번 생각해 보는 것도 굉장히 중요한 일이에요. 오늘 우리는 여기서 실학의 이상이 이만한 가치가 있다, 홍대용이 말한 것은 이러한 가치가 있다, 이런 이야기를 하고 있습니다. 그러나 불행하게도 20세기 후반, 특히 소련이 붕괴하면서부터 21세기를 전반적으로 지배하고 있는 미국의 패권주의 하에서는 어떤 이상주의가 실현될 수 있는 그러한 여지가 거의 차단되고 있어요. 그랬을 때에 이상적으로 어떤 것이 좋다, 그것 하나만 가지고는 조금 부족한 것 같습니다.

송재소 : 예. 우리가 제2회 대회를 1990년대에 중국 산동대학山東大學에서 개최 한 적이 있는데 그때 중국 측 발표자 한 분께서 「공자의 실학사상」이라는 제목으로 발표를 했던 기억이 납니다. 그이래로 오늘 오가와 선생님께 "공자도 실심실학자로 규정할수 있다"라는 말씀을 두 번째 듣는 거 같은데, 그런 오가와 교수의 말씀을 잘 새겨보도록 하겠습니다. 그 다음 토론으로 넘어가겠습니다. 베이커 교수께서 「실천 윤리학과 실학 - 도덕수양에 대한 다산의 접근」이란 제목으로 발표를 해주셨는데, 서울대학교에 계시는 김명호 교수께서 질의를 좀 해주시면 좋겠습니다.

김명호 : 예. 방금 소개 받은 김명호입니다. 베이커 교수님 발표, 흥미있게 들었습니다. 발표 내용을 보니까 두 가지로 구성 되어 있는데 하나는 현대 한국에서 이루어지고 있는 실학 연구의 문제점, 간단히 말씀 드려서 실학 개념을 너무 확대해가지고 근대사상처럼 간주한 폐단, 또 그 다음에 실학의 발생 시기를 너무 소급시켜가지고 결과적으로 실학자들의 숫자를 너무 많이 늘려놓은 것, 이런 점을 비판하시면서, 따라서 엄격하게 보면 실학자에 해당될 수 있는 사람들이 그렇게 많지 않다, 이렇게 비판을 하셨습니다. 그러나 다산 정약용만큼은 실학자라고 할 수 있는데, 그 실학자라고 하는 그 근거를 독특하게도 다산의 신학神學에서 찾으셨습니다. 다산의 신학만큼은 실용적이고 현실적인 신학이기 때문에 따라서 다산은 실학자로 볼 수 있다. 이렇게 발표하신 것으로 제가 이해를 했습니다.

첫 번째, 한국에서 이루어지고 있는 실학 연구에 대한 비판에 대해서 좀 말씀드려 보면, 조금 전에 이헌창 교수님이 실학의 통합적 개념에 대해서 발표하신 걸 들어보니까, 국내에서만이라도 실학에 대한 합의에 도달하기가 아직 멀었구나 하는 생각이 들긴 들었습니다만, 적어도 최소한 현재로서는 실학이 곧바로 근대 사상이라고 보는 학자는 별로 없다고 생각합니다. 따라서 저는 기조연설에서 임형택 교수님이 말씀하시고, 또 갈영진 교수님도 말씀하셨지만, 동아시아에서 17세기에서 19세기에 출현했던 그 역사적 실체로서의 어떤 새로운 학풍이라는 의미로 일단 실학은 파악돼야 된다 생각하고, 그 정도의 합의는 도달했다고 저는 보고 있습니다. 그랬을 때, 이 17세기에서 19세기에 발생했던 새로운 학풍을 어떤 시점에서 재해석할 것인가, 종전에는 거의 일방적으로 근대라는 시점에서 읽어냈죠. 그래서 얼마나 근대성에 도달했는가 안 했는가 이걸 가지고 따졌습니다. 그러나 지금은 이제 그런 시대가 어느 정도 지났고, 오가와 선생님도 말씀하시고 갈영진 교수님도 말씀하셨지만, 이제는 탈근대라고 할까요? 근대 극복에 시점에서도 이 17세기에서 19세기 걸친 신 학풍을 재해석할 수 있는 여지도 있고, 또 그런 시점에 도달했다고 생각합니다.

그 점을 전제한 위에서 베이커 교수님 발표를 들어보면 아주 익숙한 비판인데요. 뭐냐면 서구의 역사를 근거로 해 가지고 근대성의 개념을 추출 한 다음에, 그 복잡한 여러 가지 요소들 중에서 어떤 것이 미달됐다, 따라서 실학파는 근대 미달한 사상이다, 이런 식의 비판을 하고 계신데, 이것은 과거의 실학을 곧 근대 사상으로 봤던 사람들하고 똑같은 오류를 반복하고 있는 게 아닌가 합니다. 왜냐면 실학이라는 것을 17세기에서 19세기에 걸치는 역사적 실체로서 본다면 이건 분명히 근대 사상이 아니고, 근대 사상으로 갈 수도 있는 과도기의 사상입니다. 그렇기 때문에 과도기 사상에서는 근대 사상, 완성된 근대 사상에서 볼 수 있는 여러 요소들이 아주 산발적으로만, 또 서로 유기적인 연락 없이 연결 없이 나타날 수밖에 없습니다.

그래서 이런 과도기 사상으로서의 실학을 이해한다면, 어떤 근대 개념을 미리 설정해 놓고 여러 가지 요소 중에서 어느 하나가 부족하다고 해서 비판하는 방식, 이런 방식은 더 이상 유효하지 않는 것이 아닌가 합니다. 제 생각에는 17세기에서 19세기 동아시아, 지금은 이 자리에서 지금 한국 일본 중국만 얘기했지만, 사실은 베트남까지도 포함해서 같이 생각해 보아야 될 문제라고 생각되는데, 이런 새로운 학풍이 나타났는데, 이런 학풍을 근대성의 시점에서 읽어볼 때 과연 근대 사상 자체는 아니지만, 근대지향적인 요소는 없겠는가? 그 문제를 해결하기 위해서는 실학개념을 이렇게 저렇게 다시 설정하는 문제보다는, 실제로 실학의 구체적인 전개 과정을 연구해야 된다고 생각합니다.

실학이 3세기에 걸쳐서 발전했다고 한다면 시기에 따른 변화가 있을 텐데, 특히 19세기 와서 일어난 실학의 변화, 이것을 제대로 연구한다면 실학의 근대성에 관한 논란을 어느 정도 불식시킬 수 있지 않겠는가? 실학과 근대 사상의 연결 고리 역할을 하는 19세기의 저명한 학자들을, 그 사람들의 사상을 좀 더 깊이 있게 연구한다면, 실학을 근대 지향적 요소가 있는 사상으로 읽어낼 수 있는 것에는 큰 무리가 없을 거라고 저는 생각합니다.

그래서 베이커 선생님께서 비판하신 것은 아마 70년대 이전 초창기 때 너무 과욕에 의해서 생겨났던 혼란스러운 상태에서의 논의를 염두에 두신 것 같아서 현재로서는 그런 것이 문제가 될 단계는 아니지 않느냐, 이렇게 생각하고 있습니다.

두 번째 다산의 대한 신관神觀에 대한 해석입니다. 제가 다산을 전공하지 않았기 때문에 아주 단순한 질문만 드려보겠습니다. 다산의 신학이라는 용어도 좀 생소하지만 어쨌든 "다산의 신학이라는 것이 실용적이다"고 말씀하신 그 부분이 잘 납득이 안 됩니다. 아마 가톨릭 신학과 비교해 봤을 때 그런 느낌이 들어 그렇게 말씀하신 것 같은데, 사람이 착한 사람이 원래 있는 게 아니고, 착하게 행동해야만 착한 사람이 되는 건데, 착하게 되느냐, 나쁘게 되느냐, 착한 행동을 선택할 것이냐, 나쁜 행동을 선택할 것이냐, 그 자주권은 사람에게 있다. 어느 악한 행동을 하면 악한 사람이 되고, 선한 행동을 하면 선한 사람이 되는데, 왜 그러면 사람들이 자기 자주권을 발동해가지고 선한 사람으로 되는가? 그것은 상제上帝가, 하느님이 항상 내려다보고 계시기 때문에 그 사실을 자각하게 되면 사람들은 당연히 착한사람으로 행동하려고 결정을 내릴 것이고, 따라서 착한 사람이 될 것이다. 이거야 말로 가장 간단하고 종전에 주자학에서 말한 마음공부라든가, 심성 수양이 필요가 없는, 아주 효과적인 방법이다, 이런 취지로 다산의 신관神觀을 해석하신 것 같습니다.

이런 해석이 과연 정당한지는 제가 따져볼 능력은 안 됩니다마는, 과연 다산의 신관이 신학이 이런 것이었다면 이건 대단히 불충분한, 오히려 비효율적인 신학이 아니냐? 일종의 비유를 들어보면, 상제 즉 하느님의 존재를 일종의 감시카메라로 보는 얘기가 되죠. 항상 지켜보고 있기 때문에 그 눈길에서 벗어날 수 없기 때문에 정신 차려가지고 착한 행동을 해야 된다고 그러는데, 우리나라도 보면 알다시피 고속도로에 감시 카메라 얼마든지 있지만 얼마든지 나쁜 짓 많이 합니다. 다시 말해서 하느님이 처벌하지 않으면 아무리 지켜봐도 소용이 없죠. 그래서 어쨌든 하느님이 상벌을 내리는 어떤 존재로 돼야만 그 얘기가 그래도 성립이 되는 데, 너무 소박한 얘기 같아가지고 제 생각에는 하느님이 지켜봐도 딴 짓을 하게 되면 어떻게 되는가? 그런 가능성에 대해서는 좀 얘기가 안 된 것 같아서 그 점을 좀 질문 드리고 싶습니다.

베이커 : 첫 번째 실학이란 개념, 전 서양 사람으로서 실학이 무엇인가 잘 모르겠습니다. 왜냐하면 우리 서양 역사를 보면 아무리 찾아도 실학파 같은 건 없어요, 서양 역사에 없죠. 왜 없느냐면 서양에 수기치인修己治人이란 학學이 없어요. 수기학修己學도 있고, 치인학治人學도 있는데, 합쳐서 수기치인학은 없어요. 유교 없으면 실학 안 되죠. 수기修己하고 치인治人. 또 우리 서양에서 실사구시, 이용후생, 합리 같은 것 있잖아요. 우리 서양에서는 실사구시 중시하는 실천주의자 있잖아요. 또 이용후생 중시하는 실용주의자 있잖아요. 따로 있어요. 실용주의자하고 실천주의 따로 있어요. 또 합리파(Rationalist) 또 따로 있어요. 한국 실학파 다 합쳐서 있죠. 그렇죠? 그래서 캐나다 학생들한테, 실학이란 수업을 하려면, 문제는 개념을 몰라 이해 못하겠다고 그래요. 또 실학파 중에는 사람이 많아서 공통점이 별로 없어요. 다산하고 박제가 무슨 공통점 있어요? 이익하고 박지원 무슨 공통점 있어요? 그것이 문제에요.

두 번째 질문. 다산의 신학을 이해하려면 먼저『천주실의天主實義』읽어야 돼요. 다산 어렸을 때 마테오 리치(Matteo Ricci)가 쓴『천주실의』많이 읽었어요. 그것 때문에 상제上帝 믿었어요. 다산은 천주교 믿은 게 아니라,『천주실의』읽고 그 영향을 받은 상태에서, 옛날 유교 책 보고 상제 계신다고 보고, 아! 상제 계신다고 했어요. 다산이 다른 사람하고 다른 점은, 다산은 상제가 자기 하는 짓을 보면 자기가 아무 나쁜 짓을 못한다고 그래요. 다산이 그렇게 썼어요. 다산의『중용강의中庸講義』,『중용자잠中庸自箴』보면 다산이 왜 상제를 믿었는가를 알 수 있습니다. 저는 오늘 시간 없어서『중용강의』대한 얘기를 못했지만 다음에 논문 쓰겠습니다.

송재소 : 예. 역시 언어 소통 문제 때문에 질문을 충분히 답변자가 이해를 못 하신 것 같고, 또 질문자가 납득할 만한 그런 답변도 안된 것 같습니다. 지금 이 자리에서 시간이 너무 많이 걸리기 때문에 부득이 넘어가도록 하겠습니다. 나중에 뒷자리에서 해결 안 된 문제는 계속 말씀해주시기 바랍니다. 그 다음에는 대만 대학의 채진풍蔡振豊 교수께서 발표하신 것에 대해서 고려대학교에 계시는 김언종 교수께서 질문을 좀 해주십시오.

김언종 : 방금 소개 받은 김언종입니다. 실학이라는 말에 대한 개인적인 견해를 우선 앞에 조금 얘기를 할 수 있게 허용해주시면 감사하겠습니다. 중국의 경우에는 명나라가 망하고 청나라가 시작되었을 때, 이제 왜 망했는지, 통정사통痛停思痛이라고 해서, 아픔이 끝나고 나면 왜 아팠느냐, 그 원인을 찾아내기에 고심했던 위대한 사상가들이 나타나는데, 다 아시다시피 고염무顧炎武라든지, 황종희黃宗羲라든지, 왕부지王夫之라든지, 그 외에도 여러 분이 계십니다. 근데 이 분들의 사상과 그것이 조금 내려와서 이른바 강희康熙 황제 때 문자옥이 생기기 이전의 그 기간에 훈고학訓詁學으로 완전히 빠지기 이전의 그 분들의 위대한 업적, 정신이 중국에서는 이른바 명·청 실학이 되었습니다. 일본의 경우에는 주자학이 조금 지나치게 관학화官學化 되고 조금 굳어갈 때, 거기에 대해서 반성을 하고 새로운 학풍을 열어나간 이토 진사이伊藤仁齋라든지, 오규 소라이荻生徂徠든지, 또 그 제자들 몇이 있습니다. 이런 분들을 위주로 모인 단체, 또 우리나라로 친다면 17세기에 들어와서 점점 어려워지는 시대에서 진정한 국리민복國利民福이 무엇일까를 고민 했던 그런 분들의 사상과 저서, 이런 것을 연구하는 것. 이렇게만 범위를 정했으면 참 좋았지 않을까 이렇게 생각을 해봤습니다.

대만대학臺灣大學의 채진풍 선생께서는 급급히 쓰느라고 논문이 문제가 많다고 얘기 했습니다마는, 제가 보기에는 정말 아직 젊은 분인데요, 다산에 대해서 또 우리나라 학술에 대해서 이렇게 깊이 공부를 하고 이런 논문을 써 낼 수 있다는 것이 놀랍고, 역시 대만이 인문학을 굉장히 중시한다는 것을 느끼게 됩니다.

훌륭한 논문이기는 하지만 조금 낯선 이야기들, 조금 받아들여지기가 힘든 점에 대해 몇 말씀 드리고자 합니다. 논문 주註로 본다면 43번인데요. 다산 선생께서 노년기에 유배 생활을 끝내고 마재에 오셔서 김매순金邁淳과 상당히 친하게 되었습니다. 그런데 다산 선생이 실제로 김매순에게 보여준 책은,『아어각비雅言覺非』정도에 지나지 않는 것 같아요. 워낙 완고한 주자학자이고 또 색목도 다르기 때문에 학문 생활을 가까이 한다 하더라도 모든 자기 저서를 그대로 공개하고 이런 입장은 아니었던 것 같습니다. 아니면 본인이 아직도 정리 중이어서 그랬는지 모르겠습니다마는, 거기에 쓴 편지 가운데 보면 주자의 학문을 굉장히 극찬합니다. 주자의 학자로서의 공정무사公正無私한 태도를 아주 곡진하게 그리고 있는 글이 여러 편 있습니다.

다산 선생께서 주자를 대하는 태도는, 제가 보기에는 이렇습니다. 아까 권오영 교수가 참으로 명쾌하게 얘기를 잘 해주셨습니다마는 다산 선생은 사실 탈주자적이라고 보는 것이 저는 온당하다고 봅니다. 그런데 그 핵심이 뭐냐 하면 요즘 우리가 말하는 철학에서의 문제입니다. 그 외에 훈고학이라든지 다른 여러 학문의 측면에서 다산 선생이 주자를 굉장히 높이 보는 것은 사실입니다. 주자를 어느 정도 높이 보느냐면, 한漢나라 때 가장 위대했던 학자들 마융馬融, 정현鄭玄, 또 위진魏晉 때의 왕숙王肅 등 중국 역사상 거물 학자들과 동일하게 봅니다. 굉장한 평가입니다.

그러나 이른바 우주론이라든지, 인성론이라든지, 이런 철학적인 면에서는 다산 선생님과 주자를 한 묶음 안에 놓고 보는 것은 상당히 좀 문제가 있지 않겠는가 이런 생각이 듭니다. 그래서 채 교수는 이러한 구절을 인용하면서 결국은 다산 선생께서 반주자적反朱子的이 아니고 탈주자적脫朱子的도 아니고, 결론에 가서는 후주자학後朱子學의 대표라고 했습니다. 제가 과문해서 그런지 모르지만, 후주자학이란 말도 오늘 처음 듣는 말 같습니다.

또 주 46에서 보면 다산 선생이 모기령毛奇齡을 심하게 비판하고 있지만, 사실 이는 상당히 젊었을 때 얘기입니다. 아직 40전, 다산 선생이 귀양 가기 전입니다. 인용문에 나오는 나주羅州¹⁾는 바로 다산 선생의 사돈 되는 분인데요. 젊었을 때 쓴 것이고, 사실 알고 보면 다산 선생이 주자학에서 떨어져 나올 수 있었던 그 뜀틀, 그 발판은 바로 이 모기령입니다. 다산 선생이 모기령의 저작들을 샅샅이 낱낱이 보고 엄청나게 큰 영향을 받은 겁니다. 어찌 보면 미워하다가 닮을 수도 있다는데, 그런 것에 해당 된다고 봅니다.

주 52번을 보면 다산 선생이 일본에는 명유名儒가 요즘 있기는 한데 아직 덜 익은 자들이다, 이런 식으로 비판을 하고 있습니다. 그런데 이것도 사실 다산 선생께서 30세 전후에 쓰신 것이고, 아직 학자로서의 입신을 하기 이전에 쓴 것으로 큰 의미는 없습니다. 젊었을 때의 생각과 만년정론晩年定論은 구분해 보아야 할 것 같습니다.

그리고 이 논문에서는 권철신權哲身 선생이 1777년에 일찌감치

---

1) 편집자-李寅燮을 말한다.

천주교를 믿었다, 그리고 1801년에 신유교난辛酉敎難 때 돌아가 셨다, 이렇게 썼습니다. 그런데 다산 선생의 필설을 통해서 보면, 권철신 녹암鹿庵 선생은 천주교 신자가 아닙니다. 동생인 권일신權日身 선생이 천주교 신자인 것은 틀림없습니다. 녹암 선생은 천주교도 크게 나쁘지 않으니 믿으면 믿는 것이고, 내가 개입할 바 아니다, 이런 어떤 방관자적 입장이지, 천주교를 믿은 건 아니라는 거는 다산 선생의 필설을 다 살펴보면 잘 알 수 있습니다. 정말 그때 천주교를 믿고 희생 됐던 많은 친구들에 대해서는 다산 선생이 언급을 하지 않았습니다. 그렇지만 억울했던 분들에 대해서는 하나하나 묘지명을 써서 그것을 밝혀 놓았는데, 그것을 보면 이 분에 대해 이러한 이해는 재고를 해야 되지 않느냐 생각합니다.

그리고 이 권철신 선생께서 다산의 경학 사상에 끼친 영향 굉장히 큽니다. 사실 그 눈을 크게 틔워 준 분이 틀림없는데, 이 분이 진심으로 주자를 사모하는 것은 나만한 사람이 없다, 이렇게 얘기하는 그 말 속에도 역시 뭘까요, 종교적인 그런 문제가 아니고, 어떤 이기심성理氣心性에 관한 문제도 아니고, 주자의 학자로서의 고매한 인격과 애국자로서의 태도라든지, 정말 대단한 그 어떤 공력功力, 이것에 대한 찬양이라고 보면 좋다고 생각됩니다.

송재소 : 예. 김 선생님 아주 고맙습니다. 채진풍 선생께서 답변을 하시되, 꼭 필요한 답변만 간략하게 좀 말씀해주시면 대단히 감사하겠습니다.

채진풍 : 네. 지적해 주신 말씀 잘 들었습니다. 이에 대해 저도 제 의견을 간략하게 말씀드리겠습니다. 제가 한국의 유학에 대해 연구한 기간은 매우 짧기 때문에 다소 부정확한 부분이 있는 것은 확실합니다.

첫 번째로 양명학의 다산과 이이에 대한 영향에 대해서, 한국의 양명학 연구에서는 아마 이런 주장이 있는 것 같은데요, 그렇지만 저의 개인적인 의견은 그렇지 않습니다.

두 번째로 다산의 인성론은 아무래도 주자학과 같이 놓고 보기는 어려운 듯합니다. 이 점은 저도 동의하는 바이구요. 그렇지만 다산은 매우 분명하게 주자의 인심人心과 도심道心의 구분에 대해 긍정하였습니다. 그렇기 때문에 다산이 주자의 태도를 계승하였다고 말한다면, 그것은 결코 성性, 혹은 심心과 같은 것에 대한 주자의 의견을 두고 얘기하는 것이 아니라, 주자가 인심 도심을 구분하는 견해는 유학의 발전에 큰 공헌을 했고 다산도 계승했다고 봅니다.

세 번째는 다산의 모기령 비판입니다. 제 생각에는 다산이 자학字學 방면에 있어서는 모기령의 영향을 받았다고 여겨집니다. 그렇지만 다산은 그의 신유학에 관한 총체적 입장에는 동의하지 않았습니다.

다산 이토 진사이와 같은 일본 학자들을 비판한 문제입니다. 제 생각으로는, 다산이 《논어고금주》에서 다자이 준太宰純의 의견을 대부분 반대하고 있다는 것을 본다면, 제 의견에 동조하리라 봅니다.

'권철신이 천주교도였는가?' 하는 것은 사실 좀 더 깊은 연구를 해봐야 합니다. 제가 들은 이야기로는 다산이 벼슬하기 전에 프랑스의 선교사로부터 세례를 받았다고 합니다. 실제적인 자료를 본 것은 아닙니다만. 그런데 또 다산이 천주교도라고 주장하는 다른 이유는 다산의 모든 언론 속에 그가 천주교라는 신분이 드러나는 것을 기피했다는 겁니다. 저는 이것에 큰 진실이 있다고 생각합니다. 지금 저 역시도 강하게 천주교다 아니다를 얘기할 수는 없지만, 다산의 전체적인 유학을 통해 볼 때 그의 모든 주석작업들은 물론 천주교 식의 주석이 아닙니다. 당연히 유학적 주석입니다. 비록 그가 말한 것이 새로운 방식이라 할지라도 제 생각에는 그의 체계는 맹자에 많이 접근해 있다고 봅니다. 그의 인성론을 살펴본다면 청대 유학에 대한 견해를 발견할 수 있는데요, 이 부분은 아직 고증이 필요한 부분입니다만, 이러한 제 생각에 다산은 그다지 동의할 것 같진 않습니다.

송재소 : 예. 고맙습니다. 그 다음에 이헌창 교수의 발표에 대한 질의인데 이헌창 선생의 논문이 상당히 논쟁적인 성격을 많이 띠고 있습니다. 이광호 선생님께 다시 한 번 부탁을 드리는데, 아주 중요한 문제 하나만 질문해 주시면 어떨까 싶습니다.

이광호 : 이헌창 선생님께서는 「실학 제개념의 통합적 이해와 경제학」이라고 제목을 달고 있습니다. 실학의 개념에 대한 전체적 수용, 통합, 융합, 이런 측면에서 실학을 이해하고 계십니다. 그래서 유학과 실학을 동격에 두고, '수기치인修己治人의 실학', '궁경窮經의 실학', '경세치용經世致用의 실학', 이런 용어를 사용하시면서, 아마 궁경으로부터 경세치용이 독립하게 되는 것이 17, 18세기의 실학이 아니냐, 이렇게 보시고 있습니다.

우리가 실학이라고 할 때 가장 중요한 모토는 실사구시實事求 是입니다. '실사實事'에서 옳은 것을 찾는다하는데, 유학이라고 하는 학문 자체가 어떻게 보면, 내재적 진리관, 객관적 인식, 주체적 인식, 이것이 융합이 되가지고, 실학이라는 개념 속에도 항상 두 개가 있기 때문에 상당히 어려운데, 실사구시에서도 마찬가지입니다. 실사상實事上에서 옳은 것을 찾는다 하는데, 옳은 것이란 개념 속에는 두 가지 의미가 다 있습니다. 하나는 사실 판단으로서의 옳은 것이고, 경험적 사실적으로 판단해서, 어떤 것이 경험하고 대조해서 봤을 때 그것이 맞다,

이럴 때 경험적으로 맞다고 하죠. 우리말로 맞다고 하는데, 그 다음에 너의 행동이 옳으냐, 너의 말이 마땅하냐 할 때는 가치 판단의 문제입니다. 근데 사실 판단의 문제는 경험적으로 검증이 되지만, 가치 판단의 문제는 가치관이 다 다르고, 시대에 따라서 사람마다 다 다르기 때문에 대단히 판단이 어려운 겁니다. 근데 바로 실사구시라고 하는 의미 속에, 그리고 유학이 추구하는 수기치인이라고 하는 그 속에는 바로 어떤 가치 판단과 사실 판단이 융합적으로 놓여 있는 이런 것 때문에 어렵습니다만 유학은 내재적 진리관에 기초해가지고 가치 판단 중심으로 학문을 진행해 왔습니다.

그런데 서구적인 학문이 들어오고 우리 사회가 복잡해지고, 객관세계에 대한 인식의 필요성이 높아지면서, 도덕적인 판단보다도 객관세계에 대한 인식이 더 중요해지니까, 자꾸 객관세계 쪽으로 인식이 옮아가게 됩니다. 그래서 유학 내부적으로도 그러한 과학적 인식이 필요하게 되고, 또 서구로부터 과학적 세계관이 들어오고 그러면서 현대와 우리 전통사상과 중간에 자리하는 실학사상이 나온다고 봅니다. 전 그러하기 때문에 실학사상 속에는 전 근대적 요소와 내재적 진리관의 요소와 어떤 객관적 진리관의 요소 하고 두 가지가 다 복합되어 있다고 봅니다. 두 가지가 복합되어 있다면, 두 가지 복합된 것은 다 중요할 수도 있다고 봅니다.

헌데 이헌창 교수께서는 경세치용의 학문이 궁경의 학문, 도덕 학문으로부터 독립하게 되는 것을 바로 근대적 실학으로 보고 있고, 그리고 현대적 학문을 진행하는 것을 바로 경제실용, 경제실학이라고 해서 바로 그것을 이상적인 것으로 보고 계신데, 바로 그런 도덕학 측면에서의 전통학문의 유학을 과학에서는 과연 버려도 되는 것인지, 궁경의 문제는 버려도 되는 것인지 질문 드리고 싶습니다.

이헌창 : 저는 논쟁적인 발표를 통해 많은 가르침을 좀 받고자 했습니다만, 추후에 또 그런 기회를 기대 해보겠습니다. 제 견해와 이광호 선생님 생각이 전혀 다르진 않습니다. 가치 판단은 지금도 중요합니다. 도덕·윤리는 지금도 필요하고 중요한 것이지요. 그러나 도덕·윤리만 가지고 될 수 없기 때문에 사실 판단이나 공리라든지, 물리, 이런 세계도 필요한 겁니다. 그래서 하나가 하나를 완전히 대체하는 것이 아니라, 가치 판단 문제는 그 유산으로서 좀 남고 좀 변형이 되고, 현대에 맞는 도덕 가치로 변형이 되면서, 새로운 하나의 어떤 공리라든지, 어떤 실정이라든지, 물리 같은 이런 하나의 요소가 들어오게 되면서, 근대로 지향하게 됩니다. 그러면 근대가 되었기 때문에 옛날에 공자가 말했던 수기치인이라든지 어떤 유학의 인의예지 仁義禮智, 이런 도덕적인 판단이라는 것은 완전히 대체되고 없는 거냐? 그건 아닙니다. 그림을 보시면 그 밑바닥에 깔려 있습니다. 깔려 있기 때문에 결국은 근대 문명이라고 하는 것이 전근대의 모든 걸 다 없애버리고 바꾼다는 것은 아니죠. 근대적인 여러 가지 새로운 과학이라든지 기술, 경제학 이런 요소로 바뀐다는 것이지, 인류의 보편적인 그런 하나의 삶의 가치 이런 것은 연속된다고 보는 측면에서 저와 이광호 선생님 견해가 그렇게 다른 것은 아니라고 생각합니다.

송재소 : 예. 간단하게 해주셔서 정말 고맙습니다. 마지막 성균관대학의 진재교 교수 발표에 대해서, 같은 문학을 하시는 서울대학 김명호 교수께 다시 한 번 부탁을 드리겠습니다. 역시 간단하게 해주시면 고맙습니다.

김명호 : 잘 아시다시피, 실학파에 속하는 사람들은 학자이자 동시에 문인이었습니다. 예를 들어 오늘 발표에서 집중적으로 논의된

다산만 하더라도 최고의 시인이었죠. 따라서 우리 국문학계라든가, 한문학계에서도 실학파의 문학에 대해서 엄청난 연구 성과가 축적되어 있습니다. 오늘 공교롭게도 사상 위주로 발표가 진행 되었던 차에, 진재교 교수님께서 한시에 분야에 집중해가지고 실학파 문학의 성과를 아주 잘 일목요연하게 정리하시면서 설득력 있게 발표를 해 주셔 가지고 대단히 유익한 발표였다고 생각이 됩니다. 하나 희망사항이라고 하면 일단 오늘 발표하신 내용은 한국 실학파들의 문학적 성과인데, 동아시아 실학을 이왕 논하니까, 앞으로 가능하면 중국이나 일본에서도 실학파로 분류되는 그런 문인학자들이 문학 면에서 어떤 성과를 냈는가, 그것을 마저 시야에 넣어서 연구를 하고 같이 비교해 본다면 더 재미있는 풍부한 성과가 나오지 않을까? 그런 연구를 진재교 교수님을 비롯해서 전공하시는 분들께서 좀 해주셨으면 하는 바람을 말씀드리겠습니다.

진재교 : 선생님 말씀대로 좀 더 공부를 해야 할 것 같습니다. 통신사·연행사도 이야기를 했습니다마는, 좀 자료를 널리 보고 그런 방향으로 공부를 해서, 실제적으로 문학에서의 동아시아 실학의 성과와 소통 관계, 그리고 그 같고 다름이 무엇인지를 공부해보도록 하겠습니다. 고맙습니다.

송재소 : 예. 고맙습니다. 이제 마무리를 하겠습니다. 이번 대회를 주관한 한국실학학회 임형택 회장께서 마무리 발언을 해주시겠습니다.

임형택 : 이번에 우리가 "동아시아 실학, 그 의미와 발전", 이렇게 주제를 잡았습니다. 그것은 동아시아실학 국제학술회의가 지금 10회째 들어오는데, 여러 가지 개념의 혼선, 이런 것들을 좀 정리하고 잡아보자, 이런 뜻이었습니다. 오늘 회의를 한 결과를 놓고 보면, 어떤 면에서 보면 오히려 혼란을 좀 가중한 면도

있지 않나, 이렇게 느끼실 분들도 있을 것 같아요. 그러나 저는 그렇게 생각하지 않습니다. 기본적인 방향은 오늘 일단 정리 돼서 잡혔고, 또 중요한 것은 앞으로 우리가 해야 할 중요한 어떤 과제를 발견했다, 이렇게 보고 싶습니다.

우선 실학의 개념에 대해서 여러 가지 설왕설래는 있었지만, 기본적으로 17~19세기의 역사적 의미의 실학이다, 여기에 대해서 중국실학회의 갈영진 선생, 일본실학회의 오가와 선생도, 오가와 선생은 다른 이야기를 하셨지만 기본적으로 거기에는 동의한다고 분명히 말씀하셨습니다. 그래서 개념 문제만, 자꾸 개념문제에서 오는 혼선, 이것을 과장시킬 필요가 없지 않느냐? 그런 점에서 오늘 하나의 정리가 이루어졌다, 저는 이렇게 평가합니다.

그 다음에 제가 중요하게 생각하는 것은 실학 연구의 현재적 의미를 제기해 주셨다는 점입니다. 갈영진 선생은 신실학新實學이라는 개념을 쓰셨고, 또 오가와 선생은 실심실학이라는 용어를 중요시해서 말씀을 하셨습니다. 그런데 그 자체에 대한 논리적 전개, 또 그것에 대한 논문으로서의 전개 방식에 대해서는 보기에 따라 견해를 달리할 수도 있겠습니다만, 기본적으로 현재 우리가 당면하고 있는 인류사적 과제, 그것과 실학은 통해야 된다, 기본적으로 실학이라는 것이 그 시대에 처한 문제, 거기에 대해서 진정하게 대응하려는 자세, 그것이 실학이 아니냐? 그런 점에서 볼 때 현재적 문제의식을 떠나서 실학 연구는 성공할 수 없다, 그런 점을 촉구하신 것으로 생각을 합니다.

그 다음에 저로서는 중국 측과 일본 측에 대해서 한 가지 주문할 것이 있습니다. 제가 처음에도 말씀을 드렸습니다마는, 실학 개념, 실학론이 사실은 중국의 청대학술, 일본의 에도江戸

시대의 진보적인 학술 경향, 그것을 가리키는 것입니다. 그런데 그것이 정작 중국이나 일본에서 실학개념으로 통용이 안 되고 있다, 적어도 실학이라는 것은 하나의 학술사에 대한 인식론적인 틀인데, 인식론적인 틀로서 그것이 일본이나 중국에서도 하나의 보편적인 담론이 될 수 있도록 좀 더 노력을 해주실 것을 좀 부탁드리고 싶습니다. 이상입니다.

송재소 : 예. 여러분 오랫동안 고생 많으셨습니다. 이것으로 첫째 날 학술회의를 모두 마치도록 하겠습니다.

참고문헌

1. 자료

1) 한국 자료

『朝鮮王朝實錄』, 『谿谷集』, 『東溟集』, 『魯西遺稿』,

『牧民心書』(『與猶堂全書』 수록), 『磻溪雜藁』(麗江文化社, 1990),

『星湖全集』, 『栗谷全書』, 『儀禮疏』, 『儀禮』, 『周禮』,

『朱子大全』, 『朱子語類』, 『重峰集』, 『荷潭破寂錄』(『稗林』 수록).

金正喜, 『阮堂全集』.

_____, 『秋史山泉』, 고려대학교소장본.

朴齊家, 『楚亭全書』.

徐有榘, 『林園經濟志』, 보경문화사본(1983).

柳馨遠, 『增補磻溪隨錄』, 경인문화사(1974).

李匡呂, 『李參奉集』.

李喜經, 『雪岫外史』, 아세아문화사(1986).

_____, 『綸菴集』, 천리대학소장본.

丁若鏞, 『大學公議』.

_____, 『孟子要義』.

_____, 『中庸自箴』(이상 『與猶堂全書』에 수록).

丁學游, 『詩名多識』.

洪大容, 『湛軒書』.

『국역 靑莊館全書』, 한국고전번역원.

『국역 茶山詩文集』, 한국고전번역원.

『국역 阮堂全集』, 한국고전번역원.

『국역 燕巖集』 2, 민족문화추진회(2005).

2) 중국 자료

唐甄, 『潛書』.

『宋元學案』, 中華書局(1983).

『日本儒林叢書』, 鳳出版(1978).

『顔元集』, 中華書局(1987).

顧炎武(1923), 『日知錄』, 上海錦章圖書局.

_____(1975), 『原本日知錄』, 臺南 唯一書業中心.

阮元, 『經籍纂詁』, 『皇淸經解』, 『積古齋鐘鼎彝器款識』, 『揅經室集』, 中華書局.

吳晗(1980), 『朝鮮李朝實錄中的中國史料』, 中華書局.

王夫之, 『宋論』.

袁枚, 『隨園詩話』.

黃宗羲(2005), 『黃宗羲全集』 11, 浙江古籍出版社.

3) 일본 자료

三浦梅園, 『贅語』.

熊澤蕃山, 『集義外書』.

2. 연구논저목록

Baker, Don(2007), 「Seeds of Modernity: Jesuit natural philosophy in Confucian Korea」, the Center for the Pacific Rim, University of San Francisco, 『Pacific Rim Report』 no. 48.

Kalton, Michael(1988), 『To Become a Sage』, Columbia University Press.

加藤周一(1996), 김태준·노영희 옮김, 『日本文學史序說』 2.

葛兆光(2000), 『中國思想史』 第二卷, 復旦大學出版社.

고영진(2008), 「성리학과 실학」『새로운 한국사 길잡이』, 한국사연구회 편, 지식산업사.

關儀一郎編(1973), 『日本名家四書註釋全書』, 鳳出版.

琴章泰(2003), 「茶山事天學과 西學受容」『朝鮮後期儒教與西學』, 서울대학교 출판부.

金駿錫(1992), 「柳馨遠의 變法觀과 實理論」『東方學志』 75.

_____(2003), 『朝鮮後期 政治思想史 硏究－國家再造論의 擡頭와 展開』, 지식산업사.

金泰永(1998), 『實學의 國家 改革論』, 서울대학교 출판부.

_____(2006), 『朝鮮性理學의 歷史像』, 경희대학교 출판국.

김영진(2007), 「일본 천리대학 천리도서관 소장『윤암집』」『고전과 해석』 제3집.

김용태(2007), 「茶山學團' 詩文學의 실학적 성격에 대하여」『한국실학연구』 14집.

南秉哲, 『海經細艸解』.

논총 간행 위원회 편(1975), 『이을호 박사 정년기념 실학 논총』, 전남대학교 출판부.

大庭脩(1984), 『江戸時代における中國文化受容の研究』, 同朋社.

大庭脩(1997), 『漢籍輸入の文化史－聖德太子から吉宗へ』, 研文出版.

李能和(1936), 「朝鮮儒界之陽明學派」『靑丘學叢』 第25號, 靑丘學會.

마르크스, 『헤겔法哲學批判』, 大月書店國民文庫.

朴洪植(2005), 「伊藤仁齋、荻生徂徠之學對丁茶山的意義」『民族文化論叢』 第31輯, 嶺南大學民族文化研究所.

方浩範(2004), 「儒學과 丁若鏞의 哲學思想」『韓國學術情報』.

夫馬進(2006a), 「朝通信使による日本古學の認識」『思想』 981號.

_____(2006b), 一七六四年朝鮮通信使と日本の徂徠學」『史林』 89卷 5號.

小川晴久(2006), 「實學에 있어서 實心이란 무엇인가」『實心實學思想과 국민문화의 형성』 論文集 所收, 二松學舍大學 동아시아 학술종합연구소 발행.

孫晉泰(1941), 「甘藷傳播考」『震檀學報』 13, 震檀學會.

辻本雅史(1990), 『近世教育思想史の研究』, 思文閣出版.

_____(2005), 「德川時代 <四書學> 的開展與轉變: 以媒體的觀點出發」 『東亞儒者的四書詮釋』, 台大出版中心.

辻本雅史(2005), 『日本德川時代的教育思想與媒體』, 台大出版中心.

野公治(1988), 『四書學史の研究』, 創文社.

梁啓超(1963), 『淸代學術槪論』, 臺灣中華書局.

역사학회 편(1973), 『실학연구 입문』, 일조각.

吳壽京(1993), 「李匡呂의 實學思想과 現實主義 文學世界 – 少論系 文人知識層의 學問性向의 一斷面」 『嶠南漢文學』, 大東漢文學 5.

源了圓(1975), 『近世初期實學思想의 硏究』, 創文社.

揖斐高, 「漢詩の隆盛」(岩波講座, 『日本文學史』 第 9卷, 十八世紀の文學).

李佑成(1970), 「실학연구 서설」 『문화비평』 7·8.

_____(1970), 「實學研究序說」 『문화비평』 제2권 3·4호(『한국의 역사상』, 창작과비평사, 1982에 재수록).

_____(1982), 「실학파의 문학과 사회관」 『한국의 역사상』, 창작과비평사.

_____(1988), 「初期 實學과 性理學과의 관계」 『東方學志』 58

이철희(2004), 「추사 김정희의 시문학에 나타난 고증학의 영향」 『한국시가연구』 제15집, 한국시가학회.

이현일(2007), 「李匡呂의 實心實學과 經世學」 『민족문학사연구』 제 25집.

林熒澤(1998), 「實事求是의 학적 전통과 개화사상」 『韓中實學史研究』(『실사구시의 한국학』, 창작과비평사, 2000에 재수록).

_____(2000), 「박지원의 주체 의식과 세계인식」 『실사구시의 한국학』, 창작과비평.

_____(2003), 「21세기에 다시 읽는 실학」 『大東文化研究』 제42집.

_____(2009), 「17~19세기 동아시아 한·중·일 간의 지식 교류 양상–'이성적 대화'의 열림을 주목해서」 『大東文化研究』 제69집.

張崑將, 黃俊傑編(1999), 「丁茶山與太宰春臺對≪論語≫的解釋比較」 『東亞視域中的茶山學與朝鮮儒學』.

장승희(2005), 『다산 윤리사상 연구』, 경인문화사.

鄭求福(1970), 「반계 유형원의 사회개혁사상」 『역사학보』 45.

鄭樑生(1999), 『朱子學之東傳日本與其發展』, 文史哲出版社.

井上進(2002), 『中國出版文化史–書物世界と知の風景』, 名古屋大學出版會.

鄭良婉(1993), 「月巖李匡呂論」 『江華學派의 文學과 思想』(1), 韓國精神文化研
    究院.

鄭仁在, 黃俊傑編(2005), 『韓國江華陽明學研究論集』, 台大出版中心.

_____, 黃俊傑編(2006), 「西學與丁茶山的 「性嗜好」 學說」 『東亞視域中的茶
    山學與朝鮮儒學』, 台大出版中心.

조창록(2003), 「楓石 徐有榘에 대한 한 研究」, 성균관대학교 박사학위논문.

周春健(2008), 「<延祐科擧> 與四書學官學地位的制度化」 『內蒙古大學學報』
    第40卷 第3期.

陳鼓應 외(1989), 『明淸實學思潮史』, 齊魯書社.

진재교(1999), 『耳溪 洪良浩 文學 研究』, 성균관대학교 출판부.

_____(2003), 「실학파 문학의 허와 실에 대한 변증」 『한문학보』 9집.

陳祖武, 祝平次編(2005), 「『李朝實錄』所見乾嘉年間中朝兩國之文獻與學術」 『
    儒學的氣論與工夫論』, 台大出版中心.

蔡振豐, 「伊藤仁齋と丁若鏞の『中庸』に対する古學的解釋」 『日本思想史』 第70
    號, 日本思想史懇話會.

千寬宇(1952~3), 「磻溪 柳馨遠 연구」 『歷史學報』 2·3.

_____(1979), 『近世朝鮮史研究』, 일조각.

崔英辰 著, 刑麗菊 譯(2008), 『韓國儒學思想研究』, 東方出版社.

馮天瑜·黃長義(2002), 『晩淸經世實學』, 上海社會科學院出版社.

河宇鳳(2001), 「丁若鏞の日本儒學研究」 『朝實學者の見た近世日本』, ぺりかん社.

韓明基(1992), 「柳夢寅의 經世論 연구」 『韓國學報』 67.

한영우 외(2007), 『다시 실학이란 무엇인가』, 푸른역사.

허경진·김형태 옮김(2009), 『詩名多識』, 한길사.

찾아보기

필자소개(집필순)

임형택 | 성균관대학교 명예교수
김태영 | 경희대학교 명예교수
葛榮晉 | 中國實學硏究會 會長
오가와 하루히사(小川晴久) | 日本 東亞實學硏究會 會長
Don Baker | University of British Columbia
蔡振豊 | 台灣大學
진재교 | 성균관대학교 한문교육과 교수

동아시아 실학, 그 의미와 발전 I 　　　　　　　　값 26,000원

초판 인쇄	2012년 11월 20일
초판 발행	2012년 11월 28일
엮 은 이	경기문화재단 실학박물관
	472-871 경기도 남양주시 조안면 다산로 747길 16
펴 낸 이	한정희
펴 낸 곳	경인문화사
편　　집	신학태 김지선 맹수지 문영주 송인선 안상준 조연경
주　　소	서울특별시 마포구 마포동 324-3
전　　화	02)718 - 4831~2
팩　　스	02)703 - 9711
홈페이지	http://www.kyunginp.co.kr	한국학서적.kr
E-mail	kyunginp@chol.com
등록번호	제10-18호(1973. 11. 8)

ISBN : 978-89-499-0901-1 (93910)
ⓒ 2012, Kyung-in Publishing Co, Printed in Korea
※ 파본 및 훼손된 책은 교환해 드립니다.